ART THERAPY AND
CAREER COUNSEL

Creative Strategies for Career Development Across th

by Barbara Parker-Bell and Debra Osborn

藝術治療
與
生涯諮商

促進生涯探索、提升生涯滿意度和心理健康
的一生職涯發展創意策略

芭芭拉‧帕克－貝爾、
黛博拉‧奧斯本＿＿著
范維昕＿＿＿＿＿＿譯

完美互補的精妙跨界組合

國立臺灣師範大學教育心理與輔導學系名譽教授　金樹人

　　最近這一陣子，說是心血來潮也好，或是因緣具足也好，我總是不斷尋找與藝術治療媒材有關的生涯諮商資料。後來在師大圖書館找到 2023 年剛出爐的新書《Art Therapy and Career Counseling》，意外且欣喜，當下就借了出來。意外的是這兩個專業的門檻都很高，居然有人做到了；欣喜的是，紮實的內容與實例，讓實務工作人員開啟了另外一扇跨界的窗，窗外一片花團錦簇。更巧的是，沒多久就在電郵中發現黃總編輯寄來了這本書的中文版翻譯稿，邀約寫序。

　　我長期在兩岸四地推廣生涯輔導與生涯諮商，在第一線輔導人員實際的應用方面，早期受到職業輔導理論的影響，大多偏向採用量化心理測評的工具。近代面對職涯不確定因素的劇變，後現代生涯理論走向構設理論（constructivism）或社會建構理論（social constructionism），開始重視心理師與來訪者共構的質性心理評量。理論範式的轉移，也帶動了質性方法在生涯諮商中「實驗」的風潮。在諸多的質性方法中，國內外許多生涯諮商師對於創作性藝術治療的方法興趣盎然，且躍躍欲試。

　　這些風潮引領之下的實驗報告大多零星散見於學術論文，而學界有關藝術治療在生涯諮商應用的系統論述或著述，仍付闕如。我想最大的困難在於，生涯諮商專家缺乏藝術治療的訓練，藝術治療專家缺乏生涯諮商的養成，這是殘酷的事實。

　　若要將這兩個領域整合起來，提供完整而周延的指導性學術論述，其難度更是超乎想像。我其實是帶著這樣的疑問與好奇，翻閱這本剛剛問世的新書。如果寫這本書的作者是藝術治療師，他懂得生涯諮商的優勢與限制嗎？如果作

者是生涯諮商師，他懂得藝術治療的優勢與限制嗎？當看完前面三章，頃刻間啞然失笑，繼之擊節讚賞；我想我是過慮了。

關鍵在於作者。這本書的第一作者 Barbara Parker-Bell，在熱愛藝術的家庭中長大，大學就讀藝術系，碩士主修表達性藝術治療。難得的是，她又取得了臨床心理學博士，博士論文選題與生涯選擇和滿意度有關，長期在大學為藝術治療學生教授生涯發展課程。這本書的第二作者 Debra Osborn，是研究型機構的生涯發展／職業心理學／生涯諮商教授。有趣的是，她的何倫碼主要類型就是藝術型！在她的教學研究、諮商和督導生涯中，她一直受到創造性方法吸引，而且在繁重的工作中藝術類的創作讓她「感到最有活力」！在生涯領域中，她感覺自己在走著一條「少有人走的路」。

這真是一個完美互補的精妙跨界組合，雙人絕佳的專業搭配，使得全書呈現出三個令人激賞的特色。其一，她們各自在藝術治療或生涯諮商接受了完整的專業訓練，特別關注治療或諮商的倫理議題，對於重要的專業守則與分寸把關甚嚴。其二，佛羅里達州立大學是認知訊息處理理論（CIP）的大本營，她們浸潤於 CIP 生涯團隊的學術氛圍，同時教授融合藝術治療與生涯發展的課程。書中的許多細節，可以看出是她們經過充分討論後，教學相長所凝鑄出來的心血結晶。我特別喜歡每一章結尾的「討論問題和活動」，每一個條目或活動都足以刺激學習者進行深入的反思。其三，經過多年的諮商實務試煉，書中許多實例或案例都是藝術治療不同媒材有關生涯發展或生涯困擾的創作，彌足珍貴。對我來說，生涯議題透過表達性藝術創作，有了立體的線條、色彩或畫面，透露出來的訊息豐美多姿，迥異於口語諮商的效果，相信個案的感受也一定會相當深刻。

對於藝術治療專業的 Barbara Parker-Bell 與生涯諮商專業的 Debra Osborn 來說，她們選了一條較少人走的路，這使得本書顯得如此的獨特與不同；出於其類，拔乎其萃。

〈推薦專文〉
以藝術探索生涯的趣味

國立臺灣師範大學美術學系副教授、藝術治療師／諮商心理師　江學瀅

　　疫情前兩年，前往邁阿密參加美國藝術治療學會的年會時，特別參加一場自己較不熟悉的藝術治療取向——認知行為取向藝術治療工作坊。當時這場工作坊由佛羅里達大學藝術治療研究所主任 Barbara Parker-Bell 帶領。

　　那是一場令人印象深刻的工作坊，開始的時候有許多理論架構的說明，以及認知行為心理學理論在藝術治療領域應用時的概念，以及處理問題時的思考引導之架構。聆聽理論時，十分能理解這個過程，畢竟認知取向就是架構清晰，能較為快速的聚焦問題，且在實徵研究的結論上有許多成效應證。正好奇認知行為理論之下，強調自發創作的藝術治療實務應用方式，在理論說明結束之後會是什麼樣的創作架構。沒想到，教室後面有幾個媒材分類的大箱子，讓參與工作坊的學習者，自由取用，並沒有任何引導步驟。

　　媒材箱的分類沒有特殊意義，只是老師方便從學校把媒材載來會場的方式而已。參與工作坊的學習者，能自由地在每個箱子裡面找自己想要的任何尺寸紙張、媒材、剪刀等工具、自由在探究議題之下創作，盡情表達自己想要表達的相關內容。原來，縱使認知行為理論實務應用架構清晰，要達到非語言表達的創作內容，還是能在具有個人創作意圖的自發創作概念之下，自由地進行。最後，參與者創作的內容五花八門，但討論都聚焦於當天要探討的問題之下。

　　後續與 Dr. Parker-Bell 保持聯絡，並討論訪臺教學計畫，可惜一切被疫情打斷。但很開心 Dr. Parker-Bell 能在疫情期間完成《藝術治療與生涯諮商》這本書。本著她的專長以及對生涯教育的熱誠，整合藝術治療與生涯輔導的內涵，將生涯理論與探索的方法，轉變為藝術創作的方法，並以藝術治療的方法帶領創作者進行生涯探索。

過去非常長一段時間，藝術治療在心理分析的架構之下，由心理動力理論理解作品，並發展成 Edith Kramer 倡導的藝術即治療，以及 Margaret Naumburg 倡導的藝術心理分析。時至今日，越來越多的心理學理論與藝術治療理論整合，凸顯藝術在人類表情達意的情境中，能突破語言的限制，增加探索的豐富性，並且幫助探索者理解意識之外較難覺察的心理內容。

Dr. Parker-Bell 擅長將她熟悉的心理學理論，以清晰的結構說明給學習者理解。同時，她能在學生清楚理論之後，靈活地將理論轉而帶領學生進行相關議題的自由創作，充分發揮藝術治療框架下自由創作的精神，且能活潑的應用各種媒材，發展相關主題的創作模式。本書以生涯探索為主題，在整合生涯理論與藝術治療理論的概念下，發展生涯探索的藝術治療實務工作模式，是相關工作者含金量極高的參考書籍。祝福本書的翻譯出版，期望能提供相關的專業工作人員實務工作之參考。

目錄

1 導論：藝術治療與生涯諮商：運用創意策略促進生涯探索、生涯滿意度和心理健康　*13*

引言／藝術治療的基礎／生涯諮商的基礎／藝術治療和生涯諮商的未來趨勢／藝術治療和生涯諮商：合作的論點

2 生涯諮商的主要理論以及藝術治療理論與實務的整合　*42*

何謂理論？／理論在實務上的作用／生涯理論的分類／文化和個體差異在生涯理論中的作用

3 藝術治療和生涯諮商中的倫理議題　*73*

概述：倫理實務簡介／結合藝術治療和生涯諮商／倫理模式／檢視多元文化能力的倫理／多元文化能力指南

---── 致　謝 ──---

來自芭芭拉

　　共同創作這本書的過程令人興奮、滿足，有時也感到艱難，因為我們除了「正常」的日常工作職責和活動外，還需應對疫情大流行的挑戰。因此，我非常感謝那些在過去幾年裡熱心協助完成本書的家人、學生、同事和朋友們。首先，我向我的合著者黛博拉‧奧斯本（Debra Osborn）致以最崇高的讚賞和敬意，感謝她淵博的知識、冒險精神以及對我處理本書想法和任務的一些「創意」方式的耐心。我珍惜我們所分享的豐富而精彩的合作，以及日益強化的友誼。其次，我感謝佛羅里達州立大學藝術治療課程的研究生助理，他們在許多方面為本書的發展做出了貢獻。這些學生包括莎拉‧貝爾（Sarah Bell）、梅根‧巴茲比（Megan Buzby）、馬迪‧福爾喬內（Madi Forgione）、詹妮弗‧蘇亞雷茲（Jennifer Suarez）和凱拉‧沃克（Kayla Walker）。謝謝你們的藝術探索和藝術作品、學術資源研究以及熱烈的腦力激盪，這些有助於我理解應對書籍內容和學生的學習觀點。重要的是，我必須感謝過去幾年參加「生涯發展和藝術治療課程」的藝術治療學生，書中囊括的許多藝術治療創作都在課堂裡不斷測試和改進。因為見證了你們的創造力和學習過程，激發了我寫這本書的想法。最後，我要感謝我的家人，他們積極為我加油，參與生涯相關的討論，並透過創造性的表達提出生涯理念的觀點（謝謝你，威爾遜〔Wilson〕）。感謝我的丈夫里奇‧丹尼爾斯（Rich Daniels），他非常耐心地等待我對「你準備好公路旅行了嗎？」這個問題的回答。十二萬分的感謝，我準備好了！我們上路吧！

來自黛博拉

　　對於擁有 ASI（藝術型、社會型、研究型）何倫代碼的人來說，我的道路會引領我合著一本關於藝術治療和生涯諮商的書，也許只是時間的問題。或

者說，在這條道路上，我會遇到很多有創造力的優秀人士，包括我親愛的朋友和合著者芭芭拉・帕克－貝爾（Barbara Parker-Bell），介紹我們認識的同事戴夫・古薩克（Dave Gussak），或是我的動畫師／藝術家／作家丈夫基斯・奧斯本（Keith Osborn）。我非常感謝每一位鼓舞人心的藝術家，他們看到了其他人看不到的可能性，他們願意無懼地嘗試新事物，更重要的是，他們鼓勵其他人也這樣做。芭芭拉，我非常感激妳的洞察力、幽默、創造力和智慧——我們的交談通常是我一天中的亮點。我也感謝我的認知訊息處理理論／研究員朋友和同事：吉姆・桑普森（Jim Sampson）、加里・彼得森（Gary Peterson）、珍妮特・倫茨（Janet Lenz）、鮑勃・里爾登（Bob Reardon）、賽思・海登（Seth Hayden）、艾米莉・布洛克－約維爾（Emily Bullock-Yowell）、凱西・多齊爾（Casey Dozie），以及 CIP 團隊的其他成員，他們容忍甚至鼓勵著我「A」（藝術型）這一方面的特質。最後，向我的家人致敬：我的母親維爾納・諾里斯（Verna Norris）博士，她在索引中為作者姓名依字母序排序的「C」艱鉅任務提供了巨大的幫助；我的父親鮑勃・諾里斯（Bob Norris），在我就著香氛蠟燭的燭光來書寫章節時，跟我開玩笑說我會燒了房子，但也鼓勵我繼續下去；以及我的兩個女兒莎拉（Sarah）和薩凡納（Savannah），她們每天都以各自的熱情和才華激勵著我——媽媽迫不及待地想看看妳們的生活接下來會發生什麼。還有基斯，我非常感謝你，你讓我見未見之物，去尋難尋之美，去享不尋常之事，去探人未走之路。感謝每一步有你的陪伴。

第一章

導論

藝術治療與生涯諮商：運用創意策略促進生涯探索、生涯滿意度與心理健康

　　本章作為導論，分別描繪了藝術治療與生涯諮商這兩個領域過去的歷史到今日的發展，包括介紹兩個領域的獨特性，同時特寫兩個領域可以合作以協助實務工作者增進個案的自我認識、生涯選擇、生涯滿意度與心理健康需求的部分。

引言

　　傳承、歷史與根源；我們來自何方。了解個人的背景、家族史與經歷提醒我們，沒有人是座孤島；沒有只存於現在而不與過去或未來連結者。藝術治療與生涯諮商專業領域亦是如此。了解兩個專業領域的起源，重視每個時期是如何影響領域的發展，最終我們自然地會想提出「這些專業正朝向哪裡發展？」的問題。今日在領域中所強調的部分，會如何影響明日所關心的事物，及其解決方案？這些專業又將以何種樣貌聞名？

　　在研讀藝術治療與生涯諮商各自的歷史之前，請先花點時間預測你的未來領域。想像在你晚年、10 或 20 年後，在廣告看板或網路上看到有關你專業的

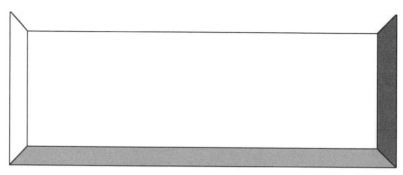

圖 1.1　空白的廣告看板

廣告，你希望看到的標題和主要評論是什麼？在**圖 1.1**中，請為該專業未來的焦點，創作廣告看板的內容。

　　完成廣告看板後，從你的觀點來評估這個專業在達成目標方面做得怎麼樣。為了讓專業進一步發展，需要採取哪些步驟或改變？有什麼可能會阻礙或延遲這個進展呢？讀完本章後，相信你對這些領域的現況、影響領域發展的因素，以及目前的發展軌跡會有更清楚的理解。鑑於本書讀者對藝術治療、生涯諮商或對兩個領域皆有興趣，希望你們閱讀後能感覺到動力，採取實際行動，實現想像的未來。

藝術治療的基礎

重要的歷史影響

　　雖然藝術治療領域的基礎，是建立在人類運用藝術來進行治療、建立社群、溝通、個人表達與反思的悠久歷史之上，但藝術治療領域仍被視為是個相對年輕的心理健康專業。為了本書的各種目標，書中關於藝術治療如何發展成為一種心理健康學科的歷史架構，將主要集中於發生在美國的事情。然而，重要的是要認知到，藝術治療的實行是全球性的，只是方法、專業地位、教育標準、培訓方式會依據國家的社會與歷史架構而有所不同，也會依據他們對於理解與促進心理健康的概念與實務架構而改變，以及會因他們的文化傳統以及對投入藝術的偏好而有所不同。另外，要知道這個歷史發展是簡短且不完整的。

因此，我邀請對美國或其他地區藝術治療發展有興趣的讀者們，更進一步探索其豐富的歷史。**圖 1.2** 展示了一些在美國藝術治療的主要影響與里程碑。

1940 年代至 1950 年代：心理動力學的起源和精神疾病患者的藝術

藝術治療師和藝術治療教育家馬克辛・楊格（Maxine Junge, 1994, 2010, 2016）彙整了許多關於美國藝術治療專業的可用史料。據楊格（2016）以及更早的學者（Ulman, Kramer, Kwiatkowska, 1978）所說，美國藝術治療的源頭始於 1940 年代的瑪格莉特・諾堡（Margaret Naumburg）。諾堡的實務工作方式承襲佛洛伊德和榮格精神分析原理，包括讓個案投入自發性藝術創作來釋放潛意識歷程。諾堡將藝術描述為象徵的語言，並稱她所進行的心理治療類型為動力取向藝術治療（dynamically oriented art therapy, Naumburg, 1987）。她的藝術治療目標著重在藉由探索釋放出來的潛意識素材，以催化洞察和解決內在衝突，且較少關注於創造出美感上令人愉悅的藝術創作或最終的成品。

在 1950 年代後期，依蒂斯・克拉瑪（Edith Kramer）也受到佛洛伊德思想的影響，但她對藝術治療師的角色和實務操作方式抱持不同的看法（Ulman, Kramer, Kwiatkowska, 1978）。她主要的工作對象是兒童，她描述藝術治療師的角色結合了藝術家、藝術教師和治療師，其目標是提供給個案象徵性的藝

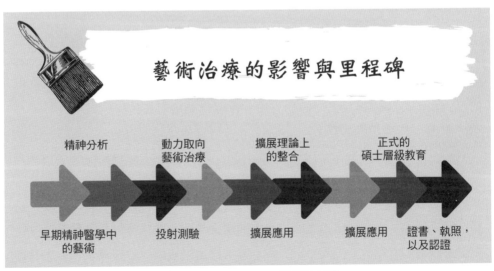

圖 1.2　藝術治療的影響與里程碑

術經驗，將潛意識的素材帶到表層，從而透過創造性行動和創作成品來涵容和整合內在的衝突。克拉瑪的工作方式被非正式地稱為「藝術即治療」（art as therapy），因為這個方式較少強調促進口語聯想和洞察。在當代藝術治療中，藝術心理治療（art psychotherapy）和藝術即治療彼此的立場並不是二分法，這兩種方式常會因個案的發展因素和需求而交織在一起。

　　治療住院精神疾病患者的精神科醫生們，也對視覺藝術具有幫助理解患者內在經驗的力量感到著迷，並開始研究患者所創作的藝術作品。例如，1940年代在精神科醫師的支持之下，英國藝術家愛德華・亞當森（Edward Adamson）在精神療養院中建立了一個工作室環境，提供畫架和繪畫材料給患者，讓他們畫畫（Hogan, 2000）。那些正接受或預計要接受心理治療的患者，若有較難表達情感的情況，則會被轉介到工作室（Hogan, 2000）。精神科醫生會蒐集並回顧個案創作的作品，作品也會被當作個案紀錄來保存。同樣地，美國的精神科醫生也借助了藝術家的才華來服務他們的個案。像是1940年代的瑪麗・亨頓（Mary Huntoon）和1950年代的唐・瓊斯（Don Jones），他們在堪薩斯州門寧格診所（Menninger's Clinic）附屬機構為患者提供藝術指導和心理治療（Junge, 2016）。他們的努力啟發了其他精神科醫生，如佩德羅・柯倫斯（Pedro Corrons），在美國其他精神病機構和地區設立藝術本位的課程（Junge, 2016）。

投射測驗

　　在這個時期，精神科醫生和心理學家開始將視覺現象和藝術創作融入投射測驗中。例如，羅夏克墨跡測驗（Rorschach test）施測者會提供一系列的墨跡圖案，然後詢問個案看到了什麼，以及他們是如何看到的。個案圖像聯想的模式和從墨跡中辨識出物件的方法，會被用來識別其人格結構以及是否有情緒障礙、精神疾病等情況（Exner, 2003）。其他投射測驗，像是畫一個人（Draw-a-Person）（Machover, 1952）、屋－樹－人（House-Tree-Person, Buck, 1948; Hammer, 1969）和家庭動力圖（Kinetic Family Drawing, Burns, 1982），則是設計來提供給心理學家視覺資料與口語反思，分析這些資料可以評估個案的發展進程、自我概念、人格結構和家庭系統中的關係動力。這些投射測驗發展早於藝術治療專業，但在接下來幾年中影響了藝術治療評估的設計和實施。當代藝術治療評估包含了觀察藝術創作的過程，以及個案對媒材和對治療師的反應，並

考量藝術形式的品質和圖形的指標，以及個案藉由書寫或口語反思所引發的聯想。更多關於藝術治療評估應用和方法的資訊，請參閱第四章。

1960 年代以及之後：擴展理論架構與實際應用

　　1960 年代與接下來的幾十年，美國藝術治療的進一步發展源自於許多具有影響力的人、地方和思想的重要貢獻。例如，藝術家和早期藝術治療師哈娜‧葵亞特奎斯卡（Hanna Kwiatkowska）在 1960 年代和 1970 年代初期在美國國家衛生研究院（National Institute for Health）與個案及其家人合作。她發展出了家庭藝術評估和研究，促使藝術治療融入家庭系統工作（Kwiatkowska, 1973）。葵亞特奎斯卡的實務工作方式展示了提供家庭成員互動性創作任務的價值在於可以顯現家人間的互動模式和家庭中的主題。其他新興的實務工作者在人本取向中結合藝術本位的歷程則是受到完形（Gestalt）架構的啟發（Rhyne, 1973），創造性藝術方法運用藝術、音樂和肢體動作來支持個案的表達和自我實現（McNiff, 1981; Rogers, 2001）。1970 年代，認知行為療法（cognitive behavioral therapy, CBT）的概念開始出現在藝術治療文獻中，藝術治療師們，如羅莎爾（Rosal, 2016）將這些概念納入了協助兒童處理行為問題的藝術治療工作中。此外，一些藝術治療師也擁抱了將靈性面向納入藝術治療的作法，因為藝術創作可以被作為一個促進幸福感的沉思過程（Franklin, 2016）。因為這些方法的出現，以及其他方法的清單太長而無法全數列出，但在達到各種治療目標的藝術治療實務，其運用擴展到了精神病機構以外的其他場所，如學校、養老院、戒癮治療中心、社區諮商中心、社區工作室、博物館和監獄等。

認識多元觀點與其貢獻

　　美國藝術治療的早期歷史經常忽略了有色人種藝術治療師的貢獻（Stepney, 2019）。斯特普尼（Stepney）在她的著作中呼籲人們關注包括非裔美國藝術治療專業人士，如喬吉特‧鮑威爾（Georgette Powell）和克利夫‧約瑟夫（Cliff Joseph）在內的獨特貢獻。2008 年，鮑威爾因「對藝術治療領域有長遠的影響」和她對專業的重要貢獻而獲得了美國藝術治療學會的先驅獎（Stepney, 2019, p. 116）。鮑威爾在作為藝術家和社區運動者累積多年的成就之後，她於 1960 年代開始了藝術治療工作。她與藝術治療先驅依蒂斯‧克拉瑪和伊莉娜‧攸

曼（Elinor Ulman）一起學習藝術治療，並為老年人和青少年成立了社區本位計畫，其中包括藝術治療和教育服務。在她的專業工作中，鮑威爾指導有色人種的藝術治療學生，並提倡要為了讓少數族群參與成為藝術治療師的專業培訓而做出努力。可惜的是，少數族群在藝術治療領域中代表性不足，仍然是當代的一個問題。

克利夫‧約瑟夫（Cliff Joseph）接受過成為插畫家和商業藝術家的訓練，但他在巴拿馬和哈林區長大的經歷才是他的藝術治療起源，此外，1964 年民權法案時的社會政治背景對他有更進一步的影響。因此，約瑟夫將藝術參與視為是激發個人和體制改變的一種手段（Stepney, 2019）。1960 年代末和 1970 年代，約瑟夫在精神病機構內促成了壁畫創作小組，他的藝術治療參與強調了團體藝術治療過程的重要性。繼這些早期的藝術治療經歷之後，約瑟夫在教育機構內擔任教職，且在專業組織內擔任領導角色。重要的是，約瑟夫闡明了經濟、種族和體制壓迫對心理歷程所造成的後果，並呼籲在藝術治療專業內外都需要解決這些問題。他的工作預示著當代對不公正體制動力以及其對心理健康和平等就業機會的影響的關注。

波多黎各裔美國藝術治療師偉恩‧拉米雷斯（Wayne Ramirez）於 1960 年代開始接觸藝術治療，並且一直擔任藝術治療實務工作者、教育工作者、資助計畫撰寫人、組織領袖、導師，以及藝術本位計畫的設計和執行者（Potash & Ramirez, 2013）。拉米雷斯對藝術治療領域的貢獻之一是他在特殊教育機構中建立無障礙藝術計畫，以及他為學習障礙和肢體障礙學生所做的倡議。與本書特別相關的是，拉米雷斯在美屬維京群島負責管理障礙學生的職業和轉銜服務。

可惜的是，有非常多對藝術治療發展有顯著貢獻的藝術治療師未能在本章中提及。我鼓勵讀者更深入地探索藝術治療的歷史、理論、應用和實務，並且應該特別關注來自不同背景和文化經驗的貢獻者。另外，與生涯發展和藝術治療主題相關的藝術治療貢獻將在後續章節中介紹。

從師徒制到正規教育

許多藝術治療先驅是通過多種途徑和經驗來開啟個人邁向藝術治療師的專業認同之旅，包含藝術培訓、參與精神分析的個人經驗或其他形式的個人成長

探索、相關領域的進修、同儕指導或接獲精神科醫生的邀請得以將他們的知識和技能應用於精神健康服務機構中等途徑（Junge & Wadeson, 2006）。第一門碩士層級藝術治療培訓課程直到 1969 年才成立，目前已有超過 35 個遵循嚴格的教育標準的藝術治療碩士課程。符合這些標準的課程可能會獲得美國藝術治療學會教育認證委員會（American Art Therapy Association Educational Program Approval Board, EPAB）的核可或聯合健康教育計畫認證委員會（Commission on Accreditation of Allied Health Education Programs, CAAHEP）的認證。

期刊

學術期刊在傳遞新興和成熟專業領域的訊息方面扮演著重要的角色。1961年，藝術治療師伊莉娜・攸曼創辦了美國第一本致力於藝術治療的期刊，名為《藝術治療會訊》（*The Bulletin of Art Therapy*）（Junge, 2010）。該期刊在 1970 年改名為《美國藝術治療學刊》（*American Journal of Art Therapy*），直到 2002 年仍持續發表學術作品（Junge, 2016）。繼美國藝術治療學會（American Art Therapy Association, AATA）成立後，《藝術治療：美國藝術治療學會學刊》（*Art Therapy: The Journal of the American Art Therapy Association*）也隨之出版，公開發表藝術治療學術文章已超過 30 多年。其他與藝術治療領域相關的重要期刊包括：《藝術心理治療》（*The Arts in Psychotherapy*）、《加拿大藝術治療期刊》（*The Canadian Journal of Art Therapy*）和《國際藝術治療期刊》（*International Journal of Therapy*），原名為《內在風景》（*Inscape*）。

組織

隨著美國各地對藝術治療的興趣以及實務運用的擴展，用以支持交流想法的專業組織隨之成立，正式確立藝術治療教育的概念，建立倫理守則與實務，並促進專業被認可和學術研究。以下將介紹三個相關的組織。

美國藝術治療學會於 1969 年由那些希望將藝術治療確立為一門獨立專業的人士成立（Junge, 2010）。楊格指出，組織成立之初並非毫無爭議，因為一些重要的藝術治療先驅並不贊同與強調藝術和診斷的精神醫學組織分開，而其他先驅則為了要進一步將藝術治療發展成一種治療形式，希望能與精神醫學組織分開。50 多年後，美國藝術治療學會已發展成為一個具有積極會員制和倡議的

組織，在州和國家層級上對藝術治療領域的認可和發展有所貢獻。

　　美國藝術治療證照委員會（Art Therapy Credentials Board, ATCB）是個合法的資格認證組織，其使命是「透過認證具備藝術治療的專業能力和符合倫理規範執行藝術治療的藝術治療專業人員來保護社會大眾」（ATCB, 2022）。美國藝術治療證照委員會透過註冊流程與美國藝術治療委員會認證考試（Art Therapy Board Certification Examination, ATBCE）來評估藝術治療師的專業能力，以及促進證書到期更新流程，要求專業人員持續參加繼續教育課程以維持其專業技能。此外，美國藝術治療證照委員已經建立了倫理準則、行為和紀律程序（Code of Ethics, Conduct and Disciplinary Procedures），並處理違反準則的行為。

　　國際表達藝術治療協會（International Expressive Arts Therapy Association, IEATA）成立於 1994 年，支持「表達藝術治療師、藝術家、教育工作者、顧問和其他運用綜合、多模式藝術流程來協助個人和社區成長與轉化的人士」（IEATA, 2022a）。國際表達藝術治療協會為表達藝術治療師提供了一個國際網絡，並提供註冊流程，以促進表達藝術治療領域的專業優勢和道德標準。

與藝術治療相關的當前定義

　　由於本書是針對藝術治療師、諮商師和生涯實務工作者而設計的，因此額外提供相關的專門用語以幫助讀者更理解藝術治療領域。

　　藝術即治療（Art as Therapy）：「在藝術即治療中，其目標是透過創作歷程來達到昇華，通常較少討論，更多是在強調幫助患者創作出完成且令人滿意的成品」（Rubin, 2016, p. 30）。

　　藝術心理治療（Art Psychotherapy）：「在藝術心理治療中，其目標是揭示和洞察，通常不太強調成品，而更多的是關於藝術作品的訪談，以及試圖幫助個人將其作品與他們自己連結起來」（Rubin, 2016, p. 30）。

　　藝術治療師（Art Therapists）：「藝術治療師是碩士層級的臨床實務工作者，他們執行藝術治療的範圍廣泛，且在其中與各個年齡層的人一起工作。在倫理標準和執行藝術治療範圍的指導下，他們所接受的教育和受督導之下的訓練，使他們具備文化熟練度，能夠在多樣化的環境中與多元的族群工作。藝術治療師尊重個體的價值觀和信仰，與那些面臨醫療和心理健康問題的人工作，以及與尋求情感、創造力和精神成長的個人合作」（American Art Therapy

Association, 2022）。

藝術治療（**Art Therapy**）：「藝術治療是一門綜合性的心理健康和人類服務專業，透過積極的藝術創作、創造性過程、應用心理學理論和心理治療關係中的人類經驗，豐富了個人、家庭和社區的生活」（American Art Therapy Association, 2022）。

藝術治療合格督導（**Art Therapy Certified Supervisor, ATCS**）：藝術治療合格督導證書「專為已經獲得臨床督導特殊訓練和技能的藝術治療證照委員會註冊暨認證藝術治療師（ATR-BC）而設計。與藝術治療合格督導合作，可以確保藝術治療在學學生和新手實務工作者獲得最佳的藝術治療臨床督導」（Art Therapy Credentials Board, 2022）。

註冊暨認證藝術治療師（**Board Certified Art Therapist, ATR-BC**）：「註冊暨認證藝術治療師是最高層級的藝術治療證書。註冊暨認證藝術治療師通過國家考試，展示了其對藝術治療中所使用的理論與臨床技能具備全面性的知識。所有的註冊暨認證藝術治療師都需要每五年更新其認證，不論是完成 100 個繼續教育學分或是再次通過 ATCBE 國家考試」（Art Therapy Credentials Board, 2022）。

創造性藝術治療（**Creative Arts Therapies**）：「創造性藝術治療是一種醫療專業的總稱，其運用藝術創作的創意和表達歷程來改善和增強各年齡層個人的心理、社會福祉以及健康狀況。創造性藝術治療運用個案與治療師之間的關係、和團體中成員間的關係，或是創意表達過程中的二元治療關係，作為促進成長和改變的動力和重要力量」（Shafir et al., 2020）。

表達性藝術（**Expressive Arts**）：「表達性藝術結合了視覺藝術、動作、戲劇、音樂、寫作和其他創意過程，以促進深層的個人成長和社區發展……透過整合藝術過程，允許從一個過程流入另一個，我們獲得了我們內在治療、澄清、啟發和創造力的資源」（International Expressive Arts Therapy Association, 2022a）。

表達性治療連續系統（**Expressive Therapies Continuum**）：「這是一種分類法，藉由將個案如何與藝術媒材或其他體驗活動互動加以分類，以了解個案處理訊息並形成意象的方式」，將媒材互動在發展上從簡單到複雜的層次上進行組織，包括動覺、感覺、感知、情感、認知、象徵和創意層級（Hinz,

2020, p.4）。

　　媒材向度變因（Media Dimension Variables）：根據複雜性、結構性和媒材屬性變因對藝術媒材使用進行分類。材料的特性和相關任務可以根據完成任務所需步驟的數量，分為高複雜性或低複雜性；依據指定或開放性的材料使用，分為非結構性或結構性；以及出現在一個連續體上的狀況，區分媒介的流動性或阻抗性特性（Graves-Alcorn & Kagin, 2017）。研究指出，較難操控的媒材會引發以思考為導向的體驗，而流動性媒材則引發更多的情感反應（Hinz, 2016）。

　　ATR 註冊前的準藝術治療師（Provisional Registered Art Therapist, ATR-Provisional）：「這證書是用來確保藝術治療師符合特定的教育標準，成功完成了藝術治療進階的碩士層級教育，並在合格督導的指導下執行藝術治療」（Art Therapy Credentials Board, 2022）。

　　註冊藝術治療師（Registered Art Therapist, ATR）：「註冊藝術治療師的證書是確保藝術治療師符合既定標準的資格，代表其完成藝術治療的進階碩士層級專業教育，以及具備在畢業後受督導下的藝術治療實務經驗」（*Art Therapy Credentials Board, 2022*）。

　　註冊表達藝術治療師（Registered Expressive Art Therapist, REAT）：「註冊表達藝術治療師是指在諮商、心理治療或其他跨學科的心理健康專業中，結合多種創意藝術形式（戲劇、動作、視覺藝術、音樂、寫作等）來解決個人或團體的行為和心理健康挑戰或壓力的專業人士。註冊表達藝術治療師提供多元或跨模式的方法，並在與個案的工作中整合多種藝術形式。這些專業人士獲得了國際表達藝術治療協會頒發的註冊表達藝術治療師資格，表示他們符合了所有必要的要求，包括表達藝術治療方面的完整訓練、教育和受督經驗，以確保接受此方法和途徑的個案與個人獲得安全、有益和高品質的治療」（International Expressive Arts Therapy Assocation, 2022b）。

　　昇華（Sublimation）：「當成功時，衝突的衝動會被引導到藝術作品之中而被『馴服』（中和）」（Rubin, 2016, p.28）。

　　藝術治療中的視覺表達（Visual Expression in Art Therapy）：「運用藝術媒材以具體的形式來表達內在影像、感受、想法和感覺，以及這些成品的視覺反饋。視覺表達產生了一種有形的、永久的圖像記錄，這些圖像不會在日後

圖 1.3　藝術治療的融合

想從記憶中回想時產生變化和／或干擾」（Lusebrink, 1990, p.9-10）。

視覺化地結合所有元素

　　用一幅圖像來結束本章節似乎是合適的，而這圖像將藝術治療中許多無法用書面敘述、術語列表或圖表來充分表達的元素編織在一起。我們如何定義藝術治療？又如何傳達藝術治療實務工作中治癒力量所具有的精神？**圖 1.3** 展示的藝術治療研究生詹妮弗・蘇亞雷斯（Jennifer Suarez）的藝術作品達到了這個目標。她說：「在創作這幅畫時，我考慮了藝術治療可以前進的許多方向，以及它可以實現的目標。」藝術治療師用藝術家的畫筆將與心理治療、情緒調節、人際關係、神經科學、自我覺察、個人成長等相關的想法聯繫在一起。

生涯諮商的基礎

　　或許可以這麼說，在最早期的哲學中能看到生涯諮商的基礎，諸如「認識你自己」（know thyself，來自德爾斐的古希臘神諭）之類的箴言，因為自我認識被大多數生涯理論學者視為做出生涯決策的關鍵和必要組成。在本節中，我們將重點介紹塑造生涯諮商領域和實務的關鍵歷史發展。

重要的歷史影響

工業革命和社會改革

　　生涯諮商領域是由一些社會事件所塑造出來的。工業主義的興起以及隨之而來的工業革命是其中一個對生涯發展之出現最顯著的影響。從擁擠的血汗工廠和關注機器而非個人的情況中，開始興起一種關注個人及其特定能力的改革精神。

　　有一個人在社會改革者中脫穎而出，他被譽為職業輔導之父（the father of vocational guidance）。他寫了幾本關於社會改革運動的書，如婦女選舉權、稅收和全民教育。除了是社會運動家外，他還在各個領域工作過，曾在公立學校教過歷史、數學和法語，當過鐵路工程師、法學教授和學院院長。這個人就是弗蘭克·帕森斯（Frank Parsons）。他懷著幫助移民和教育程度較低的人找到工作的熱情，創造、傳授並講授了一種簡單實用的方法，這個方法成為當今許多生涯理論的基礎。簡而言之，一個人會考慮自己的能力，以及現有機會的條件要求，並使用「真實的推論」（true reasoning）來找出最佳的匹配選項。

　　帕森斯在 1909 年發表的遺作《選擇職業》中，提供了有關如何幫助個人做到這一點的細節。他的一些建議包括選擇與「能力和熱情」最相符的職業（p. 3），「讓你的朋友幫助你對自己形成真實的判斷」（p. 6），並透過獲得各種經歷來做為「清晰地展現真正興趣和才能」的一種方法（p. 12）。他還對不該做的事情提出了一些建議，包括：不要隨意跳槽，除非這個變動是顯然有利的，以及避免隨意在工作間「漂泊」（p. 4）。從早期開始，社會正義就是生涯諮商的核心。這種選擇職業的想法如此重要，用他的話來說，僅次於選擇配偶，以至於帕森斯經常在課堂或組織中分享這種觀點：

　　如果你有一百萬美元要投資，你會非常小心。你會研究投資方法，並尋求投資專家的諮詢或建議，並試著投資你的錢以確保安全，並為你帶來豐厚的股息。你的生命對你來說價值超過一百萬美元。你不會以這個價格出售它。而且你每天、每週都在投資它。你是否正在研究可供你選擇的不同投資方法，並尋求諮詢來幫助你決定最好做出哪些投資以獲得最佳的資本回報？

（Parsons, 1909, p. 14）

戰爭與測量運動

第一次世界大戰期間，軍方需要能夠快速，更重要的，是準確地將150萬名軍人安排到他們能夠勝任的工作崗位上，因此推動了有效的職業評估。第二次世界大戰期間，由於需要再次對人員進行分類，因此使用了測驗，儘管更強調要最大限度地發揮個人潛力。這兩次戰爭中的測驗重點與帕森斯的理論相吻合，儘管這可能導致了過度使用形式化評估來進行就業安置的情況，並且導致了當今生涯實務工作者在大眾的看法和其他心理健康實務工作者看法之間的持續掙扎。這種誤解是，生涯諮商只是一種配對系統，而今的科技可以輕易地將測驗結果與職業資料庫加以比對。

戰爭還意外地使婦女開始進入職場，因為當她們的丈夫不在時，她們開始擔任曾經由男人擔任的職位。因此，戰爭開啟了另一場長期的競爭，包含婦女在職務晉升中有無法逾越的限制、同工同酬以及婦女在職場上的其他權益和保護措施。其他群體也將繼續進行這場競爭，但薪資和機會方面的差異至今仍然存在。

戰爭結束後，退伍軍人需要重返市民的生活，為了最好地運用軍方所提供的教育補助經費，並找到適合的平民職業路徑，退伍軍人管理局制定了強調職業指導的「分離計畫」（separation programs）。隨著大量人員報讀大學，生涯諮商和測驗更加結合以幫助引導學生選擇他們可能會更成功的專業／研究領域。1958年頒布的《國防教育法》提供了資金給所有美國教育機構，以支持科學、數學和工程領域的學生。這是受到了蘇聯發射人造衛星以及興論認為美國學校表現較落後的影響。

政府的角色

政府在工作和生涯發展方面始終扮演著重要的角色。1913年勞動部的成立造就了至今仍在使用的工具，例如《職業展望手冊》（bls.gov/ocohome）和O*NET美國職業職能資訊網（online.onet.org），以及國家（與州）職業信息協調委員會（成立於1976年，現已解散）。1933年，羅斯福總統為了因應大蕭條而創建了平民保護隊，為失業青年提供培訓和工作機會。1946年，《喬治一巴登職業教育法案》為學校諮商輔導人員培訓提供資金。當時，一半以上的諮商輔導人員預備課程是大學層級的。這項法案促使美國教育局局長制定政策，即

諮商輔導人員預備課程必須是研究所層級的教育。當時的諮商輔導人員預備課程至少包含一門強調生涯發展的課程，而生涯發展至今仍然是培訓的一個關鍵領域。1958 年，國防教育法案為諮商輔導人員教育計畫提供了資金，並為諮商輔導教育研究生提供津貼，使得這些課程呈指數增長。

關於在學校裡的生涯發展，1917 年的《史密斯－休斯法案》是第一個授權用於生涯教育的聯邦資金，為中學建立了職業教育培訓，而 2006 年的《卡爾‧帕金斯法案》則為各州提供了主要的聯邦資金，以改善高中和高中畢業後的職業和技術課程。促進教育與職業之間關係的職業相關法律的其他例子包括 GEAR-UP（ed.gov/gearup）和 1994 年《從學校到工作機會法》，兩者的重點都是幫助學生從學校過渡到工作或高等教育和培訓。所有州都設有勞工部門，許多州仍贊助職業訊息傳遞系統，為居民提供免費的職業訊息和電腦化的職業工具，例如將興趣與職業相匹配。

六〇年代

六〇年代對於我們國家的集體和個人身分來說都是一個動盪的時期。問題如「我是誰？」、「我為什麼在這裡？」以及「美國企業界是職業生涯發展的最佳選項嗎？」以及環境／社會意識催生了價值觀量表和職業教育。《國家生涯發展指南》建立作為職業教育的一部分，強調三個領域：個人／社會發展、教育成就和終身學習，以及兒童到成年的生涯管理。在第 7 章中提供了一些在全美國學校中實踐子目標和具體策略的範例。

七〇年代至今

七〇年代人們繼續關注生涯評估，但在八〇年代，關注生涯信念、決策風格、生涯未決定（career indecision）和自尊的新衡量標準開始出現。將生涯發展主題融入教師課程計畫的各個科目，也變得更加普遍。該領域的重點繼續從讓個人投入工作轉向個人能動性（personal agency），即教導個人尋找並使用資源來滿足自己的生涯需求，並找到工作，而不是依賴外部機構。電腦輔助職業輔導系統也明確地將個人置於主導位置，因為他們能夠根據自己輸入的優先順序更改職業選擇列表。隨著網路不斷發展，個人在瀏覽網站方面變得更加熟練，在查找、評估和應用來自各種來源的訊息上，個人能動性也隨之提高。儘管如

此，透過這個新發現的訊息源，實務工作者也發現，他們的角色從訊息持有者轉變為如何告知個案在何處以及如何有效使用訊息的教育者。

數十年來的理論觀點

關於生涯／生活和決策的理論觀點可以追溯到最早期的哲學家。蘇格拉底曾說：「未經審視的生活是不值得過的」（BrainyQuote, n.d.a）；柏拉圖曾說：「良好的決策奠基於知識之上」、「人是一種尋找意義的存在」，以及「幾乎沒有人有能力從事兩個職業或兩種藝術」（BrainyQuote, n.d.b）。其他著名的理論家、心理學家和其他人也提出了有關生涯決策的觀點。例如，佛洛伊德（Freud, 1930）反思了工作對慾力（libido）的重大影響，指出：

強調工作的重要性比生活的其他任何技巧都更能將個人與現實聯繫得更緊密；在工作中，個人至少是牢固地與現實中的一部分相連接，即人類社會。……然而，作為通往幸福的途徑，工作並沒有被人高度重視。他們並不像追求其他滿足的機會那樣地追求工作。大多數人只有在迫不得已的情況下才工作，而人類對工作的這種自然厭惡導致了最困難的社會問題。

（p. 34）

圖 1.4 提供了一個基本的生涯理論的時間軸。在關於生涯諮詢的理論家和理論方面，最先由弗蘭克·帕森斯於 1908 年提出，他專注於真實為基礎的推論，將自我認知與現有職業的成功條件相匹配，以做出職業承諾。接下來的主要理論發展發生在 1950 年，被稱為發展取向理論，該理論探討了橫跨整個生活廣度（lifespan）的生涯發展如何發生。1960 年代，約翰·何倫（John Holland）的職業人格及工作環境理論 （RIASEC theory）被引入，這是有史以來研究最多的理論之一。七〇年代強調將社會和學習理論應用於生涯發展，而八〇年代則注重個人及其選擇之間的適應。九〇年代強調了認知、規劃和敘事，隨後出現了對建構主義的重視。距離生涯理論正式誕生僅一百多年，許多最早的理論至今仍在使用，同時被研究並應用於生涯諮商。所有這些理論的共同之處在於探索自我和社會元素如何影響生涯決策。當前的問題（例如經濟衰退、不同群體的邊緣化、技術進步）在理論應用的焦點中發揮著作用，但共同特徵仍然存

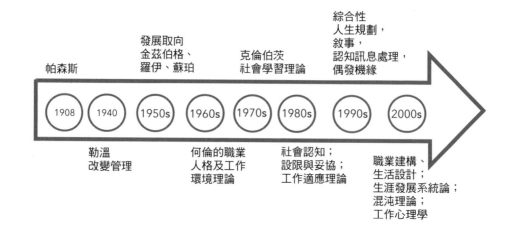

圖 1.4　主要生涯發展事件時間表

在。對當前理論的一些批評是，它們主要是由白人男性所創造，他們可能對這個族群之外的生涯發展因素和壓力不敏感。許多理論已經在不同群體方面進行了研究，以增進對理論適用性的理解。

專業協會

生涯發展和諮商自 1913 年以來就有了專業協會，當時成立了美國全國職業輔導協會（National Vocational Guidance Association, NVGA）。有趣的是，美國勞工部也是成立在那一年。這個組織現在的正式名稱為美國國家生涯發展學會（National Career Development Association, NCDA），協助建立生涯諮商作為一種專業，制定倫理準則來表達生涯發展專業人員應表現的行為，在美國聯邦政府層級倡導生涯發展，持續進行生涯發展培訓，並為實務工作者、理論家和研究人員提供資源。

美國全國職業輔導協會於 1913 年制定的最初任務是：「協會的目標是促進對職業輔導感興趣的人們之間的交流；為職業輔導的研究和實務提供更強烈和更有系統的指導；建立一或多個關於職業輔導研究和實務的訊息發布中心；並與公立學校和其他機構合作以促進這些目標」（Feller, 2014）。從那時起，我們更加關注支持那些專門從事生涯發展的人。根據其網站，美國國家生涯發展

學會的使命是為那些啟發和賦能（empower）個人實現其生涯和生活目標的實務工作者和教育工作者提供「專業發展、出版物、標準和倡議」（NCDA website, December 2021）。

與生涯諮商相關的當前定義

存在有許多與提供生涯服務相關的專門用語，通常可以互換使用。以下的定義試圖區分這些專門用語，以突顯它們各自獨特的方面。

生涯（Career）：「透過個人所從事的工作，時間延伸以實現有目的的生活模式」（Reardon et al., 2000, p. 6），包括「涉及志業、職業和工作相關的職位以及與個人一生的生計相關的活動」（Zunker, 2016, p. 7）。

生涯轉換（Career Change）：「從一個工作類群轉變到另外一個」（Lent Sc Brown, 2020, p. 9）。

生涯教練（Career Coach:）：根據國際教練聯盟（International Coaching Federation）的描述，關鍵重點包括：展示符合倫理的執業、體現教練心態（例如，以個案為中心並保有彈性）、共同建立個案與教練的關係、溝通技巧以及培養學習和成長（https://coachingfederation.org/core-competencies）。雖然沒有教育／培訓或執照／認證的要求，但可以提供研習證書以增加對服務品質的信心。

生涯教練（Career Coaching）：聚焦於與生涯相關的目標，例如強化求職能力。一般而言，教練被定義為「一種以行動為導向的合作夥伴關係……專注在你現在所在的位置以及如何實現你的目標」（Cole, 2000, p. 95）。一般而言，教練被定義為「在發人深省和創造性的過程中進行合作，激發人們最大程度地發揮個人和專業潛力。教練的過程通常會解鎖以前未曾開發的想像力、生產力和領導力的來源」。（https://experiencecoaching.com/?utm_source=ICF&utm_medium=direct-link&utm_campaign=icf-to-ec）

生涯諮商（Career Counseling）：除了生涯規劃的定義中所包括的活動外，生涯諮商提供了與個案更深層次參與的機會，奠基在建立專業諮商關係的基礎上，可以協助個案處理超過生涯規劃範圍的生涯和個人發展方面的問題（NCDA, 2015, p. 3）。

生涯諮商師（Career Counselor）：是「擁有諮商教育、諮商心理學或密

切相關的諮商進階學位（碩士或博士學位）的專業人士（或生涯諮商實習中的學生），從事生涯諮商實務或其他生涯諮商相關服務。生涯諮商師履行許多角色和職責，如生涯諮商教育者、研究人員、督導、實務工作者和顧問」（NCDA, 2015, p. 26）。

生涯決策（Career Decisions）：「包括個人對職業、教育、培訓和就業所做的選擇」（Sampson et al., 2004）。

生涯發展（Career Development）：「一個涵蓋一生大部分生活廣度（lifespan）的過程——從童年開始……；透過一個人生涯行為的進展（如隨著時間的推移進入和適應工作）持續到成年；可能以過渡和適應退休來達到終點」（Lent & Brown, 2020, p. 11）。

生涯教育（Career Education）：「正式的學校課程，通常在中學和高中階段，旨在向學生介紹工作的世界，評估與生涯相關的個人特質，並探索可能適合個人特質的生涯選擇」（Lent & Brown, 2020, p. 16）。

生涯輔導（Career Guidance）：「涵蓋教育機構、專業行政機構和其他提供諮商和生涯相關課程的組織中，服務與活動的所有組成部分。這是一項由諮商師協調的工作，旨在藉由各種專業服務促進生涯發展，從而培養每位個案的生涯發展能力，以及管理自己生涯發展的願望」（Zunker, 2016, p. 7）。

生涯介入策略（Career Intervention）：「任何旨在增強個人生涯發展或使個人能夠做出更好的生涯相關決策的治療或努力」（Spokane, 1991, p. 22）。

生涯規劃（Career Planning）：生涯規劃服務「旨在幫助有特定需求的個案，包括主動提供訊息，例如審查簡歷；協助制定拓展人脈策略；根據個案的價值觀、興趣、技能、先前的工作經驗和／或其他特徵來識別職業；求職過程中的支持；以及透過紙筆和／或網路版的興趣量表、能力量表、個性量表、工作相關價值觀量表來進行評估」（NCDA, 2015, p. 3）。

工作（Job）：「在規定的時間內擔任的特定工作崗位」（Lent & Brown, 2020, p. 9）。

職業（Occupation）：「在不同的行業或組織裡發現一組類似的工作」（Reardon et al., 2000, p. 8）。「職業存在於經濟中，並且存在於歷史中，即使沒有男女或兒童從事這些職業。職業、行業和專業獨立於任何人而存在」（Herr et al., 2004, p. 44）。

職位（**Position**）：「組織中一個人執行的一組任務，具有一組重複或連續性任務的工作單元。一個任務是一個以小時為單位而非天數執行的工作行為單位，有一個起點和一個終點」（Reardon et al., 2000, p. 8）。

志業（**Vocation**）：「一個人特別適合的職業或專業，尤其涉及一種使命感或召喚（calling）」（https://dictionary.apa.org/vocation）。

生計（**Work**）：「人們提供服務或創造商品的生活領域，通常（但並非總是）有償」（Lent & Brown, 2020, p. 9），「為自己或他人創造價值的領域」（Reardon et al., 2000, p. 7）。

關鍵組成和介入策略

許多生涯諮商的組成與更通用的或個人的諮商相似。生涯諮商師遵循的倫理規範反映了美國諮商學會（American Counseling Association，2014）所概述的廣泛諮商領域的倫理規範。可以在定義諮商關係、運用實證性的和文化敏感性的實務和介入策略、保密性、在能力範圍內提供服務、關注健康和改善個案生活，以及使用理論指導實務等方面看到相似之處。

生涯實務工作者專門處理與生涯決策相關的問題，並使用各種介入策略（如評估、訊息、消除負面生涯信念的認知重組、決策指南）來支持個案解決生涯問題。根據倫特和布朗（Lent & Brown）的說法，生涯諮商師的三個主要焦點包括協助個案做出並實行生涯決策、適應與生涯相關的決策並管理自己的生涯，以及應對生涯／生活轉變。方法可以是標準化的（如《生涯想法清單工作簿》, Sampson et al., 1996）或非標準化的（如職業組合卡 , Osborn et al., 2016）。這些介入策略可能側重於幫助個人釐清和優先考慮他們想要應用於其生涯問題的個人相關訊息，指出與正在考慮的選項有關的資源和訊息，識別並製定策略以解決實行生涯選擇的障礙，以及生涯規劃和目標設定活動。

生涯諮商師幫助人們回答的問題類型

生涯諮商師協助人們回答與生涯決策、生涯問題解決和求職相關的特定問題。常見的問題包括：

- 我擅長什麼，哪些職業最適合我的技能？
- 哪些職業最符合我的價值觀（例如，影響社會）？

- 如何得知某個職業的起薪？
- 未來哪些職業將會有需求？
- 我如何轉行？
- 我如何知道應該學習什麼來為我的生涯做好準備？
- 如何進入隱藏的就業市場？
- 如果我沒有工作經驗，要如何找到工作？
- 我是否應該透露我的障礙？如果是的話，我應該如何透露？
- 如果我覺得自己在工作中受到歧視，但又擔心失去工作或未來升遷，我應該怎麼辦？
- 當未來看起來如此不穩定時，我該如何規劃未來？
- 你能評價一下我的簡歷嗎？
- 我如何最好地準備面試？
- 我如何幫助我的孩子為他們的未來生涯做好最好的準備？
- 我如何弄清楚自己想做什麼工作？

這些只是生涯實務工作者每天面對的問題範例，而且往往比表面上看起來更複雜。通常，當實務工作者試圖釐清所需的訊息時，可能會出現其他問題。例如，如果一個人試圖識別與技能相關的選擇，然後回答說：「我什麼都不擅長」，則會談可能會轉向關注潛在的心理健康問題。或者，在談論求職時，個案可能會揭露他求職上有一些限制，由於其伴侶的工作或需要留在當地以承擔照顧責任等原因，反過來說，這可能揭露了有一些額外的議題需要加以探索。最終，生涯諮商的目標是幫助個案獲得他們做出明智決策所需的訊息和支持，因此會提出聚焦的問題，以增加實現此目標的可能性。

藝術治療和生涯諮商的未來趨勢

雖然很難預測未來會發生什麼，特別是藝術治療和生涯諮商領域都只有一個多世紀的歷史，但當前的趨勢似乎暗示了一些可能的發展方向。

數位藝術媒體

自從早期的倡導者（Parker-Bell, 1999）鼓勵藝術治療師採用數位媒體和探索其應用於藝術治療的可能性以來，數位媒體在藝術治療背景中的使用呈指數級增長。奧爾（Orr, 2016）提到了數位媒體的一些限制，包括機密性和安全性上的擔憂、技術故障導致藝術作品或其連結的遺失，同時指出數位藝術媒體可能不適合所有個案。然而，奧爾也強調，現有的數位媒體藝術選項能做得更多，其應用和可能性只受到使用者想像力的限制。海茲（Hinz, 2020）指出，藝術治療師的批評與數位作品中缺乏感官探索有關，而這可能被視為情感參與較少，同樣的考量可能延伸到有精細動作困難者的使用和獨立操作。舉例來說，值得注意的是，青少年和青年已經成長為「數位原住民」，對數位媒體可能比傳統藝術媒材更加自在（Carlton, 2014）。當選擇數位媒體作為個案藝術創作的選項時，重要的是，實務工作者必須具備數位媒體方面的能力，並符合倫理地理解其優點和限制而加以應用，就像傳統藝術媒體一樣（Carlton, 2014; Hinz, 2020; Orr, 2016）。

跨領域整合

首先，正如本書的標題所透露的，各個領域（如社會學、教育、心理學、工程學）的整合可能會增加。例如，最近有關生涯發展的出版物和演講已經聚焦於創傷（Kim & Smith, 2021）、心理健康（Sampaio et al., 2021）和身體健康或疾病（Bouchard & Nauta, 2021）等方面。

科技的影響

另一個持續強調的領域可能是增加和更細緻地使用科技，以強化和擴大服務的提供。COVID-19 對工作、學習以及人們的工作方式產生了巨大的影響，而且仍然持續其影響（Osborn et al., 2022）。其中一個影響是科技大量的傾入，包括透過 Zoom 等平台進行即時線上會議，以及遠端工作和學習。以前科技能力要求最少的的職業和職位（如諮商）已轉向線上服務。實務工作者和個案不得不調整服務和介入策略的模式，而且很可能在疫情大流行後，人們可能仍然會偏好某些線上服務模式。

腦神經科學知識在藝術治療中的應用

創造性藝術治療專業人員與神經科學專家之間的跨學科合作，已經激發了藝術治療體驗中涉及的神經過程的更豐富對話。透過當前的神經成像和移動大腦／身體成像技術（MoBI），研究人員研究了人的大腦在與媒材接觸、對圖像做出反應以及參與一系列構成創造力的過程時，大腦中發生的情況（King, 2018）。例如，神經美學研究人員提供了有關大腦如何處理美學體驗，以及如何透過接觸美學和創意體驗來激活獎勵系統的更多訊息。隨著對藝術治療參與運作的研究和了解的增加，藝術治療師將能夠據此細膩調整出適合個案考量和需求的方法，擴大藝術治療介入措施對各種人群有效性的證據力，並找出有關創造力如何提高幸福和職業成功的答案。（Kaufman, 2022; Madden, 2022; Vartanian, 2022）。

強調文化敏感度、謙虛與包容性

過去幾年，人們對於在教育、工作和機會等文化上被邊緣化群體的經歷重新有所認識。許多專業組織認識到需要進行培訓以提高文化敏感度和謙虛的態度。理論與介入策略受到檢視，以評估它們對來自不同背景的人的適用性與適當性。美國國家生涯發展學會的網站提供多種培訓機會，幫助實務工作者識別可能對個案產生負面影響的態度、信仰和行為，例如微攻擊。研究人員正努力關注這方面的落差，將研究工作聚焦在不同群體上，盡可能理解不同社會身分如何與職業問題相結合。最近領域裡對上述的認知，可能會持續研究下去。

社會正義意識和倡導

除了提高對文化群體經歷的認識和謙虛之外，包括藝術治療師和生涯諮商師在內的專業助人者也越來越多地考慮自己作為社會正義倡導者和行動者的角色（Brown & Baraka, 2021; Gipson, 2015; Lee, Smith, & Henry, 2013）。在專業辦公室內外，實務工作者被要求「成為公共領域社會或政治領域變革的積極聲音和渠道」（Lee, Smith, & Henry, 2013, p. 78）。因此，今天的藝術治療師和生涯諮商師被呼籲要認出和指出不平等的現象，賦能個案去面對處理不公平正義的社會體系，並努力將溝通技巧應用於政策和立法變革，以促進有益心理健康和公平的獲得就業機會環境。

藝術治療和生涯諮商：合作的論點

黛博拉的故事

　　作為一名在一級研究型機構的生涯發展／職業心理學／生涯諮商教授，有人可能會認為我（黛博拉）主要的何倫職業典型代碼（Holland codes）（在第二章中介紹）是社會型和研究型。雖然這兩型都在我的前三名之內，但藝術型是我的主要類型。在我的教學、研究、諮商和督導生涯中，我一直受到創造性方法吸引，並且在這些任務中感到最有活力。即使在解釋標準評估結果、設計嚴謹的研究、評閱簡歷或是教授生涯理論的常見要素時，我也一直在追求如何從「少有人走的路」來完成這些任務。選擇非傳統的路線在我的職業生涯中一直被證明是非常令人滿意的。儘管如此，我並不是天生就了解這些，因此也沒有意識到某些藝術或創意方法的潛在力量。與藝術治療教授（芭芭拉）在教學和研究中合作，使我變得更加欣賞這些技巧，並提高了我對藝術治療原則（如媒介的選擇與風險的關係）知識不足的自覺，同時增強了我學習更多知識的承諾，以便能夠繼續以符合倫理的方式將藝術和創造力融入我的實務工作中。

芭芭拉的故事

　　作為一名擁有臨床心理學博士學位的藝術治療師和藝術治療教育工作者，一直以來，我經歷了擁抱跨學科的合作，並將來自不同領域的想法和實踐融合在一起。我在一個熱愛藝術的家庭中長大，當我的天賦和興趣促使我攻讀繪畫藝術學士學位時，他們給予我鼓勵。畢業後，我很幸運地在與藝術相關的環境中找到了工作，例如畫框店、畫廊、藝術品拍賣行，我也繪畫和展覽我的作品。藉由這些經歷，我更加了解自己。我發現我渴望與人更密切地合作，並回憶起我在本科期間聽過的關於藝術治療的客座講座。40多年後，我仍然記得這次「偶然」的經歷和講座內容，那個講座探討了在藝術治療療程中個案首次創作藝術品的重要性。這段經歷激發了我想研究藝術治療和了解藝術治療培訓需要具備的條件。我在萊斯利學院（現為大學）獲得了藝術表達性治療碩士學位，這個學位重視藝術、音樂、動作和心理劇過程相結合的跨學科或跨模式工作，以服務個案。

　　經過了幾年從事藝術治療實務工作並督導新手實務工作者的經驗之後，

我接受了成為藝術治療教育工作者的機會，後來，我攻讀了臨床心理學博士學位。在此期間，個人的經驗和好奇心引領我研究失智症專業照護人員的經歷。我想知道，在長期照護機構的環境裡，具有長期工作經驗的護士如何隨著時間推移仍能保持對工作的積極性和滿意度？他們運用了哪些類型的經驗（包括創意、社交和精神活動）來保持積極性和滿意度？回顧過去，我的博士論文選題顯示了我對生涯選擇和滿意度的潛在興趣。我在臨床實務中獲得了更多機會與個案一起工作，而他們的生涯問題交織了對福祉的追求與樂活的目標。生涯發展和滿意度的主題持續吸引著我去研究。

加入佛羅里達州立大學時，我抓住了一個機會：為藝術治療學生教授生涯發展課程。隨後，我查閱了相關文獻，諮詢了佛羅里達州立大學職業中心的專業人士，並計畫盡可能多將藝術治療實務融入課程中。然而，我發現專門針對藝術治療和生涯諮商的可用材料有些落差。感謝的是，我認識了黛博拉，她和我一樣熱衷於運用由藝術治療和生涯諮商專業人士所結合產生的創造性方法。我希望本書讀者能夠擴展對生涯發展和藝術治療專業的接觸，並探索這些傑出的理論和應用，這些理論和應用能夠增強與職業相關的自我認識、職業知識、決策過程、個人施為以及有意義地參與工作，這將有助於提高終其一生的生活品質。

我們希望這本書能激發你的好奇心，並持續致力於以能力、創造力和關懷來積極解決生涯問題。為了代表我們的合作精神，我們為你提供了**圖 1.5**，這

圖 1.5　兩位作者合作表達藝術治療和生涯諮商整合

　　　　　　　　　　　　　　　　　　　藝術治療與生涯諮商

是一幅共同創作的創意能量、藝術和生涯焦點的圖像。

討論問題和活動

1. 你在**圖 1.1** 中完成的廣告看板與本章中列出的預測相比如何？你的預測看起來實際嗎？需要什麼條件才能增加實現理想未來的可能性？有什麼可能會阻礙實現這一期望？你可能在打造這個領域扮演什麼角色？

2. 請參閱**表 1.1**，了解 1860 年代和 1870 年代幾十年間世界的活動及其對生涯發展影響的樣本比較。選擇任意兩個十年，創建並完成一個類似的表格。個別十年的比較揭示了哪些共同和獨特的影響？

3. 尋找與生涯和工作相關的藝術作品。作品中捕捉到了哪些情感？藝術家想傳達什麼？如果要創作藝術作品來表達你當前對工作的感知（看法？），它會是什麼樣子？你會使用什麼材料？你希望傳達什麼情感和訊息？

4. 如果用一條線來描繪你迄今為止的生涯旅程，那會是什麼類型的線（粗線、細線、波浪線、直線、彎曲線、長線、多向線、單調線、彩色線、斷續線、短線等）？你對生涯旅程的經歷和看法會如何影響你與他人合作生涯發展的方式？

5. 想想你曾經經歷過或期望經歷的不同實習或實習場所。哪種類型的生涯發展問題可能與該環境相關，以及這些問題對於接受服務的人來說會如何出現？

6. 考量今日的文化和背景，你認為生涯和藝術治療工作者應該處理哪些其他問題？

7. 考慮到**圖 1.5** 中的協作藝術，你怎麼想像藝術治療和生涯諮商的整合？那會是什麼樣子？

表 1.1 十年分析範例

年代	重大事件	對生涯發展的影響	該期間的廣告	任何與工作相關該時期的音樂（如果有，是什麼？）	還有其他的嗎？	資料來源
60 年代	廢除奴隸制：內戰爆發；林肯總統被暗殺殺；第一條橫貫大陸鐵路建成；婦女選舉權；探礦和內華達普及了大崇州的發現金礦。	西部定居點：黃金的發現，橫貫大陸鐵路的建成，以及對西部的探礦和採礦，當牛仔和男性服兵役等職業；當時男人們外出打仗時，婦女們則從事家庭主婦，而有些人則轉向軍事護理和教學。	祝第一條橫貫大陸鐵路的竣工： https://en.wikipedia.org/wiki/File:69workmen.jpg	當強尼再次踏上回家之路 www.civilwar.org/education/history/on-the-homefront/culture/music/when-johnny-comes-marching-home-again/when-johnny-comes-marching.html	自行車成為一種熱潮；政治諷謂玩很流行；滑雪板發明了：米爾頓‧布拉德利（Milton Bradley）開始製作遊戲，並成立觀念作「狂野西部」一詞被創造出來，指的是美國西部無組織的定居地區；救世軍成立，並創定了元素週期表。	Kingwood College Library：http://kclibrary.lonestar.edu/19thcentury1860.htm Civil War Preservation Trust：www.civilwar.org/education/history/on-the-homefront/culture/music/when-johnny-comes-marching-home-again/when-johnny-comes-marching.html Wikipedia：https://en.wikipedia.org/wiki/1860s
70 年代	1870 年批准第十五修正案；賦予所有美國公民投票權；1870 年美國的入籍法案限制了白人和非洲人後裔；布魯克林大橋開始施工；約翰‧D‧洛克菲勒（John D. Rockefeller）合併了標準石油公司（Standard Oil）；維吉尼亞重新加入美國；德克薩斯和加入聯邦的拓展州；愛迪生發設立了留聲機。	女性進入體力勞動和製造業勞動力隊伍；當時全國各地的鐵路工人因業主罷工的鐵路工人因業行龍工；生命了第一位女法官；1870 年人口普查首次統計數據；工的職業統計；農業、專業和個人服務業、貿易和運輸以及製造、機械和混合工業。	吉百利可可女士時尚調鐵公司 Cadbury's Cocoa Women's fashion Iron & Steel Company	流行音樂主要與這一時期的軍事和政治事件有關。一些流行的音樂類型包括福音音樂、民謠音樂、鄉媽媽音樂和歌劇。快樂的工廠男孩工廠兒童祈禱八小時勞工。	騾最初被用作農民主要的軍事和政策；冷歐櫃逆得更斯；查爾斯‧狄更斯去世；聖誕節被宣佈為美國聯邦假日。	Goldin, Claudia.（1980）. The work and wages of single women, 1870-1920. Journal of Economic History, 40(1), 81-88：http://dash.harvard.edu/bitstream/handle/1/1264864/Golding_WorkWages.pdf?sequence=2 Thinkquest.org：http://library.thinkquest.org/20619/ Chinese.html Wikipedia：https://en.wikipedia.org/wiki/History_of_the_United_States_1865%E2%80%931918 Brainy History：www.brainyhistory.com/years/1870.html 1870 Census：https://www.1930census.com/1870_the_year_in_history.php History Link：www.historylink.org/index.cfm?DisplayPage=output.cfm&file_id=9466 http://kclibrary.lonestar.edu/music-1.html

參考文獻

American Art Therapy Association (2022). About art therapy. https://arttherapy.org/about-art-therapy/

American Counseling Association. (2014). ACA code of ethics. www.counseling.org/resources/acacode-of-eLhics.pdf

Art Therapy Credentials Board. (2022). About the credentials.www.atcb.org/about-the-credentials/ Bouchard, L. M., & Nauta, M. M. (2021). Associations of health symptoms and perceptions with work volition. *Career Development Quarterly, 69(2)*, 165-177. https://doi-org.proxy.lib.fsu.edu/10.1002/cdq.l2257

BrainyQuote. (n.d.a). BrainyQuote.com. Retrieved January 1, 2022, from BrainyQuote.com website: www.brainyquote.com/quotes/socrates_101168

BrainyQuote. (n.d.b). BrainyQuote.com. Retrieved January l, 2022, from BrainyQuote.com website: www.brainyquote.com/quotes/plato_105918

Brown, E. M., & Baraka, M. (2021). Teaching career counseling as a pathway for justice and advocacy work. *Counselor Education and Supervision, 61*, 47-54. https://doi.org/10.1002/cea.12224

Buck, J. N. (1948). The H-T-P test. *Journal of Clinical Psychology, 4*, 151-159.

Burns, R. C. (1982). *Self-growth in Families: Kinetic Family Drawings (K-F-D) research and application.* Brunner Mazel.

Carlton, N. R. (2014). Digital culture and art therapy. *The Arts in Psychotherapy, 41(1)*, 41-45. https://doi.org/10.1016/j.aip.2013.11.006

Cole, W. (2000, October 16). The un-therapists. *Time*, 95.

Exner, Jr., J. E. (2003). *The Rorschach: A comprehensive system.* Vol. l: *Basic foundations and principles of interpretation,* (4th ed.). John Wiley & Sons.

Feller, R. (2014). The first conference of the National Vocational Guidance Association: Roots of the National Career Development Association #2. Retrieved from www.ncda.org/aws/NCDA/pt/sd/news_article/70380/_PARENT/layout_details_cc/false

Franklin, M. (2016). Essence, art & therapy: A transpersonal view. In D. Gussak & M. Rosal (Eds.), *The Wiley handbook of art therapy* (pp 99-111). John Wiley & Sons

Freud, S. (1930). Civilization and its discontents. *The Standard Edition of the Complete Psychological Works of Sigmund Freud, Vol.21* (pp. 57-146). Hogarth Press.

Gipson, L. R. (2015). Is cultural competence enough? Deepening social justice pedagogy in art therapy. *Art Therapy: Journal of the American Art Therapy Association, 32(3)*, 142-145.

Graves-Alcorn, S., & Kagin, C. (2017). *Implementing the Expressive Therapies Continuum: A guide for clinical practice.* Routledge.

Hammer, E.F. (1969). Hierarchical organization of personality and the H-T-P, achromatic and chromatic. In J. N. Buck & E. F. Hammer (Eds.), *Adventures in House-Tree-Person techniques: Variations and applications* (pp. 417-447). Western Psychological Services.

Herr, E. L., Cramer, S. H., & Niles, S. G. (2004) *Career guide and counseling through the lifespan* (6th ed.). Pearson Education.

Hinz, L. D. (2016). Media considerations in art therapy: Directions for future research. In D. Gussak & M. Rosal (Eds.), *The Wiley handbook of art therapy* (pp. 135-143). John Wiley & Sons.

Hinz, L. D. (2020) *Expressive Therapies Continuum: A framework for using art in therapy* (2nd ed.). Routledge.

Hogan S. (2000) British art therapy pioneer Edward Adamson: A non-interventionist approach. *History of Psychiatry, 11*, 259-27l. http://doi-org.proxy.lib.fsu.edu/10.1177/0957154X00011014302

International Expressive Arts Therapy Association. (2022a). What are the expressive arts? www.ieata,org/who-we-are

International Expressive Arts Therapy Association. (2022b). What is REAT? www.ieata.org/what-is-reat

Junge, M. B. (l994). *A history of art therapy in the United States.* American Art Therapy Association.

Junge, M. B. (2010) *The modern history of art therapy in the United States.* Charles C. Thomas.

Junge, M. B. (2016) History of art therapy in D. Gussak & M. Rosal (Eds.), *The Wiley handbook of art therapy* (pp. 7-16). John Wiley & Sons.

Junge, M. B. & Wadeson, H. (2006), *Architects of art therapy: Memoirs and life stories*. Charles C. Thomas.

Kaufman, J. C. (2022). Creativity and mental illness: So many studies, so many scattered conclusions. In J. A. Plucker (Ed.) *Creativity and innovation theory, research, and practice* (pp83-88). Routledge.

Kim J., & Smith, C. K. (2021) Traumatic experiences and female university students' career adaptability. *Career Development Quarterly, 69(3)*, 263-277. https://doi-org.proxy.lib.fsu.edu/10.1002/cdq.12271

King, J. (2018) Summary of twenty-first century great conversations in art, neuroscience, and related therapeutics. *Frontiers in Psychology, 9*: 1428. https://doi.org/10.3389/fpsyg.2018.01428

Kwiatkowska, H. Y. (1973) *Family therapy and evaluation through art*. Charles C, Thomas.

Lee, M. A, Smith, T. J., & Henry, R. G. (2013) Power politics: Advocacy to activism in social justice counseling. *Journal for Social Action in Counseling and Psychology, 5*(3), 70-94.

Lent, R. W. & Brown, S. D. (2020) Career development and counseling: An introduction. In S. D. Brown & R. W. Lent (Eds.), *Career development and counseling: Putting theory and research to work* (pp. 1-30). Cengage.

Lusebrink, V. B. (1990). *Imagery and visual expression in art therapy*. Plenum Press.

Machovel, K. (1952) *Personality projection in the drawing of the human figure*. Charles C. Thomas.

Madden, R. (2022). What teachers should know about Creativity in business. In J. A. Plucker (Ed.), *Creativity and innovation theory, research, and practice* (pp. 295-304), Routledge.

McNiff, S. (1981). *The arts and psychotherapy*. Charles C. Thomas.

National Career Development Association (2015). NCDA code of ethics. www.ncda.org/aws/NCDA/asset_manager/get_file/3395

Naumburg, M. (1987). *Dynamically oriented art therapy: its principles and practice*. Magnolia Street Publishers.

Orr, P. (2016). Art therapy and digital media. In D. Gussak & M. Rosal (Eds.), *The Wiley handbook of art therapy*（pp. 188-197). John Wiley & Sons.

Osborn, D. S., Kronholz, J. F. & Flinklea, J. T. (2016). Card sorts. In M. McMahon & M. Watson (Eds.), *Career assessment: Qualitative approaches* (pp. 81-88). Sense Publishing. Retrieved from www.sensepubhshers.com/catalogs/bookseries/career-development-series/career-assessment/

Osborn, D. S., Hayden, S. W. C., Reid Marks, L., et al. (2022). Career practitioners' response to career development concerns in the time of COVID-l9. *Career Development Quarterly, 70(1)*, 52-66. doi:http://dx.doi.org/10.1002/cdq.12283

Parker-Bell, B. (1999). Embracing a future with computers and art therapy. *Art Therapy: Journal of the American Art Therapy Association, 16(4)*, 180-185.

Parsons, F. (1909). *Choosing a vocation*. Garrett Park Press.

Potash, J. S. & Ramirez, W. A. (2013). Broadening history, expanding possibilities: Contributions of Wayne Ramirez to art therapy. *Art Therapy: Journal of the American Art Therapy Association, 30(4)*, 169-176. https//doi.org/10.1080/07421656.2014.847084

Reardon, R., Lenz, J., Sampson, J., & Peterson G. (2000). *Career development and planning: A comprehensive approach*. Brooks-Cole/Wadsworth.

Rhyne, J. (1973). *The Gestalt art experience*. Brooks Cole Publishing.

Rogers, N. (2001) Person centewd expressive arts therapy. In J. Rubin (Ed.), *Approaches to art therapy: Theory and technique* (2nd ed., pp. l63-l77). Brunner Routledge.

Rosal, M. (2016). Cognitive-behavioral art therapy revisited. In D. Gussak and M. Rosal (Eds.), *The Wiley handbook of art therapy* (pp. 68-76). John Wiley & Sons.

Rubin, J. (2016). Psychoanalytic art therapy. In D. Gussak and M. Rosal (Eds.), *The Wiley handbook of art therapy* (pp. 26-36). John Wiley & Sons.

Sampaio, C., Cardoso, P., Rossier, J. & Savickas, M. L. (2021). Attending to clients' psychological needs during career construction counseling. *Career Development Quarterly, 69(2)*, 96-113. https://doi-org.proxy.lib.fsu.edu/10.1002/cdq.12252

Sampson, J. P., Jr., Peterson, G. W., Lenz, J. G., et al. (1996). *Career Thoughts Inventory workbook.* Psychological Assessment Resources.

Sampson, J. P., Jr. Reardon, R. C., Peterson, G. W., & Lenz, G. (2004). *Career counseling and services: A cognitive information processing approach.* Brooks/Cole.

Shafir, T., Orkibi, H., Baker, F. A., et al. (2020). Editorial: The state of the art in creative arts therapies. *Frontiers in Psychology 11(68).* https://doi.org/10.3389/fpsyg.2020.00068

Spokane, A. R. (1991). *Career intervention.* Prentice Hall.

Stepney, S. A. (2019). Visionary architects of colors in art therapy: Georgette Powell, Cliff Joseph, Lucille Venture, and Charles Anderson. *Art therapy: Journal of the American Art Therapy Association 36(3),* 115-121. https://doi.org/10.1080/07421656.2007421656 2019.1649545

Ulman, E., Kramer, E., & Kwiatkowska, H. (1978). *Art therapy in the United States.* Art Therapy Publications.

Vartanian, O. (2022). Neuroscience of creativity. In J. A. Plucker (Ed.), *Creativity and innovation theory, research and practice* (pp. 89-96). Routledge.

Zunker, V. (2016). *Career counseling:·A holistic approach*, 9th ed. Cengage.

第二章

生涯諮商的主要理論以及
藝術治療理論與實務的整合

　　本章將先概述理論的構成條件，接著，介紹生涯諮商與藝術治療領域中的主要理論與模式的關鍵組成，作為提供一個理解個案問題並識別介入策略的透鏡。同時關注每個理論如何納入文化考量，提供以理論為基礎的介入策略範例以及研究支持。在本章最後，我們將提供藝術治療和生涯諮商理論與實務如何融合以增強個案服務的理念與範例。

何謂理論？

　　根據美國生涯發展學會 (NCDA, 2013)，在提供生涯諮商時，依據理論基礎來執行被認為是「必要的」。理論無所不在。快速瀏覽教科書和學術文章很容易就識別出超過 20 種生涯發展「理論」。雖然任何人都可以將一個想法稱作理論，但可靠的理論是立基於實證研究和證據的。此外，研究人員和學者（如 Brown, 2002; Sharf, 2013）已經確認了良好或有代表性的理論有幾個指標，這些指標在**表 2.1** 中表示。

　　我們使用**表 2.1** 中的標準來決定本章所介紹的理論，並鼓勵大家在實務工

表 2.1　評估生涯理論

標準	定義
全面性	理論必須能全面性的解釋問題，包括描述問題過去是如何發展出來的、目前可能存在以及未來可能發生的情況。
一致性	理論的假設、命題、假設等必須在邏輯上能夠結合在一起。
簡潔性	理論應該盡量簡單，包含有限的概念，以及包含少數的假設。
精確性和清晰性	理論必須明確、清晰，其命題、定理和假設中沒有歧義之處。這些必須足夠精確，以便能測量和測驗。
操作性	操作性是指理論可以被簡化成檢測其命題程序的程度。其概念和假設必須足夠精確，以便加以測量和測驗。
可被反證的	理論必須提出清晰的主張和假設，以便進行檢測，並可能被反駁。
實徵效度、可驗證性或可測試性	理論應該要得到測驗和實驗的支持，以確認其有效性，以及其對一般和多元化族群的假設和預測的有效性。
實用性	理論在研究或實務應用中的定義和預測應該是要有用的。
重要性、豐富性和生產性	理論應該要對其領域有價值，並且應該透過持續產生研究來展示其持久性。

作中選用理論時考慮這些面向。

理論在實務上的作用

　　理論就像是張地圖，幫助實務工作者理解個案的路徑，並指引介入策略的選用（Krumboltz & Nichols, 1990）。所選用的理論會讓實務工作者知道應該問哪些問題（以及不提哪些問題）、提問的原因、如何概念化個案的生涯問題和隨後的目標、選擇的介入策略，以及決定下一步的方法。使用理論來指引會談有助於實務工作者組織會談中正在進行的部分、其背後的目的以及適當的介入時機。例如，運用認知訊息處理理論（cognitive information processing theory）的諮商師可能會先請個案確認他們現在的生涯問題所在（如未決定）與他們想要達到的狀況（如已決定）之間的落差；而使用蘇珀的發展取向（Super's developmental approach）的諮商師則可能會先試圖找出個案目前的生涯發展階段。介入策略和

接續步驟將取決於個案對這些問題的回答。

　　在問到某人所運用的理論時，他們通常會回答「折衷」，這代表他們結合了兩個或更多理論的元素來引導他們如何概念化個案的問題和決定介入策略。這也表示他們可能會在當次會談中或者與同一位個案的多次會談之間改變理論方法，或者依據每個個案的情況決定運用哪種理論。這些理論的重疊之處可能會讓人想要整合共同元素而予以簡化。雖然表面上看似是一種實用的方法，但請思考一下前面我們描述何謂理論的文字。理論是基於研究的結果而來，特定理論中的元素基於研究而得以確認、改變或刪除。若是自助餐式地混合搭配來自不同理論的多種元素，是有問題的，因為這是在用未經驗證的方法來幫助個案做出人生決定。此外，改變方法可能會讓個案感到困惑，就像正按照既定路線前往目的地時突然被重新導航。話雖如此，大多數的生涯介入策略、資源和評估可以用於任何理論。例如，自我探索興趣量表（Self-Directed Search, Holland & Messer, 2013）直接對應何倫的職業人格與工作環境理論（Holland's RIASEC theory, 1997），也可以用於建立如認知訊息處理論中所述的自我知識層面（self-knowledge domain, Sampson et al., 2004, 2020）；職業人格與工作環境理論主題通常也在敘事取向中探討（Savickas, 2018）等等。作為一個實務工作者，如果可以將你的介入策略與使用的理論加以連結，就可以減少讓個案感到困惑的可能性。

生涯理論的分類

　　為了幫助實務工作者理解存在的大量生涯理論，生涯理論有多種分類方式，其中一種分類法包括三要素：發展、人與環境適配、學習理論。最近，生涯理論被分為現代或後現代兩個類別，這兩個類別之間的區別在於強調個體或集體、理性或相對主義、身分認同的穩定性或流動性、客觀性或主觀性、職業身分認同的發現或創造，以及計畫性或突現性（emergent）的會談設計。**表 2.2** 提供了這兩種哲學觀的詳細分類。

　　因此，遵循現代生涯理論的實務工作者會從個體主義的角度來聚焦生涯需求，可能會以理性的態度來引導對話進行，確認可能的生涯特質，並將這些特質連結到可能的生涯選項。生涯諮商可能會遵循相當固定的方法來進行初談蒐集訊息，探討生涯問題，然後概述解決生涯問題的步驟和計畫會談，例如確定

表 2.2　現代與後現代生涯理論的比較

	現代	後現代
生涯會談中的主要焦點	個體	集體
決定可能的生涯道路	理性	相對主義
生涯因素（特質、天賦、興趣、價值觀、技能）	穩定性	流動性
辨別生涯道路	將生涯因素與職業要求加以連結	透過敘事來找出可能的未來生涯
生涯評估	客觀的；常用標準化工具	主觀；常用非標準化方法
職業認同	發現	創造
生涯會談設計	計畫性	突現性

介入策略，如興趣量表或回顧生涯訊息。遵循後現代取向的實務工作者可能同樣會從探討生涯問題開始，但會花更多時間探討問題的背景，包括個案的身分（文化，宗教，家庭，社會）的交織性，並較少直接透過評估來確定個案的生涯因素，而是更傾向於依賴個案的故事。

　　然而，主要問題在於，理論家和本書作者對這兩組生涯理論的分類是不同的。根據其名稱，社會建構理論和敘事生涯理論自動屬於後現代類群，而那些關注識別或釐清特定個人特質的生涯理論可能會被歸為現代理論。

　　這種畫分雖然有助於分類，但其實只是表面的，因為這兩種取向之間的相似處大過於差異處。兩者的目標都是幫助個人做出明智的生涯決策，都使用測驗工具，都強調與個案的對話。沒有生涯理論採用「測驗即告知」的方法，也就是個案接受「測驗」，然後根據測驗結果「告知」他們應該選擇或避開的職業。生涯測驗也不會提供「最佳」的生涯選擇；它們提供多個選擇，然後要求個案參與決策過程。來自現代和後現代學派的生涯實務工作者可能會根據情況需要使用標準化和非標準化的生涯評估工具。

　　現實中大多數個案不會問你使用的是現代還是後現代的理論方法。這些分類更適用於學習生涯理論的學生，用來組織和簡化既有的各種理論。本書中，我們將透過發展、人與環境適配、學習和認知理論以及敘事類別的透鏡檢視生

涯理論。鑑於所有理論都發現到個人的生涯問題和生涯情況，在一生中會有所變化，並且適合成人的生涯介入策略可能不適合兒童，因此我們將從發展取向生涯理論開始。但首先，我們將介紹一個生涯諮商案例。在每個理論部分的末尾，將描述生涯實務工作者可能如何概念化比爾的情況，以及與比爾合作的方式。

2.1 比爾的案例

比爾（Bill）：面臨縮編裁員的父親

比爾是一名 39 歲的男性，擁有政治學學士學位。他最近曾在喬治亞州一家知名的國內消費性產品公司擔任區域高級銷售主管。他從 24 歲起就在同一間公司工作。他與伴侶帕特里夏（Patricia）和他們的兩個孩子（分別為 8 歲和 11 歲）一起居住在城市郊區。他們在結婚後不久就買了這棟房子，並將很多心血投入到比爾所謂的「夢想之家」。比爾的穿著打扮與態度看起來像是受過良好教育的專業人士，他強調外表在他的領域和位階中特別重要。

最近，比爾的公司進行重組，他的職位被取消，因而被解雇，公司提供比爾 6 個月的帶薪解雇期和福利，並包含再就業的生涯諮商費用。15 年來，比爾在這間公司從銷售助理升為業務專員，接著晉升為一個小區域的區域主管，最後當上了東北地區的區域主管。在過去 4 年裡，他一直在紐約辦公室上班，不得不經常往返南方與家人團聚以維繫家庭關係。他大多在週末返家，偶爾會在 2 天的週末加上 1 天休假來延長與家人相處的時間。比爾表示，他更喜歡在南方生活，但如果有必要，他也會考慮在東北地區找工作。比爾的伴侶也可以靈活地安排工作地點。

比爾擔心解雇對家庭造成影響，並擔心朋友們會如何看待他。追求成功與支持家庭一直是比爾努力工作和爭取升遷的動力。他說：「我相信要全心全意投入工作，以公平地獲得自己的努力所得。」他承認，他只是偶然地進入了這家公司而得到第一份工作，從來沒有真正探索過其他工作，也從未有求職經驗。比爾確信只要他是一位忠誠且高效的員工，他在這家公司就永遠不會被解雇。比爾的配偶持支持態度，只是不希望自己成為家庭的唯一經濟來源。

雖然比爾對被解雇感到憤怒，但他希望能夠盡快走出來。他表示現在不能浪費時間，因為他可能會輸給年輕的求職者。他把尋找新工作的任務視為

自己生涯計畫中不樂見的障礙。由於比爾求職的經驗不足，他感覺到迷失，不知道該做什麼，也不知道該從何開始。

目前，比爾花很多時間在房子的各種修繕上，他樂於改善過去 4 年被他忽視的房子。他承認應該將房子整理好以防萬一需要出售。因為現階段的處境，他對前景並非滿意而是感到無助。除了照顧家裡，比爾減少了社交活動，這讓他的配偶感到擔心。他現在真的不喜歡被那些「在職者」圍繞，並表示對自己被解雇感到尷尬。

比爾決心利用公司提供的再就業生涯諮商。他覺得公司欠他太多。他希望能從這次經歷中得到一些收穫，但不知道該期望什麼。比爾希望盡快恢復他在職業生涯中失去的東西。由於他喜歡銷售，他希望能找到一個類似的職位，但如果有必要，他也願意進行一些調整。

© 2013 年美國生涯發展學會授權轉載。

發展取向生涯理論

發展取向生涯理論關注個人的生涯在一生中是如何發展的。與任何發展理論一樣，其中的一個關鍵組成是階段，伴隨著特定年齡段普遍被認為應達到的任務。大多數人都認為年齡是相對且受時間限制的。在 1950 年代，大多數人在高中畢業後立即尋找工作或進階教育，而今天，許多人用休息一年或延長教育來延遲開展職業生涯。透過了解個體處於哪個階段，實務工作者可以確定個體是否依據其發展階段適當地發展，並聚焦於跟該階段相關的介入策略。比起聚焦於生涯決策過程，發展性理論傾向於更具描述性。

金茲伯格

艾利・金茲伯格（Ginzberg et al., 1951）是最早的發展取向生涯理論家之一。他確定了三個階段，包括幻想階段（fantasy，11 歲以前）、試驗階段（tentative，11-17 歲）和實現階段（realistic，17 歲至成年）。在幻想階段，個人經由遊戲嘗試不同的生涯角色，當他們過渡到試驗階段時，遊戲導向會轉變為工作導向，並開始釐清他們喜歡和不喜歡的事物，不同類型的工作需要具備什麼，以及哪些生涯選擇可能適合他們。興趣、明確的價值觀以及模式或主題開

始具化（crystallize），一切都在實現階段中結合在一起。這個實現階段包括三個小階段：探索（exploration），將選擇縮減到兩或三個選項；具化（crystallize），開始出現一般生涯領域的試驗性決定或是假性具化；和特定（specification），人們在這個階段透過追求就業或接受該選項的預備培訓來實現其首選。

設限與妥協

　　琳達・戈特弗雷德森（Linda Gottfredson）的設限與妥協理論（1981）著重於職業抱負是如何形成的。戈特弗雷德森認為這些階段非常重要，因為她認為個人會根據興趣、性別角色刻板印象（個人認為一個職業傳統上是偏向男性還是女性從事）和職業聲望水平來縮小或界定其生涯選擇。根據她的理論，每個人都會根據這三個領域中的每一個偏好和容忍程度以及他們認為職業與其對自己的印象相符的程度，創立一個「可接受替代方案區域」（zone of acceptable alternatives）。例如，想要從事助人工作領域者在這方面有一個「可容忍的水平」或界限，如果超出（如提供助人的部分太少或太多）就會變得不可接受。雖然可以說任何職業最終都會幫助到他人，但每個人都會對那該是什麼樣子有所設限。某個人可能相信，從事與動物相關的工作會不經意地助人，並滿意於這種程度的助人；而另一個人可能希望藉由護理或教學等生涯領域來直接助人。範圍界定過程與形成生涯認同的四個發展階段有關。根據戈特弗雷森的說法，個人在 3 到 5 歲時會對大小和權力感到興趣，思考過程非常具體。6 歲到 8 歲，我們會意識到性別角色；9 歲到 13 歲，我們會聚焦於社會評價，在評價中我們是誰？進而發展出對聲望的偏好；14 歲開始，我們則會聚焦於內在的獨特自我，在最後的這個階段，內省性思考導向職業抱負的發展。

　　範圍界定是為了發展，而妥協則是為了實現。當需要妥協時，戈特弗雷德森提出我們最先願意妥協的領域是工作和興趣，然後是聲望，最後是性別角色類型，因為性別角色類型最接近我們的核心身分認同（core identity），它是最早發展的。**圖 2.1** 顯示了戈特弗雷森的概念是如何相關聯並導向確認職業抱負的。

生活廣度／生命階段

　　蘇珀（Donald Super, 1990）認為生涯發展是一個終身的過程，在人生發展歷程的五個階段中，我們的自我概念不斷被形塑。他的理論包括 14 個命題，其中

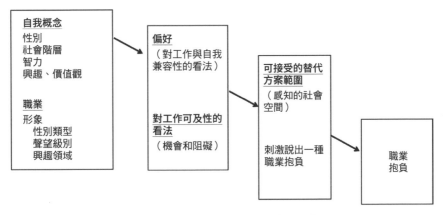

圖2.1　戈特弗雷德森生涯理論的組成圖

反映了人與環境的適配性理論（person-environment congruence theories，如人是不同的，每種職業都需要特定的技能）。在蘇珀的理論中，更核心的觀點是興趣和技能會隨時間的推移而變化，這種發展可以被引導，以及生涯發展的過程是發展與實際應用職業自我概念的過程。學習理論是透過自我與環境之間的互動而發生的，是幫助發展和鞏固自我概念的黏合劑。蘇珀還介紹了生涯成熟（career maturity）的概念，生涯成熟指的是一個人承擔起責任並做出明智的生涯決定。

　　圖2.2 顯示了五個不同的生命階段，從成長開始，到最後的衰退或脫離結

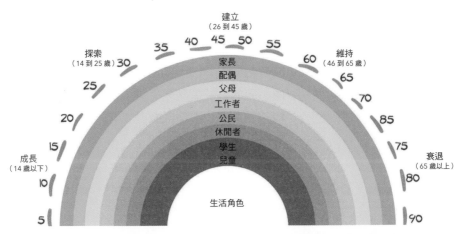

圖2.2　取自蘇珀（1980）生活廣度、生活空間取向的生涯發展

資料來源：*Journal of Vocational Behavior, 16(3)*, 282-298. Copyright © 1980 by Elsevier; all rights reserved.

束，人們在一生中以不同的強度扮演著不同角色。在成長階段（Growth stage），人們了解自己的興趣和技能。然後在探索階段（Exploration stage），檢視這些興趣和技能如何適應工作世界，做出嘗試性的職業選擇。在建立階段（Establishment stage），人們縮小選擇範圍並確立職業統整性（vocational identity）。維持階段（Maintenance）是個人試圖在自己所選擇的領域中保持最新、相關和有生產力的階段。在最後階段，一個人會考慮退休，開始脫離工作，考慮傳承，或如何過渡他們正在做的工作給那些繼續這項工作的人。蘇珀認為，諮商的目標應該是幫助個案準確了解自己和他們的生活角色，還可能包括教練、教育、重組和指導。

對比爾案例研究的反思：發展取向考量

依循發展角度運作的實務工作者首先要確定的是比爾處在哪個階段，以及他距離下一階段有多遠。考量到比爾是在沒有經過太多考慮的情況下「踏入」他的第一份工作並決定留在那裡，因此可能會建議他回到早期階段，並從事每個階段的相關任務。例如，根據金茲伯格等人（1951）的說法，雖然比爾似乎處於實現階段，但他可能會想探索幻想階段，考慮他推遲的童年夢想並探索這些選擇。戈特弗雷德森（1981）可能會鼓勵比爾考慮他在發展的每個階段如何限制了他可接受的替代選擇區域。依循設限與妥協理論運作的人可能會觀察到比爾的社交範圍似乎非常狹窄，並試圖重新檢查那些容忍度的界限，並確定這些界限的彈性。戈特弗雷德森可能還會鼓勵他考量到目前為止他所做出的妥協，以及他的伴侶在過去和展望未來時所做的妥協。

根據蘇珀（1990）的理論，比爾可能處於維持階段，然而這一階段因突然失業而中斷。聽起來他想繼續維持銷售人員的職業生涯，但考慮到他只在一家公司工作過，特別是如果他要向不同的消費者銷售不同的產品時，可能需要做一些功課來確立自己的地位。依循蘇珀理論運作的實務工作者可能會請他完成他的生命彩虹，並檢視他對自己所扮演的角色、目前正在扮演以及未來可能或希望扮演的角色的感受。將他與他伴侶的彩虹兩相比對也可能有用。蘇珀和戈特弗雷德森都會試圖了解比爾的自我概念，並幫助他找出相對應的選擇。

受蘇珀理論啟發的藝術治療

比爾或許能受益於主要在探索生涯生活廣度概念的藝術治療介入措施。例

如，可以讓比爾有機會創作一本手風琴書，進一步探索他的生涯生活廣度彩虹圖。手風琴書的名稱來自於書的外觀很像手風琴的風箱。這種類型的書由一張紙連續折疊而成，在紙張兩端連接上兩片做為書籍封面的厚板。每個頁面都可以單獨觀賞，但紙張整個展開時，可以同時觀看所有頁面。

考慮到比爾對完成房屋修繕計畫的興趣，他可能會願意創作和組裝他的生活廣度書。在生涯諮商藝術治療的背景下，書的製作過程可以視為比爾積極參與建構和考量他生涯發展故事的隱喻。邀請比爾選擇材料，例如用於書的封面和內頁的紙張。比爾的選擇可以反映審美喜好，或代表與生涯生活廣度故事的特定關聯。

在書中，可以指定一兩頁來代表生涯生活廣度階段中的每個階段：成長、探索、建立、維持和衰退。為了創作這些內頁，請比爾選擇雜誌圖像或短語，來代表他在過去、現在與想像未來的各個發展階段的角色和經驗。為每個頁面選擇物件的過程將刺激他對自身經驗的反思，並釐清他對自身生涯發展過程的聯想。每個階段和每組頁面都可以在與藝術治療師／生涯諮商師的關係中，透過安靜的共同關注、同理式的欣賞和／或熱烈的討論來考量。創作完成後，請比爾展開手風琴書，所有的頁面和生命廣度階段都可以同時且集中地看到。從整體上來觀看一生的故事將提供一種視覺刺激，可在其中識別重複出現的主題或不同的興趣和目標。手風琴書樣本如**圖 2.3** 所示。

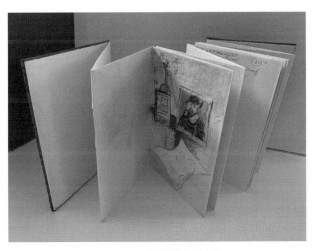

圖 2.3　手風琴書範例

人－環境適配性理論

　　人與環境適配性理論探討個人特質是如何與工作環境中的要求相互作用。弗蘭克‧帕森斯（Frank Parsons）以三管齊下的職業決策方法而聞名，也被稱為職業心理學之父。從本質上來說，他的特質因素生涯理論（trait-factor career theory）需要了解一個人的技能和天賦，了解特定職業的「成功條件」，並用「真實推論」將兩者加以結合。

弗蘭克‧帕森斯（基本特質－因素論）

　　帕森斯最關心的是幫助移民找到工作，因此他的方法非常實用，主要在確定一個人可以做什麼。帕森斯利用自己對波士頓地區職缺的了解，且熟稔在這些工作中取得成功的必備條件，他會與個案一起制定一份合理的替代方案清單。雖然這種方法表面上看起來很簡單，但帕森斯使用的初談問題清單非常詳盡，範圍從一個人如何握手、他們睡覺時窗戶是開著還是關著，一直到他們在世界博覽會上最感興趣的展品是哪些。他的問題列在他的著作《選擇職業》（*Choosing a Vocation*）（1909）的第二章中。

工作適應理論

　　工作適應理論（TWA; Dawis & Lofquist）和人與環境符合程度理論（person-environment correspondence theory）側重於人與其工作環境之間的關係，預測在特定工作中持續受雇的可能性。他們透過個人和雇主的角度來看待此一結果。請參考**圖 2.4**，此圖表說明了這個理論。

　　沿着左半邊的箭頭，個人有期望工作能夠滿足的需求。這些需求可能是一定水準的薪水、彈性、升遷機會、穩定性、合作等等。每份工作都有潛在的增強（reinforcers），這些增強可能符合或不符合個人的需求。例如，某項工作可能需要頻繁出差或多個團隊項目。根據個人的情況，這些「好處」可能會是正向的，也可能不是。如果個人期望工作滿足的主要需求得到滿足，他們很可能會留下來，或者用工作適應理論的話來說，就是達到在該工作崗位上的留任（tenure）。如果沒有，他們很可能會辭職。

　　右半部分的箭頭更具體地闡述了帕森斯的理論。一個人擁有與工作要求相匹配或不相匹配的特定技能。如果匹配，他們很可能表現得令人滿意，並達到

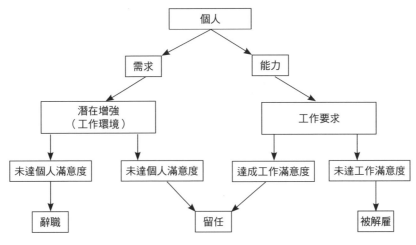

圖 2.4　人與環境符合程度（PEC）理論圖

在該工作崗位上留任；如果不匹配，他們將無法完成工作要求，並可能被解僱。
該理論的對應性是看看在最終結果之間發生了什麼。除了辭職以外，個人還可
以與雇主討論哪些增強措施會對他們更有利，看看是否可以協商。雇主可以
決定投資培訓或將員工調配到不同的工作崗位，而不是失去一位有其價值的
員工。

以價值為基礎的生活角色選擇理論

　　布朗（Brown, 1996）主張，在做出生涯決策時最重要的因素是考量一個人
最優先考慮的工作價值觀。這些價值觀可能包括薪水、聲望、讓人樂在其中的
工作、升遷機會等等。他鼓勵實務工作者考慮個案的價值觀源於個體主義或集
體主義的各自占比有多少。他的理論其中一個原則是職業任期或是留任與否很
大程度取決於個人、同事、主管的文化與工作價值觀之間的契合度。

RIASEC 職業人格與工作環境理論（約翰‧何倫）

　　約翰‧何倫（John Holland）的職業人格與工作環境理論 (RIASEC, 1997) 是
最持久的生涯發展理論之一。何倫試圖透過他的理論回答三個問題：（1）什麼
會讓人在工作中感到滿意、參與並取得成功？（2）什麼有助於穩定性？（3）
什麼有助於人們做出生涯決策？在他擔任軍隊的分類面試官期間，他注意到通

常有六種職業興趣或個性類型，並表示同樣有六種「環境」，讓人可以在其中找到所屬的類型，包括工作、休閒、學術專業等等。他相信，當個人的主要類型與其所處的環境相匹配時，他們是最快樂的，也可能是最成功的。這六種類型包括：實用型（動手、戶外、運動、機械）、研究型（解決問題、想法、科學、研究）、藝術型（創意、表達）、社會型（助人、教學、培育）、企業型（領導、銷售、管理、指導）和事務型（數據、數學、組織），並以六邊形的形狀來呈現彼此的相互關係，如**圖 2.5** 所示。

職業人格與工作環境理論（RIASEC）有四個關鍵假設：

- 興趣有六種不同類型，大多數的人都有一個主要類型。
- 有六種不同類型的環境。
- 我們在尋找能夠讓自己展現我們主要類型的環境。
- 我們的行為是由我們的主要類型和我們所處環境之間的互動所決定的。

六種類型以六邊形呈現，從左上角開始依順時針方向進行，順序不會改變。何倫表示相鄰的類型（例如，R 與 I、C 相鄰）具有最多的共同點或最高的**一致性**（consistency）。具有高度一致性的人更可能擁有較高的職業統整性（vocational identity），意指一個人的興趣、價值觀、目標有多清晰與一致，相對於那些職業統整性較低的人（如主要類型是 R，而第二類型是 S 的人）。一個人的類型與環境的契合程度被稱為**適配性**（congruence）。主要類型是藝術型

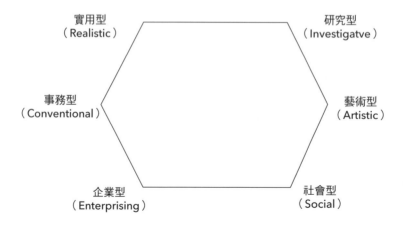

圖 2.5　職業人格與工作環境理論六邊形範例

的人，在藝術環境（工作、研究領域等）中，具有較高的適配性，很可能對那個環境感到滿意，相反的是，若其從事會計職位，則是屬於低適配性的配對情況。RIASEC理論認識到一個人可能有多種主要類型，並指出一個人在不同類型之間的差異程度也是他們職業統整性的指標。

實際上，在幫助某人找出生涯選項時，若其第一與第二類型之間具有高一致性和低差異性（如藝術型和社會型），會比幫助那些具有低一致性和高差異性（如藝術型和事務型）的人更容易。以前者來說，將辨認出那些具有創造性且與助人有關的生涯選項；就後者而言，生涯選項需要兼具創造力和可預測性。要為後者找到生涯選項並非不可能（例如，編寫技術說明手冊的人同時涉及了藝術型和事務型的興趣），但生涯實務工作者可能會想要鼓勵個案考慮在工作中聚焦於一種類型，在閒暇時間則專注於另一種類型。RIASEC理論的研究文章已經有數百篇，相關研究至今仍在發表，並發展出多種評估工具，其中最著名的是自我探索興趣量表（SDS），這項工具可以確定一個人在六種不同類型上的得分，並根據這些得分計算出選項。值得注意的是，何倫開發自我探索興趣量表的一個主要原因是，他對其他量表在執行步驟中需要郵寄感到挫折，得等待結果寄回，並依賴諮商師的詮釋。他堅信大多數人都可以自行填寫量表，算出得分並自行解釋，因此取名為「自我探索興趣量表」。

關於比爾案例的反思：人與環境適配性考慮

人與環境適配性理論專家會關注比爾的特質與他所考慮的環境兩者的契合程度。比爾被解雇是因為外部因素，而不是因為他的人格特質與工作要求不相符。從此觀點來看，如果比爾想要找到其他選擇，他應該要更深入地了解自己的人格特質，並依據他最有力的特質來找到會用到這個特質的職業，並了解那些吸引他的職業，在工作上成功所需的條件。如果他在銷售方面的技能令人印象深刻（如面試時的表現），他需要撰寫一份能展示這些技能的簡歷，並尋找各家公司所能提供的哪些職位最能夠運用到他最有力的技能。如果想要探索其他選項，他應該進行其中一個評估，然後依「問題」的指示採取後續作為。

工作適應理論（TWA）會發現，過去的職位令比爾感到滿意，而且他的表現也令人滿意。展望未來，比爾需要找到一個職位，能夠發揮他的技能並滿足他的需求，他需要重新評估自己的需求。15年過去了，在某種程度上，他和他

家人的需求很可能有了變化。在進行此探索後，他需要尋找是能夠與他的優先事項和能力相匹配的職位。依據布朗的理論，比爾的一個關鍵價值觀是忠誠。他對公司忠誠，但公司卻沒有對他有相同的價值觀，反而背叛了他。基於這個理論應探索其他價值觀，幫比爾找出去求職面試時需研究的問題。例如，他也許會想了解在某家公司的工作時間，以及晉升條件。職業人格與工作環境理論會看到他的興趣、技能與環境之間的適配性，例如企業型。根據 RIASEC 理論，比爾需要發展出一種與他的興趣、技能和個性相符的求職方法。例如，一個倚靠拓展人脈技能的工作搜尋策略，對比爾來說可能會既讓他滿意又有效。如果他想擴大自己的選擇，他應該運用自我探索興趣量表，以確定其他可能令他滿意的職位。

受何倫的職業人格與工作環境理論（RIASEC）啟發的藝術治療介入策略

在了解和討論了比爾的自我探索興趣量表結果後，藝術治療師／生涯諮商師可能會邀請他創作「RIASEC 拼貼和自我象徵探索：我適合在哪裡？」的創意活動，進一步提高他對個人－工作環境相契合（person-work environment fit）的自我知識。提供比爾的素材如下：七張 8 X 11 英寸的空白紙、彩紙、絹紙、雜誌、圖片、剪刀、尺、鉛筆、口紅膠、稀釋過的膠水和一張空白人物圖形剪紙或照片剪影或自我象徵圖片（貼在卡片紙上），另外提供六種類型的描述與參考素材－實用型（動手操作、戶外、運動、機械）、研究型（解決問題、想法、科學、研究）、藝術型（創意、表達）、社會型（助人、教學、培育）、企業型（領導、銷售、管理、指導）和事務型（數據、數學、組織）。請比爾創作一系列拼貼或背景（所處環境），來反映出他對生涯類型的聯想、想法和感受及其相關的活動和可能的職業。

完成這些之後，這個人物將被放置在每幅創作作品上，請比爾來確定他「處於」不同職業環境裡的象徵性經歷。比爾的拼貼作品樣本如**圖 2.6**所示。生涯諮商師／藝術治療師將觀察並記錄在此過程中可能出現的反應和敍述。接下來，請比爾拍攝幾張單獨的照片，依他的意願決定創作作品數量，將人物與背景組合成一個理想的工作或職業環境。在看到最後一張照片後，請比爾往後站一步，看看所選作品的每個組成部分，並反思他選擇和放棄的類型。通過深入的自我認識，比爾可以在職業選擇上有更好的想法，以及用其他方法來將這些

類型元素融入他更寬廣的生活圖像裡。

學習和認知理論

第三組理論擁有學習和環境的共同主軸，同時關注認知如何影響生涯決策的過程。

認知訊息處理論

認知訊息處理論（CIP, Sampson et al., 2020; Sampson et al., 2004）立基於認知和學習理論，主要在幫助個人做出有效的生涯決策。作為一種學習方法，認知訊息處理論主張個人可以學習如何應用有效的決策過程，不僅適用於當前的問題，還可以適用於未來的生涯問題。訊息處理層面的金字塔（pyramid of information processing domains）包括該理論的四個關鍵組成，它確定了做出生涯決策的基本要素，以及 CASVE 循環（建議的生涯決策模式）；而生涯決策準備

圖 2.6　職業人格與工作環境理論拼貼

度模式則是考慮到個體在做出決策時所經歷的能力和複雜性，以及提供差異化的生涯服務方式。

訊息處理層面的金字塔，如圖 **2.7** 所示，包括三個層面：知識（knowledge）、決策（decision-making）和執行（executive processing）。知識層面作為決策的基礎，由自我知識（self knowledge）和職業知識（options knowledge）組成。在金字塔的頂端是執行層面，這裡是個人對於自己在管理生涯決策過程中的感知或是關於生涯決策過程的後設認知（metacognitions）。這些想法，也稱為自我語言（self-talk），可能會有幫助，也有可能沒幫助，可能是正確的，也有可能是不正確的，但會影響下面的區域。這方面的例子包括相信自己對任何事情都不擅長，或者是認為可用的選擇太多或太少，或者認為自己總是做出糟糕的決定等。因此，實務工作者如果在與個案對話時，發現了個案的負面思維，應該要提出來，檢查潛藏於個案負面思維底下的信念，並鼓勵他們重新建構其認知。如果不加以檢視，這些信念可能會影響個人參與生涯活動的方式，例如影響評估測驗的完成，探索生涯訊息或做出選擇。

在金字塔的中心是 CASVE（發音為 cuh-SAH-vee）循環，如圖 **2.8** 所示。人們從溝通（Communication）開始，檢查需要做出或已經成功做出決定的內部和外部線索（C－重新審視）。一旦實際狀態（即我的決定所在的位置）與理想狀態（即我想要待的位置）之間的落差被表達出來，個人就會移動到分析自己和自己的選擇。在這個過程中，生涯評估可能會有所幫助，它透過闡述或擴展選項來支持這兩個區域的綜合，然後是具化，也就是將選項清單減少至三到五種可能性。在評價（Valuing）階段，一個人會更仔細地探索這些選擇，考慮每個選擇對自己、重要他人、家庭、社區等的優缺點，最終確定第一選項和備案。在執行（Execution）階段，他們嘗試第一選項以確定是否適合，然後返回溝通，以確定落差是否已經縮小，或者是否需要重複任何步驟。

認知訊息處理論還確定了三種類型的個人生涯準備狀態，用來參與生涯問題解決和生涯決策。生涯準備取決於兩個因素：能力和複雜性。能力是包括個人優缺點的內在能力，例如動機、心理健康或疾病、情緒覺察、是否願意誠實地反思自己和選擇，以及承擔個人決策責任。複雜性是人的外部因素，包括家庭、經濟和社會壓力等因素，這些因素會對人的決策產生正面或負面影響。職業準備度較低的人會有較高的複雜性和較低的能力，最有可能從個別的或個案

　　　　　　　　　　　　　　　　　　　藝術治療與生涯諮商

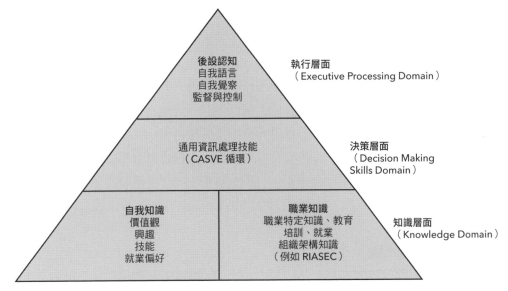

圖 2.7　訊息處理層面金字塔（實務工作者版本）

Note: Adapted from *Career counseling and services: A cognitive information processing approach* (p. 20), by J. P. Sampson, R. C. Reardon, G. W. Peterson, and J. G. Lenz, Copyright 2004 by Brooks / Cole with copyright transferred to J. P. Sampson, R. C. Reardon, G. W. Peterson, and J. G. Lenz. Adapted with permission.

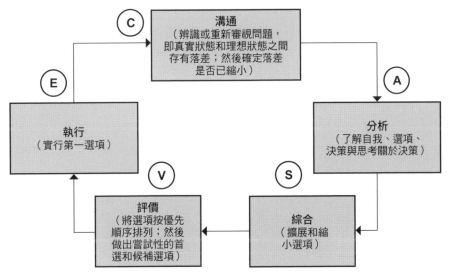

圖 2.8　CASVE 循環（實務工作者版本）

Note: Adapted from *Career counseling and services: A cognitive information processing approach* (p. 26), by J. P. Sampson, R. C. Reardon, G. W. Peterson, and J. G. Lenz, Copyright 2004 by Brooks / Cole with copyright transferred to J. P. Sampson, R. C. Reardon, G. W. Peterson, and J. G. Lenz. Adapted with permission.

管理的方法中獲得幫助。職業準備度高的人複雜性低，能力強，並且最有可能受益於提供的支持頻率或強度較低的自我導向的方法。而那些職業準備程度適中的人，則可能具有較高的複雜性和較高的能力，或者較低的複雜性和較低的能力。這些人最有可能從簡要的員工輔助方法中受益，他們可以與實務工作者合作制定目標和策略，並穿插自己的努力來實現目標。這種區分模式是一種最佳分配資源的方式，使那些對支持需求最少的人仍然可以獲得滿足，而需求最大的個案可以獲得最耗時且通常最有限的資源（即個別諮商）。有關認知訊息處理理論的研究和講義可在此處找到：https://career.fsu.edu/tech-center/resources

社會認知生涯理論

社會認知生涯理論（SCCT, Lent, 2020）強調個人能動性和克服阻礙。生涯決策過程遵循以下模式：

自我效能／結果預期→生涯興趣→個人目標→表現經驗→表現成就（好或壞）→生涯決策

自我效能信念、結果期望和目標是社會認知生涯理論的基石。

自我效能（Self-efficacy）受到性別、種族和族裔等社會因素以及個人經驗的影響與形塑。社會認知生涯理論有興趣模式（interest model）、選擇模式（choice model）和表現模式（performance model）。如上圖所示，興趣是從自我效能和結果預期中發展而來。SCCT 理論中的社會是來自環境提供的事物，如接觸不同的活動、學習機會以及參與這些活動時受到他人強化的程度。當一個人在某項活動中獲得能力且重視該活動及其相關結果時，興趣就會穩固下來。選擇模式反映了一個人致力追求的教育或培訓以及職業意圖。此種選擇受到社會支持或阻礙的影響，例如財務、住所位置、文化價值觀和其他環境影響。表現模式解釋了人們執行自己選擇後的成功程度。社會認知生涯理論認為，自我效能和結果預期會影響個人為自己設定的目標，自我效能和結果期望值較高的人可能比自我效能和結果期望值較低的人表現更好，並能長期堅持下去。如果個人對自己的自我效能不了解，可能會產生負面影響，因為這可能導致一個人設定不切實際的目標，未能實現這些目標，以致自我效能和結果期望較差。

生涯學習理論和機緣學習理論

　　約翰‧克倫伯茨（John Krumboltz）設計了生涯學習理論（LTCC）和機緣學習理論（HLT）。LTCC 中的學習理論，可以是最貼切的稱作生涯決策的社會學習方法，強調環境回饋如何形塑我們對自己和工作世界的理解，最終影響我們的職業選擇。許多認知過程、與環境的互動以及遺傳特徵、特質都會影響生涯發展過程，其中包括四個關鍵組成部分。1. 遺傳天賦：我們每個人都具有特定的基因天賦和特殊的能力，這些可能會為我們在生涯發展上提供了機會或造成了阻礙。2. 環境條件與事件：我們必須考慮環境狀態和外在事件。3. 學習經驗：學習經驗可以是工具性（instrumental）的學習經驗或連結性（associative）的學習經驗，為我們所從事的活動扮演增強或非增強，影響我們對自己的技能以及其他認知過程的洞察。工具性的學習經驗是指人們直接參與並從中獲得回饋的直接體驗，而連結性的學習經驗是指人們通過觀察學習，然後經歷正面或負面的反應。4. 工作取向技巧（task approach skills）：工作取向技巧是我們在發展早期學到的技能，例如解決問題的能力、特殊的工作習慣，以及在情緒和認知上如何回應。

　　這些都匯集成我們對自己和工作世界的常態看法，應對策略、生涯決策與我們如何進入一個職業。認知有時候是錯誤的或存有問題，因此鼓勵實務工作者去探究這些認知底下的潛在假設，探索替代解釋，並協助個案進行認知重建（例如，「也許你不是一個糟糕的決策者，但是當你被迫在缺乏足夠資訊的情況下，快速做出決定時，就會出現不良結果」）。因為生涯決策被視為一種可以學習的技能，所以會鼓勵生涯實務工作者在會談中運用學習經驗搭配行為諮商技巧；要關注的不只是既有的技能，還要關注擴展的興趣與技能；要關注的要比生涯選擇更多；讓個案為變化無常的工作世界做好準備。

　　機緣學習理論（Krumboltz, 2009）源於生涯學習理論，強調個案積極參與環境，以增加對自己和選擇的認識。機緣學習理論反駁了傳統的生涯理論，認為考慮到世界的不確定性，生涯未決定（career indecision）是可以且合理的。另外，機緣學習理論指出，與其試圖小心的計畫來盡量減少偶發事件（chance events），更應該教會個案如何創造未計畫的偶發事件，為此需要具備五種技能：好奇心、堅持、樂觀、彈性和冒險精神。實際上，生涯實務工作者可以鼓勵個案透過保持好奇心，在意料外的機會出現時採取行動，以及與他人互動來增加

有益的偶發事件發生的可能性。例如，一個人可以決定參加一個超出舒適圈的社團或聚會，以便結識新朋友並了解機會。機緣學習理論主張，每一次事件都是認識自我和選擇的機會。機緣學習理論的五個步驟包括使偶發事件正常化（即讓個人了解其行為是如何地引發生活中的未計畫事件），將好奇心轉化為學習和探索機會，教導個案創造正向的偶發事件，教導個案克服行動的阻礙，以及提倡開放的心態。

對比爾案例的反思：學習和認知考量

　　學習和認知類別的生涯理論主要關注在比爾如何了解自己及其選擇、他對自己與選擇的認識，以及這種學習對他的思維產生了什麼影響。其間可能存在一些功能失調的想法，例如尷尬的感覺、擔心年輕員工會搶先一步、不知道如何開始。實務工作者要去識別負面想法並重新加以建構，且要特別去注意憂鬱或焦慮的言語表達，這顯示有更迫切的心理健康問題。他的自我效能信念可能很差，需要讓他知道，然後探索他所表達出來的阻礙，以確定它們是真實的還是主觀感知的，並以腦力激盪的方式來克服這些阻礙。例如，歧視是真實存在的，但並不是所有雇主都會歧視。

　　對於阻礙他進展的這些信念，建議進行認知重構（Cognitive restructuring）。認知訊息處理論會請比爾談談金字塔中的每個階段，並嘗試找到他在 CASVE 循環裡的位置。儘管比爾可能會說他想待在執行階段，但逐項討論每個階段對比爾可能是有幫助的，他會更清楚自己和職業的知識，也會有備案。CIP 也會檢視目前比爾的能力，以及目前令他擔憂複雜化的因素。社會認知生涯理論會建議比爾設定新目標，開展新的表現行為，並創造新的成功故事。生涯學習理論可能會看到比爾的遺傳天賦和能力，對於他的生涯選擇來說似乎是適合的，但在工作取向技巧方面，他需要被協助發展。可以鼓勵比爾看看簡歷範本，也許閱讀一些包含自我行銷和求職個人案例的書籍（以增加聯想學習）。機緣學習理論可能將比爾概念化為試圖太快擺脫這種不舒服的感覺。相反地，應鼓勵他擁抱這個時機，並視為探索所有選擇的機會。他應該探索他感到好奇的事物，以及在此人生階段會讓他感到興奮的事物。另外，鼓勵比爾在探索新選擇時，冒一些合理的風險。如果不是這次的機會，人生何時有機會真正嘗試一些事情呢？本節中的所有理論都鼓勵比爾探索與重新建構他的錯誤信念，這些錯誤信

念可能不僅會影響他如何看待自己的選擇，還會影響到他的求職方式。

支持正向生涯結果的認知行為藝術治療方法

認知行為藝術治療（CBAT）方法非常適合社會認知生涯理論和認知訊息處理論生涯諮商。羅莎爾（2018）主張「已經發現圖像對個體有深遠的影響，可以治療性的使用，以改變觀點、結構和行為」（p. 89）。使用圖像來捕捉有關生涯或生涯決策的自動化想法（automatic thoughts）是一種主動且視覺化的方式，可以開始探索比爾關於生涯轉換時期的多層次想法。藝術治療師／生涯諮商師可以請比爾創作一個反映他目前生涯狀況的圖像來介紹這個過程。此時，最好使用中等流動性的媒材，例如使用傳統的水彩或一套軟粉彩，因為在控制上會有一些挑戰，但媒材又不會讓比爾感到失去控制。創作完圖像後，治療師可以使用傳統的認知行為療法向下追問蘇格拉底式的提問技巧（downward-arrow Socratic questioning techniques），來揭示和探索關於個案的自動化想法以及對自身的條件式假設和核心信念（Beck, 2011），同時也要揭示和探索與生涯有關的部分。可能的問題包括：「當你看到這個圖像時（反思），腦海中會浮現出什麼想法？如果這個想法是真的，這對你來說代表著什麼？這些想法從何而來？」治療師請比爾再做一個作品，請他探索或反思他信念中的想法與來源。後續可能的問題包括：這些核心信念到現在是否還準確？如果這些信念改變了，會發生什麼事？治療師邀請比爾創作最後一個圖像，反映如果阻礙他生涯探索和決策的信念可以改變的話，在他生涯轉換時期，他也許可以經驗到的可能性。

或者，與正向認知行為治療方法相關的向上追問的提問技巧（upward-arrow questioning technique; Bannink, 2014）可以與藝術過程結合使用。因此，正向的屬性和聯想將成為圖像提示和提問的焦點。根據擴展和構建理論（broaden-and-build theory），正向情緒會導致思考或行動的多樣化，然後增加靈活性、彈性和正向的關係結果與正向的健康結果（Garland, 2010）。以比爾的案例而言，目標會設定為正向的生涯結果，鼓勵比爾找出可用的資源、能夠反映他積極努力和正向經驗的事件，以及解決他目前生涯困境的最佳方案。可以建議的創作圖像包括：他的優勢和資源的畫像、他在過去工作中運作良好的部分，以及他的最佳生涯解決方案。

敘事框架和方法

　　敘事框架和方法著重於讓個案以主角的身分來講述故事，以此來發現主題，辨識可能的生涯興趣，然後發展出關於未來的敘事，在本例中是發展出關於未來職業的敘事。使用隱喻是另一個敘事方法中的關鍵組成部分。生涯設計諮商（Savickas, 2005, 2012, 2015）和生涯發展的系統理論框架（McMahon, Patton and Watson, 2015; Patton and McMahon, 2018）是敘事方法的範例。

生活設計諮商

　　生活設計諮商（Life Design Counseling, LDC, Savickas 2012; 2015）實際應用生涯建構理論，目標是要讓個案能夠有目的地設計，且清楚地表達一個穩定且適應性強的身分，進而使其能夠解決自己的生涯問題。生涯適應性（Career adaptability）是 LDC 的一個關鍵概念，定義為「一種心理社會建構，表示個人因應目前和即將面臨的職業發展任務、職業轉換與個人創傷的準備程度和資源」（Savickas, 2005, p. 51）。生涯適應性的四個組成部分包括「四C」：對未來的關注（concern）、對自我和環境的控制（control）、對替代環境和角色的好奇心（curiosity），以及貫徹自己生活設計的信心（confidence）。生活設計諮商的介入策略通常包括四個步驟：1. 個案在這些步驟中建構他們對當前自我的看法。2.（與諮商師一起）解構（de-constructs）具干擾性的故事，那些故事會干擾人們看到選項或準確看見自我的能力。3.（由諮商師）根據個案的故事重新建構（reconstruction）新故事，然後與個案分享這個宏觀故事，由個案確定故事的準確性並加以編輯。4. 使用宏觀故事作為開發未來導向故事的跳板，然後詳細說明行動步驟。我的生涯故事（My Career Story, Savickas & Hartung, 2012）和生涯建構訪談（Career Construction Interview, Savickas. 2018）就是伴隨此理論而開發的。

生涯發展系統理論架構

　　生涯發展系統理論架構（Systems Theory Framework of Career Development, STF, McMahon, Patton, & Watson, 2015; Patton & McMahon, 2018）認可所有生涯理論的貢獻並尋求整合，如同透過對個人系統、社會、環境－社會系統做的

的敘事探索所示。STF 架構還考慮到諮商師系統，以及個案與諮商師彼此的互動。諮商師最終成為個體的影響者，反之亦然。**圖 2.9** 顯示了生涯諮商過程中各元素與其相互關係。圖的中心是個體系統，其中包括多種影響。考慮的三個主要系統包括人際（例如，性別、種族、性格、性取向）、社會（例如，家庭和工作等不同群體的成員身分）和環境／社會（例如，工作場所政策、社會經濟變量和歷史壓迫）。每個系統由虛線圍繞外框，來表示系統是開放的，可以影響

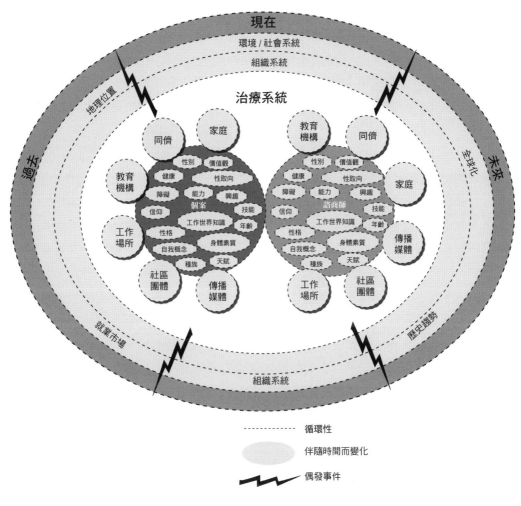

圖 2.9　生涯系統訪談模式

Copyright @Patton and McMahon, 1999. Reprinted with author permission

（並受到影響）其界限外的因素。在時間的脈絡下討論這些系統（過去、現在和未來），承認過去影響現在，未來則受到過去和現在的影響。另外，這些系統之間的互動是動態且循環的。閃電符號表示發生會影響我們決策的偶發事件。

《生涯系統訪談》（Career System Interviews, McIlveen, 2015）、《我的生涯影響系統》（My System of Career Influences, McMahon, Watson and Patton, 2015）和《我的生涯章節》（My Career Chapters, McIlveen, 2015）是質性評估，主要圍繞在個案及其背景進行聚焦的對話。STF 採用了一種敘說故事的方法（McMahon and Watson, 2013），其結構包括鼓勵個案在整個過程中持續思考（反思）、在他們分享故事時與他們的影響系統建立關聯（聯繫）、描述這些影響是如何地影響他們的故事（賦予意義）、了解故事中的主題和模式（學習），並決定更積極地構建他們未來的生涯故事（能動性）。在整個過程中，重點是讓個案講述他們從過去到現在的影響系統，最終共同建構未來與後續步驟。另外，鼓勵實務工作者在系統中的所有層次上實施介入策略，而不只是在個體系統。

關於比爾案例研究的反思：敘事框架考量

敘事方法將聚焦於讓比爾在他更大情境的環境與時間下分享關於自身的故事。生活設計諮商會希望比爾談論他目前對自己的看法，並討論生涯適應性裡的四個 C。對於可能會阻礙比爾看到選項的能力的那些故事，實務工作者會與比爾共同去尋找錯失的機會或故事的替代結局。實務工作者與比爾將共同創造比爾故事裡未來的續章，並確定後續的步驟。從生涯發展系統理論架構來看，這次失業可能對比爾生活中所有系統的各個方面都產生了影響。建議讓他**敘述對各個**系統的影響，以及各個系統的回應所產生的影響。另外，諮商師還會鼓勵比爾多說幾個從過去到現在的故事，希望能發現潛在的主題。最後則是與比爾共同建構期望的未來續章，並概述後續進行步驟。

藝術與敘事方法

藝術治療師和生涯諮商師用來邀請個案敘說故事的一種創意方式，是利用連環漫畫結構來探索和排演各種生涯故事的結果。藝術治療師和生涯諮商師（Lucas-Falk and Moon, 2010; McCreight, 2018; Mulholland, 2004; Parker-Bell, 2011）提供個案這些熟悉的敘事結構，以便他們可以講述自己的故事，探索因應壓力情況的方法，並預想新的旅程。漫畫結構在這方面呈現了許多有用的元

素和特性。穆赫蘭（Mulholland）指出，創造與認同卡通人物可以為人們提供一種建設性的方式來釋放他們正在經歷的負面情緒。此外，漫畫格式為敘事提供了一種涵容（containing）的結構。例如，漫畫的方框為個案的議題或擔憂提供了視覺**界限**，並潛在地促進更多的掌控感。麥克雷特（McCreight）主張，個案參與創作連環漫畫故事還可以幫助個案外化他們的擔憂，減少他們對自己問題的過度認同。對問題的過度認同可能表現為個案將自己視為問題，而不是將問題視為需要設法解決的單獨問題。

用連環漫畫的方式講述生涯故事，此方式與泰勒和薩維卡斯（Taylor and Savickas, 2016）的圖畫敘事過程有很多相同之處，主要在個案和諮商師之間，培養關於生涯問題的反思與有意義的對話。在他們所描述的圖畫敘事過程中，提供給個案不限尺寸大小的紙張和彩色鉛筆，請他們畫出他們生涯問題的圖像，接著畫出他們喜歡的生涯結果圖像。探索完這些圖像後，鼓勵個案創作小步驟圖像，這些小步驟圖像是要來辨認出要採取什麼樣的行動，而這些行動會幫助導向最佳的結果。這一系列的創作作品可以經由多個連續會談來創作。與生涯故事的漫畫結構相比，這些圖畫敘事的藝術形式結構較少。自由形式的圖畫沒有提供涵容性的方框、思維泡泡和敘事框格等結構，而前項結構可能會緩解一些開放式畫圖過程中產生的不適感。

目前有許多創意的方法來促進漫畫創作。這些方法包括藝術治療師／諮商師提供預製好的故事版或漫畫框架，供個案填入他們自己的圖畫和敘事，或是用數位漫畫模板，可以在電腦、平板或手機應用程式中找到此類軟體，如漫畫生活（Comic Life, Plasq, 2021）。這些程式可以支援將圖像或照片上傳到卡通方框中，並提供設計腳本文字氣球的多種選項，用來增強表達。另外，無須付費的線上漫畫創作網站，如相信漫畫（Make Belief Comix, Zimmerman, 2021），提供可調整大小並可放置在漫畫框中的模板、角色和道具。在考慮給個案使用哪一個數位應用程式時，重要的是先預覽其中的功能，以確保文化包容性和年齡適當性。例如，相信漫畫應用程式的模板和角色似乎是設計給學齡兒童和青少年。因此，一些成年人可能無法與其中可用的卡通選項產生連結。但是，相信漫畫應用程式提供多種語言選擇。創作者可以用阿拉伯語、法語、希伯來語、西班牙語、俄語等語言編寫漫畫腳本。**圖 2.10** 中的漫畫是以相信漫畫應用程式來製作的，示範了比爾可以如何運用漫畫結構來外化和探索他的生

圖 2.10　比爾的生涯事件漫畫

這漫畫生成自 http://www.makebeliefscomix.com 經作者和網站創建者比爾‧齊默曼（Bill Zimmerman）許可使用。

涯經歷與擔憂。

　　當然，藝術治療和生涯輔導的敘事方法不僅限於使用漫畫結構。個案可以使用各種媒材為他們的生涯問題創作符號和隱喻，這些象徵性的參考方式可以用來外化問題，並作為激發敘說故事與問題解決的手段。康納（Conner, 2017）指出，實務中的藝術運用增強了個案看見自身的思想和感受的機會。創作後，可以為所創作出來的表現形式取名或標示標題，然後透過敘事探究和隨後的藝術創作更進一步探索。

其他生涯理論

　　本章並未包含每個現有或當前流行的生涯理論。有些理論，如混沌理論（chaos theory, Bright & Pryor, 2012）和生涯轉換理論（transition theory, Schlossberg, 1984; Schlossberg, Waters, & Goodman, 1995）將在之後的章節介紹。其他理論雖然今日不再被廣泛採用，但對現今理論產生了影響，包括強調與父母的關係對日後選擇產生影響的理論（Bordin, Nachmann, & Segal, 1963; Roe & Lunneborg, 1990）；決策模式（Tiedeman and Miller-Tiedeman, 1984）；社會學和經濟學方法（Blau et al., 1956）；以及整合的人生計畫（integrative life planning, Hansen, 2011）。在評估這些理論以及新興生涯理論時，鼓勵實務工作者使用本章開頭的標準來判別特定理論對其適用族群是否具有效性和適當性。

藝術治療與生涯諮商

文化和個體差異在生涯理論中的作用

　　文化敏感的諮商師和治療師會認識到來自個案獨特的文化、經歷，還有「多元能力」所帶來的力量和潛力。儘管上述許多生涯理論並未明確描述或預測這些特性如何影響生涯決策和解決問題的過程，但它們確實為這種討論提供了空間，無論是作為理解自我知識的一部分、評估對自我和家庭的成本和效益，或個人和家庭信念如何影響生涯決策過程。工作心理學架構（Blustein, 2013; Duffy et al., 2016）的設計部分是為了補充現有的理論，它「更直接地強調社會階層、特權和選擇的自由，三者在生涯選擇和實現中所扮演的角色」（Duffy et al., 2016, p. 127）。該理論將在多元性與生涯發展章節中進一步探討。

　　無論生涯實務工作者選擇哪種生涯理論，都應該研究他們所選用的生涯理論對特定個案群體的有效性。如果缺乏特定生涯理論的研究或是該理論某些方面應用在特定群體上的研究不存在，並不表示不能應用該理論在特定群體之上。也許有一些特定類型的評估或介入措施本質上是非理論性的，但被發現有助於特定群體在特定領域上建立能力或知識，像是決策或自我知識。例如，自我知識是生涯理論常見的組成部分。全面性的了解一個人如何看待自己，不只是了解其價值觀、興趣和技能，進一步探討他們可能擁有的其他身分，將有助於理解他們獨特的特質、觀點、優勢和支持，並幫助生涯諮商師更具文化敏感性和有效性。例如，如果個案表示他們的決策取決於家庭影響和回饋，他們也許不太可能強調根據個人需求和期望來評估抉擇。

總結

　　生涯理論主要在提供一份地圖，以了解個案是如何來到目前的生涯問題，同時也是個透鏡，協助觀察可能影響到他們當前問題的周邊環境，以及當解決生涯問題時，他們希望達到的重點。這些理論確認需要關注的關鍵領域，這將提供背景並提出建議步驟，幫助個案在解決生涯問題的目標上有所進展。實務工作者應該探索某一理論是否已經針對特定個案的群體或生涯問題進行設計、應用或研究，並在首次應用理論時尋求督導。

討論問題與活動

1. 從每個主要類別中選擇一個理論，並找出每個理論的特定諮商問題。你找到了哪些共通之處？對於每個理論，你注意到什麼特別的面向嗎？

2. 找一個象徵你孩童時期花很多時間玩的東西或紀念品，一樣玩具或一張玩具的圖片。你會如何描述這個物品？有關於如何玩它的故事嗎？它有什麼是特別令你難以忘懷的地方？這些故事或記憶透露了你哪些興趣、價值觀等？與它互動的經驗如何影響了你對生涯可能性的看法？在你現在的生活中，或是在你今天或未來考慮的選項中，你有沒有看到它對你造成影響的證據？

3. 創作一個展示你過去、現在和未來扮演不同角色與強度的彩虹。你可以使用明亮的顏色表示正向的情感，使用深色表示負面的情感，使用淺色表示中性的情感。這些不同的角色是如何互動與影響彼此，以及如何影響你的整體生涯目標？

4. 多年來，在事業和生活方面，你必須做出哪些妥協？這些妥協是什麼樣的？這些妥協帶來了哪些機會和困境？這些妥協揭露了你的哪些主要價值觀？

5. 根據個案的主要何倫類型，你將如何調整你的生涯介入策略？想一想你的主要類型，它在你提供的治療和偏好的介入策略中會如何呈現。對於主要類型與你相反的個案，你會如何調整？

6. 有哪些藝術指導方法，可以用來挑戰負面或功能失調的生涯信念？

參考文獻

Bannink, F. P. (2014). Positive CBT: From reducing distress to building success, *Journal of Contemporary Psychotherapy, 44*, 1-8.

Beck, J. S. (2011). *Cognitive behavioral therapy: Basics and beyond.* Guilford Press

Blau, P. M., Gust.ad, J. W., Jessor, R., Parnes, R. C. W. (1956). Occupational choice: A conceptual framework. *Industrial & Labor Relations Review, 9(1)*, 531-543. https://doi.org/10.1177/001979395600900401

Blustein, D. L. (2013). The psychology of working: A new perspective for a new era. In D. L. Blustein (Ed.), Oxford handbooks online. https://doi.org/10.1093/oxfordhb/9780199758791.013.0001

Bordin, E. S., Nachmann, B., & Segal, S. J. (1963). An articulated framework for vocational development. *Journal of Counseling Psychology, 10*, 107-116.

Bright, J., & Pryor, R. (2012). The chaos theory of careers in career education. *Journal of the National Institute for Career Education and Counseling, 28*, 10-20.

Brown, D. (1996). A values-based, holistic model of career and life-role decision making. In D. Brown, L. Brooks, & Associates (Eds.), *Career choice and development* (3rd ed., pp. 337-332). Jossey-Bass.

Brown, D. (2002). Introduction to theories of career choice and development. In D. Brown & Associates (Eds.), *Career choice and development* (4th ed., pp. 3-23). Jossey-Bass.

Conner, S. (2017). Externalizing problems using art in a group setting for substance use treatment. *Journal of Family Psychotherapy, 28(2)*, 187-192. https://dx.doi.org/10.1080/08975353.2017.1288995

Duffy, R. D., Blustein, D. L., Diemer, M.A., & Autin, K. L. (2016). The psychology of working theory. *Journal of Counseling Psychology, 63(2)*, 127-148. https://doi.org/10.1037/cou0000140

Garland, E. L. (2010). Upward spirals of positive emotions counter downward spirals of negativity: Insights from the broaden-and-build theory and affective neuroscience on the treatment of emotion dysfunctions and deficits in psychopathology. *Clinical Psychology Review, 30*, 849-864.

Ginzberg, E. Ginsburg, S. W., Axelrad, S., & Herma, J. L. (1951). *Occupational choice: An approach to a general theory.* Columbia University Press.

Gottfredson, L. (1981). Circumscription and compromise: A developmental theory of occupational aspirations. *Journal of Counseling Psychology, 28*, 545-579.

Hansen, S.S. (2011). Integrative life planning: A holistic approach. *Journal of Employment Counseling, 48(4)*, 167-169. https://doi.org/10.1002/j.2161-1920.2011.tb01105.x

Holland, J. L. (1997). *Making vocational choices: A theory of vocational personalities and work environments.* PAR.

Holland, J. L., & Messer, M. A. (2013). *Seif-Directed Search (SDS) assessment booklet: A guide to educational and career planning.* PAR.

Krumboltz, J. D. (2009). The happenstance learning theory. *Journal of Career Assessment, 17(2)*, 135-154. https://doi.org/10.1177/1069072708328861

Krumboltz, J. D., & Nichols, C. W. (1990). Integrating the social learning theory of career decision making. In W. B. Walsh & S. H. Osipow (Eds.), *Career counseling: Contemporary topics in vocational psychology* (pp. 159-192). Routledge.

Lent, R. W. (2020). Career development and counseling: A social cognitive framework. In S. D. Brown, & R. V. Lent (Eds.), *Career development and counseling: Putting theories and research to work* (pp. 129-164). Wiley & Sons.

Lucas-Falk, K. & Moon, C. (2010). Comic books, connection, and the artist identity, in C. Moon, (Ed.), *Materials & media in art therapy: Critical understandings of diverse artistic vocabularies*, pp. 231-256, Routledge.

McCreight, D. (2018, February). Creating comics with clients. *Counseling Today*, 37-41.

McIlveen, P. (2015). My Career Chapter and the Career Systems Interview. In M. McMahon & M. Watson (Eds.), *Career assessment: Qualitative approaches* (pp. 123-128). Sense Publishers.

McMahon, M., Patton, W., & Watson, M. (2015). My System of Career Influences. In M. McMahon & M. Watson (Eds.), *Career assessment: Qualitative approaches (*pp. 169-177). Sense Publishers.

https://doi.org/10.1007/978-94-6300-034-5_20

McMahon, M., & Watson, M. (2013). Story telling: Crafting identities. *British Journal of Guidance and Counselling, 41*, 277-286.

McMahon, M., Watson, M., & Patton, W. (2015). The Systems Theory Framework of Career Development: Applications to career counselling and career assessment. *Australian journal of Career Development, 23(3)*, 148-156.

Mulholland, M. J. (2004). Comics as art therapy. *Art Therapy: Journal of the American Art Therapy Association, 12(1)*, 42-43, https://doi.org/10.1080/07421656.2004.10129317

National Career Development Association. (2013). *The career counseling casebook: A resource for students, practitioners, and counselor educators*. Author.

Parker-Bell, B. (2011). Art therapy with children and adolescents: Inspiring creativity and growth. In C. L Norton (Ed.). *Innovative interventions in child and adolescent mental health*, pp. 18-35. Routledge.

Parsons, F. (1909). *Choosing a vocation*. Houghton Mifflin.

Patton, W., & McMahon, M. (2018). The systems theory framework of career development. In J. P. Sampson et al. (Eds.), *Integrating theory, research, and practice in vocational psychology: Current status and future directions* (pp. 50-61). Florida State University.

Plasq. (2021). *Comic Life*. https://plasq.com/apps/comiclife/rilacwin/

Roe, A., & Lunneborg, P. W. (1990). Personality development and career choice. In D. Brown & L. Brooks (Eds.), *Career choice and development: Applying contemporary theories to practice* (2nd ed., pp. 68-101). Jossey-Bass.

Rosal, M. (2018). *Cognitive-behavioral art therapy: From behaviorism to the third wave*. Routledge.

Sampson, J. P., Osborn, D. S., Bullock-Yowell, E., et al. (2020). *An introduction to CIP theory, research, and practice* (Technical Report No. 62). Florida State University, Center for the Study of Technology in Counseling and Career Development. Retrieved from

http://fsu.digital.flvc.org/islandora/object/fsu%3A749259

Sampson, J. P. , Jr., Reardon, R. C., Peterson, G. W., & Lenz, J. G. (2004). *Career counseling and services: A cognitive information processing approach*. Brooks/Cole.

Savickas, M. L. (2005). The theory and practice of career construction. In S. D. Brown & R. W. Lent (Eds.), *Career development and counseling: Putting theory and research to work* (pp. 42-70). John Wiley.

Savickas, M. L. (2012). Life design: A paradigm for career intervention in the 21st century. *Journal of Counseling and Development, 90*, 13-19. https://doi.org/10.1016/jJvb.2009.04.004

Savickas, M. L. (2015). *Life-design counseling manual*. Retrieved from

http://vocopher.com/LifeDesign/LifeDesign.pdf

Savickas, M. L. (2018). *Career counseling*. APA Books.

Savickas, M. L., & Hartung, P. J. (2012). *My career story: An autobiographical workbook for life-career success*. Retrieved from www.vocopher.com/CSI/CCI_workbook.pdf

Schlossberg, N. K. (1984). *Counseling adults in transitions*. Springer.

Schlossberg, N. K., Waters, E., & Goodman, J. (1995). *Counseling adults in transition*. Springer.

Sharf, R. S. (2013). *Applying career development theory to counseling* (6th ed.). Brooks Cole.

Super, D. E. (1990). A life-span, life-space approach to career development. In D. Brown, L. Brooks, & Associates (Eds.), *Career choice and development* (2nd ed., pp. 197-261). Jossey-Bass.

Taylor, J. M., & Savickas, S. (2016). Narrative career counseling: My Career Story and pictorial narratives. *Journal of Vocational Behavior, 97*, 68-77.

Tiedeman, D. V., & Miller-Tiedeman, A. L. (1984). Career decision making: An individualistic perspective. In D. Brown, L. Brooks, & Associates (Eds.), *Career choice and development: Applying contemporary theories to practice* (pp. 281-310). Jossey-Bass.

Zimmerman, B. (2021). *Make Belief Comix*. www.MakeBeliefComix.com

第三章

藝術治療與生涯諮商中的倫理議題

　　本章將檢視運用藝術治療策略來做生涯諮商與生涯發展時所適用的倫理架構。同時辨識出所參考的倫理準則中的關鍵組成部分，並加以說明：1. 美國生涯發展學會（National Career Development Association, NCDA, 2015）的倫理準則；2. 藝術治療證照委員會（Art Therapy Credentials Board）的倫理、行為與紀律程序準則；3. 美國諮商學會（American Counseling Association）倫理準則；以及 4. 美國生涯發展學會（NCDA, 2009）關於從事生涯諮商與發展時必備能力的最低門檻聲明。作者將描述藝術治療師／諮商師服務個案時，在能力與誠信方面的責任，這些服務包含處理、評估、記錄和考量影響個案生涯發展背景、需求與擔憂的多元文化因素。另外還將概述在治療中結合藝術本位的策略所需的能力、督導如何支持結合藝術治療方法的生涯發展介入策略的學習，以及督導在符合倫理的執行業務中所扮演的角色。

　　就本書的目的而言，在探討倫理指導原則時，主要集中在生涯諮商與藝術治療相互搭配運作時的倫理規範，以及專業助人者在出現具挑戰性、模稜兩可情況時可以應對的方法。讀者在閱讀和回顧本章時應該能獲得解答的問題包括：當我主要只有接受藝術治療或生涯諮商其中一門學科的培訓時，運用兩者結合

的方法是否合乎倫理？我對尋求生涯發展和決策指導的個案有哪些倫理上的義務？我在生涯諮商和藝術治療介入策略方面的技能和能力，如何讓我能合乎倫理地陳述我所能提供的服務之優勢和局限性？在實際執行藝術治療和生涯諮商時，與多元文化能力相關的倫理準則又提供了哪些資訊？在處理涉及生涯諮商和藝術治療的倫理兩難情境時，我可以考慮哪些倫理思考模式？

概述：倫理實務簡介

為了指導和確保專業助人者持續考量個案的福祉，並避免對將自己交託給專業助人者照顧的人們造成任何傷害的態度來執行其專業，專業協會和認證機構闡明了此類實務所需遵守的倫理準則和行為。哈巴爾和哈巴爾（2016）指出，倫理指導原則也是為了「改善我們自己與整個社會」（Habbal and Habbal, 2016, p. 116）而撰寫。關於生涯諮商，卡薩羅夫等人（Katsarov et al., 2020）聲稱，心理健康專業人員必須在多個層面遵守這些倫理守則：微觀層面，包括諮商師與個案互動是尊重和支持個案的隱私、尊嚴和自主權的；組織層面，從專門提供支持的方面來解決需求和正義問題；社會層面，則考量更廣泛的政治問題，如社會的包容性、自主的機會、尊嚴以及經濟的穩定性。心理健康專業人員在每一次進行與生涯和生活目標相關的互動或介入策略時，需要考慮不同層面和責任。

藝術治療師、諮商師以及其他心理健康專業人員進入他們的專業領域時，懷著支持個人、家庭和社區團體達到其最佳功能和生活品質的意圖，並且意識到社會背景的影響。要實現這個抱負，治療師要努力成為最好的自己並為他人提供良好的服務。而專業組織闡述了倫理原則和價值觀，來支持這些實務工作者和他們所服務的人，並為心理健康專業人員的行為提供指導。這些原則概述了藝術治療師和生涯諮商師在促進個案的自主權、避免造成傷害、促進個案的心理健康和幸福等方面的義務（AATA, 2015; ACA, 2014; NCDA, 2015）。藝術治療師還被要求要培養想像力，並「支持決策、問題解決、意義建構和療癒的創造性歷程」（AATA, 2015, p. 1）。在各個學科中，專業執業的倫理基礎包括提供平等和公平的待遇、信守承諾、履行責任，以及在實務工作中真實地與他人相處（AATA, 2015; ACA, 2014; NCDA, 2015）。

為了闡明倫理原則和價值觀，倫理行為準則描述了治療師需要遵守的特定行為和符合要求的執業方式（ACA, 2014; ATCB, 2019; NCDA, 2015）。需遵守的特定行為關鍵類別包括：對個案的責任、知情同意、專業能力和誠信、與保密和隱私相關的行為標準、多元文化能力和非歧視性的公平對待、專業關係的本質和界限、正確地傳達自己的執業範圍與相關服務以及局限性、檔案記錄，同時明確說明關於提供服務的費用結構及付款約定（ACA, 2014; ATCB 2019; NCDA, 2015）。

無論是何種培訓專科、個案群體和治療問題，所有倫理準則的一般類別及其下的主題都與臨床執業人員相關。倫理準則為倫理上的決策提供了基礎，但並不能解答與複雜現實生活中發生的事情有關的每個問題。執行的原則可能也常常是模糊和抽象的（Castro-Atwater & Hohnbaum, 2015）。此外，倫理準則和州法律有時可能會相互衝突，從而無法建構出特別正確的回應。而且，臨床執業人員面臨的許多情況是複雜的，需要進一步深思、諮詢和斟酌，以確保根據個案的利益而採取最佳的實務行動步驟。

結合藝術治療和生涯諮商

本書讀者很可能非常熟悉他們所屬專業協會和資格認證機構的倫理原則、指引和紀律守則，但可能較不熟悉相關專業人員的倫理守則，儘管可接受的標準中存在著顯著的重疊。因此，那些在心理健康執業中運用創造性生涯諮商或準備要這麼做的人需要熟悉不止一套指引，以增強他們掌握藝術本位方法整合到生涯發展和決策中的必備能力。此外，專業助人者還必須考慮指導他們特定專業執業的州法律和法規。

藝術治療和生涯諮商在專業本質上都具有多面性，都需要廣泛的知識和技能才能以符合倫理的方式來執行。穆恩（Moon, 2006）將藝術治療的倫理執業描述為能力和覺察的巧妙平衡。他強調藝術治療師的知識和能力，對於理解和促進治療關係、藝術過程以及為個案提供促進療癒機會的藝術空間的重要性。弗曼（Furman, 2013）主張，藝術治療實務豐富交織了藝術、象徵、與藝術創作過程的身體互動，以及對主觀內容的投入，而這些必須透過倫理的深思熟慮和具備必要的能力。她認為，治療師在超出自身能力以外的範圍執行業務很可

能會造成傷害，並強調能力和有益的執業之間是相互依存的。例如，如果諮商師不了解媒材的特性及媒材對激發個案情緒的影響，可能會導致過快地打開個案的困擾感受，並超出了諮商師的技術範圍而未能幫助個案管理這些感受和聯想。斯普林漢姆（Springham, 2008）強調有證據表示，善意但未經訓練的實務工作者運用藝術本位的方式時，若不完全了解如何在個案脆弱和困擾的背景下運用，可能會對個案造成重大傷害。在斯普林漢姆提出的例子中，有位諮商師要求一名個案畫出並面對自己的成癮，當個案與創作作品發生身體上的對抗時，導致個案在情感上和身體上受到傷害。迪瑪利亞（Di Maria, 2019）進一步解釋，對藝術治療師來說，雖然理解倫理守則、知情同意程序和工作政策至關重要，但同樣需要意識到，個人的偏見和盲點可能會干擾倫理行為和阻礙將業務執行到最好。

　　生涯諮商師的職責也是多方面的。生涯諮商師結合了關係諮商技巧與具專業知識的技能，以支持個案的生涯探索和選擇，而這些選擇可能會影響個案終其一生在情感、身體和經濟層面的福祉（ncda.org）。因此，缺乏對個人偏見、個案文化背景的認知，或不夠了解提供指引資訊的評估工具是有局限性的，可能會導致機會受限和後續的傷害。對於藝術治療師和生涯諮商師來說，致力於終身學習藝術治療和諮商的核心技能以及多元文化能力是必要的（Brown, 2002; Flores & Heppner, 2002; Talwar, 2010; ter Maat, 2011）。

倫理模式

　　幸運的是，已經有許多決策模式創建，以支持心理健康專業人員在執業中發生倫理兩難情境時知道如何更有效的考量和行動（Pryzwansky & Wendt, 1999）。倫理模式概述了臨床執業人員探索內在反思與價值觀，以及倫理決策的外部指引與其後果的策略。每個模式提供了不同的結構來處理倫理問題。例如，一些模式使用頭字語的組合詞來幫助治療師回憶他們在處理決策中的各個部分所必須採取的步驟（Hartel & Hartel, 1997; Hauck & Ling, 2016）。

　　哈巴爾和哈巴爾（1997）提供了頭字語 SHAPE，代表仔細審查（Scrutinize）、假設（Hypothesize）、分析（Analyze）、執行（Perform）和評估（Evaluate）。仔細審查要求治療師運用他們的感官來察覺當前問題的跡象。假設包括利用對情況和倫

理指導原則的了解來發展解決問題的方案。接下來，在分析階段，心理健康執業人員會批判性地考量所發展出的解決方案，最後，在執行和評估階段，治療師實行計畫，然後重複檢查行動的結果。哈巴爾和哈巴爾發現，在中等忙碌或有壓力的情境下運用頭字語 SHAPE，可以提高以團隊為導向的決策速度和準確性。事實證明，以系統方式來處理臨床問題並討論與問題相關的可能決策，比僅僅使用直覺更為有效。

　　同樣地，藝術治療師豪克和林（Hauck & Ling, 2016）創建了一個倫理決策模式，對藝術治療師和創造性諮商師來說，可能會因其頭字語「DO ART」而容易記憶。DO ART 代表兩難困境（Dilemma）、選項和結果（Options and Outcomes）、幫助（Assistance）、責任（Responsibility）和採取行動（Take Action）。在此模式中，決策的第一步始於明確定義出倫理**兩難困境**。一般來說，豪克和林將倫理困境定義為必須考慮多個倫理準則或原則的情況，且針對該情況確定要遵循的倫理路徑是複雜或不明確的。接下來，考慮預防或補救該困境的**選項**。一旦找出了這些選項，必須思考每個可能性的正面和負面結果。然而，這些討論不需要單獨進行，尋求同儕和督導的**幫助**，或者藉由探索相關主題和倫理原則的文獻來幫助決策者增加知識並拓寬考慮的視角。儘管如此，面臨倫理兩難困境的藝術治療師或諮商師必須對所選擇的行動**負責**，考慮到相關各方的潛在利益或傷害。綜合評估後，治療師最終**採取最合理的途徑**來解決倫理問題。

使用倫理模式探討能力問題

　　為了探討如何使用這些模式來考量生涯諮商和藝術治療的倫理問題，我們提供了兩個關於治療師能力和準確表達其專長的重要倫理議題案例情況。

安妮的案例

　　運用哈巴爾和哈巴爾的 SHAPE 模式進行決策，思考一下安妮的情況。安妮是一名註冊暨認證藝術治療師，並已從事私人執業多年。她的工作對象是時常經歷生活轉變（包括生涯轉換）的成年人。她發現，使用「橋梁畫」（Hays & Lyons, 1981）或「道路畫」（Hanes, 1995），對她的個案在探索生涯途徑上很有幫助。為了增加私人執業的轉介，她決定將「生涯專家」增加到她執業網頁上列出的專長領域清單內。仔細審視這種情況，可能會出現一個疑問：安妮是否

有足夠的資格在她的網頁上列出生涯專家？列出生涯專長是否能夠向她的潛在顧客準確地反映她的專業訓練和能力？假設她在生涯發展和決策方面沒有特定的培訓，那麼安妮和旁觀這種情況的實務工作者應該怎麼做比較適當？

第二步：假設，可從探討與廣告相關的倫理準則開始。鑑於安妮是一名藝術治療師，可以先查看藝術治療證照委員會的倫理、行為和紀律程序準則，來獲得指導。例如，ATCB 準則 2.51 指出，：「藝術治療師必須確保在所有的廣告中都提供關於其專業服務充分且適當的資訊，以幫助非同業的人在簽訂這樣的專業服務時可以做出知情的決定」（ATCB, 2019, p. 8）。此外，藝術治療師有責任確保他們在任何媒體上的廣告都是準確的。而且，藝術治療師「不得為其執業使用可能會混淆或誤導大眾的名稱或正式稱號」（ATCB, 2019, p. 8）。藝術治療師必須擁有符合公認專業標準的教育、培訓和經驗，才能列出此專長領域。

最後，探討有關生涯專業人員的頭銜保護、資格證書和／或執照的國家層級和州級法律和指引，將有助於實務工作者了解重要的法規。如果實務工作者沒有發現違反頭銜保護或執照法，那麼實務工作者的主要關注點可能是關於安妮專業稱號的清晰性和適當性。

在執行階段，實務工作者可以詢問安妮關於她的廣告內容，以及能夠取得該職業專業稱號的經歷和資格。如果安妮確認自己接受過最少的培訓，或者是在促進生涯探索方面有過成功的經驗，實務工作者可以表達他們對安妮使用專業稱號感到不舒服，並指出在廣告中明列專業稱號可能會誤導大眾。根據安妮隨後的行動，例如安妮撤下或拒絕撤下該專業稱號，實務工作者將評估是否應該採取進一步的措施以保護大眾，以及這些措施可能導致的結果。

辛蒂的案例

辛蒂是一名認證的生涯諮商師，她一直非常喜歡藝術和工藝，是業餘愛好者。她也對藝術治療這個專業有些了解，因為她所在的執業團體中有一名藝術治療師每週租用其中一間辦公室一晚。辛蒂的一個個案是一位年輕女性，遭受職場性騷擾而經歷工作問題。她計畫在下一次會談中使用陶土，幫助她的這位個案體驗和發洩對工作事件的憤怒，因為她聽到藝術治療師說陶土是一種能探索感受的良好藝術媒材。值得注意的是，辛蒂參加過陶藝課程，並且能夠很自

在地使用陶土。

　　在與這位年輕女性會面的前一天晚上，辛蒂在辦公室廚房裡碰到了藝術治療師，並興奮地告訴她自己計畫使用陶土來探索職場性騷擾問題，接著就迅速離開去下一個會談。這位藝術治療師考慮到辛蒂剛剛分享的內容，顯然辛蒂在生涯諮商方面接受了良好的培訓；然而，她擔心辛蒂可能並不完全了解陶土的治療特性，以及它可能會如何地開啟跟性騷擾或其他生活經驗相關的表達與情緒。在這種情況下，個案的福祉和藝術治療師的角色是首要關注的問題。

　　使用 DO ART 模式（Hauck & Ling, 2016）時，藝術治療師首先必須界定倫理兩難困境。辛蒂是否有對她個案造成傷害的風險？她的執業是否在她的專業訓練和能力範圍之內？藝術治療師具有什麼職責，要介入、教育辛蒂，或在必要時向她的認證機構舉報她在訓練和能力範圍之外的違反倫理執業？以及還需要哪些額外的資訊來確認辛蒂是否處於可能造成傷害的風險，如果確實如此，藝術治療師對辛蒂的個案負有什麼責任，如果有責任的話？藝術治療師有哪些行動選項？接下來將探討一些可能的選項。

　　選項 1：既然辛蒂是經過認證的生涯諮商師，她有責任遵守美國生涯發展學會（NCDA）的倫理準則，以及「所有適用的聯邦、州、地方和／或機構法令、法律、法規和程序」（NCDA, 2015, p. 9）。NCDA 倫理守則的第 C 節，專業責任，C.2.a 條款指出，「生涯專業人員只能在根據其教育、培訓、受督導的經驗和國家專業資格的能力範圍內執行業務」（p. 9）。此外，C.2.b 條款提到採用新的專業領域（其中可能包括在生涯發展中納入藝術等創意方式），並指出：「在發展新的專業領域的技能時，生涯專業人員採取措施確保其工作的能力，並保護他人免受可能的傷害」（NCDA, 2015, p. 9）。美國諮商學會的倫理準則（2014）對所有諮商專業人員都呈現了類似的措辭和要求。

　　NCDA（2015）準則（I.2.a）要求生涯諮商師在他們知道或擔心同事可能違反倫理標準（包括涉及能力的情況）時採取行動。然而，NCDA 準則（I.2.b）指導生涯專業人員在將問題提交給倫理委員會之前，如果可行的話，先非正式地與該生涯專業人員處理並嘗試解決所擔憂的疑慮。在不違反個案保密權利的前提下，可以採用此選項。如果生涯諮商師對違規事件的發生與報告的必要性感到不確定，可以諮詢督導或其他熟悉 NCDA 準則的人員來取得進一步的指導。NCDA 準則（I.2.f）警告不要提出不合理（缺乏根據）的投訴。

選項 1 的結果：如果在向辛蒂收集更多資訊，並嘗試直接與她解決所擔憂的疑慮後，得出的結論是應該向 NCDA 舉報辛蒂的行為，因為她執行業務超出了她的訓練與能力範圍，並且正在傷害個案，那麼藝術治療師要向 NCDA 倫理委員會、認證機構、證照授權委員會或其他適當的機構當局提供有關違規行為的真實證據。重要的是，藝術治療師根據其專業 ATCB（2019）準則（1.5.9），「在被要求或必要時，應與任何專業組織或政府機構的任何倫理調查合作……以保護藝術治療專業的完整性」（第 5 頁）。

根據相關審查委員會的決定，辛蒂可能會因為她在能力範圍之外執業而受到處罰，也可能不會。如果受到處罰，委員會或小組將遵循其紀律政策和程序來決定適當的後果，例如，範圍可能從正式譴責、強制補救、額外的教育要求，甚至更嚴重的後果，例如暫停認證和通知其他機構（ATCB, 2019）。

選項 2：認證藝術治療師必須按照藝術治療證照委員會的倫理、行為與紀律程序準則（ATCB, 2019）第 1.21 條的規定，如果有理由相信另一名認證藝術治療師正在違反法律或 ATCB 守則的標準，例如在訓練或能力範圍之外執行業務，那麼藝術治療師應向 ATCB 提交投訴。在這個例子中，藝術治療師考慮向 ATCB 舉報辛蒂在未經訓練的情況下執行藝術治療。

選項 2 的結果：因為辛蒂不是認證藝術治療師，ATCB 對她的資格或對她專業執業的審查沒有管轄權。辛蒂沒有明確的義務要遵守 ATCB 行為和紀律程序準則。因此，這個選項不是保護辛蒂的個案或進一步在未來防止個案受到傷害的可行方法。

選項 3：根據 ATCB 準則 1.5.8，鼓勵藝術治療師提升大眾對藝術治療原則和專業的認識，包括提供其他心理健康專業人員資訊，同時準確地傳達在運用所教授的方法時，必須具備的能力與資格。考慮到這一倫理準則，藝術治療師可能決定聯繫辛蒂，表達擔憂並提供一些關於陶土特性的資訊，以及使用陶土來處理創傷情況可能產生的後果。他們可以提供諮詢，並指出在治療情境裡熟練地駕馭藝術媒材所需的訓練。

選項 3 的結果：對於所提供的這些資訊，辛蒂可能接受或不接受。她可能會重新考慮在生涯諮商中是否要使用陶土，或者可能考慮接受進一步的訓練，來確保她能夠勝任使用藝術本位的策略。此外，只要個案授權其案例資訊的分享，辛蒂可以討論與個案有關的可能合作或督導。另一方面，辛蒂可能會因這

樣的詢問而感到被冒犯，與辛蒂的專業關係可能因而變得緊張。

　　根據 DO ART 倫理決策架構，在考慮選項時，建議尋求幫助來獲得支持。豪克和林（2016）建議尋求多種形式的幫助，包括諮詢督導或同事，或探索涉及相關問題的文獻。尋找與這個案例相關的文獻可能會導向羅森和阿特金斯（Rosen & Atkins, 2014）的著作，他們探討了實務運用的界限，為創造力和表現性藝術媒材的使用提供了訊息；或遊戲治療師斯托弗（Stauffer, 2019），她在遊戲治療中運用圖畫的能力，檢視相關的倫理顧慮。在仔細審查各個來源所提供的協助，並仔細權衡每個選項及其結果的風險和益處後，藝術治療師的任務是採取負責任的行動。

在倫理決策過程中加入藝術

　　對於藝術治療師和非藝術治療師來說，藝術探索可以作為豐富反思倫理決策過程中的絕佳工具。在這方面，豪克和林（2020）建議運用補充的藝術流程來擴展他們的 DO ART 模式（Hauck & Ling, 2016）。豪克和林（2020）強調，有結構的藝術活動可以「藉由清晰而簡潔的方式來組織各個組成部分，以簡化決策過程」（p. 35）。他們建議運用正反兩面各有三個區塊的三折頁，來做 DO ART 模式的各個元素（兩難困境、選項和結果、幫助、責任和採取行動）的藝術探索。例如，豪克和林（2020）改編了橋梁圖（Hays & Lyons, 1981）和畫雨中的人（Draw a Person in the Rain, Verinis, Lichtenberg, & Henrich, 1974）等傳統上分別用於探索目標導向和應對壓力的圖畫，提供此圖畫結構來想像採取行動的途徑，為決定的行動來評價承擔責任的回報與風險。在運用藝術創作歷程和作品來探索模式中的每個部分後，創作者可以透過視覺呈現全面性地反思倫理決策的行動過程。**圖 3.1** 和 **3.2** 提供了一個藝術治療學生對於辛蒂案例所做的倫理決策階段藝術探索，以及所選定的藝術結果範例。

　　這些圖示提供了與學生敘述相關的藝術作品，展示了他們對這些問題的回應，以及一名學生對藝術引導 DO ART 歷程的看法：

　　DO ART 歷程幫助我可以並列式的比較不同的結果，並協助我評估自己的角色。我欣賞「站在雨中的人」這個藝術指引的運用，因為它讓我能夠處理自我角色中較為情緒化的面向。有不同倫理守則的紅綠燈圖示，幫助我視覺化想

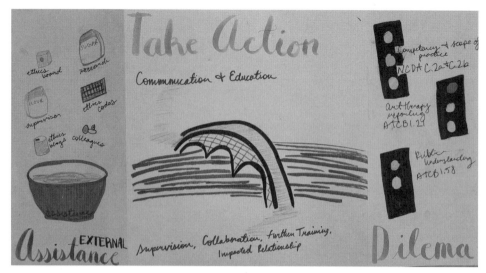

圖 3.1　學生藝術創作作品 1：DO ART 歷程

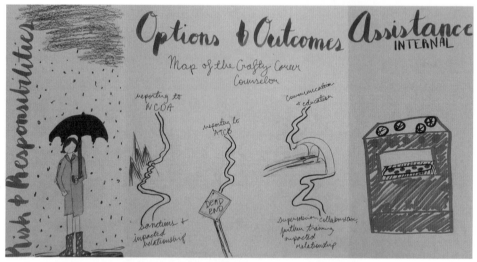

圖 3.2　學生藝術創作作品 2：DO ART 歷程

像倫理守則如何應用於所描述的情況。內部協助和外部協助的影響力本來可以更大，因為實際上我並未從其他資源或專業人士那裡得到幫助。視覺化想像不同的途徑通往不同的選項，幫助我想像各種選擇的影響可能會看起來如何。總而言之，我認為 DO ART 是積極探索倫理兩難困境一個很好的夥伴。

開放式的藝術歷程

在諮商和藝術治療中處理生涯議題時可能面臨的倫理考量，可以運用其他藝術本位的策略來進行探索和理解。費許（Fish, 2012）認為，治療師的回應性創作：臨床工作者所創作的藝術，用來探索與涵容困難的內容，或探索臨床工作者在回應個案時的反移情，在督導中可以做為一種工具，用來識別和處理可能浮現的潛在倫理議題。這種藝術創作歷程並不需要遵循特定的結構。在考慮和採取任何行動之前，可以使用任何藝術媒介來設法解決需要進一步探索和理解的倫理兩難困境。

例如，一位藝術治療師或生涯諮商師可以利用藝術作品和歷程來開始哈巴爾和哈巴爾（1997）SHAPE 模式中仔細審查的過程。再次考量安妮的案例，安妮本人可能對將自己列為生涯專家感到不安或矛盾。為了查明這種不確定性，可以藉由投入藝術參與來探索安妮的矛盾心理中尚未明確闡述或澄清的內容。用來做藝術創作的開放性問題或有意圖的主題，可能像是「我的專業範圍是什麼？」或「個案需要知道我哪些專長和局限性，才能對選擇我作為服務提供者做出知情的決定？」可以藉由真實感受到的經驗來激發藝術治療師的動覺、感覺和情感參與，並提供一個象徵性的視覺產品供反思和思量之用。一位督導可以指導安妮參與這樣的過程。以下的藝術作品和討論展示了這種藝術探索的樣貌。

為了開始反思，安妮決定創造兩個不同的「泡泡人物」來探索藝術治療師和生涯諮商師的角色和責任，並檢驗這些角色可能重疊的地方圖 3.3。她查閱了生涯諮商師的定義和倫理行為守則，闡述了她對藝術治療師執業範圍的看法，並為每個專業角色和執業背景設定選了來代表其中的各個方面。

接下來，她探索了自己的訓練和經驗層級，並創造了圖 3.4 中所示的「泡泡自畫像」。當她看著自畫像時，她確定自己確實有一些支持人們在經歷生涯轉換的一般經驗，但她在「所有生涯相關」方面並沒有同等層級的訓練和專業知識。最終，安妮確認，聲稱自己是生涯專家可能會誤導潛在個案，並從她的網頁上刪除了這種說法。由於她樂於處理生涯生活問題，並認為這是她的執業範圍，她思考以新的方式向個案表達她的興趣，同時也為自己建立了一個「何時轉介給生涯諮商師」的表單，以便在個案需求超出她的能力範圍時能夠適當地加以轉介。

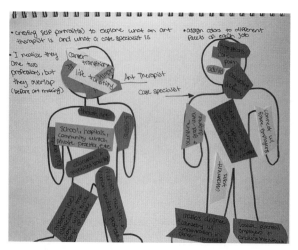

圖 3.3　藝術治療師與生涯諮商師的比較

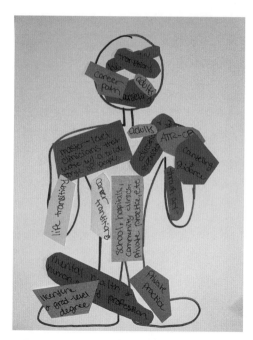

圖 3.4　泡泡自畫像：安妮探索她的訓練

我可以符合倫理原則地結合藝術治療和生涯諮商方法嗎？

　　對於生涯諮商師使用創意的藝術方法並不是禁忌，相同地，藝術治療師也可以處理個案的工作、生活目標與決策過程。羅森和阿特金斯（Rosen & Atkins, 2014）強調，諮商師可以在諮商中運用創意，並將諮商中的創意定義為「一個廣義的術語，通常包括以創意方式應用各種治療方法」（p. 298）。他們指出諮商專業長期以來一直熟悉藝術在支援表達、發展與福祉方面的力量，這些在諮商文獻中都有佐證。然而，他們也認為對藝術媒材必要的熟悉程度，以及諮商師認可藝術具有能迅速降低防衛並喚起情感反應的力量，是進行藝術本位工作的先決條件。為了藝術創作的過程能被好好利用，合格的執業人員必須營造安全可靠的藝術創作環境，並對提供的藝術創作過程，可能引發的任何情況能夠掌握和處理。

　　生涯諮商師也將創意的方法融入其生涯諮商策略中。例如，生涯諮商師使用拼貼來幫助大學生探索生涯興趣（Jahn, 2018），利用各種藝術媒材來幫助個案創作生涯導向家族圖，來理解家庭生涯影響（Chope, 2005），或提供額外的家族圖相關繪畫任務，以擴展個案對生涯敘事、價值觀和目標的認識（Di Fabio, 2010）。斯旺克和賈恩（Swank & Jahn, 2018）提供了沙盤方法來闡明和增強大學生的生涯決策過程。

　　巴爾巴（2000）是藝術治療師和註冊心理健康諮商師，代表了一小部分已經將藝術治療方法融入生涯規劃的藝術治療專業人士，並且正式撰寫了有關這些策略的文章。根據她的私人執業工作，巴爾巴為那些尋求生涯轉變和滿足感的人發展了指引，並提供藝術提示來激發讀者的想像力和創造力，以支持對個人特質和興趣以及工作／生活願景和價值觀的審視。儘管很少有人寫過關於生涯導向藝術治療促進經驗，但很可能許多藝術治療師同時使用藝術和口語諮商技巧，來處理個案在人生各個階段中出現的工作／生活問題。

　　生涯諮商師和藝術治療師的策略確實有重疊，並且可由受過培訓的專業人員，在充分了解生涯諮商和藝術治療策略及兩者對個案的福祉和賦能所衍生的影響之基礎上勝任。將藝術與生涯實務相結合的專業人士必須考慮他們專業知識的界限，並將他們的執業範圍限制在他們能夠熟練管理的範圍內。因此，對於個人的知識、技能和熟練程度誠實地做個量表至關重要。例如生涯諮商自我效能量表（O'Brien et al., 1997）之類的評量工具，可以作為一種評估方式，用來

評估關於廣泛生涯諮商知識、技能和介入策略的自我效能與面臨的挑戰。在填寫量表時，專業人士會評分自己選擇評估生涯興趣工具的能力；傳達有關當地和全國就業市場訊息的知識；協助個案辨別生涯決策中的內部和外部阻礙。然而，正如前文所提到的，自我評估可能會受到偏見和盲點的影響，可能需要更客觀或外部的評估資源（Di Maria, 2019）。強烈建議與督導一起檢查自我評分結果。

運用督導和結果監測來回答能力問題

督導是探索個人對於其專業範圍和能力層級不確定感的絕佳討論會。ACA（2014）倫理準則和 NCDA（2015）倫理準則 C.2.d 告誡諮商師和生涯諮商師持續監測其有效性，並尋求督導根據需要評估其效能。ATCB（2019）準則 1.2 規定，「藝術治療師應定期與合格的專業人士進行諮詢和（或）督導」，以確保專業能力和誠信（p. 3）。

例如，諮商師羅森向心理學家、諮商教師和表達性治療師阿特金斯尋求督導，以幫助羅森確認是否能夠勝任在諮商中使用表達性治療並合乎倫理（Rosen & Atkins, 2014）。在與督導討論和支持的幫助下，羅森能夠界定諮商和表達性治療專業實務之間的相似之處和差異，認識到進行藝術本位工作所必須具備的知識和技能，並釐清了將自己定位為使用創意方法的諮商師，而不是創造性藝術治療師的必要性。

平納和基夫利漢（Pinner & Kivlighan, 2018）對自我評估和與督導的諮詢可能不足以驗證專業能力和效能表示擔憂，因為這些過程具有主觀的本質和經驗交流的部分。此外，平納和基夫利漢指出，累積額外的臨床經驗不一定等於有更優越的臨床專業知識。為了提高能力評估的準確性，作者建議臨床工作者進行定期的結果監測（ROM），以確定熟練程度的界限範圍並預防傷害。ROM 過程包括定期評估個案的結果，以確保對個案有助益。結果監測可以通過定期使用針對個案生涯目標的實證測量工具來完成。平納和基夫利漢還指出，與治療師一起定期完成和回顧 ROM 測量的個案，比未這麼做的個案呈現出更好的治療效果。

卡多索和沙勒斯（Cardoso & Sales, 2019）發現，使用個人問卷（PQ; Elliott et al., 2016）作為評估生涯發展和決策進展的 ROM 結構具有特別的價值。PQ 與預先製作的問卷不同，是與個案共同構建的客製化問卷。問卷是從一個面談過

程和想法交流中發展出來，這有助於諮商師和個案清晰地定義生涯問題清單。在清單達成一致後，個案將問題困擾他們的程度按 7 分制加以評分，1 為最小程度，7 為最大程度。個案和諮商師使用該評量工具來評估問題在不同治療階段的解決程度。與個案一起回顧這些評量可以促進對話，支持個案實現目標，同時並幫助諮商師支持個案往目標前進時，找出自身技能的潛在局限性。藝術治療師、諮商師和生涯諮商師應準備好運用多種方法來檢查自身能力並解決可能出現的倫理兩難困境。

檢視多元文化能力的倫理

在為不同背景和能力的人提供具文化敏感性的服務時，足夠的準備和技巧是治療師的能力和倫理執業的另一個重要領域。藝術治療、諮商和生涯諮商專業皆認可並倡導以文化回應的方式和所有個案工作。美國藝術治療學會（AATA, 2015）將多元文化與多元能力定義為：

藝術治療師的能力，不斷地汲取關於自我與他人的文化和多元體認及關於文化多元性的知識，並成功地將這些技能應用於與個案的實務工作中。藝術治療師保持多元文化和多元性的能力，以提供治療介入措施和策略，包括對文化議題的認識和積極應對。

（p. 8）

ACA（2014）倫理準則、NCDA（2015）倫理準則和 ATCB（2019）倫理、行為和紀律程序準則包含幾項具體規定，概述了專業人員對文化敏感實務的倫理義務。NCDA（2015）要求：

生涯專業人員要認識到歷史和社會的偏見、對某些個體和群體的錯誤診斷和病理化，以及生涯專業人員可以扮演的角色是通過適當的診斷、建議和提供服務來避免這些偏見持續存在。

（p. 14）

最後，美國藝術治療證照委員會（2019）規定，認證藝術治療師在他們整個職業生涯中，必須持續參加培訓以發展和提高其文化能力。

多元文化能力指南

雖然有幾個倫理準則適用於多元文化能力，但專業組織在各自的多元文化能力文件檔案中提供了有關倫理行為的更多詳細資訊。NCDA（2009）多元文化生涯諮商基礎能力和美國藝術治療學會（2015）藝術治療多元文化／多元能力，這兩個文件檔案的制定是為了闡明和增強文化知情照護的組成部分，包括知識、技能、態度和行為方面，而這些是文化敏感工作的基石。因此，NCDA關注生涯專業人員多元文化熟練程度的核心層面；了解理論的優點和局限性，以及理論對所服務個案的應用；意識到假設和自身文化信仰可能會影響專業行為和決策的部分；了解評估所扮演的角色，了解評估在適用於不同背景對象的選項與限制；參與科技的評估和運用，以確保科技與個案的需求、能力和可觸及性皆能敏感地相配合，並提供在科技運用上必要的支持。生涯諮商師在發展適當的計畫時，應參考指導方針和論文研究，同時尋求團體成員的回饋以提高計畫設計的品質，並持續接受培訓和督導以提高其服務的文化敏感性。

美國藝術治療學會（2015）的多元文化／多元能力描述了三個主要類別：藝術治療師對他們個人價值觀、信仰和假設的覺察；藝術治療師對個案世界觀的了解；藝術治療師發展和執行對宗教和雙重文化有敏感度的適當介入措施與策略的技巧。這些理想指南與 NCDA（2009）多元文化能力的精神有很大的共同點，但添加了與藝術治療專業獨特方面相關的項目。例如，藝術治療師必須意識到象徵的傳統、藝術本位的評估與詮釋中可能存在的偏見，以及文化藝術傳統可能會影響參與、藝術媒材選擇和圖像創作的方式。

考慮到多元文化和多元能力的重要性，本書的第六章將深入探討這些重要概念，並將用以下方式討論生涯諮商和藝術治療：

尊重多元文化的觀點，考慮受到個案的種族、族裔、文化、原國籍、膚色、性別、性別認同、性取向、階級、年齡、婚姻狀況、政治信仰、宗教、地理區域、精神或身體障礙以及與主流文化的歷史或目前經歷等，所影響的特定

價值觀、信念和行為。

（AATA, 2015, p. 1）

　　同時將探討生涯諮商和藝術治療服務提供的公平和公正做法的微觀層面、組織層面和社會層面的觀點。

總結

　　藝術治療、諮商和生涯諮商作為助人專業，各自具有獨特的組成部分，但也共享倫理行為以及賦能個案的寶貴原則，讓個案有能力踏上自己的道路，在更大的家庭和社會環境中追求幸福、生涯和人生角色的滿足。在本章中，我們探討了不造成傷害以及了解自身專業領域能力範圍的倫理要求。透過專業倫理原則和準則、多元文化能力、倫理模式、藝術本位的反思過程和定期結果監測，概述了評估能力和考慮倫理兩難困境的方法。本章並未包含所有影響藝術治療師和生涯諮商師的倫理準則和原則的全面性觀點，主要目的是提供範例與啟發，以促使對藝術治療和生涯諮商實務的倫理基礎做進一步檢視。

問題討論與活動

1. 盡可能地列出你每週所會面臨到的個人倫理議題（例如，謊稱遲到的原因、讓某人使用你的商店會員卡打折）。是什麼造就了這些倫理困境？你是如何決定你該做什麼的？在過程中你有什麼感覺？事情發生後你又有什麼感受？你是否還認為那是正確的決定？你會再次做出同樣的決定，還是你會決定以不同方式處理？

2. **進一步案例學習**

　　生涯諮商和藝術治療可能在各種情境下出現倫理議題。以下是一些可供討論、藝術探索和決策的其他案例。對於以下的每個困境，請思考以下問題：什麼是倫理困境？ACA 和 NCDA 倫理準則以及 ATCB 倫理、行為與紀律程序準則中有哪些適用部分？哪些具體規定適用？你會使用哪種倫理模式來進一步探討這個困境，為什麼？不同的模式可能會是什麼樣子？你會使用什麼

藝術創作過程來釐清你的思慮？有哪些可能帶來最佳的結果？你將會如何進行，會是什麼樣子？

a. 個案帶來了一些從網路上免費測試中得到的職業測試結果。她對測試建議她「適合」擔任電氣工程師感到非常興奮。你詢問測試時，你發現到它是一種色彩測試，依據個人顏色喜好給予相對應最適合他們的職業選項。

b. 想像場景是一個職業生涯中心，同時也是培訓機構。因此，所有的會談都被錄影並儲存在中心的安全伺服器上。

c. 一位實務工作者決定希望藉由網路提供生涯服務作為業務的一部分，主要使用 Skype、Facetime 或 Zoom 等視訊會議服務。

d. 你會給一位喜歡使用社交媒體（臉書 Facebook、部落格 Blogging、推特 Twitter、Pinterest、Instagram 等）的實務工作者什麼建議？

e. 一位專業人員在自己的辦公室與個案會談，但大部分會運用到的資源（生涯評估工具、電子書、教學影片等）都是線上進行。

f. 一位專業人員正在與一位個案合作，個案表示沒有固定可以使用電腦或網路的管道來讓他尋找可能的職業。個案問是否可以在平日借用專業人員的平板電腦上網找資料。

g. 一名實務工作者決定在虛擬世界，例如第二人生電玩遊戲，提供生涯諮商。在做出此一決定之前，他應該探索哪些倫理考量？

h. 一位實務工作者喜歡使用一個生涯應用程式，認為它和他服務的個案非常相關。然而，這個應用程式沒有理論依據，也沒有實證顯示有效。而她直接將這個應用程式連結放在她的網站上。

i. 一位生涯實務工作者喜歡在各種聊天室閒晃，並當成是自己執業的一個行銷機會。

3. 喬伊正在攻讀心理諮商碩士學位，這是她的第一個學期。在參加了為期一週的培訓研討會後，她接受了一個研究助理的職位，在學校圖書館內的大學職業生涯發展中心做履歷評估的工作。在她工作的前幾週，喬伊和艾米坐下來進行一次典型的評論。艾米告訴喬伊，她已經失業了好幾個月，因為賬單堆積如山，她感到壓力很大。然後，艾米又說：「我感到迷失和孤獨；有時候我只想結束一切。」喬伊還沒有和艾米討論過保密與保密例外條款。

4. 亞歷克斯是一所高中的生涯諮商師，正在幫助雷娜決定畢業後的方向。雷娜

度過了艱難的一年；她告訴亞歷克斯，她的父母大約 6 個月前才正式離婚，離婚的過程很混亂。亞歷克斯建議雷娜向學校諮商師尋求幫助，但不知道後續發展。雷娜最近與亞歷克斯安排了一次面談，要來討論她畢業後的方向，雷娜希望她的母親能在場，因為雷娜一直和母親住，而且過去的 6 個月，母女關係變得越來越親近。亞歷克斯與雷娜和她的母親會面了 3 次，並擬定了雷娜應該選擇主修的科系以及應該前往哪些大學參觀的計畫。幾天後，亞歷克斯接到雷娜父親的電話，要求知道為什麼他沒有受邀參與面談，他非常生氣，因為他是雷娜的父親，而且將要為這一切買單。他要求要知道亞歷克斯與雷娜會面時發生的一切，如果亞歷克斯不照做，他威脅要提告。

參考文獻

American Art Therapy Association. (2015). *Art therapy multicultural and diversity competencies*. www.arttherapy.org/upload/Multicultural/Multicultural.Diversity%20Competencies.%20 Revisions%202015.pdf

American Counseling Association. (2014). *ACA code of ethics*. www.counseling.org/resources/aca-code-of-ethics.pdf

Art Therapy Credentials Board (2019). *ATCB code of ethics, conduct, and disciplinary procedures*. www.atcb.org/Ethics/ATCBCode

Barba, H. N. (2000). *Follow your bliss! A practical, soul-centered guide to job-hunting and career life planning*. Universal Publishers.

Brown, D. (2002). The role of work and cultural values in occupational choice, satisfaction, and success: A theoretical statement. *Journal of Counseling & Development, 80*, 48-56.

Cardoso, P. & Sales, C. (2019). Individualized career counseling outcome assessment: A case study using the personal questionnaire. *The Career Development Quarterly, 67*, 21-31, https://doi.org/10.1002/cdq.12160

Castro-Atwater, S. & Hohnbaum, A. (2015). A conceptual framework of "top 5" ethical lessons for the helping professions. *Education, 135(3)*, 271-278.

Chope, R. (2005). Qualitatively assessing family influence on career decision making. *Journal of Career Assessment, 13(4)*, 395-414.

Di Fabio, A. B. (2010). Life designing in 21st century: Using a new strengthened career genogram. *Journal of Psychology in Africa, 20(3)*, 381-384.

Di Maria, A. (2019). Factors that can influence the ethical decision-making process. In A. Di Maria (Ed.), *Exploring ethical dilemmas in art therapy: 50 clinicians from 20 countries share their stories* (pp. 3-11). Routledge.

Elliott, R., Wagner, J., Sales, C. M. D., et al. (2016). Psychometrics of the Personal Questionnaire: A client-generated outcome measure. *Psychological Assessment, 28*, 263-278. doi:10.1037/pas0000174

Fish, B. (2012). Response art: The art of the art therapist. *Art Therapy: Journal of the American Art Therapy Association, 29(3)*, pp. 138-143.

Flores, L., & Heppner, M. (2002). Multicultural career counseling: Ten essentials for training. *Journal of Career Development, 28(3)*, 181-201.

Furman, L. (2013.) *Ethics in art therapy: Challenging topics for a complex modality*. Jessica Kingsley.

Habbal, Y., & Habbal, H. B. (2016). Identifying aspects concerning ethics in career counseling: Review on the ACA code of ethics. *International journal of Business and Public Administration, 13(2)*, 115-124.

Hanes, M. J. (1995). Utilizing road drawings as a therapeutic metaphor in art therapy. *American Journal of Art Therapy, 34(1)*, 19-23.

Hartel, C., & Hartel, G. (1997). Assisted intuitive decision making and problem solving: Information-processing-based training for conditions of cognitive busyness. *Group Dynamics: Theory, Research, and Practice, 1(3)*, 187-199.

Hauck, J., & Ling, T. (2016). The DO ART model: An ethical decision-making model applicable to art therapy. *Art Therapy: Journal of the American Art Therapy Association, 33(4)*, 203-208. https://doi.org./10.1080/07421656. 2016.1231544

Hauck, J., & Ling, T. (2020). Applying art therapy directives to ethical decision making. *Art Therapy: Journal of the American Art Therapy Association, 37(1)*, 34-41. https://doi.org/10.1080/07421656. 2019.1667669

Hays, R. E., & Lyons, S. J. (1981). The Bridge Drawing: A projective technique for assessment in art therapy. *The Arts in Psychotherapy, 8(3-4)*, 207-217. https://doi.org/10.1016/0197-4556(81)90033-2

Jahn, S. A. B. (2018). Professional issues and innovative practice: Using collage to examine values in college career counseling. *Journal of College Counseling, 21*, 180-192.

Katsarov, J., Albien, A. J., & Ferrari, L. (2020). Developing a moral sensitivity measure for career guidance and counselling. *Journal for Perspectives of Economic Political and Social Integration, 25(1)*, 45-65.

Moon, B. L. (2006). *Ethical issues in art therapy*. Charles C. Thomas.

National Career Development Association. (2009). *NCDA Minimum Competencies for Multicultural Career Counseling and Development*. www.ncda.org

National Career Development Association. (2015). *NCDA code of ethics*. www.ncda.org/aws/NCDA/asset_manager/get_file/3395

O'Brien, K. M., Heppner, M. J., Flores, L. Y., & Bikos, L. H. (1997). The Career Counseling SelfEfficiency Scale: Instrument development and training applications. *Journal of Counseling Psychology, 44(1)*, 20-31. doi:10.1037/0022-0167.44.l.20

Pinner; D. H., & Kivlighan, D. M., III. (2018). Ethical implications and utility of routine outcome monitoring in determining boundaries of competence in practice. *Professional Psychology: Research and Practice, 49(4)*, 247-254. http://dx.doi.org/10.1037/pro0000203

Pryzwanksy, W. B., & Wendt, R. N. (1999). *Professional and ethical issues in psychology*. Norton Professional Books.

Rosen, C. M., & Atkins, S.S. (2014). Am I doing expressive arts therapy or creativity in counseling? *Creativity in Mental Health, 9*, 292-303. https://doi.org/10.1080/15401383.2014.906874

Springham, N. (2008). Through the eyes of the law: What is it about art that can harm people? *International Journal of Art Therapy, 13(2)*, 65-73. https://doi.org/10.1080/17454830802489141

Stauffer, S. (2019). Ethical use of drawings in play therapy: Considerations for assessment, practice, and supervision. *International journal of Play Therapy, 28(4)*, 183-184. http://dx.doi.org/10.1037/pla0000106

Swank, J. M., &Jahn, S. (2018). Using sand tray to facilitate college students' career decision making: A qualitative inquiry. *The Career Development Quarterly, 66*, 269-278. https://doi.org/10.1002/cdq.12148

Talwar, S. (2010). An intersectional framework for race, class, gender, and sexuality in art therapy. *Art Therapy: Journal of the American Art Therapy Association, 27(1)*, 11-17.

ter Maat, M. (2011). Developing and assessing multicultural competence with a focus on culture and ethnicity. *Art Therapy: Journal of the American Art Therapy Association, 28(1)*, 1-7.

Verinis, J. S., Lichtenberg, E. F., & Henrich, L. (1974). The draw-a-person-in-the-rain technique: Its relationship to diagnostic category and other personality indicators. *Journal of Clinical Psychology, 30(3)*, 407-414.

第四章

評估在藝術治療和
生涯諮商中的作用

　　本章將介紹生涯發展評估的歷史，與評估的角色有關的幾個哲學觀點。評估的作用是協助個案了解生涯發展個人天賦、優勢、目標、價值觀等面向，以強化個案概念化與治療計畫。文中將簡要介紹選擇評估的準則、評估類別的描述、評估工具、評估的信度和效度、評估選擇與執行相關的多元文化議題以及評估結果的詮釋。參考資料來源的學術著作與評估的角色和類型有關，且適用於藝術治療師／諮商師。重要的是，本章還將會針對蒐集個案的生涯發展問題和目標有關的重要訊息，來檢視標準化評估、非正式評估工具、面談策略和藝術本位方法的優勢和限制。另外，非標準化和非正式藝術本位策略，像是創意生涯家族圖和藝術本位生涯價值觀評估等，也會在本章中提供範例說明。

標準化或非正式評估的探索與運用

生涯評估的歷史

　　「評估」（assessment）在諮商領域的歷史悠久。人們從一開始就注意到在智力、技能、天賦、性格類型、偏好等存在有個體差異。隨著心理學領域的興

　　　　　　　　　　　　　　　　　　　　　　　　　| 藝術治療與生涯諮商 |

起，我們開始嘗試從這些差異中辨識、分類和預測相對應的結果。例如，早期的中國心理學家識別了五種情緒，以及陰和陽；希波克拉底確認了四種體液；亞里斯多德提出雖然思考源於感知，但感知有時是有缺陷的；文藝復興時期人們對於了解個體的興趣逐漸增強。早期的生涯評估被用來幫助辨別哪些人在軍隊中最適合哪個職務，以因應戰爭時的需求。因此，早期生涯評估的重點是將特定職業的「成功條件」（Parsons, 1909）與學習特定技能所需的特質、技能和天賦相匹配。多年來隨著心理學領域關注焦點的轉移，生涯評估也反映出了這些變化。開始出現了興趣與價值觀量表，也開始出現了非標準化的生涯評估方法。隨著目前國家推動職業就業準備，出現了更多針對就業準備的量表。現今的生涯評估在其評量的結構，以及評估會如何地執行與詮釋，都各不相同。

生涯評估的類型與目的

每種個別的生涯評估都有其明確的目的。與審視藥物的治療目的類似，重要的是審視每個特定評估的目的，讓所選擇的評估積極地對應治療目標的可能性得以提高。一個人不會使用類固醇軟膏來治療發燒，諮商師也不應該施行興趣量表來幫助個案釐清他們的價值觀。因此，了解現有生涯評估的一般類型與其一般目的，將有助於諮商師決定向他們的個案推薦哪種類型的評估。**表 4.1** 列出了一些最常見的生涯評估類型與目的。

選擇生涯評估

選用生涯評估的決定應根據個案的需求，以及特定評估能夠最符合這些需求的程度。因此，選擇生涯評估的第一步是充分了解個案對生涯諮商的需求和目標，然後將這些需求和目標與可用的生涯評估相匹配。同樣重要的是要了解個案的個性，還有他們做出生涯決策的文化背景，以及他們可能從哪種類型的生涯評估經驗中受益最多。有些個案可能喜歡篇幅較長、較詳盡、結構化的評估，該評估會產生一份報告或一個可供進一步探索的選項清單，而其他個案可能喜歡用更有創意的方式來表達其自我認同，並採用較不結構化的方法來確認和肯定自己是誰，並為關於未來可能性的對話開啟一道門。還有一些人可能更喜歡結合這兩種方法。

除了了解我們的個案之外，還需要了解特定的生涯評估，以確保能夠提供

表 4.1　生涯評估中常見的類型、目的和範例

生涯評估類型	一般目的	範例
分類（興趣、價值觀、技能、個性、天賦）	識別特定特徵；有些評估會將這些特徵與相匹配的選項清單連結起來	美國陸軍性向測驗（Armed Services Vocational Aptitude Battery, ASVAB） 大五人格量表（NEO-PIR） 自我探索興趣量表（Self-Directed Search） 史氏興趣量表（Strong Interest Inventory） 工作價值量表（Work Values Inventory）
生涯未決定	識別一個人的決斷力，或可能導致生涯未決定的面向	生涯決策量表（Career Decision Scale） 生涯狀態量表（Career State Inventory）
生涯就業準備	確定能夠做出生涯決策的準備程度；識別可能影響準備就緒的潛在阻礙	生涯態度和策略量表（Career Attitudes and Strategies Inventory） 生涯顯著性量表（Career Salience Inventory） 我的職業情境（My Vocational Situation）
生涯信念	識別可能有助於或阻礙生涯決策過程的信念	生涯決策自我效能量表（Career Decision Making Self-Efficacy Scale） 生涯思維量表（Career Thoughts Inventory） 生涯結果後設認知調查（Career Outcome Metacognition Survey）
職業壓力	識別與工作相關的壓力源	職業緊張量表（Career Tension Scale） 工作壓力調查（Job Stress Survey） 職業壓力量表（Occupational Stress Inventory） 職業意義與成就感調查（Vocational Meaning & Fulfillment Surveys）
生涯轉換	識別個案在參與或考慮生涯轉變時可能阻礙或支持的部分	就業成功阻礙量表（Barriers to Employment Success Inventory） 生涯轉換調查（Career Transition Survey） 重新就業成功量表（Re-employment Success Inventory）
電腦輔助就業輔導系統	提供一個互動式體驗，個人可以使用多種評估的組合來查詢匹配的結果	互動式指引和資訊系統（System of Interactive Guidance and Information, SIGI） 焦點（職業與教育規劃系統）（FOCUS: Career & Education Planning System） 庫德職業生涯規劃系統（Kuder Career Planning System）
職業組合卡和其他質性工具	以個案為導向的方法通常會導向特定的成果，目標是建立一個開端，促使特定主題有更深入的對話。	生涯家族圖（Career Genogram） 生涯風格訪談（Career Style Interview） 生涯系統訪談（Career System Interview） 職業組合卡（Card Sorts） 我的生涯章節（My Career Chapter） 我的生涯影響體系（My System of Career Influences） 虛擬職業組合卡（Virtual Card Sort）

符合倫理的選項。美國生涯發展學會提供了一個資源，名為《生涯評估綜合指南》，其中包含對標準化和非標準化生涯評估的深入評論，客觀量表的心理計量特性、執行與解釋步驟、運用該評估的研究，以及對該資源的整體評價。從倫理角度來講，了解評估的常模為何、信度與效度訊息、閱讀程度，以及限制（包含文化因素），應該是決定評估是否適合你的個案時的關鍵考量。

　　正如個案對生涯諮商會有目標一樣，生涯評估是依據特定目的而創建的。評估的目的可能包含識別和釐清個人自我認識的特定面向，如興趣、價值觀、技能、天賦、優勢或性格。有一些評估，像是電腦輔助的就業輔導程式，可能會考慮個人的每個面向，並將其結合在整體報告中。它們還可以用於發掘生涯信念或負面生涯思維，或確定生涯準備程度。評估結果的目的可能是提供所測量特質的全面性描述，建立與個人回答最相符的職業和／或培訓選項清單，突顯可能需要進一步與實務工作者討論的區域，並建議後續步驟。

　　選擇評估工具的最後一個考量因素，是諮商師對該評估的熟悉程度。藝術治療和生涯發展學會以及諮商認證機構的倫理標準要求諮商師只能使用他們接受過培訓和督導的評估工具，這包括閱讀評估的專業和技術手冊（如果有的話），自己先做評估測驗，再與督導一起來了解評估的結果。此外，諮商師可以透過角色扮演或與經驗豐富的諮商師或督導合作來練習施行評估與解釋以獲取經驗，並從中得知如何著手處理具有挑戰性的個人檔案資料。

將生涯評估融入生涯對話

　　在生涯諮商和涉及生涯的對話中，一個主要誤解是將其簡化為給個案一個測驗，然後為他指引相匹配的職業選項。最好的執業方式建議，這種「測驗即告知」的方法並不能最佳地幫助個人做出明智的生涯決策。奧斯本和尊克（Osborn & Zunker, 2016）提出了一個將生涯評估結合到整個諮商過程的方法，但這個流程可能會導致決定不使用生涯評估。建議的步驟包括：

1. **分析個案的需求。**提出足夠的問題來了解個案的需求是什麼。他們需要什麼資訊來幫助他們在生涯決策和問題解決的過程中往前邁進？
2. **確立評估的目的。**一旦確定了個案的需求，諮商師應確認評估所要尋求的結果。是為了釐清個人的興趣，還是為了看看有哪些選項符合某些特定的個人特質？或者目標是要確定哪些阻礙或負面想法可能限制了個人

的生涯決策，或者可能是為了測量生涯就業準備度？明確評估的期望結果是第三步驟的先決條件。

3. **確定評估工具。**評估的可能性應與個案的目標明確相關。應提供給個案不止一個選擇，邀請他們參與並聽取他們的意見來選擇治療方案。這些選擇可能包含標準化或非標準化的評估。

4. **運用結果。**一旦選擇了評估工具，並且個案完成了評估，諮商師接著與個案討論結果，看看這些結果如何滿足個案的需求，以及做這個評估的原因。從評估中得知了什麼？還需要知道的又是什麼？

5. **做出決定。**作為評估結果討論的一部分，個案和諮商師必須做出決定。這個決定可能是進行另一個評估，或者運用生涯訊息來開始探索選項，或是致力於專業或職業轉換。

此建議的程序中似乎缺少了一個步驟。在選擇評估工具和運用結果之間，美國生涯發展學會明確指出，在提供生涯評估之前，生涯專業人員必須引導個案了解該評估工具。這種引導介紹應始於重申評估目的、評估將會產出什麼，以及評估結果將如何滿足個案的需求和目標。評估的概述應包括如何完成評估工具的說明，如果是線上評估或電腦輔助就業輔導程式，要如何操作此系統。同樣重要的是要讓個案知道，在評估過程中如果遇到困難該怎麼辦，以及完成評估後該怎麼做。如果可以，諮商師在評估過程中應至少要去查看個案一次，了解評估過程進展的如何，並回答個案提出的問題。

評估結果的解釋

個案希望從諮商師那裡獲得評估解釋的程度各不相同。有些量表會產出多頁的報告，有些個案喜歡自行閱讀評估的結果，並且可能想或不想與諮商師討論後續步驟。有些個案喜歡量表中各個分項和子項的深入解釋，而有些個案則希望直接看「清單」。理解並尊重個案對解釋的偏好，將有助於加強已經建立的工作同盟。

解釋客觀評估結果的建議包括：

- **首先重申評估的目的。**大多數與選項相關的評估其目的並不是要找出一個人應從事的「命定」職業。相反地，通常目的是根據個人輸入的資訊來擴展個人的選項。重申評估的目的將使談話聚焦在生涯諮商的整體目

標上。

- **詢問個案在討論量表結果時的偏好。**如果提供結果報告,他們希望自行閱讀嗎?如果是,他們是否想要有一份問題清單,在閱讀結果時指引他們?他們想要得到的是簡要還是更為深入的解釋?他們想要在完成評估後馬上討論結果,還是希望在做完評估後一段時間再來討論?

- **詢問個案對接受評估的整體反應。**對他們來說,這是一個什麼樣的經驗?他們的時間是否夠從容?這些問題是容易的、還是難以回答的?他們對這些問題有什麼看法?他們是如何進行評估的?

- **詢問個案他們認為(或希望)結果將會顯示什麼。**大多數客觀的生涯評估並不是為了產生令受測者驚訝的結果而設計的。如果一個人表示他們喜歡與人合作,結果很可能會顯示與他人合作的職業。如果結果與個案所想或希望的不相符,討論可能會聚焦在為什麼會發生這樣的情況。

- **首先檢視整體結果。**在深入研究量表中子項的潛在意涵之前,先看一下整體結果的建議。他們的個人特質是明顯的,還是難以區分的,或是報告結果有明顯的高峰和低谷?他們的興趣看起來是一致的、還是五花八門?是否有很短或很長的選項清單?結果是否反映了個案口頭分享的訊息,還是有所不同?

- **探討量表中的子項和個別項目。**對於有子項的測驗工具,要查看這些結果的細微差異。例如,自我探索興趣量表比較了 RIASEC 類型的興趣和能力。檢視後如果個人在某個領域的興趣高但能力低的話,可能會導向建議他在該領域要進行更多的培訓。如果情況正好相反,可能會鼓勵個案看看是否有其他職業既可以運用到他們的技能,同時可以激發出他們的興趣。生涯思維量表的整體結果可能顯示出負面生涯思維的程度較低,但在檢視個別項目時,一些特定的問題性思維評分數值可能偏高並值得進行討論。

- **以試探性且少量分次的方式來呈現結果。**即使是最可靠的測量工具也存有誤差範圍,因此應以試探性的方式來陳述結果,例如,「結果顯示你可能希望考慮⋯⋯」或「你可能會想去探索一些選項⋯⋯」。開始解釋時,很容易從討論模式轉變成講授模式。觀察個案非語言的反應,邀請個案表示意見,保持發言份量的平衡可以使諮商師避免獨自

滔滔不絕。

- **邀請個案對結果和解釋提供回饋。**在整個解釋的過程中，詢問個案對解釋的回應。結果有引起個案的共鳴嗎？對結果有感到任何驚訝或擔憂嗎？個案想要提供關於結果的一些背景資訊嗎？例如，個案的結果可能顯示他們在特定領域擁有豐富的經驗，但個案此刻不再對這個領域感興趣了。在此情況下，結果反映偏向的是個案的經驗。另一項評估可能顯示出他人的意見使個案難以決定職業方向，但個案可能會提供一個文化背景說明這些意見，雖然使決定複雜化，但並非負面，而是有價值的。
- **確定後續步驟。**希望評估的結果能促使個案在做出生涯決策時向前邁進。然而，情況也可能是個案樂於做生涯評估，並希望進行額外的生涯評估以便能更全面地認識自我與生涯選項。又或者，個案可能對評估結果不滿意，希望進行另一項評估來獲得不同的觀點。**後續步驟**可能是將諮商對話的重點放在檢視和挑戰負面的生涯思維上，或者可能藉由接觸生涯資訊來了解更多關於生涯的選項或縮小生涯選項範圍。

解釋質性評估／主觀評估結果的建議包括：

- **開始時先重申評估的目的。**與解釋客觀評估的第一個建議相同，重申參與特定評估活動的目標會有幫助。結果目標可能與使用客觀測量的目標類似，如識別興趣、列出生涯決策的阻礙或影響，但過程不同。許多標準評估提供與個人特定特徵相匹配的選項清單，不同的是這些質性方法不會產生一張相匹配的清單，但更適合討論和澄清與生涯決策相關的議題。
- **詢問個案對於參與評估或活動的大致反應。**他們的經驗如何？他們如何應對這項任務？在開始、過程中和結束時，他們有什麼想法和感受？
- **請個案解釋他們所產出的成品。**成品是由個案所製作生成的。儘管他們可能是在回應提示語，但結果會與閱讀針對量表項目回答所產生出來的報告非常不同。報告在格式與結果方面是可預測的。諮商師知道可以期待什麼。而個案創造出來的成品，每個結果都會非常不同，由於個案是創造出成品的人，建議第一步是請個案分享他們在其中所看到

的意義。

- **提供觀察並提出問題。**一些非標準化的方法，如職業組合卡（Osborn et al., 2016）或我的生涯故事（Savickas & Hartung, 2012）有提出建議的「流程」問題或操作指南供諮商師提問或遵循，而其他方法可能沒有。觀察可能包含成品中或個案對成品的描述裡重複出現的主題，或評估前的討論裡有出現過但最終成品中卻缺少的元素。諮商師可能會詢問個案是否有浮現任何出乎意料的事情，或者請個案辨識出在興趣或選擇上最重要的考慮因素。其他問題應該與參與評估的整體目標有關，例如：「我們這樣做的其中一個目標，是能更加了解你在做出生涯決策時覺得是重要的事情。你認為這個流程是如何達到這個目標的？」

- **確定後續步驟。**與標準化生涯評估一樣，最終目標是要幫助個案更清楚了解自己的狀況，並在生涯決策中有所進展。完成非標準化評估後，個案可能會想要做可以連結到適合選項的標準化量表測驗，此時可能比之前更適合這樣做，因為他們可能對自己的興趣、價值觀或技能有了更清晰的了解。或者，他們可能需要討論已經確認的阻礙，並制定最佳因應策略。可能是透過這些經驗，他們在做生涯決策時會優先考量對他們最重要的事，同時此刻已經準備好運用這些知識作為衡量選項的標準來檢視生涯資訊。

使用其他評估工具

心理健康評估

隨著成年人焦慮與憂鬱等心理健康問題不斷增加，學院和大學中也觀察到這些案例增加。成年人和學生在尋求諮商來處理生涯需求時，並不會把他們的心理疾病置之於外。許多研究學者（Hayden & Osborn, 2020; Finklea & Osborn, 2019; Walker & Peterson, 2012; Rottinghaus et al., 2009; Saunders et al., 2000）發現生涯和心理健康概念之間的關係。在興趣量表中低且持平的得分可能是憂鬱症的指標。功能失調的生涯思維已發現與憂鬱、焦慮和其他心理健康結果（如擔憂）有關。實務工作者應參考技術手冊，如果可能的話，查閱與他們正在使用的生涯評估相關的最新研究，看該測驗工具的分數是否與其他概念（包含心理

健康）有關。或者，實務工作者可能會想要運用標準化的心理健康測驗工具，例如使用焦慮和憂鬱量表來搭配生涯測驗工具。如果發現有較高程度的憂鬱，諮商師可能會想要延後執行興趣或技能量表，以確保個案在填寫量表時不是處於憂鬱狀態，因為憂鬱狀態會讓結果產生負面的偏誤。

諮商師自創的評估

特定個案群體的共同特徵可能會隨著時間漸漸顯現。例如，如果諮商師的主要個案是軍職人員或退伍軍人，他們可能會聽到與生涯轉換相關的議題，或知道如何將軍職經驗轉化為民間工作技能。當諮商師與特定群體中的人多次合作時，可能會了解到某些議題與該群體特別相關，並例行性詢問這些議題。漸漸地，諮商師可能決定要在初談表中增加些項目或是自創生涯評估測驗。或者，藝術治療師可能發現，原本為心理健康諮商設計的藝術指引也很適用於個案的生涯議題。另一種可能性是，諮商師自創了一種似乎能與個案產生共鳴的介入策略。所有這些例子都代表了對個案需求的回應，因此極具潛在價值和實用性。在發展評估測驗時，無論本質是客觀還是主觀的評估工具，諮商師在開發、執行和解釋這些工具時都必須考量到倫理原則。在大多數情況下，應該試探性地提出解釋，像是：「在思考你的選項時，似乎 ＿＿＿ 對你來說是個非常重要的考量。」在缺乏強而有力的心理計量特性佐證的前提下，諮商師應避免根據他們自創評估的結果給予建議選項的陳述，而應專注於討論個案的回應，以及這個討論如何有助於了解和解決個案的生涯問題。

關於評估選擇與實施的多元文化議題

考慮到生涯決策的重要性，這些決策通常在很大程度上是基於生涯評估的結果而來，諮商師必須確保所使用的量表對個案來說是適當的、可靠的且有效的。具有文化敏感度的生涯諮商不僅僅要確保常模參照過程和心理計量特性是適當的，還要在文化背景下選擇、施行和解釋評估。現在許多生涯評估報告顯示，不同性別、種族和族裔的結果是等效的，但並非每種身分認同都有其代表或報告。當考慮到混和身分時，顯然沒有任何評估能夠擁有充分代表每個獨特身分組合的樣本，來提供一致的結果。因此，諮商師有責任要去詢問個案的

藝術治療與生涯諮商

身分、經歷、文化背景和其他可能會影響其生涯選擇的因素，如文化信念系統（Flores et al., 2003; Ridley et al., 1998），然後將評估整合到這些知識中。這可能包含討論個案可能面臨到的偏見、歧視與社會阻礙；其他可能包含的主題是文化和社會價值觀或家族期望如何與個人的生涯決策相互作用。

在解釋生涯評估結果的過程中，諮商師還需要意識到任何感知的權力動態，並且努力營造出一種個案可以自在地反駁某一發現、建議的選項，甚至是解釋的氛圍。有助於權力平衡共享的另一種方法，是以試探性的方式來呈現所有的結果與解釋。諮商師可能先請個案分享他們期待或希望結果顯示出什麼內容，或者與他們關係密切的人可能會期望結果顯示出什麼（Flores et al., 2003）。

使用藝術本位方法進行探索和個案概念化

藝術治療評估的簡史

藝術治療師與個案工作的範圍常包含正式或非正式地運用藝術本位評估來輔助個案概念化。然而，很多早期的藝術本位評估是起源於心理學家和精神科醫師，他們使用畫圖提示和活動作為投射方法來探索個案關心的問題、關係的動力或發展的考量因素。這些紙筆藝術本位評估包括：〈屋－樹－人圖畫系列畫〉（HTP: Buck, 1948），用來探索個案的性格組成部分以及與他人的關係；〈家庭動力圖〉，用一幅描繪家庭成員做某事的圖畫來探索對家庭關係的感知（Burns & Kaufman, 1970）；以及〈畫一個人測驗〉（Machover, 1952），用於檢視個案的自我概念。與圖畫同步，要求個案描述與他們創作的藝術作品相關的聯想或故事，以提供進一步的解釋材料。儘管過去心理學家和其他心理健康專業人員經常使用這些評估工具來幫助理解個案的診斷與其擔憂，但這些評估工具的培訓和使用已經減少，轉向培訓實證的簡短量表，這些量表是設計來測量個案對於特定診斷症狀的感受和經歷（Piotrowski, 2015）。從投射方法得出解釋的信度和效度一直存有疑慮，因為圖畫或象徵的解釋並沒有普遍接受的標準。此外，圖畫和象徵的意義會受到個案個人和文化背景影響，從而增加了投射評估回應與解釋準確度的多變性。投射評估應用的差異以及治療師不夠了解其文化視角或偏見可能會影響解釋也是問題。

因此，藝術治療師一直努力尋求對藝術本位評估及其應用的信度和效度做

更嚴謹的評估（Betts, 2006, 2016）。迪弗（Deaver, 2016）也指出有必要收集圖畫的基準樣本，以便與臨床群體的圖畫進行比較。同時，專業倫理要求藝術治療師「仔細評估每個測驗工具特定的理論基礎、特徵、效度、信度和適用性」（Art Therapy Credentials Board, 2021, p. 9）。

前面提到的顧慮和標準有助於評估的精進，並透過研究歷程發展出正式的藝術本位評估工具。經過廣泛研究的一項評估工具是〈系列診斷畫〉（DDS; Cohen, 1985; Cohen, Mills, & Kijak, 1994; Cohen & Mills; 2016），被視為適用於13歲或以上的個體，用以釐清診斷和治療計畫的藝術本位方法。此評估的步驟準則包含使用條狀粉彩畫出：1. 一張自由畫。2. 畫一棵樹。3. 用線條、形狀和顏色畫出自己的感覺。〈系列診斷畫〉及其評分系統經過多年的發展和精進。標準化的素材和執行的程序，以及提供評估指導的評分手冊，其中包括：創作作品中的圖形品質；顯露出的隱喻和象徵；個案的生理行為、言語表達、聯想和清晰陳述的創作作品標題，以協助區分「DSM 診斷系統中的成人心理健康與疾病，有助於診斷過程；或支持、確認診斷」（Cohen & Mills, 2016, p. 562）。〈系列診斷畫〉的常模研究也已經完成，提供了比較的基礎，也為臨床所見提供參考。

與理解個案的投射性架構不同，甘特和塔本（Gantt and Tabone, 1998）建立了一個評估的評分量表，即藝術治療正規元素分數量表（Formal Elements of Art Therapy Scale, FEATS），最常與〈樹上摘蘋果測驗〉的施測一起使用。評估者不是進行解釋，而是使用評分量表來評估作品的 14 個視覺面向，包含色彩的突出程度、隱含的能量、空間、物體和環境的細節、寫實程度等，這些層面可能被視為是與四個診斷類別（重度憂鬱症、思覺失調症、器質性精神疾病和躁鬱症）相關症狀的圖形等效特徵。持續進行的研究為評估方法的精進和驗證提供了額外的推力（Bucciarelli, 2011）。

另一個藝術治療評估的例子是西爾摩（Silver, 2005）的〈畫一個故事〉（Draw-a-Story），這是一個經過深入研究的篩檢工具，用來篩檢青少年和成人的憂鬱症狀和攻擊性風險，這個評估提示受試者從一組刺激性的圖畫中進行選擇，並將所選的圖畫元素結合在自己的畫作中。接著，請受試者講述關於他們畫作的故事。在西爾摩的〈畫一個故事〉中，評量評分量表涉及與幽默、情感功能和自我形象相關的故事主題，而不是圖像解釋或圖形品質。

藝術治療師對於藝術治療中評估的特性和作用常有不同的看法，有些人喜歡採用較非正式的方法來思考藝術過程與治療背景下的過程。在這方面，藝術治療中的評估結合了個案與藝術媒材互動、與施測者／治療師互動的觀察過程，以及對評估過程中發生的口語和非口語溝通的關注（Gilroy, Tipple, & Brown, 2012）。這在家庭藝術評估的情況下特別明顯。藝術治療師已經設計出一系列特定順序的個別與互動式的藝術體驗，透過這些體驗，家庭主題與結構得以在家庭成員主動引導決策、藝術創作和討論的過程中顯現出來。葵亞特奎斯卡（Kwiatkowska, 1978）的家庭藝術評估讓家庭成員參與自由畫、家族畫像和抽象的家族畫像，而朗加滕（Landgarten, 1981）的家庭藝術衡鑑則要求家庭參與非口語的合作畫、非口語的家庭合作畫，然後再進行口語溝通的家庭合作畫，它是用於評估家庭結構和模式最著名的藝術治療評估之一。在運用這些藝術評估過程時，藝術治療師結合對家庭成員間的行為、創作和言語表達的客觀觀察和主觀分析，總結出家庭的動力並制定治療計畫（Asawa & Haber, 2016）。

麥克尼夫（McNiff, 2009）提倡以個案為中心的藝術評估方法，強調在治療關係中的過程與個案合作探索他們的藝術創作作品。在此架構下，隨著時間陸續收集個案的圖像作品，治療師和個案共同見證個案獨特的視覺和象徵語言的呈現，這些視覺和象徵性的語言反映出個案的經驗、感受、感知和想法。在此情境中，個案被認為是其視覺語言和作品意義的專家。

個案擁有關於他們個人象徵符號的專業知識，在擴展前述考量時，還必須尊重個案的文化背景並納入考量，特別是在努力理解一個人、他們的藝術創作、他們的藝術創作過程和藝術意象時。文化經驗和背景會影響人們對媒材、主題、在評估過程中顯露的符號聯想以及象徵符號生成的反應。與來自不同文化背景和經歷的個案合作時，藝術治療師必須敏感地知道測驗是否同樣有效以及是否需要進行相關調整，以確保藝術本位評估的跨文化應用是合宜的（Betts, 2013）。此外，應檢視藝術治療評估過程是否存在偏見，藝術治療師也必須反思自己在執行和解釋過程中是否存有潛在的偏見。就此，美國藝術治療證照委員會（2021）在《美國藝術治療證照委員會倫理、行為和紀律程序準則》中闡明了藝術治療師的責任，要求藝術治療師對藝術治療評估的局限性和適用性有所了解，並要求藝術治療師「仔細評估每種工具的具體理論基礎與特徵、效度、信度和適當性」（Art Therapy Credentials Board, 2021, p. 9) 並且「對於任何無法適

當與測驗工具常模加以比較的人，在試圖評估和解釋其表現時，應謹慎進行」（Art Therapy Credentials Board, 2021, p. 9）。

使用視覺資訊和藝術過程作為生涯評估

　　截至目前，藝術治療師尚未設計正式的藝術治療評估來檢視關於個案生涯考量的觀點或技能。儘管藝術治療師在治療情境中可能會使用包含生涯和生活設計的非正式評估，但很少有人發表這些實務經驗。表達藝術治療師巴爾巴（Barba, 2000）提供了一些創意方法，用來探索與生涯相關的自我知識和生涯興趣。她主張想像的過程可以提升生涯探索和決策。巴爾巴鼓勵她的個案運用創意練習，重新想像自己、雇主以及與雇主的關係。例如，為了促使個案重新思考自己的個性，巴爾巴請個案說出他們認為是弱點的個人特質。接著邀請個案將這個特質外化並賦予它形式。鼓勵個案運用陶土、畫圖媒材或創意寫作過程來進行。在外化和反思之後，她邀請個案描述自己的創作，並反思一些問題，例如：它是什麼？它如何幫助你？它能帶給你什麼啟示？巴爾巴提出，認識人格特質，包含被認為是弱點的特質，可以幫助個案了解他們最適合的生涯選擇和環境。在巴爾巴描述的另一個介入策略中，她鼓勵個案想像他們的「幸福時刻」，並創作反映這些時刻的圖像或故事。在創作過程後，請個案找出藝術創作作品或故事中隱含的興趣和才能。這種探索人格特質和興趣的創意方法可以與正式的生涯興趣和技能調查相結合，以擴大可供探索的訊息。

　　採取相似的方式，職能治療師（occupational therapists）已經運用表達性藝術評估歷程來探索個案的個人概況（Eschenfelder & Gavalas, 2018）。具體來說，表達性治療方法的設計主要在促使有意義的經歷和興趣的交流，這有助於制定個案中心的治療計畫。其中一種藝術本位的職業評估歷程是貢納森（Gunnarsson）的樹主題法（Tree Theme Method, TTM, Gunnarsson & Eklund, 2009）。在這多階段式的藝術過程中，會請個案畫一棵樹，樹根、樹幹和樹冠分別象徵著個案的個性、興趣和人際關係。這些主題透過五幅不同的樹木畫來探討，分別代表著生命的不同階段，包括現在、童年、青少年時期、成年和未來。畫好圖畫和回顧作品之後，接著進行敘事、創作職業故事、設定目標，以及制訂治療計畫。

　　一些生涯諮商師也在他們廣泛的評估工具範疇中加入了想像或藝術本位歷程。例如，生涯諮商師運用了引導式想像（Jahn, 2018; Stoltz, Apodaca, &

Mazahreh, 2018）、沙盤（Killam, Degges-White, & Michel, 2016; Swank & Jahn, 2018）和拼貼過程（Burton & Lent, 2016; Jahn, 2018; Killam et al., 2016），以蒐集有關個案生涯興趣、影響和價值觀的質性資料。雅恩（Jahn, 2018）指出，在生涯諮商中使用創意形式，有助於提高個案的參與度，促進更深層次地接觸情感，並允許「不受限於口語表達的處理方式」（p. 184）。雅恩強調，創意過程通常會透露隱藏的價值觀，如果不加探索，可能會在生涯決策和生活規劃過程中造成困擾。

泰勒和薩維卡斯（Taylor & Savickas, 2016）透過邀請個案運用繪畫來探索生涯問題，示範了藝術本位的過程結合到生涯諮商的敘事生活設計方法中。《我的生涯故事工作手冊》（Savickas & Hartung, 2012）的練習帶出了重要的生活主題和故事，在完成這練習之後，泰勒和薩維卡斯使用圖畫敘事介入策略，邀請個案用彩色鉛筆和紙來描繪他們的生涯問題與他們期望的結果。將這些圖像放在一起後，諮商師和個案一同觀看，並對於彼此所見的內容進行對話。「小小步」圖片是請個案描繪朝著期望的結果邁出的小步伐，這也可以作為所描述的生涯介入策略的一部分。在《我的生涯故事》和《圖像敘事》圖畫中出現的主題，隨後被納入到個案和諮商師之間有關生涯生活設計努力、價值觀和目標的討論中。

決策空間工作表

彼得森、倫茨和奧斯本（Peterson, Lenz, and Osborn, 2016）設計的決策空間工作表，是一種基於認知訊息處理論且具有視覺成分的投射性生涯評估。這種評估方法被用來理解個案對生涯問題的擔憂，以及這些擔憂可能會如何影響個案在生涯決策上的準備程度。彼得森、倫茨和奧斯本指出，評估是「讓個案對於當前生活中發生的事情，能有綜合性了解的一種快速有效的方法。」（p. 4）此評估請個案說明他們正在處理的生涯問題或決策，接著辨認出可能會影響生涯問題的想法、感受、人物、經濟狀況或其他因素，然後請個案將每個項目評定為正向、負向或中性的。評估的視覺元素由一個代表生涯決策空間的圓圈組成。請個案在代表生涯決策空間的圓圈內，為他們清單上的每一個影響畫一個圓圈來代表，運用每個圓圈的尺寸來表示這些影響在生涯決策空間中的相對重要性，並在每個圓圈內標記與清單相符的編號。在個案把問題呈現在紙上時，

圖 4.1　決策空間工作表範例

提供個案多種工具，例如彩色鉛筆、筆、麥克筆、水彩等，有助於個案參與創意的過程。如**圖 4.1** 所示，畫出圓圈來代表生涯影響的任務可以廣泛且創意地解釋，為個案和生涯諮商師的討論提供豐富的訊息。

處理決策空間工作表

　　一旦個案完成了決策空間工作表（DSW），實務工作者可能會從詢問個案完成此表的整體經驗來進行處理，並提出問題，像是：「對你來說，這是一個怎麼樣的經歷？在填寫 DSW 表時，你有浮現什麼想法和感受？」其他問題可能聚焦在個案寫下來的原始決策上：「請多談談關於那部分」或者「你完成了這個活動，現在你想在已經寫好的內容裡再增加什麼嗎？」實務工作者可以查看個案所寫下的元素和價值清單，問一些問題，例如：「你對這份清單的印象如何？」或者「清單中的每個項目如何影響你的生涯決策？」或者「其中有一些價值比其他價值稍微更強一點的嗎？」或者「這些項目中有一些是相互關聯或相互影響的嗎？」

　　在視覺呈現方面，實務工作者請個案分享整體印象後，可能引導個案去尋找主題、模式、關係，或者識別出似乎最令其關注的要素。在個案說話時，實務工作者可能會考慮是否存在明顯的傾向，更偏向認知或情感元素，是否存在潛在的負面自我概念，或者外部壓力影響生涯決策。在這一點上，實務工作者

藝術治療與生涯諮商

可能會決定轉向，對準備程度或負面生涯思維進行更正式的評估，或者可能與個案討論確定接下來的步驟。例如，如果「對未知的恐懼」是一個元素，那麼下一步可能是幫助個案了解未知。

生涯導向的家族圖

另一種運用視覺形式的評估工具是生涯家族圖。喬珮（Chope, 2005）將生涯家族圖描述為一個描繪個人「職業家族樹」的圖表，也是「最普遍被認可和經常使用的質性工具，用來蒐集關於家族對生涯決策影響的資訊」（p. 406）。因此，生涯導向的家族圖可以應用於不同年齡層，包含青少年、大學生和成人。例如，在無家可歸的青少年案例中，塞特拉梅爾托和伍德（Setlhare-Meltor & Wood, 2016）使用了生涯家族圖來探索現有的生涯敘事，作為建立新敘事的第一步。斯托利等人（Storlie et al, 2019）對大學生進行了生涯家族圖評估，發現對未選定特定專業的大一新生來說，生涯家族圖可以作為用來識別與職業類型、職業滿意度以及職業／工作態度相關的家族性別和世代模式的一種有效方法。學生們還表示，他們對家族敘事的認識有增加，以及更了解這些敘事如何影響他們的生涯選擇和決策思量。柿內和威克斯（Kakiuchi & Weeks, 2009）運用了相關的生涯傳承家族圖在成年夫妻上，有效地探索世代間的生涯價值觀，以及此價值觀對夫妻和家庭角色與動力的影響。

喬珮（2005）概述生涯家族圖的過程如下：首先個案必須研究其原生家庭和大家族的職業選擇；接著請個案運用畫圖材料在紙上象徵性地描繪這些家族成員及其職業；最後鼓勵個案反思家族中直接或間接傳承給他們的家族職業主題、信念與價值觀。然而，為了與個案建立聯結，同時擴展其表達方式，一些生涯諮商師將拼貼、沙盤等創意過程加入他們的家族圖評估程序（Buxbaum & Hill, 2013; Killam et al., 2016; Setlhare-Meltor & Wood, 2015）。

例如，迪法比奧（Di Fabio, 2020）主張透過加入補充的創意提示來擴展家族圖介入策略。透過這種擴展方法，鼓勵個案創造一個包含生涯生活夢想的生涯珠寶盒：一組「鏡子」反思藝術創作作品，一個鏡子圖像是代表個案自己所感知的個人特質和特徵，另一個鏡子圖像反映其他人所可能感知到的個案的個人特質和特徵；一封信或卷軸，呈現由家族成員們傳遞的生涯訊息；最後，一份箴言清單，列出家族成員們所表達出的關於生涯和生活概念。個案和諮商師

一起回顧藝術作品，觀看並聆聽故事，以幫助揭示與生涯影響、興趣和衝突相關且反覆出現的主題。在了解這些主題的基礎上，諮商師和個案深思熟慮地設計生涯生活目標和介入策略計畫。

　　到目前為止，藝術治療師尚未探討過生涯導向家族圖相關的工作。然而，藝術治療師（Hoshino & Cameron, 2008; Schroeder, 2015）已經接受家族圖結構作為一種藝術治療工具，可用來揭示家族模式和影響。他們展示了家族圖的結構不必局限於紙和鉛筆、圓形和四方形。家族圖可以用創意符號和媒材來自由呈現與描繪，包括但不僅限於素描、繪畫、拼貼、雕塑媒材和自然物體。創意符號和媒材擴展了表達的選項，並可能增強個案的感知與體驗。

　　為了展示創意的生涯導向家族圖在藝術治療和生涯諮商關係中的潛力，以下提供了範例。在佛羅里達州立大學的生涯發展和藝術治療課程中，學生們探索了自己的生涯家族圖和家族生涯影響。**圖 4.2**，是一名學生按照傳統的生涯家族圖三代結構，使用畫圖和拼貼來描繪她的兄弟姐妹的職業生涯、她的父母及其兄弟姐妹的職業生涯，以及她的祖父母的職業生涯。這名學生指出，一些她的家族職業歷史，包括奉獻精神的服軍事役，她在做這個作業之前並不熟悉，而調查家族職業歷史加深了她對家族職業影響的理解。在她反思時，她指出為他人提供服務是她所傳承的價值。還提到許多家族成員都重視辛勤工作和經濟穩定，其中許多人在科學和金融相關領域擔任專業的角色。她講述了家族中致力於工作的故事，有時會限制與家人相處的時間；以及家族其他成員提出的不同敘事，其中強調了家族的核心地位和工作／生活平衡。她表示經歷了一些與家族壓力有關的衝突，家族壓力要她選擇一份能確保經濟穩定的職業，而她自己選擇追求跟藝術與服務有關的行業。在生涯諮商的環境中，實務工作者會進一步探討浮現的主題，以解決這些主題對學生的生涯影響以及可能帶來的任何挑戰。**圖 4.2** 顯示了一個生涯導向的家族圖。

　　圖 4.3 的兩個藝術範例探討了迪法比奧描述生涯家族圖的擴展。**左圖**是第二位藝術治療學生運用拼貼物件來代表家族傳遞下來給她的生涯道路訊息。她指出，其中許多訊息非常具鼓勵性，強調了與生涯抱負相關的個人能動性和選擇權。然而，第二組訊息強調了與家人保持住所鄰近的重要性，以便可以輕鬆維持家族聯繫。在回應迪法比奧（2020）的珠寶盒提示語時，學生能夠探索影響她生涯偏好的個人興趣和價值觀（**右圖**）。珠寶盒中的物件分別代表包括家

圖 4.2　生涯導向家族圖範例

圖 4.3　範例：擴展生涯家族圖組成部分 a. 家族價值信函和 b. 珠寶盒

族、住所、休閒、旅遊、動物、藝術、學習與學校。這名學生發現，透過並排
檢視這些圖像，她進一步了解了她與家人共享的生涯價值觀，以及自己獨特的生
涯價值觀。在生涯諮商的情境下，實務工作者可能會提供這一系列生涯家族圖的
藝術反思，以擴展個案對家族影響的認識。憑藉這種覺察，個案可以接受或是改
變家族所提供的敘事，然後持續朝著創造自己的引導生涯故事方向前進。

總結

　　生涯諮商的評估有各種類型，從客觀的標準化測量、職業組合卡、質性訪談，到藝術相關的探詢。這些生涯發展評估和流程針對各種生涯導向的問題，例如確定職業興趣、價值觀、影響決策的阻礙等。實務工作者對於評估的選用需考慮周到，以確保評估的方法符合個案的生涯諮商目標。此外，執行和解釋評估方法的能力，以及批判性地衡量評估方法的效度與其對服務使用者的適用性，是倫理執業中非常重要的部分。到目前為止，藝術本位評估主要是用來喚起質性的訊息，這些訊息可能有助於個案和治療師了解生涯影響和阻礙。最後，重要的是要認識到評估只是完整的生涯諮商關係中的一部分。實務工作者必須敏銳地感知到個案更廣泛的生活經驗，並以準確、易於應用且有助於個案目標的方式來報告、探討和傳達評估結果。

問題討論與活動

　　1. 遇到以下的情況你會如何回應呢？

　　　　a. 一名少數族裔少女個案帶來了一份以年長的白人男性為常模的生涯評估結果影本。她請求解釋結果。

　　　　b. 一名個案帶來了一份可靠、有效的量表，但你並未接受過相應的培訓或督導，他想請你幫他解釋測驗結果。

　　　　c. 一名個案帶來了一份信度與效度已知有問題的量表結果，他對結果感到興奮，並希望你解釋結果，並將其統整到會談中。

　　　　d. 一名同事提出了創立非標準化生涯評估的點子，以供有生涯決策問題的個案使用。

　　　　e. 一名個案完成了一份興趣量表，結果顯示其各項興趣的程度完全是平均的（例如在各方面都一樣低、一樣高或皆為中等程度）。

　　　　f. 一名個案帶來了兩份不同量表的結果，這兩份量表在建議個案要去追求和避免的職業方面是互相矛盾的。

　　2. 一個全面的生涯評估套組應該包括哪些？你能找到任何全面的評估工具嗎？

3. 如果個案填寫了一份量表，來識別其生涯思維／信念或生涯決策自我效能，結果表示個案在其中一個方面有困難，你將如何進行？

4. 比較你可能如何使用標準化、結構化評估以及非標準化方法來評估常見的生涯元素（例如興趣、技能、價值觀、天賦、生涯信念）。

5. 選擇一個你認為可能對你的個案有價值的標準化與非標準化生涯評估工具。（附註：網站上有許多標準化生涯評估的範例報告。）你將如何介紹這個生涯評估？您希望討論哪些關鍵面向？你將如何解釋結果？你將如何把它結合到生涯諮商的過程中？你將如何把文化意識和敏感度融入這些討論中？

6. 你認為使用視覺藝術本位的格式來蒐集生涯評估資料有哪些優點和缺點？

7. 你如何做好準備，讓自己能夠有能力地結合視覺藝術本位方的方法與標準化的結構生涯評估，來應對個案的生涯問題？你會尋求哪些培訓、督導或資源？你將如何評價自己的評估技能？

8. 尋找一個線上「有趣」的生涯評估，例如使用星際大戰角色來描述性格類型，或是根據個人對顏色的喜好來建議最適合的職業。完成評估後並反思評估的結果。結果有多準確？現在想像一下，一名個案進來會談時帶著此類「評估」列印出來的結果。這種類型的工具有哪些優點和缺點？在這裡涉及到哪些倫理考量？你會如何處理這種情況？接下來你會做什麼？

決策空間

指引

- 下方的大圓代表了全部的決策空間。
- 在大圓內，畫出小的圓圈，來代表決策空間工作表上列出的每個項目的重要性或相對重要性。

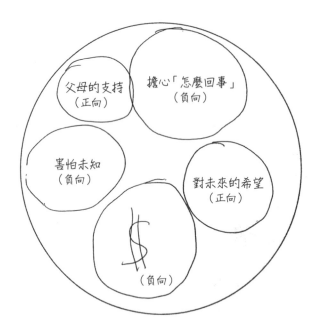

圖 4.4　決策空間工作表 (問題討論用)

資料來源：Center for the Study of Technology in Counseling & Career Development, Florida State University, Tallahassee, FL

　　　　　　　　　　　　　　　　　　　藝術治療與生涯諮商

9. 假設你有位正在嘗試選擇主修領域的個案，你請他完成決策空間工作表，以顯示哪些擔憂正在影響著他的決策。他的決策空間工作表結果如**圖 4.4** 所示。你接下來會採取什麼步驟來協助這位個案？你將如何協助引導個案理解和處理這些結果呢？如果你希望在過程中增加另一個創意元素，你可能會做什麼，又是為什麼呢？

參考文獻

Art Therapy Credentials Board. (2021). *ATCB Code of ethics, conduct, and disciplinary procedures.* www.atcb. org/wp-content/uploads/2020/07/ATCB-Code-of-Ethics-Conduct-DisciplinaryProcedures.pdf

Asawa, P. & Haber, M. (2016). Family art assessment. In D. Gussak & M. Rosal, *The Wiley handbook of art therapy* (pp. 524-533). John Wiley & Sons.

Barba, H. N. (2000). *Follow your bliss! A practical, soul-centered guide to job-hunting and career life planning.* Universal Publishers.

Betts, D. (2006), *Art therapy assessments and rating instruments: Do they measure up? The Arts in Psychotherapy, 33(5),* 422-434.

Betts, D. (2013). A review of the principles for culturally appropriate art therapy assessment tools. *Art Therapy: Journal of the American Art Therapy Association, 30(3),* 98-106.

Betts, D. (2016). Art therapy assessments: An overview. In D. Gussak & M. Rosal (Eds.), *The Wiley handbook of art therapy* (pp. 501-513). John Wiley & Sons.

Bucciarelli, A. (2011). A normative study of the Person Picking an Apple from a Tree assessment. *Art Therapy: Journal of the American Art Therapy Association, 28(1),* 31-36

Buck, J. N. (1948). The H-T-P test. *Journal of Clinical Psychology, 4,* 151-159.

Burns, R. C., & Kaufman, S. H. (1970). *Kinetic Family Drawings (K-F-D): An introduction to understanding children through kinetic drawings.* Brunner-Mazel.

Burton, L. & Lent, J. (2016). The use of vision boards as a therapeutic intervention. *Journal of Creativity in Mental Health, 11(1),* 52-56.

Buxbaum, E. H., & Hill, J. C. (2013). Inclusive career genogram activity: Working with clients faced with forced career transitions to broaden the mind and encourage possibilities. *Career Planning and Adult Development Journal, 29(4),* 45-59.

Chope, (2005). Qualitatively assessing family influence on career decision making. *Journal of Career Assessment, 13(4),* 395-414.

Cohen, B. M. (Ed.). (1985). *The Diagnostic Drawing Series handbook.* Author.

Cohen, B. M., Mills, A., & Kijak, A. K. (1994). An introduction to the Diagnostic Drawing Series: A standardized tool for diagnostic and clinical use. *Art Therapy: Journal of the American Art Therapy Association, 11(2),* 105-110.

Cohen, B. M., & Mills, A. (2016). The Diagnostic Drawing Series (DDS) at thirty: Art therapy assessment and research. In D. E. Gussak, & M. L. Rosal (Eds.), *The Wiley handbook of art therapy* (pp. 558-568). John Wiley & Sons.

Deaver, S. P. (2016). The need for norms in formal art therapy assessment. In D. E. Gussak & M. L. Rosal (Eds.), *The Wiley handbook of art therapy* (pp. 600-606). John Wiley & Sons.

Di Fabio, A. B. (2010). Life designing in 21st century: Using a new strengthened career genogram. *Journal of Psychology in Africa, 20(3),* 381-384.

Eschenfelder, V G., & Gavalas, C. M. (2018). Expressive art to facilitate the development of the occupational profile: A scoping review. *The Open Journal of Occupational Therapy, 6(1),* 1-15. https://scholarworks.wmich.edu/ojot/vol6/iss1/8

Finklea, J. T., & Osborn, D. (2019). Understanding relationships between commitment anxiety and career tension. *Journal of Employment Counseling, 56,* 117-126. doi:10.1002/joec.12126

Flores, L. Y., Spanierman, L.B., & Obasi, E. M. (2003). Ethical and professional issues in career assessment with diverse racial and ethnic groups. *Journal of Career Assessment, 11(1),* 76-95. https://doi.org/10.1177/106907202237461

Gantt, L., & Tabone, C. (1998). *Formal Elements Art Therapy Scale: The rating manual.* Gargoyle Press.

Gilroy, A., Tipple, R., & Brown, C. (2012). *Assessment in art therapy.* Routledge.

Gunnarsson, A. B., & Eklund, M. (2009). The Tree Theme Method as an intervention in psychosocial occupational therapy: Client acceptability and outcomes. *Australian Occupational Therapy Journal, 56(3),* 167-176. http://dx.doi.org/10.1111/j.1440-1630.2008.00738.x

Hayden, S. C., & Osborn, D. S. (2020). Impact of worry on career thoughts, career decision state, and cognitive information processing-identified skills. *Journal of Employment Counseling, 57(4)*, 163-177. doi:https://doi.org/10.1002/joec.12152

Hoshino, J., & Cameron, D. (2008). Narrative art therapy within a multicultural framework. In C. Kerr, J. Hoshino, J. Sutherland, et al. (Eds.), *Family art therapy: Foundations of theory and practice* (pp. 193-220). Routledge.

Jahn, S.A.B. (2018). Professional issues and innovative practice: Using collage to examine values in college career counseling. *Journal of College Counseling, 21*, 180-192.

Kakiuchi, K. S. & Weeks, G. R. (2009). The Occupational Transmission Genogram: Exploring family scripts affecting roles of work and career in couple and family dynamics, *Journal of Family Psychotherapy, 20(1)*, 1-12. https://doi.org/10.1080/08975250271646467

Killam, W. K., Degges-White, S., & Michel, R. E., (Eds.), (2016). *Career counseling interventions: Practice with diverse clients*. Springer.

Kwiatkowska, H. (1978). *Family art therapy and evaluation through art*. Thomas.

Landgarten, H.B. (1981). *Clinical art therapy*. Brunner-Maze!.

Machover, K. (1952). *Personality projection in the drawing of the human figure*. Charles C. Thomas.

McNiff, S. (2009). *Arts based research*. Jessica Kingsley.

Osborn, D. S., Kronholz, J. F., & Finklea, J. T. (2016). Card sorts. In M. McMahon & M. Watson (Eds.), *Career assessment: Qualitative approaches* (pp. 81-88). Sense Publishing. Retrieved from www.sensepublishers.com/catalogs/bookseries/career-development-series/career-assessment/

Osborn, D. S., & Zunker, V. G. (2016). *Using assessment results for career development* (9th ed.). Cengage Learning.

Oster, G. D., & Gould Crone, P. (2004). *Using drawings in assessment and therapy* (2nd ed.). Brunner-Routledge.

Parsons, F. (1909). *Choosing a vocation*. Garrett Park Press.

Peterson, G., Lenz, J. & Osborn, D. (2016). *Decision Space Worksheet (DSW) activity manual*. Florida State University Center for the Study of Technology in Counseling and Career Development.

Piotrowski, C. (2015). Clinical instruction on projective techniques in the USA: A review of academic training settings 1995-2014. *SIS Journal of Projective Psychology & Mental Health, 22*, 83-92.

Ridley, C. R., Li, L. C., & Hill, C. L. (1998). Multicultural assessment: Reexamination, reconceptualization, and practical application. *The Counseling Psychologist, 26(6)*, 827-910.

Rottinghaus, P. J., Jenkins, N., & Jantzer, A. M. (2009). Relation of depression and affectivity to career decision status and self-efficacy in college students. *Journal of Career Assessment, 17*, 271-285. https://doi.org/10.1177/1069072708330463

Saunders, D. E., Peterson, G. W., Sampson, J. P., Jr., & Reardon, R. C. (2000). Relation of depression and dysfunctional career thinking to career indecision. *Journal of Vocational Behavior, 56*, 228-298. https://doi.org/10.1006/jvbe.1999.1715

Savickas, M., & Hartung, P. (2012). My career story: An autobiographical workbook for life-career success. Vocopher. www.vocopher.com/CSI/CCI_workbook.pdf

Schroeder, D. (2015). *Exploring and developing the use of art-based genograms in family of origin therapy*. Charles C. Thomas.

Setlhare-Meltor, R., & Wood, L. (2016). Using life-design with vulnerable youth. *The Career Development Quarterly, 64*, 64-74.

Silver, R. (Ed.). (2005). *Aggression and depress-ion assessed through art*. Routledge.

Stoltz, K. B., Apodaca, M., & Mazahreh, L. G. (2018). Extending the narrative process: Guided imagery in career construction counseling. *The Career Development Quarterly, 66*, 259-268.

Storlie, C. A., Lara Hilton, T. M., McKinney, R., & Unger, D. (2019). Family career genograms: Beginning life-design with exploratory students. *The Family Journal: Counseling and Therapy for Couples and Families, 27(1)*, 84-91.

Swank, J. M., & Jahn, S. A. B. (2018). Using sand-tray to facilitate students' career decision-making: A qualitative inquiry. *The Career Development Quarterly, 66*, 269-278.

Taylor, J. M., & Savickas, S. (2016). Narrative career counseling: My career story and pictorial narratives. *Journal of Vocational Behavior, 97*, 68-77.

Walker, J. V., & Peterson, G. W. (2012). Career thoughts, indecision, and depression: Implications for mental health assessment in career counseling. *Journal of Career Assessment, 20*, 497-506.

第五章

藝術治療與生涯諮商中的
關係發展與歷程

本章將歸納並敍述治療關係在建立與個案之間的同盟以及與獲得良好成果的核心重要性。其中將為讀者說明治療師及個案的考慮因素，這些因素可能會影響藝術治療和生涯諮商在起始階段、工作階段和結束階段中工作同盟的發展或維持。也會提供適用於各階段，用以建立和維持同盟關係的藝術和口語的策略建議。本章將有一個極為重要的單元，著墨於解釋藝術媒材、藝術介入和藝術成品的存在如何轉變和增強治療關係。並將提供治療師參與反思性藝術作品的基本原理、用途和方法，來探索及識別反移情議題和督導上的顧慮。最後，再度重申保密性與治療關係界線等倫理議題。

治療關係的重要性

在藝術治療、諮商還是生涯發展的任何應用中，介入策略的有效性都取決於實務工作者與個案之間所建立關係的品質。因此，為了成功引導個案探討生涯主題，必須關注有助於正向治療關係的要素。

能支持建設性治療成果的有用治療關係，是由什麼構成的呢？古羅等人

（Gullo, et. al, 2012）主張，在心理治療中，「真實關係」的特點是真誠，而真實性支持著正向的結果。當治療師和個案是真誠的，他們彼此用真實的方式交流。話語與行動來自於真實與關懷，與個人特質、資源和能量是保持一致的。當個案和治療師的經驗被真實性所框定時，雙方對彼此的感知和經驗是準確的，且符合其脈絡的。在這種實際的關係中，個案和諮商師／藝術治療師了解對方在他們治療工作安排中的目標和能力。在這樣的脈絡下，可達成的結果會與該個案所關切的事項、問題以及雙方共同認定的目標一致。

帕特森等人（Patterson et al., 2014）指出，個案對治療的信念和期待（正面、負面或中立的）也對治療歷程和個案效果有很大的影響。因此，當個案帶著個人承諾來進行治療性諮商，並且當他們相信自己的治療師將展現正向特質，比如溫暖、情感支持、知識和解決問題的能力時，他們將會達成更堅強的合作關係和更好的治療結果。個案相信諮商和藝術治療在本質上有用的動機與信念，可能在治療關係開始之前就存在著，但培養和支持個案的動機與信念始終是重要的。

工作同盟

工作同盟（working alliance）是一個專門用語，用來描述治療性互動與效用的關係核心，橫跨各種治療學科與方法皆能適用。博丁（Bordin, 1979）將工作同盟定義為：在治療目標、治療任務或治療方法，以及個案與治療師之間情感連結或人際關係等方面達成共識。目前已經有大量研究探索工作同盟的動力和組成要素，以幫助心理衛生臨床執業人員微調其有效照顧個案的方法（Falkenstrom et al., 2014; Horvath, 2018; Patterson, Anderson, & Wei, 2014）。來自心理治療、醫學、精神醫學、社會工作等學科的實務工作者一致認為，良好的同盟是預測個案進展的要素。

過去，許多人認為生涯諮商師不像其他與諮商相關的模式那麼地依賴治療關係（Masdonati et al., 2014），直到近年來，才有研究探討工作同盟對生涯諮商成果的影響。馬斯多納蒂等人（Masdonati et al.,2009）的研究結果證實，在生涯諮商中建立強大的工作同盟，與個案對生涯介入策略和生活滿意度呈正相關。另外，馬斯多納蒂等人（Masdonati et al.,2014）也發現，工作同盟愈強，個案所回饋的生涯資訊不足就減少得愈多。當生涯諮商個案將他們與諮商師的工作關

係評價為正向時，他們在生涯決策方面報告的問題也減少得更多。

將藝術納入工作同盟的考量

　　藝術治療師也已經將工作同盟概念化，並探討工作同盟在治療中所扮演的角色，但額外考量了藝術媒材、藝術創作過程和藝術創作作品的存在。藝術創作歷程和作品成為共同關注的焦點，同時也是彼此交會和建立連結的核心（Isserow, 2013）。斯普林漢姆和休特（Springham & Huet, 2018）將藝術創作作品定義為「藝術家與觀眾之間交流的場域」（第7頁）。然而，藝術治療師與個案之間的溝通不僅僅是創作和觀看，還包括視覺、口語和非口語的交流以及共同的活動。這種藝術交流拓展了生涯諮商關係中的訊息資源和溝通潛力。

　　在治療過程中，藝術治療師運用藝術媒材作為個案和藝術治療師關係裡的中間媒介，且藝術治療中的作品常常被視為房間裡的第三個存在（Schaverien, 1992）。沙維林（Schaverien）指出，創作者、治療師和圖像之間的三角關係會導向一個動力式的對話，這與發生在口語心理治療中的對話有典型地不同。這些三角對話仰賴於治療師對個案藝術本位創作的內在欲望、需求和表達能熟練地感知。克拉瑪（Kramer, 2000）描述藝術治療師的感知能力為「第三隻眼」，描述熟練運用藝術本位介入策略來支持個案的表達意圖為「第三隻手」的發展和運用。首先也是最重要的，這些專門用語和策略反應了藝術治療師觀察和同理個案視覺傳達、經驗、藝術創作過程和需求的能力。藝術治療師知道如何運用媒材的特性、工具和媒材使用方法，同時具備不同特性的媒材引發創作者使用時不同感受的知識，默默地支持個案的努力。

　　表達性治療連續系統是一個架構，用來幫助理解藝術媒材特性，以及藝術媒材在藝術治療過程中所具備的功能（Hinz, 2020; Lusebrink, 1990）。欣茨（Hinz）認定視覺藝術媒材提供了多樣的訊息處理和表達的機會，並在多個層面上激發參與度，範圍從感覺和動覺經驗、感知和情感經驗、認知投入到想像力的創造性應用。選擇在生涯諮商中融入創造性藝術過程的人，需要意識到媒材特性和創作歷程對個案藝術探索和回應的影響。舉例來說，提供給個案較容易操控的媒材，如彩色鉛筆，並引導他們專注在特定的生涯主題上，可能促使個案在認知上考慮生涯主題，相較下，感覺或動覺方式是提供個案較鬆散或更具肢體挑戰性的媒材，如繪畫顏料和黏土，可能會誘發或引導個案對生涯主題產

生情感性的回應。

此外，藝術治療師學習有關心智化（mentalization）、象徵性表達的歷程，以及個案是如何地可能希望或不希望藉由口語對談來探索視覺表達（Morrell, 2011）。霍姆基斯特等人（Holmqvist et al., 2019）指出，圖像可能包含過去和現在的感受以及對未來的期盼，創作藝術的歷程可以支持個案管理難以承載的感受。無論個案是否選擇討論這些感受或者圖像的象徵意義，治療師對藝術創作作品展現出正向和同理的態度是非常重要的。藝術治療師對藝術創作作品的接納和肯定的回應，可以與口語治療師對個案的口語和非口語表達傳遞出無條件的積極關懷相提並論。治療師可以透過口語、非口語或藝術性溝通來傳達這些正向的態度。治療師提供的藝術回應，以反映富同理心的理解，可能包括使用體貼設計的藝術作品來呼應個案所呈現的表達和他所關心的議題（Lachman-Chapin, 2001）。

當藝術治療師創作出藝術性的回應並與個案一起探索時，治療師是在反映：「這是我從你的表達中所理解到的，這是準確的嗎？」而不是「這就是你藉由你的藝術創作作品所要說出來的」，因為個案是他們自己藝術表達的專家。

在與個案一起探討藝術創作作品的象徵意義時，重要的是要認識到藝術圖像的象徵意義可以存在於多個層面，並且會受到個人、家庭和文化背景的影響（Swan-Foster, 2018）。最後，藝術治療師和諮商師透過創造性藝術和意象與個案工作時，必須小心避免以個人偏見或文化視角，錯誤標籤或誤解個案的藝術創作作品。治療師對藝術創作作品的不準確解讀可能導致個案對其圖像漠然，破壞了治療關係。

運用藝術歷程來建立工作同盟

巴特・奧爾和齊爾查・馬諾（Bat Or & Zilcha-Mano, 2019）致力於探索如何概念化和衡量藝術治療中的工作同盟；成果是〈藝術治療工作同盟評估量表〉（ATWAI）。這份量表立基於霍瓦斯和格林伯格（Horvath & Greenberg, 1989）的〈工作同盟問卷〉，這份問卷是用來衡量口語導向助人關係中的同盟。巴特・奧爾和齊爾查・馬諾根據他們的研究發現，在藝術治療中，正向的工作同盟有賴於個案的信任和感知，即藝術媒介的探索和參與作為治療歷程是有效能的，藝術任務協助他們與治療師溝通思想和感情，以及藝術治療師在治療歷程中的存

在、支持和藝術技巧上的協助是正向的。

建立治療關係的基本技巧

雖然藝術治療師相當倚重藝術和藝術歷程來進行治療性溝通與連結，但新手諮商師和藝術治療師都需要接受培訓並練習建立助人關係的基本技巧。這些基本技巧包含積極傾聽、準確反映個案的經歷、同理心或對個案特定經歷和脈絡富有同理的理解，以及一種不帶評價的溫暖，即所熟知卡爾・羅傑斯（Carl Rogers）理論中的無條件正向關懷（如 Cochran and Cochran, 2015 所引用）。這些技巧在各種理論架構中都受到重視，並且是治療工作所必需的。

可惜的是，即便我們盡了最大的努力，治療關係中並不總是會出現完美的理解和反應。一位藝術治療師可能在建議某種特定媒材後，發現個案對該媒材有厭惡感，或者邀請某人針對一個主題進行創造性的反思，但對方可能尚未準備好要處理這個主題。一位生涯諮商師可能會錯過關於個案在生涯決策中所面臨家庭影響的信號，因此需要往後退一步，仔細聆聽，並蒐集更多有關家庭影響和衝突的資訊。最後，當助人專業工作者的反思、解釋或介入被認為不準確或不符合個案的經驗時，他們需要培養個人謙遜和不防衛的態度。這些「關係中的波折」提供了進一步交流的機會，以調整至符合個案的意義與需求。透過合作解決治療性裂痕可以使治療關係恢復健康，並為個案帶來正向結果。建立、修復和強化關係是有效的藝術治療和生涯諮商中的實踐基石（Paul & Charura, 2015）。

傳達藝術治療和生涯諮商的本質和界線

知情同意書

認證機構和專業協會在其倫理規範文件中提供了藝術治療師和諮商師有關告知個案專業資格、提供服務的範圍、費用結構等資訊的指導方針（ATCB, 2021; AATA, 2020; ACA, 2014; NCDA, 2015）。州和地方法律也提供有關其所在區域知情同意要求的指引。為確保知情同意，個案必須了解參與治療和中止治療的權利和責任，治療師和個案雙方的角色，保密性的本質及其限制，包括

舉發義務，以及可能會作為治療一部分的過程和程序。由於藝術治療涉及意象的創造，應提供有關如何保存或記錄藝術創作作品的描述。藝術治療師和諮商師還必須向個案介紹有關哪些治療過程和結果可能會與督導、治療團隊、家庭成員或保險公司分享的情況，以及在釋出治療資訊時所必須具備的個案協議類型。這些資訊要以書面形式提供給個案審閱和正式同意。

　　基於遠距生涯和心理健康照護的選項已有顯著的發展，熟悉符合《健康保險流通與責任法案》（HIPAA）確保個案資訊安全的遠距醫療平台也變得很重要。使用科技方式遠距進行諮商創造了獨特的情況，需要在知情同意的過程中，進一步加以定義和解釋。美國心理學會（2020）為心理衛生專業人員設計了一份出色的遠距醫療知情同意考慮注意事項檢核表。在進行遠距醫療服務之前應與個案先行討論的主題包括：了解遠距醫療可能會使用的數位平台和設備；使用安全的網際網路而非公共的無線網路以確保隱私；選擇必要的空間來保護機密性，並減少在家中或其他環境的干擾。同時明確制定與緊急情況、技術故障和其他與晤談程序考量相關的溝通策略和責任。

　　由於這些指引概述了照護的界線，因此藝術治療師和諮商師在治療開始時與個案一起查看這些政策，提供提問的機會並確認個案理解，是重要的。當一個人無法自行簽署知情同意，而已經由監護人代表個案同意時，仍應與接受治療的人討論流程、角色和保密性，並徵得他們對治療的同意。

蒐集資訊以達到整體了解

　　在徵得同意後，便開啟了蒐集個案資訊的重要任務，以用來支持對個案整體性了解。在某些情境中，會要求個案在治療開始之前或與機構代表一同填寫機構表格，以提供其生理心理社會資訊。在這些情況下，完成的表格將提供給臨床執業人員與個案一起回顧。對初診資訊體貼的審查，輔以尊重的詢問和支持個案分享他們的生活故事脈絡，為即將開展的治療關係定下了基調。

　　為了蒐集並考量這類型的資訊，會進行各種形式的初診程序和面談。例如，格哈特（Gehart, 2016）設計了供臨床執業人員在初步面談程序中使用的表格，用來蒐集必要的訊息。透過使用這些入院表格或大綱，臨床執業人員蒐集關於個案本人與其重要他人的基本資料，包括年齡、族裔、關係狀態以及他們的教育程度和（或）職業。臨床執業人員會探討個案所呈現出來的問題，並

記錄個案的觀點。在適當的時候,會從重要他人(照顧者、監護人、伴侶、父母、配偶)那裡來確認類似的訊息,來獲得關於呈現問題的多面向觀點。

　　溫和地探討個案的背景資訊,例如創傷史、藥物濫用史、最近的學業、生活或工作壓力等突發事件、相關的家族史,以及之前的諮商和藝術治療經驗,可以幫助更全面地了解個案。同樣地,發掘個案的優勢、資源和多元面向仍然是理解整個人的必要過程。在這方面,個人的、社交╱人際的和精神上的資源會受到討論並予以肯定。多元面向的資訊包括但不限於與潛在資源和個案可能會經驗到的挑戰相關的資訊:年齡、性別認同、性取向、文化背景、社經地位、宗教、區域社區、語言、家庭背景、家庭結構和能力。認識到一個人的生活史和文化背景是其生涯故事或呈現問題所交織的組成部分,這一點至關重要。有關生涯諮商和藝術治療中多元文化考量的深入探討,請參閱第六章。

　　與個案一起訂定治療計畫時,臨床執業人員運用蒐集到的資訊來支持生涯問題所涉及的內在運作動力的概念化。此外,生涯諮商的理論架構還可以指導理解與闡明生涯考量和目標。治療師看待個案的理論取向可能受到特定理論模式訓練、個案特徵和主要案例關注點的影響,而最理想的情況是這些因素的組合。第二章有進一步的理論觀點探討以及它們如何應用於生涯諮商和藝術治療。

初診和面談

生涯導向方法

　　生涯諮商師或藝術治療師需要獲得哪些資訊來建立投契信任關係並指引未來的合作工作呢?對實務工作者來說,在第一次會談中重要的是確定個案尋求協助的主要目的。在許多生涯諮商情境中,尋求幫助的焦點通常會集中在生涯議題。然而,在其他情境中,生涯諮商師接受過訓練,被期望也能提供心理健康諮商,並支持結合生涯和心理健康問題的對話。那些並非特別專攻生涯諮商的諮商師、藝術治療師和其他相關的助人專業工作者可能會發現,在個案提出的生活挑戰中,生涯問題是其中的一個小部分或核心組成部分。在這些情況下的任何一種,一旦確定了與生涯相關的問題,邀請個案討論有關衝突、困擾、興趣和目標的類型就很重要,這些是激發他們求助行為的動力。

生涯初談表

　　生涯諮商機構、大專院校的生涯中心，以及獨立的服務提供者都設計了初談表，以便在初次面談之前蒐集個案的資訊和興趣。這些表格可以提供臨床執業人員生涯對話的起始主題，來提高面談程序的效率。生涯初談表可能具有共同的要素，例如蒐集個案的基本資料，以及與生涯史、生涯興趣和參與生涯導向諮商的動機等部分有關的訊息。然而，表格的內容可能會因服務提供者或機構的主要理論取向而有所不同。例如，以下表格展示了美國佛羅里達州立大學

初談表（部分）				
對於以下的敘述，請使用以下量表尺度進行評分：				
	非常不同意	不同意	無意見	同意	非常同意
我對我的生涯問題感到焦慮。	1	2	3	4	5
我覺得我知道達到我的生涯目標所需的下一步是什麼。	1	2	3	4	5
我有信心我可以邁出下一步，以達到我的生涯目標。	1	2	3	4	5

請仔細閱讀問題，並圈選以下其中一個數字來回答最適合您的答案：差，尚可，好，非常好，或優秀。

	差	尚可	好	非常好	優秀
了解你的價值觀、興趣與技能。	1	2	3	4	5
了解你正在考慮的生涯選擇。	1	2	3	4	5
生涯決策能力。	1	2	3	4	5
對於控制自我對話／對自己說話的方式的察覺	1	2	3	4	5

就你目前的生涯決策而言，下列哪一項最能描述你目前所處的階段？在以下適當的描述語句旁打一個勾（只勾選一個）：

＿＿＿＿＿	知道我需要做出的選擇
＿＿＿＿＿	了解自己、選項、決策和思考
＿＿＿＿＿	擴展和縮小我的選項
＿＿＿＿＿	優先考慮我的選項
＿＿＿＿＿	執行我的首要選項
＿＿＿＿＿	知道我做了一個很好的選項

藝術治療與生涯諮商

生涯中心使用的生涯初談表中的一部分，該表與認知訊息處理論一致（Sampson et al., 2004）。因此，除了目前的生涯興趣與期望追求的相關訊息外，他們初談表中的問題主要是設計來揭示生涯決策模式和思考。重要的是，還蒐集了個案先前或目前參與心理諮商的相關訊息，以確保廣泛地了解個案的經歷，並支持對生涯考量因素進行更全面性的概念化。諮商師查閱個案填寫的表格，以便熟悉個案主要關切的內容與個案的經歷，這些將在初次面談中進一步考慮。

藝術導向的初談

雖然傳統的初談表格在眾多的臨床執業人員的執業中是重要的，但藝術治療師和生涯諮商師也可能會想尋找創意方式來蒐集有關個案生涯關注與目標的初步資訊，來促進開放的對話。在某些情況下，藝術治療師和（或）生涯諮商師可能會使用帶有創意元素的結構化工作表，提供個案一種格式，讓他們考慮自己的目標以及通往目標的可能途徑。視覺選擇的一個例子是帕克－貝爾（Parker-Bell, 2021）所建立的〈職業概念表〉（Career Concept Form，**圖 5.1**）。在初談過程中，請個案盡可能地填寫所有目前他們已知有關他們的職業目標、職業特性、追求此職業的回報、讓他們能夠去追求此目標的支持與資源，以及有助於他們在此職業中取得成功和（或）滿意的技能、才華或興趣的訊息。此外，邀請他們列出或填寫他們認為朝向其職業目標所需要採取的步驟。實務工作者會強調，如果他們不知道如何填寫表格中的某些部分，那麼將這些部分留白是完全可以接受的。填寫完成後，將一同審視和討論〈職業概念表〉，以衡量個案目前的生涯發展概念化狀態。

在〈職業概念表〉的例子中（**圖 5.2**），表格大部分已完成，並且顯示該個體對會計領域有一定的了解，家庭支持他追求這一職業選擇，而且他的興趣可能與其職業焦點一致。基於這些視覺呈現的訊息，實務工作者可能會詢問他對實現目標的步驟或其他可能擔憂的因素或阻礙有哪些具體問題。

從初談表到面談流程

與個案的初次會面極為重要。這是歡迎個案的第一個機會，讓他們感到舒適自在，解釋保密性的概念和限制，並支持建立一種連結，以促進有成效的治療工作。藉由初談表蒐集的訊息，治療師會使用開放問句來引發對話，目的在

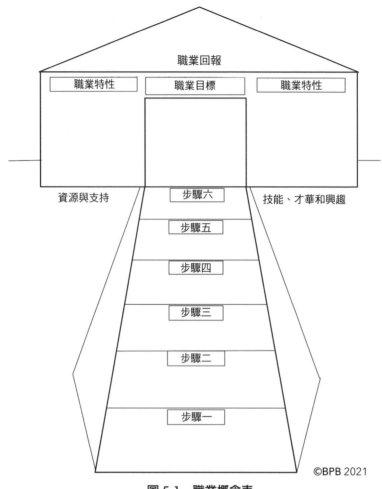

職業回報

職業特性　職業目標　職業特性

資源與支持　　　　　　　技能、才華和興趣

步驟六

步驟五

步驟四

步驟三

步驟二

步驟一

©BPB 2021

圖 5.1　職業概念表

於找出個案所關切的部分與生涯主題。將確定個案動機作為開啟治療關係是一個很好的起點。是什麼讓你想來會談呢？**表 5.1** 是可用於開啟有關生涯發展因素對話的問題和詢問範本。

　　每個個案的回應（包括口語與非口語）都應該影響治療師在面談中接續提問的方向。在整個會談過程中，治療師不帶評價的反思技巧將用於總結已辨認出的主要問題，並培養共同確定生涯諮商目標的合作意願。

圖 5.2　已完成的職業概念表

正式面談和生涯評估

在生涯諮商中，還使用了更具結構的方式來取得與個案的職業史、關注點和工作或生活主題相關的訊息。〈生活生涯評估〉（LCA; Gysbers & Moore, 1987; Gysbers, Heppner, & Johnston, 2014）就是其中一種以結構化面談風格進行的架構。運用這種敘事後現代的方法，生涯諮商師或藝術治療師詢問與工作經驗、教育和培訓、人際關係和朋友、典型的一天以及優勢和阻礙相關的問題（Gysbers et al., 2014）。例如，在工作經驗方面，邀請個案討論他們前兩次的工作經歷，可以是有薪水的職位或志工。對於每個職位，請他們討論自己最喜歡

表 5.1　開場問題範本

生涯史和期望	生涯影響和資源	生涯決策
請告訴我你的職業和求學史	你的家人在你看待生涯選擇方面扮演了什麼角色？	你通常是如何做決定的？
你正在考慮哪些生涯選項？	你的家人對職業有特定的規定嗎？	你希望這次的決定有什麼不同？
如果你今天必須選擇一個職業，你會選擇什麼？	你的文化在你看待選擇方面扮演了什麼角色？	在你做這個生涯決策時，還有哪些因素對你很重要？
完成以下句子：在我生涯發展的這個階段，我想要……	還有哪些其他資源或支持影響了你的生涯考量？	你認為是什麼阻礙了你做生涯決策或實現目標？
完成以下句子：在我們最後一次的會談，我希望完成……	其他問題（如心理健康、經濟資源或歧視）如何影響你的生涯經歷、興趣或擔憂？	

和最不喜歡的部分。接著，生涯諮商師或藝術治療師會徵求個案對教育和培訓經歷的看法。同樣，弄清楚個案對其不同程度的教育和培訓類型喜歡與否的部分。此外，請個案描述關於他們的休閒活動、社交參與以及與朋友互動的經驗故事。前項問題有助於闡明個案在獲取工作知識和技能方面的方法和偏好、他們傾向如何與他人互動，以及可能應用於生涯脈絡的潛在興趣領域。與他們典型一天相關的敘述也提供了線索，有助於了解他們如何在系統性或自發性的範圍內運用自己的時間，以及他們在與工作和決策相關方面獨立或依賴參與的偏好。最後，詢問個案的優勢和阻礙。個案認為他們的資源是什麼？這些資源以何種方式支持他們的人生旅程？他們所辨識出的阻礙與他們目前的生涯問題與決策有何關係？諮商師或藝術治療師將提出後續問題，並運用反思性的陳述來呼應在描述中出現的主題。

　　初次面談中會揭示出生活與工作主題，這是生涯諮商或藝術治療經驗中不可或缺的部分。諮商師和個案共同合作，並對顯得重要的主題達成共識。這些主題將為問題構想、目標設定和治療計畫制定提供參考資訊。

始於藝術

藝術本位的方法對於在初次會談中激發探索生涯問題與志向也很有價值。海斯和里昂（Hays & Lyons, 1981）發展的〈橋梁畫〉（Bridge Drawing）就是一種可運用的藝術本位方法。海斯和里昂創立了橋梁畫，運用橋的視覺隱喻來探索個案從一個存在狀態或空間到另一個存在狀態或空間的內在和外在旅程。自那時以來，藝術治療師一直運用這種圖畫和隱喻來檢視個案的目標、未來方向，以及對所面臨的阻礙和整體福祉的看法（Darewych & Campbell, 2016）。這項任務提供的材料包括 12 × 18 英寸的白紙和八支麥克筆：黃色、橙色、紅色、藍色、綠色、紫色、黑色和棕色等經典色。海斯和里昂（1981）對橋梁畫的指導語是「畫一座橋，從某個地方通向某個地方……用箭頭指示行進方向……在圖中畫一個點來表示你在圖中的所在位置」（p. 208）。橋梁創作完成後，邀請個案用言語描述他們的圖畫。後來的研究人員為個案提供了更具體的引導語，請參與者「畫一座橋，連接你現在所在的地方與你想要去的地方。將自己置於圖中的某個位置」（Teneycke et al., 2009, p. 299）。雖然已經建立了一些評估方法來區分圖畫所顯示的情緒或心理健康症狀元素，但最典型的是，橋梁畫任務作為一種用來探索動機和生活轉變主題更非正式的手段。藝術家可以自發性地運用這創作，讓較不具意識的主題能夠在創作後的反思過程中展現出來。

為了專門處理生涯目標，卡薩多－凱霍（Casado-Kehoe, 2016）發展出一個結構化的生涯橋梁畫過程，並稱這座橋為〈生命之橋〉。透過諮商師帶領的引導意象，幫助個案或活動參與者暖身進入具有想像力和創造力的過程。請個案視覺化想像這座橋，想像他們當時所處的位置，以及他們職業生涯的發展方向。提供個案各種藝術材料，包括蠟筆、麥克筆、顏料和自由選擇的紙張。與藝術治療師設計的版本相反，直接請個案心中帶著特定的概念來參與並創作出橋梁的各個部分。例如，需要創造出橋的支柱並填寫有關他們目前和先前工作經歷的描述詞語。此外，指示個案在橋的表面上寫下為了達到職業目標他們需要採取的步驟。卡薩多－凱霍也概述了治療師可以提出的問題，以加強個案探索。這些問題包括：

- 請談談你的畫。
- 你夢想的職業是什麼？

- 為了追求這個職業，你需要採取哪些步驟？
- 到目前為止，哪些技能或工作經驗已經幫助你為這個職業做好準備？
- 當你走過生命之橋時，哪些提醒可以在事情變得充滿挑戰時幫助到你？
- 有什麼是你能夠告訴自己來幫助你走過橋梁、實現你的職業目標的？

（Casado-Kehoe, 2016, p. 166）

當為人生生涯之橋提供非常結構化的指引來引導創作與反思時，考量其中的優缺點是很重要的。從正面的角度來看，結構化的創作與提問方法為促進個案思考職業抱負和經驗提供了一個架構。另一方面，以認知處理為核心的高結構化方法可能會減少藝術過程中「愉快的偶發事件」的發生，這些偶發事件有時可以揭示更深層次、較不具意識的聯想，以及在完成藝術創作作品後可以考慮的意義。有些佛羅里達州立大學的藝術治療研究生探索了卡薩多－凱霍提出的結構化方法，他們感覺受到了給定指引的限制。值得注意的是，藝術治療學生對藝術創作過程感到自在，並且熟悉透過較少結構的創造性過程來探索個人觀點和經驗。對於藝術經驗較少與對創作感到較不自在的個案可能更喜歡結構化的方法，以幫助減輕對藝術創作過程和技巧的焦慮。這裡有兩個〈生涯橋梁〉圖像作為範例。

與**圖 5.3** 相關，第一位學生對她的生涯橋梁的反思如下：

我的生涯橋梁左側有我過去的工作、實習、教育和志工經驗的象徵，這些經驗幫助我塑造了我現在的道路。我畫我自己差不多走到橋的中間，幾乎在佛羅里達州立大學標誌的另一側，象徵我就快要完成我的研究生歷程。右側是我未來的職業目標：成為一位具有執照的心理健康諮商師（LMHC）和藝術治療師（ATR）。我認識到在右側的內容較不具體，且包含較少的圖像。我相信這是因為我仍然不確定我將在哪裡就業，以及我想要服務哪個族群。

在第二張圖片（**圖 5.4**）中，另一位學生反思了與工作相關的經歷，這些經歷形成了她對藝術治療的興趣。請注意，在這兩個案例中並沒有按照卡薩多－凱霍（2016）提出的幾個指引，但圖像為關於目前對生涯道路看法的豐富討論提供了途徑。

　藝術治療與生涯諮商

圖 5.3　學生生涯橋梁畫 1

生涯拼貼和標題故事

　　另一種運用藝術本位來引發出生涯主題的方式是生涯拼貼故事。拼貼是將雜誌圖像、文字和其他平面材料的創意組合，形成一幅可以反映特定主題的構圖，或者可能是依據可使用的材料即興建構而成。蒐集到的圖像和材料通常會黏貼在作為基底的紙張上或海報板類型的表面上，形成最終的蒙太奇（montage）拼貼畫。史陶林斯（Stallings, 2016）將拼貼描述為一種對其他藝術過程感到不自在的人來說較不具威脅性的藝術媒材，可用來應對各種治療性考量。拼貼過程還可以支持那些不太願意說話的人或可能受益於視覺刺激以激發記憶或聯想的人增強其口語表達。雅恩（Jahn, 2018）主張在生涯導向的探索中使用拼貼，以促進生涯諮商的參與，並引發動機和情感的反思。

　　在提供拼貼畫作為創意和反思工作的媒介時，呈現來自雜誌各種豐富多樣的預剪圖片會有幫助，這些圖片反映了不同的文化群體和年齡層，還有各種顏色的紙張、棉紙、剪刀和膠水；並提供畫圖材料，如麥克筆、彩色鉛筆，方便個案可以隨心所欲地加到拼貼畫中。生涯方面的擔憂和興趣可以透過雜誌圖像來表示，也可以透過從紙上撕下或剪下的顏色與形狀以及自行畫上的線條、形狀或符號來呈現。

　　請個案創作一個反映他們目前生涯發展興趣與擔憂的拼貼。完成拼貼後，

图 5.4　學生生涯橋梁畫 2

請個案為他們的拼貼下一個標題，就好像它是有關他們生涯興趣、擔憂或狀態的專題報導中的插圖。接下來，邀請個案探討故事中的角色、內容、時間、地點以及故事的發展，就像是描述給讀者聽一樣。這部分可以用書寫的方式來完成，也可以與藝術治療師或諮商師進行非正式的討論。根據這樣的反思與討論，闡明了與生涯擔憂、興趣和背景相關的主題，並為目標設定和治療計畫提供考量的依據。在藝術過程之後，進一步的書寫敘事可以增加治療師和個案之間分享和考慮的訊息。

　　在回顧她的橋梁畫（圖 5.5）時，一位藝術治療學生思考她的生涯故事標題會是「珍在藝術治療舞台上迅速崛起」，並且她將做到「畢業後在藝術治療領域中拚了命的幫助他人。」她寫道：

　　有時候我感覺自己像砲彈飛人一樣充滿能量。來到砲台是一段漫長的路，但接下來一切都進行得好快。前往橋梁盡頭的路上，我得提醒自己享受每一刻，我的藝術治療生涯還在那裡等著我。很少有人會教你怎麼當砲彈飛人，會設計那座發射炮台的人又更少。但這兩者都是我的志業。

圖 5.5　學生範例：珍迅速崛起於藝術治療舞台

貝拉諾克，佛羅里達州薩拉索塔

　　另一位學生在創作生涯標題和藝術創作作品時遇到了困難（**圖 5.6**）。她表示，雖然她意識到自己希望在那些社區裡擔任藝術治療師，但由於與種族衝突和不平等相關的社會事件，她此刻對許多細節不清楚。就她的情況而言，她發現創作一張生涯家族圖更有價值，這有助於她探索自己在生涯方面受到的影響，而不是檢視她所期望的未來。這些過程和討論為學生提供了一個機會來讓她探索她的興趣：重新審視並可能重新調整她的生涯目標（見**圖 5.7**）。

生涯問題

　　如上所述，初談表、面談和藝術過程提供了方法，可用來識別和擴展驅動個案尋求協助的生涯問題。作為藝術治療師或諮商師，重要的是要熟悉可能出現的各種問題、了解導致這些問題的因素以及解決這些問題的策略。在藝術治療和諮商情境中所確認的生涯問題可能包含學業主修、職業選擇或轉變、拓

圖 5.6　鎮上新的藝術治療師

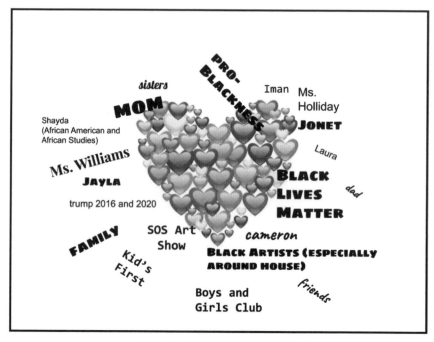

圖 5.7　替代生涯家族圖範例

展或縮小職業或教育選擇、負面的生涯思維、與任務相關的求職擔憂，如履歷撰寫、面試和建立人脈等。生涯問題還可能與預先排除了某些職業選擇有關，這表示個案只考慮或涉足少數職業方向，而沒有全面探索可能讓他們感興趣或適合的各種工作或職業。一些個案可能在經歷失業或低度就業的情況下尋求協助。低度就業是當個人的學歷、訓練或技能在其工作環境中未被利用，他們的條件可能遠超過目前的職位，例如一個擁有工商管理碩士學位的人在大賣場擔任倉儲人員。當個案因工作或生活角色或興趣的轉變、就業環境或市場的變化以及隨著伴侶換工作而搬家等因素轉換職業生涯時，個案可能會尋求幫助，以上只是可能場景中的一些例子。

　　此外，根據生涯發展理論架構所確認和描述的生涯問題，諮商師和藝術治療師可以擴展他們對此問題範疇的認識。例如，何倫理論的支持者會評估和識別與個人的性格和生涯選擇之間的不一致有關的問題；接受認知訊息處理論訓練的生涯諮商師熟悉與生涯思維功能失調有關的問題；受到人－環境符合程度理論（Eggerth, 2008）影響的臨床執業人員可能會探討和識別與個案價值觀和工作環境價值觀之間的契合度有關的工作問題，例如一位護士高度重視自己與病患間的關係，當其工作環境的要求和優先要處理的事項降低她培養護病關係的能力時，她可能會認為自己與工作缺乏契合度以及對工作感到不滿意。

全面了解你的個案：處理心理健康問題

　　心理健康問題也可能會交織在已辨識出的生涯問題之中。例如，個案經驗到的憂鬱症狀或負面思考可能會妨礙他們充分投入工作或體驗工作的樂趣，進而導致對職業不滿意和／或在工作環境中的表現不佳。此外，個案可能先經歷到工作環境的不合理要求或歧視性的對待，可能導致個案感到壓力、出現心理健康症狀，隨後影響對其工作和求職過程的取向。因此，藝術治療師和諮商師有必要投入時間和心力，在藝術治療或諮商關係開始時，就要探索整體健康和心理健康的問題。此種整合可以採取多種形式，取決於個案的需求和願望、服務提供者的環境和理論取向。以下包含兩個如何整合心理健康和生涯問題的範例。

將心理健康納入生涯服務中心

　　倫茨等人（Lenz et al., 2010）提倡在組織中採用結合心理健康和生涯諮商的

方法，同時承認這在行政部分、後勤方面和感知層面會是個挑戰。生涯服務中心還可以選擇運用結合心理健康和生涯問題的生涯理論和策略，如認知訊息處理論。佛羅里達州立大學生涯中心應用 CIP 和何倫理論，服務提供者接受培訓可以評估和處理這兩方面的問題。

　　具體來說，使用差異化服務提供模式（Sampson, 2008; 參見**圖 5.8**），其目標是根據個案生涯問題的需要來提供相對應程度的服務。當個人進入中心時，他們會與生涯顧問面談約 15-30 分鐘，以了解他們的生涯問題以及參與生涯決策和解決問題過程的準備程度。準備度是由他們當時的參與能力來判定，需考量到影響他們決策的眾多複雜因素。如果個人似乎有直接明確的需求，並且對於參與已經準備好（即高能力／低複雜度），則介入策略將集中在自我導向的模式上。例如，提供給想要了解求職的人有關該主題的各種資源。如果個人有許多擔憂，或者具備中等程度或準備度中等（例如，高能力／高複雜度或低能力／低複雜度），生涯實務工作者可能會鼓勵他們運用簡短輔助模式，此模式中他們一次做一小部分，通常會與不同的顧問合作實現他們的目標。延續上例，可能會鼓勵此人在一次面談中撰寫簡歷，下一次面談中探索拓展人脈，並在另一次中培養面試技巧。最後，如果一個人在初次面談中呈現出低準備度（即低能力／高複雜度），生涯實務工作者可能會建議一種類似於持續個別諮商的個案管理方法。這樣能使個人能夠更深入地處理複雜度，專注於可能影響生涯問題或因生涯問題而加劇的心理健康問題，並將目標拆解為更容易處理的步驟。

　　雖然這個模式可能看似建議三個不同的軌道，但實際上，個案可能在這三個不同的平台之間移動。例如，一個人可能一開始是自我導向的，然後意識到他們需要更多的支持；或者作為個別化個案管理方法的一部分，他們在面談時間以外與生涯顧問一起進行簡歷撰寫等任務。研究顯示這三種方法都是有效的（Kronholz, 2015; Osborn et al., 2016; Whiston et al., 2017）。

　　除了差異化服務提供模式以外，佛羅里達州立大學生涯中心還使用基於 CIP 理論（Sampson et al., 2020; Sampson et al., 2004）的宣傳單，以幫助界定個案的生涯問題並識別需要關注的領域，例如「生涯選擇包含哪些方面？」以及有關決策的宣傳單。這些在第二章中已有詳細的描述。何倫的理論通常用於幫助個案根據他們的特質來確認職業和主修選項。最後，為了識別和解決功能失調的生涯思維，避免其阻礙生涯決策過程，會使用基於 CIP 理論的〈生涯思維量表〉

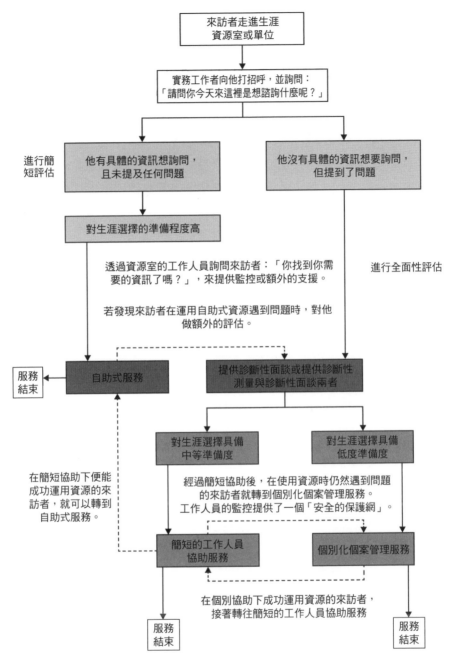

圖 5.8　提供生涯即時服務的流程圖

Source: Adapted from "Using readiness assessment to improve career services: A cognitive information processing approach," by J. P. Sampson, G. W. Peterson, R. C. Reardon, and J. G. Lenz, 2000, *The Career Development Quarterly, 49(2)*, p. 162. https://doi.org/10.1002/j.2161-0045.2000.tb00556.x. Copyright 2000 by the National Career Development Association. Adapted with permission

（Sampson et al., 1996a）和〈生涯思維量表工作簿〉（Sampson et al., 1996b）。

將生涯服務納入心理健康治療

　　工作主要在臨床環境中的藝術治療師和諮商師可能經常發現，個案尋求服務的主要原因與心理健康有關，但也存在生涯方面的問題。艾里森等人（Ellison et al., 2015）描述了一種整合服務的模式，他們為即將邁入成年的青少年創立了一個方案，這些成員具有明顯的心理健康問題以及就業準備或職業探索的需求。年齡介於 16 到 21 歲之間的寄宿照護中心居民獲得了就業安置、支持性就業、教育、同儕指導，以及側重於個人選擇、探索、能動性等方面的生涯發展努力。艾里森等人指出，對於那些患有嚴重心理健康狀況的人來說，積極的工作和學校經歷可以帶來自給自足、參與邁向成人期的典型活動、自尊心、能動性的提升以及減少社會污名。對於這個群體，生涯發展和心理健康服務從一個地點開始宣導，其中生涯專業人員和心理健康專業人員之間的合作和溝通是此種方法的核心。在生涯探索、求職、工作技能發展、就業支持和持續工作參與的每個步驟中，設計個別化的照護和同儕指導來應對青年期的發展階段與心理健康考量。結果發現這種適應性的生涯和心理健康服務結合，比單獨提供生涯服務更能有效支持成功就業和持續的工作參與。

目標設定和行動計畫

　　生涯諮商和藝術治療的工作階段構成了治療的行動核心。在這個工作階段，要識別和探討問題並實施相應的介入策略。為了確保行動計畫對個案有意義，團隊合作是必要的。艾里森等人（2016）建議，臨床執業人員在醫病關係初期使用個人問卷（Personal Questionnaire, PQ），讓個案確認、排序和評分他們所遇到的問題。卡爾多索和薩萊斯（Cardoso & Sales, 2019）主張個人問卷適用於生涯諮商，因為它提供了一種將主觀性和文化意義納入目標發展的方法。針對每個問題，個案使用一張 3×5 英寸的卡片，寫下該問題，並對問題以 1 到 7 的等級評分，以表明該問題困擾他們的程度，1 表示一點也不困擾，7 表示困擾度最強。在個案和治療師看過這些卡片後，個案依重要性來排序問題。根據辨認出的生涯發展和心理健康問題資訊，藝術治療師或諮商師跟個案合作制定適

合個人情況和需求的工作目標和治療計畫。在執行治療計畫時，將重新檢視問題的排序和評分，以評估行動計畫的有效性。事實證明，這種定期審查過程可以增強個案對整個治療關係中工作同盟的感知。

生涯發展行動計畫鎖定了許多目標。這些目標包含擴展自我認識、增加職業知識、探索培訓資源、發展求職技能等等。在確定了總體治療目標以及理論方法與個案的考量和需求相符之後，應發展可觀察的、時間具體的、可實現且清晰表達的具體治療目標和計畫（Gysbers, Hepner & Johnston, 2014）。例如，個案可能有一個選擇職業方向的廣泛目標，但是這個目標應該被拆解為更小、可測量和可實現的行動步驟。例如，步驟 1：個案將在某日期前完成生涯興趣評估過程。步驟 2：個案將在某日期前完成並反思藝術本位的包容性家族圖，以探索其對生涯興趣和決策的影響。步驟 3：個案將透過完成職業價值觀組合卡和藝術創作歷程，在某日期前確認他們的個人職業價值觀。步驟 4：個案將在某日期前確定三個他們想要了解更多的職業。步驟 5：個案將透過查閱職業資訊的方式，在某日期前辨識出與每個工作相符的技能和興趣等。

另一種管理個案多項目標的方式是透過個人生涯學習計畫（見**表 5.2**）。個案可以列出多項目標，例如選擇專業、編寫簡歷和了解培訓選項，然後制定實現這些不同目標的步驟，並在一份文件中追蹤這些目標。這也是一種可以用來追蹤進度的方式。

在治療的工作階段探索自我認識

職業價值觀組合卡和肖像

為了達到對自我認識的一般目標和更具體的目標：了解自己的職業價值觀，可以提供職業組合卡。職業組合卡提供了一種視覺化且主動的方式來探索想法和概念，而這些想法和概念可能比較不容易透過開放式的問答過程來識別或闡明。與其問「你的職業價值觀是什麼？」職業組合卡提供了一個可以詢問：「這些職業價值觀中，哪些讓你有共鳴呢？」的機會。維吉尼亞聯邦大學（VCU, n.d.）的職業資源價值觀組合卡提供了 24 種不同的價值觀。這些價值觀包括：獨立工作的能力；相信自己所從事的工作；在社交氛圍中與許多人一起工作等。邀請個案查看這些卡片，並要求他們注意哪些價值觀是他們一定要擁有的、想

表 5.2　空白個人生涯學習計畫範例

個人學習計畫
〔填入生涯中心或學校的地址〕

目標：#1 _____

　　　#2 _____

　　　#3 _____

活動	目的	預估所需時間	目標編號	優先順序

該計畫的目的是選擇對生涯選擇可能有幫助的資源和服務。計畫中包含的活動或資源可以根據需要添加或刪減。

_____　　　　_____　　　　_____　　　　_____

名字　　　　　　　　　　日期　　　　　　　工作人員　　　　　　　　　日期

要擁有的或不需要的。在這樣的活動之後，可能會伴隨著反思性的問題或藝術創作。

　　職業組合卡的一個藝術本位延伸是職業價值觀肖像。提供給個案平面藝術媒材的選擇，並邀請個案創作出一幅藝術作品，包含且反映三到五個對他們來說最重要的職業價值觀。符號、形狀、顏色、線條和紋理可以用來表達與這些價值觀的關聯。一開始對職業組合卡過程的回應，可能會經由創意的探索、視覺反思和討論而得到擴展或確認。

　　在佛羅里達州立大學的一堂生涯諮商和藝術治療課程中，要求藝術治療研究生完成一個價值觀職業組合卡。在研究生排序好職業價值觀之後，他們開始創作職業價值觀肖像。在完成藝術創作後，某位藝術治療學生選擇將職業組合卡中的卡片加進她的藝術創作作品中（見**圖 5.9**），並評論了價值觀肖像在幫助她思量職業價值觀和優先事項方面所發揮的作用。

圖 5.9　學生職業價值觀肖像範例

這位同學表示：

將圖像與我的職業價值觀相匹配令人感到心滿意足和欣慰。對我來說，創作這個圖像也讓抽象的價值觀變得具體和個人化。我將卡片放入拼貼畫中，靠近代表它們的部分或圖像。

探索主導特質

巴爾巴（Barba, 2000）提出的主導特質探索是治療工作階段中的另一種藝術本位的介入策略。如果個案的治療目標涉及探索他們認為可能干擾他們的職業滿意度、職業效能或理想的工作或生活角色的個人特質，這種主動的方法可以幫助外化該特質，並在多個層面上加以檢視。她的指引如下：

1. 請你想一個被你視為弱點的個人特質
2. 將這個特質具體化並賦予它實質內容。也就是說，畫出它、用黏土塑形、寫一首詩來捕捉它的不同面向。花些時間反思你的創作。
3. 問自己以下的問題。
4. 它是什麼？
5. 它是怎麼來的？
6. 它如何幫助到你？
7. 它帶來了什麼樣的挑戰、機會或危險？
8. 你會如何，或者說你能怎麼做來補償它的另一面（陰影）？
9. 如果它會說話，它可能會說些什麼？
10. 它能教導你什麼？
11. 它擁有什麼是你需要的？（Barba, 2000, p. 40）

考慮治療進展與結束

在整個治療的工作階段，會實施行動計畫和介入策略。個案朝著他們的目標努力，藝術治療師和個案一同探索進展。在回顧的過程中，努力會得到肯定和慶祝。隨著目標的實現，預期和規劃結束也很重要。這樣的計畫將包括討論

在藝術治療或生涯諮商結束之前還需要或還留有幾次會談。然而,治療進展的停滯或挫折也是可以預期的。這些挫折為臨床執業人員和個案提供了探索遇到的阻礙、重新審視和完善行動計畫的機會。可能還需要進一步的評估,以利更充分了解問題、興趣和影響。

理想情況下,當行動計畫完成並實現目標時,治療的工作階段將過渡到結束階段。然而,其他情況也可能促使考慮與個案結束合作。這些情況包括個案長時間沒有行動,會談缺乏深度意義,或在達到目標之前的治療開始或工作階段,個案離開諮商而過早結束。與治療的任何階段一樣,重要的是藝術治療師或諮商師要反思檢視個案的狀態和結束的準備情況,並在適當時啟動結束的過程。

治療結束階段的任務包括回顧藝術治療和生涯諮商會談的內容,回顧已經探索並完成的過程與結果,對個案的收獲與優勢表示認可和慶祝,並評估會談期間哪些進展順利,哪些進展不佳。此外,重要的是要處理諮商和藝術治療關係結束的相關感受,並為個案的後續步驟提供清楚和直接的結構,並闡明藝術治療諮商師作為未來可用資源的角色。對於本章節而言,將強調在結束過程中的關係結束以及個案的優勢與收穫的回顧。

海德利等人(Headley et al., 2015)指出,在諮商中促進治療關係的結束可以用不同方式來看待。一方面,它可以被視為是引導追思失去的支持性治療關係的過程;另一方面,它可以被視為歡迎慶祝逐步發展而個案不再需要治療師支持來繼續發展的過程。朗加藤(Landgarten, 1991)主張,終結治療關係對於個案和治療師來說可能是結合了滿足與追思的矛盾經驗,這與在共同努力實現目標時所互相給予的關懷有關。透由探索發生的轉化過程和作用,可以妥善地處理治療的結束經驗並加深治療關係,同時提供了個案與治療師彼此表達感謝的機會。

海德利等人(Headley et al., 2015)主張,用創意方法來處理諮商中的結束經驗可能是有優勢的,並指出創造性過程的感官層面可以幫助探索經驗並有助於交流結束時的情緒。在海德利等人所描述的創造性結束過程中,提供了畫圖和繪畫媒材,以及各種大小和形狀的石頭(**圖 5.10**),作為個案和治療師共同創作和探索治療收穫和彼此關係經驗的有形方式。個案和治療師並肩創作並輪流分享他們的反思性創作呈現。在會談的最終時刻,邀請個案選擇一個小容器,比如小袋子、盒子或籃子,帶走代表他們經歷的有意義的象徵物(石頭)。交換所選擇的石頭或將石頭作為禮物或紀念品送給治療師時,治療師可以指定一

圖 5.10　創作和交換作為結束的石頭

個特殊的籃子或罐子作為視覺化紀念這些成就和關係聯結象徵的地方。

生涯諮商藝術治療經驗的作品集回顧

　　生涯諮商和藝術治療中藝術創作的物質和視覺本質提供了一種不同類型的機會來回顧治療／諮商經驗，有助於結束。朗加藤（Landgarten,1991）主張藝術治療師應該與他們的個案一起深思回顧所收集的藝術創作作品，並建議專注於那些強調經歷的藝術創作作品，而不是重啟已經解決且結束的問題。藝術治療師看待藝術創作作品「不僅僅是過去經歷的象徵，而且還是能夠喚起、重現和保存過去經歷的刺激物」（Salomon & Levinger, 2020, p. 7）。因此，建議在最後一次會面之前回顧藝術創作作品與其含義，以便最後一次會面可以保留用於關係的結束和慶祝。藝術創作作品集的回顧有助於個案從不同的角度見證他們的旅程，並鼓勵對治療經驗與收穫進行反思。

　　隨著關係結束，臨床執業人員和個案必須重新審視有關保留或公開個案藝術創作作品的準則。根據確定的協議，治療師可以為個案的記錄和／或個案保留個案藝術創作作品的照片。治療過程中藝術創作作品的相關管理倫理準則，可以在國家藝術治療組織或證照委員會的倫理文件中找到，例如美國藝術治療證照委員會（2021）的倫理、行為和紀律程序守則，以及美國藝術治療學會（2020）的藝術治療師的倫理原則。

治療結束階段的額外藝術歷程

在治療結束階段回顧個案的成就可能包括重新審視在關係開始時創作的生涯橋梁畫。為了提供一個供比較的視覺範例，專業人員可能會邀請個案創作第二張橋梁畫，以記錄他們目前在職涯旅程中的位置，並呈現任何新的經驗或資源，以支持他們正在進行的職業努力。

接下來，將探討兩張圖之間的相似點和差異處，並認可和慶祝在實現職業方向和目標方面取得的進展。

總結已達成的生涯學習的另一種藝術本位方法可能是製作一個生涯技能工具箱。使用預先製作的工具箱輪廓，可以要求個案象徵性地呈現他們在未來生活和經歷中所具備的技能和學習。或者，可以鼓勵個案在一個小盒子的內外側進行裝飾，以代表和反映他們目前的生涯信念、技能和成就。在任何形式中，這個盒子都可以作為一個提醒，代表療程內與療程外所得到的收穫。

圖 5.11 中的工具箱圖像代表了一個研究所生涯諮商與藝術治療課程線上會議（Zoom meeting）的白板創作工具箱，學生在白板創作工具箱上張貼了詞語，代表他們在這門生涯導向課程中所獲得的學習。在此種情況下，學生還確定了他們將課程概念應用到臨床實務工作時會繼續思索的概念。

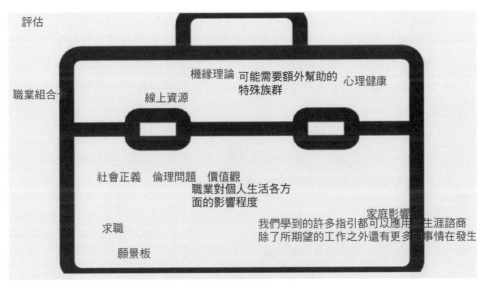

圖 5.11　團體合作的工具箱

總結

　　基本的諮商和藝術治療技能是在整個生涯諮商和藝術治療的階段中，建立和維持工作同盟的基礎。治療的階段包括獲得同意、透過體貼的詢問來建立關係以確定生涯問題、設定與生涯和生活相關的目標、透過根據理論的治療計畫和介入策略來解決問題、進行進展評估，以及結束治療。從關係的開始到結束的階段，藝術治療介入措施可以用來闡明生涯問題、幫助探索，以及擴展個案與專業人員的溝通選擇。

問題討論與活動

1. 檢視你的兼職實習、全職實習、實務工作或工作環境裡的同意書：所有的執行業務準則是否都被包含在內，並且寫得清晰易懂？你採用哪些流程來確保個案理解？
2. 你認為哪種環境以及藝術治療或諮商師的行為會有助於你講述你的生涯擔憂與目標？
3. 創作一件反映你的生涯故事或擔憂的藝術作品。你希望如何與藝術治療師或生涯諮商師一起來探索這些？你如何運用這些經驗來啟發你與個案的合作？
4. 你使用什麼方式來促進與個案在目標設定和評估方面的合作？你可以透過哪些方式擴展這些實務？
5. 你曾用過哪些創意方式來結束治療？這些方法可以如何應用於生涯諮商的問題？

參考文獻

Amrican Art Therapy Association (2020) Ethical principles for art therapists. https://arttherapy.org/ethics/

American Counseling Association. (2014). ACA code of ethics. www.counseling.org/resources/ca-code-of-ethics

American Counseling Association. (2020). Informed consent checklist for telepsychological services: www.apa.org/pccdhkl.Iactlce/procrrams/dmhi/research-information/informed-consent-checklist

Art Therapy Credentials Board (2021). Code of ethics, conduct, and disciplinary procedures. www.atcb.org/wp-conten t/uploads/2020/07/ATCB-Code-of-Ethics-Conduct-DisciplinaryProcedures.pdf

Barba, H. N. (2000). *Follow your bliss! A practical, soul-centered guide to job-hunting and career-life lanning.* Universal Publishers.

Bat Or, M., & Zilcha-Mano, S. (2019). The Art Therapy Working Alliance Inventory: The development of a measure. *International Journal of Art Therapy, 24(2)*, 76-87.

Bordin, E. S. (1979). The generalizability of the psychoanalytic concept of the working alliance. *Psychotherapy: Theory, Research & Practice, 16*, 252-260. https://doi.org/10.1037/h0085885

Cardoso, P. & Sales, C. M. D. (2019). Individualized career counseling outcome assessment: A case study using the Personal Questionnaire. *The Career Development Quarterly, 67*, 21-31. https://doi.org/10.1002/cdq.12160

Casado-Kehoe, M. (2016). Bridge of life: Creating a career path. In W. K. Killam, S. Degges-White, & R. E. Michel (Eds.), *Career counseling-interventions: Practice with dfoerse clients* (p. 166). Springer.

Cochran, J. L., & Cochran, N. H. (2015). *The heart of counseling: Counseling skills through therapeutic relationships* (2nd ed.). Routledge.

Darewych, O. H., & Campbell, K. B. (2016). Measuring future orientations and goals with the Bridge Drawing: A review of the research. *Canadian Art Therapy Association Journal, 29(1)*, 30-37.

Eggerth, D. E. (2008). From theory of work adjustment to person-environment correspondence counseling: Vocational psychology as positive psychology. *Journal of Career Assessment, 16(1)*, 60-64. https://doi.org/10.1177/1069072707305771

Elliot, R., Wagner, J., Sales, C. M. D, et al. (2016). Psychometrics of the Personal Questionnaire: A client-generated outcome measure. *Psychological Assessment, 28*, 263-278. https://doi.org/10.1037/pas0000l74

Ellison, M. L., Klodnick, V. V., Bond, G. R., et al. (2015). Adapting supported employment for emerging adults with serious mental health conditions. *The Journal of Behavioral Health Services & Research, 42(2)*, 206-222.

Falkenstrom, F., Granstrom, F., & Holmqvist, R. (2014). Working alliance predicts psychotherapy outcome even while controlling for prior symptom improvement. *Psychotherapy Research, 24(2)*, 46-159, http://dx.doi.org/10.1080/1080/10503307.2013.847985

Gehart, D. (2016). *Case documentation in counseling and psychotherapy: A theory-informed competencybased approach.* Cengage Learning.

Gullo, S., Lo Coco, G. & Gelso, C. (2012). Early and later predictors of outcome in brief therapy: The role of real relationship. *Journal of Clinical Psychology, 66(6)*, 614-619, https://doi.org/10.1003/jclp.21860

Gysbers, N. C., Heppner, M.J., Johnston, J.A. (2014). *Career counseling: Holism, diversity, and strengths* (4th ed.). American Counseling Association.

Gysbers. N. C., & Moore. E. J. (1987). *Career counseling: Skills and techniques for practitioners.* Prentice-Hall.

Hays, R. E., & Lyons, S.J. (1981). The Bridge Drawing: A projective technique for assessment in art therapy. *The Arts in Psychotherapy, 8(3)*, 207-217. https://doi.org/10.1016/0197-4556(81)90033-2

Headley, J. A., Kautzman-East, M., Pusateri, C. G., & Kress, V. E. (2015). Making the intangible angible: Using expressive art during termination to co-construct meaning. *Journal of Creativity in Mental Health, 10*, 89-99. https://doi.org/10.1080/15401383.2014.93815

Hinz, L. D. (2020). *Expressive therapies continuum: A framework for using art in therapy* (2nd ed.). Routledge.

Holmqvist, G., Roxberg, A., Larsson, I., & Lundqvist-Persson, C. (2019). Expressions of vitality affects during therapy and the meaning for inner change. *International Journal of Art Therapy, 24(1)*, 30-39, https://doi.org/10.1080/17454832.2018.148069

Horvath, A. O. (2018). Research on the alliance: Knowledge in search of a theory. *Psychotherapy Research, 28(4)*, 499-516.

Horvath, A. O., & Greenberg, L. S. (1989). Development and validation of the working alliance inventory. *Journal of Counseling Psychology*, 36(2), 223-233.

Isserow, J. (2013). Between water and words: Reflective self-awareness and symbol formation in art therapy, *International Journal of Art Therapy, 18(3)*, 122-131.

http://dx.doi.org/10.1080/17454832.2013.786107

Jahn, S. A. B. (2018). Professional issues and innovative practice: Using collage to examine values in college career counsel1ng. *Journal of College Counseling, 21*, 180-192.

Kramer, E. (2000). *Art as therapy: Collected papers of Edith Kramer*. Jessica Kingsley.

Kronholz, J. F. (2015), Self-help career services: A case report. *Career Development Quarterly, 63*, 282-288.

Lach man-Chapin, M. (2001). Self psychology and art therapy. In J. Rubin (Ed.), *Approaches to art therapy* (2nd ed., pp. 66-78). Brunner/Routledge.

Landgarten, H. B. (1991), Termination: Theory and practice. In H.B. Landgarten & D. Lubbers (Eds.). *Adult art psychotherapy: Issues and Applications* (pp. 174-198), Brunner-Routledge.

Lenz, J. G., Peterson, G. W., Reardon, R. C., & Saunders, D. E. (2010). Connecting career and mental health counseling: Integrating theory and practice. Retrieved from http://counselingoutfitters.com/vistas/vistas10/Article_01.pdf

Luse brink, V. B. (1990). *Levels of imagery and visual expression in therapy*. Plenum Press.

Masdonati, J., Massoudi, K., & Rossier, J. (2009). Effectiveness of career counseling and the impact of the working alliance. *Journal of Career Development, 36*, 183-203.

https://doi.org/10.1177/0894845309340798

Masdonati, J., Perdix, S., Massoudi, K., & Rossier, J. (2014). Working alliance as a moderator and a mediator of career counseling effectiveness, *Journal of Career Assessment, 22(1)*, 3-17.

https://doi.org/10.1177/1069072713487489

Morrell, M. (2011). Signs and symbols: Art and language in art therapy. *Journal of Clinical Art Therapy, 1(1)*, 25-32. http:digitalcommons.lmu.edu/jcat/voll/issl/8

National Career Development Association. (2015). NCDAcode of ethics.

www.ncda.org/aws/NCDA/asset_manager/get_file/3395

Osborn, D., Hayden, S. C. W., Peterson, G. W., & Sampson, J. P., Jr. (2016). Effect of brief staff-assisted career service delivery on drop-in clients. *Career Development Quarterly, 64*, 181-187. Retrieved from http://fsu.digital.flvc.org/islandora/object/fsu%3A543803 doi:10.1002/cdq.12050

Parker-Bell, B. (2021). [Student handout for career development class]. Art Therapy Program, Florida State University.

Patterson, C. L., Anderson, T., & Wei, C. (2014). Clients' pretreatment role expectations, the herapeutic alliance, and clinical outcomes in outpatienttherapy. *Journal of Clinical Psychology, 70(7)*, 673-680.

Paul, S., & Charura, D. (2015). *An introduction to the therapeutic relationship in counselling and psychotherapy*. Sage.

Salomon, M. & Levinger, S. (2020). The experience of art therapists who work in private practice when retaining clients' artworks after therapy termination. *The Arts in Psychotherapy, 70*, 2-9. https://doi.org/10.1016/j.aip.2020.101684

Sampson, J. P., Jr. (2008). *Designing and implementing career programs: A handbook for effective practice*, National Career Development Association.

Sampson, J. P., Osborn, D. S., Bullock-Yowell, E., et al. (2020). *An introduction to GIP theory, research, and practice* (Technical Report No. 62). Florida State University, Center for the Study of Technology in Counseling and Career Development. Retrieved from

http://fsu.digital.flvc.org/islandora/object/fsu%3A749259

Sampson, J. P., Peterson, G. W., Lenz, J. G., et al., (1996a). *Career Thoughts Inventory*. Psychological

Assessment Resources.

Sampson, J. P., Peterson, G. W., Lenz, J. G., et al., (1996b). *Career Thoughts Inventory workbook*, Psychological Assessment Resources.

Sampson, J. P., Jr., Reardon, R. C., Peterson, G. W., & Lenz, J. G. (2004). *Career counseling and services: A cognitive information processing approach.* Brooks/Cole.

Schaverien, J. (1992). *The revealing image: Analytical art psychotherapy and practice.* Routledge.

Springham, N., & Huet, V. (2018). Art as a relational encounter: An ostensive communication theory of art therapy. *Art Therapy: Journal of the American Art Therapy Association, 35(1)*, 4-10.

Stallings, J. W. (2016). Collage as an expressive medium in art therapy. In D. Gussak & M. Rosal (Eds.), *The Wiley handbook of art therapy* (pp.163-167). John Wiley & Sons.

Swan-Foster, N. (2018). *Jungian art therapy: Images, dreams, and analytical psychology.* Routledge.

Teneycke, T., Hoshino, J., & Sharpe, D. (2009). The Bridge Drawing: An exploration of psychosis. *The Arts in Psychotherapy, 36*, 297-303.

Virginia Commonwealth University. (n.d). Values card sort.
https://careers.vcu.edu/media/vcucareers/docs/ValuesCardSort.pdf

Whiston, S. C., Li, Y., Mitts, N. C., & Wright, L. (2017). Effectiveness of career choice interventions: A meta-analytic replication and extension. *Journal of Vocational Behavior, 100*, 175-184.
http://dx.doi.org/10.1016/j.jvb2017.03.010

第六章

生涯諮商與藝術治療中的
多元性和社會正義

　　本章將提供考量和處理文化影響、資源和生涯發展阻礙的架構。就本章而言，文化群體可能涉及種族或族裔認同、社會經濟階層、性別認同、性取向、身心障礙、宗教信仰以及受到邊緣化的交織身分認同（intersectional identities）。本章包括相關的倫理、專業多元文化能力、文化謙遜和社會正義架構的回顧，這些架構用意是讓實務工作者不斷地反思，以及為提供敏感的跨文化生涯指導做準備。同時將強調應用於突顯社會系統與個人生涯發展相互關係的生涯諮商理論和方法。

　　認識到生涯諮商關係中存在的內在權力動態是重要的。藝術治療師、諮商師和生涯諮商師在個案的生活中擔任著支持性和有影響力的角色，協助個案進行生涯探索和決策努力。這些努力在個案的一生中影響其情感、生理、社交和經濟層面。因此，為了要提供充分的服務，生涯諮商專業人員必須努力了解他們的個案及其所處的背景。理解他人經驗的旅程始於對文化經驗、偏見和特權的自我認識，並透過持續擴展對他人的知識與理解，理解他人的顯著文化價值觀，以及可能支持或受限取得公平生涯發展與經濟機會的更廣泛的系統結構。藝術治療師和生涯諮商師也有機會倡導組織層面和系統方面的改變，改變得以

支持大家能有公平的機會獲得有意義的生涯經驗。

多元的定義

　　就本章而言，多元族群廣義定義為在所考量的更廣泛人群中被視為非主流群體、少數群體或受壓迫的群體。由於本章篇幅簡短，作者將對某些但非全部的少數群體、非主流群體或邊緣群體的相關考量，提供一個總體性的觀點。在為專業實務工作做準備時，生涯諮商專業人員必須去探索和處理參與生涯探索的個案的具體經驗，以及他們交織身分認同的顯著經驗。例如，一位個案的身分認同可能是西班牙裔、女同性戀者、中年、順性別（cisgender）女性和天主教徒，這些文化歸屬對其日常經驗和所面臨的生涯問題的影響可能會不同。藝術治療師也擁有多層面的身分認同，可能與主流文化中具有特權的群體一致，也可能與被邊緣化的群體一致。治療關係受到個案和治療師身分認同、經驗和感知的相互作用影響。

多元文化社會中的生涯諮商

　　蘇爾塔納（Sultana, 2017）將文化描述為，由一個群體及其機構日積月累發展出由經驗、方針、策略和儀式組成的複數矩陣，用於引導生活經驗。他進一步主張，群體的成員被社會化成社區的行為模式，他們對經驗的反應會變成幾乎在沒有意識到或覺察的情況下自發產生。他指出，意義建構的脈絡可以用來指導社會關係結構，但當需要新的回應挑戰的方式時，原有的意義建構脈絡若限制個人發展出新的反應，或當個人對行動或意義建構的不同反應被視為威脅時，可能會功能失調。當生涯諮商師和個案已經被不同的社區智慧、經驗和受支持的行動方面所同化（acculturated）時，在治療關係中可能會出現系統性衝突。

　　蘇爾塔納（2017）進一步假設，生涯諮商實務工作者可能打算幫助那些群體隸屬或經歷與其不相同的人，但可能容易陷入習慣和慣例，因而阻礙了敏感的跨文化工作實踐。他指出了生涯諮商師可能陷入的五個具體陷阱，包括：初期種族主義或單一文化主義；對文化的浪漫化；平等觀念受到限制；文化的異

國化；文化本質主義和簡化主義。「初期種族主義或單一文化主義的陷阱」指的是助人專業工作者不願意承認他們對差異的不適感，因而未能面對本能的恐懼並探索自身的反應。「對文化的浪漫化」涉及到未能認識和挑戰在其他文化中壓迫性或不公正的做法，這可能源於害怕被視為種族主義者。在這方面，生涯諮商空間考驗著藝術治療師和諮商師探索並適應文化架構的技能，但也需要在必要時表明立場。蘇爾塔納將狹隘的平等觀念描述為平等就等同於沒有歧視的觀念。他主張平等的概念需要包含反歧視的實務做法，不單單只是容忍多元性，而是尊重多元的實務做法且倡導包容性。「異國化」指的是強調某個群體的奇特性或與自身不同的做法。最後，「文化本質主義和簡化主義」涉及對一種文化的刻板印象和概括性思維，這種思維削弱了生涯諮商師認識在共享某一特定身分認同方面（如原籍國或宗教群體）的人之間價值觀和經驗存有差異的能力。

考量到人們在自我認識之旅中可能會經驗到的所有潛在陷阱，生涯諮商藝術治療師在努力提供體貼的服務時，必須為自我反思和學習的不適時刻做好準備。儘管如此，蘇爾塔納（2017）指出：

儘管多元文化社會裡的所有居民都被期望誠摯真心地努力以符合他人的標準，並因此跨越文化的界限，但至關重要的是，在跨越文化邊界時，我們不能假設對於來自次要群體的人而言，這種「跨境」的過程與那些處於權力中的人是相同的，或者假設我們都在邊境上都支付相同的代價。

（p. 454）

藝術治療和生涯諮商專業人員必須謙恭地致力於對跨文化藝術治療和諮商實務的持續反思和教育，並認識到助人關係中本就隱含的內在權力動態。

倫理和多元文化技能

相關的專業倫理

踏上通往多元文化能力的旅程不僅僅是一種抱負理想，更是一種倫理義務。美國生涯發展學會（NCDA, 2015）要求持有證書的人遵守包含對多元和文化敏感性行為期望的倫理守則。要求實務工作者藉由遵循基本原則來尊重多元

性並促進社會正義，這些原則包括促進個案自主；不傷害，即避免可能導致傷害的行為；行善，即支持心理健康和福祉；客觀公正，以平等的方式提供服務；負責任，履行在諮商關係中固有的責任和信任；以及真實，在專業的互動中保持誠實的工作態度。

由美國藝術治療學會（AATA, 2013）制定的藝術治療師倫理原則與美國生涯發展學會確立的基本價值有許多共通之處，但在某些領域使用的措辭稍有不同。除了尊重自主權、不傷害和善行的原則外，美國藝術治療學會選擇了忠誠、公正和創造力這些術語來描述藝術治療師的職責。忠誠要求藝術治療師在與他人互動時保持誠實、在專業關係中誠實且準確，並在工作中保持真實。公正定義為致力於公平地對待所有人，確保他們有平等的機會獲得服務。創造力則是關於培養對自我理解的想像力，並支持創造性的過程，用於「決策和問題解決，以及意義建構與療癒」（AATA, 2013, p. 1）。

美國藝術治療證照委員會（ATCB, 2021）也制定了具體的行為準則，擁有資格的藝術治療師必須遵從美國藝術治療證照委員會的倫理、行為與紀律程序準則。與公平和公正對待來自多元背景的人有關的兩個準則包括準則第 1.24 條，要求藝術治療師發展並持續擴展他們的多元文化能力和培訓，使用符合個案或群體多元身分向度的執業方式，以及第 1.25 條，詳細說明了藝術治療師需要以發展和文化敏感的方式進行溝通。這項準則要求藝術治療師在出現語言或溝通障礙時尋求協助，例如適當的翻譯支援。

可惜的是，這些倫理準則提供了價值觀和行為的一般描述，但對於如何進行此流程來讓自己變得更具文化敏感度，並將這種敏感度應用於生涯諮商藝術治療工作中卻缺乏詳細的指導。因此，專業組織已經發展了更詳細的文件，進一步概述對實務工作者態度和行為的期望。

多元文化能力

美國生涯發展學會（2020）建立了一份能力清單，作為自我反思和準備的基準，以「促進所有背景的個人的生涯發展和功能」（p. 1）。生涯諮商師應該：

- 了解生涯理論的優勢和局限，並運用適用於所服務人群的理論。
- 在與個案一起做決策時，要有意識地將自己的文化信念和假設納入考

量，以確保這些因素不會對決策產生不良影響。

- 持續發展個別和團體諮商技能，以便能夠適切地回應個案的需求。

- 了解生涯評估的心理計量特性，以確保適當的選擇和解釋。

- 評估資訊和科技資源的選項，以確保這些資源能夠敏感地滿足多元族群的需求。

- 提供有聚焦的支援，包括訊息、資源和科技的使用。

- 運用專業研究和指南為多元的族群發展和執行生涯發展計畫。

- 整合研究、指南、經驗和利害關係人對服務的評估，並應用這些知識來打造一個具有文化敏感性的生涯發展計畫。

藝術治療的多元文化與多元能力

同樣地，美國藝術治療學會（2015）建立了一份能力文件來描述促進與多元族群有效合作的發展性方法。這些方法融入了一系列培養藝術治療師的意識、知識和技能的努力。對於每一個核心識別的領域皆概述了態度和信念、知識和技能的基準：藝術治療師對個人價值觀、偏見、假設的覺察；藝術治療師對個案世界觀的認識；藝術治療師能夠以對語言、宗教與雙文化具有敏感度的方式來發展與／或執行適當的介入措施、策略與技術的技巧。以下提供了這些能力的範例：

I.A.4 態度和信念：具有跨文化能力的藝術治療師了解自己的文化背景、文化身分認同、假設以及審美經驗和藝術經驗，會如何影響自己對於心理、創造、藝術創作過程和發展變化等方面的態度、價值觀和偏見。

（AATA, 2015, p. 2）

II.B.2 知識：具有跨文化能力的藝術治療師了解種族、文化和多元性的其他方面如何影響個性形成、職業選擇、心理疾病的表現、尋求幫助的行為、創意過程、圖像創作、與藝術的互動經驗，以及藝術治療方法的適切性或不適切性。

（AATA, 2015, p. 4）

III.C.2 技能：具有跨文化能力的藝術治療師能夠設計並提供藝術治療介入措施和體驗，同時考慮到他們個案的多元藝術傳統、對藝術媒材的偏好，以及與圖像創作相關的信念與實踐。

（AATA, 2015, p. 6）

能力和文化謙遜

鑑於必要的學習範疇，人們可能會懷疑能否達到勝任的程度。有些人則詢問能力模式是否是值得使用的。藝術治療師博德洛維奇和傑克遜（Bodlovic & Jackson, 2019）主張擺脫能力模式，這些模式可能會增強人們的期望，希望可以學習特定方法作為與特定文化群體合作的架構。相反地，受到特瓦隆和默里－加西亞（Tervalon & Murray-Garcia, 1998）工作方式的啟發，他們融入了一種藝術本位的文化謙遜訓練模式。這種典型強調了實務工作者需要不斷進行自我探索和批判性思考的終身學習之旅。引導助人專業工作者探索他們可能在感受和表達對個案的關懷方面遇到的阻礙，並有義務改正治療師與個案關係中既存的權力不平衡。因此，應將個案視為自己生活經驗的專家，強調與個人進行非家長式（non-paternalistic）的互動以及在社區內形成倡議合作夥伴關係。

能力和社會正義實踐

吉普森（Gipson, 2015）也對基於知識、技能和意識的能力是否足以培養藝術治療師與不同族群進行公平的專業實務工作提出了質疑，並認為需要更深層次的社會正義議題的承諾與行動。她主張需要提高批判性意識，並強調藝術治療師需要檢視自己與權力、特權以及維持系統性壓迫結構之間的關係。需要聽取、尊重那些經歷邊緣化和種族方面遭受歧視或受到不公平對待的人的觀點，並解決他們的擔憂。

克魯西爾和阿蒙森（Crucil & Amundson, 2017）指出當個案遭受系統性壓迫時，單獨聚焦在生涯諮商的介入策略可能無法解決目前的生涯問題。他們反思道：

你會意識到傳統的就業諮商方法可能不足以作為一種介入策略；出現的問題可能不在於個案本身，而可能在於個案（以及你）所身處的更大社會系統。此種認識來自於一種理解，即個人的功能和生涯發展根植於個案所處的社會系統中（即家庭、社區和社會）。

（Crucil & Amundson, 2017, p. 2）

在這方面，克魯西爾和阿蒙森（2017）概述了重要途徑，以協助專業人員在生涯諮商實務中考慮到社會正義的觀點和原則。這些建議的過程包含培養自我意識，但更進一步轉化為實際行動。他們主張生涯諮商師應該準備好在個人和家庭層面上促進社會正義介入措施，其中結合了倡議和賦能，並指出這些介入措施與政策層面的行動同等重要。這些行動包括但不限於文化敏感的介入策略，以建立自尊心並支持自我效能感。在學校或社區環境中，生涯諮商師應該充當個人的盟友、找出系統性的阻礙，並運用溝通技巧來消除阻礙生涯發展的組織結構。在公共和社會政治層面上，克魯西爾和阿蒙森主張，生涯諮商師應該運用他們在生涯發展和就業歧視方面的專業知識，推動更大範圍的體制性倡議措施。

認識生涯阻礙

為了打破生涯發展的阻礙，首先必須認識到個案可能面臨廣泛範疇的阻礙。這些阻礙可以呈現多種形式，像是「刻板印象、歧視、缺乏角色模範、求學或就業中的偏見以及騷擾」（Sampson et al., 2013, p. 101）。這些阻礙影響了個體在生涯發展自效能方面的內在經驗，並限制了生涯道路的發展。

職場歧視

2019 年，職場評價社群平台：透明的門（Glassdoor）對 18 歲以上的成年人進行了一項多元化和包容性研究，調查他們的相關職場經驗。在美國，61% 的受訪者表示，他們曾目睹或經歷過因為年齡、性別、種族或 LGBTQ[1] 身分而產生的職場歧視。來自美國、英國、法國和德國的所有受訪者中，有 30% 的人曾在職場經歷或目睹種族主義，有 24% 的人曾經歷或目睹 LGBTQ 歧視。在美國，受訪成年人報告目睹或經歷種族主義和年齡歧視的比例最高，分別有 42% 和 45% 的人注意到這些事件的發生。

---

1 譯註：LGBTQ 為女同性戀者（Lesbian）、男同性戀者（Gay）、雙性戀者（Bisexual）、跨性別者（Transgender）與拒絕接受傳統性別二分法的酷兒性別（Genderqueer ／ Queer）的英文首字母組合而成。

歧視影響失業

身分認同為跨性別者的人群面臨著比全國平均水平更高的失業率（James et al., 2016）。根據 2015 年的跨性別者調查（James et al., 2016），30% 的受訪者在工作環境中由於他們的性別認同或表達相關原因而失去工作、未獲得晉升，或遭受到虐待。此外，77% 的受訪者表示，他們經歷過導致隱藏或推遲變性的情況，或為了逃避工作場所的虐待而離職的情況。

職涯途徑中的種族差異

在拜爾斯－溫斯頓等人（Byars-Winston et al., 2015）的美國就業趨勢研究中，檢視了從 1970 年到 2010 年收集的美國人口普查和勞動力數據，發現在職業領域中持續存在著性別和種族的差異。具體而言，拜爾斯－溫斯頓等人分析了 35 種職業，發現白人女性、亞洲男性和女性更有可能擔任具有專業地位的工作角色，而黑人、西班牙裔、美洲原住民男性和女性更有可能從事被描述為低技能、低地位和低收入的職業。

無證移民的大學生

坎塔姆內尼等人（Kantamneni et al., 2016）研究了無證移民大學生的經歷，發現他們擁有復原力、支持和調適技巧等內在資源，同時也面臨著學術和工作相關決策和結果的阻礙。當他們透過學業生涯初期的學校相關經驗而被大學錄取時，他們經常面臨到與歧視、潛在揭發和被驅逐出境的恐懼相關的壓力。此外，他們追求大學的過程可能受到對獎學金和經濟援助有限的影響。在大學環境中，無證的大學生可能會感到缺乏來自工作人員或教職員的支持，以及文化或社會連結缺乏足夠的選擇。

低收入學生

低收入學生在學校系統中未能獲得與較富裕學生同等的教育資源，如優質教學、教材和學術支援（Ibrahimovic & Potter, 2013）。低收入學生較不容易接觸到有關持續教育機會、大學申請流程或可申請的經濟援助資源的資訊。此外，低收入學生可能需要為家庭收入做出貢獻，而無法追求可能帶來更高收入潛力的教育機會。不幸的是，未能獲得同等資源的低收入學生要與那些擁有更

多學校資源和接受職業導向培訓的人一起競爭就業機會（Ibrahimovic & Potter, 2013）。

社會經濟地位、有意義的工作和適當的介入措施

奧斯汀和艾倫（Autin & Allan, 2019）探討了社會經濟特權對個人追求和實現有意義的工作的影響。雖然他們發現有意義的工作在不同社會經濟地位的群體中同樣受歡迎，但社會經濟特權似乎顯著增加了獲得有意義工作的機會。那些沒有太多經濟優勢的人部分是因為必須滿足基本需求，經常在入職的機會中遇到了阻礙。

在這方面，諮商師需要了解個案的背景並相應地調整介入策略。奧斯汀和艾倫（Autin & Allan, 2019）指出，探討特權群體與較不具特權的群體個案的生涯熱情都可能是適當的。然而，介入策略的正確順序可能相當關鍵。當個體因為居於特權地位而沒有遇到阻礙時，介入策略可能可以迅速聚焦於選擇主修或職業的計畫。當個體因為身處較不具特權的社經地位而經歷阻礙時，開啟對特權和壓迫體制的對話，設計介入策略以提供克服阻礙的選擇，可能更具有立即的相關性，而且更為必要。

理論指導實務的範本

如上所述，生涯介入策略需要回應個案與個案的背景。此外，確認為這些生涯介入策略提供指引的理論模式和方法也很重要。關於理論架構及其對不同族群適用與不適用的程度已經有很多論述。以下將描述一些與多元群體需求相符的理論和方法範本，這些範本的介紹從更廣泛應用的工作心理學理論開始；並進一步包括為具有多個邊緣化身分的個案提供 LGBTQ 平權生涯諮商；針對經歷遷移和重新安置的年輕非洲裔女性的敘事生涯理論；在拉丁裔青少年中應用社會認知生涯理論和社會政治發展理論；應用於市區低收入青少年的表達性藝術方法結合正向青少年發展概念；以及為海地女學童提供的表達性藝術課程。此外，還將概述支持拉丁裔和非洲裔美國青少年建立正向職業認同和經濟平等的四個原則。

工作心理學理論

工作心理學理論（PWT, Blustein et al., 2019）提供了一個特別針對增進生涯發展的包容性和公平性的理論架構，尤其適用於勞動年齡人口。工作心理學理論的一個假設，是個體的背景或身分認同（如社會階層、種族、性別）無法與他們的工作經驗分開。他們指出工作提供三個功能，包括生存能力（例如滿足基本需求）、社會連結和對社會的貢獻，以及自主性（例如計畫自己的工作未來的能力）。他們建議實務工作者首先探討個案是否能夠滿足其基本需求，以及是否有期望要滿足其他人的生存需求。有關社會連結性的問題應包括工作環境，但也要擴展到其他環境。個案在工作中是否有重要且有意義的人際關係或密切的關係？職業擔憂對連結感有何影響？舉例，如果一個人正在考慮辭職或搬遷，他們的社會連結將如何改變？個案認為這份工作能夠讓他們為社會做出多大程度的貢獻，以及他們對此的感覺如何？最後，個人對於塑造自己未來生涯步驟有多大的自主性？個案認為自己在職業選擇中擁有或實際上擁有多少能動性或決斷力？

實務工作者應該傾聽並詢問個案在工作中遇到的經驗，例如騷擾和歧視，並深入探討這些經歷的細節。他們還可以討論個案歸因的不同身分、這些身分可能相互交織，以及這些身分可能如何影響他們的工作經驗。當個案分享負面經驗時，除了重新肯定他們的價值，實務工作者還可以探討他們如何為自己發聲，或者找出在未來可以因應或避免這種情況的方法。

LGBTQ 平權生涯諮商模式

斯佩夏勒和紹爾（Speciale & Scholl, 2019）闡述了一種對 LGBTQ 以及其他邊緣化身分認同的勞動人口採取正向態度的方法。他們的生涯諮商方法結合了尊克（Zunker, 2016）的做法、女性主義職業模式、敘事治療結構以及多元文化生涯諮商模式，其中的多元文化生涯諮商模式承認系統性壓迫、在諮商關係中要求具備同理心並促進賦權。斯佩夏勒和紹爾指出他們所運用的模式有六個階段：諮商前的準備；建立正向的個案諮商關係；確定和探索身分認同問題和阻礙；了解偏見和歧視如何限縮了個人的生涯機會；共同選擇評估方法和制定計畫；以及選擇並實現個案的未來故事。

這裡討論的是模式的開始階段。在第一階段中，諮商師先探索自己的身分認同並檢視有關個案文化身分認同和生涯途徑任何預先存在的偏見。透過這些

探索，生涯諮商師必須解決任何可能妨礙他們同理個案經歷的阻礙。此外，諮商師有義務在第一次諮商會談之前完成會談外的研究工作，以獲取與特定個案的身分認同、隸屬群體和呈現問題相關的壓迫和特權歷史的訊息。準備工作完成後，諮商師努力確立他們作為盟友的角色，並與個案建立工作同盟。在建立同盟的過程中，諮商師應預期由於過去受壓迫的歷史經驗和 / 或過去在諮商或幫助關係中的負面經驗，個案可能會有些猶豫或不確定是否能信任諮商師，諮商師應將這樣的情況視為關係發展過程中的正常部分。應給予個案時間，讓他們講述自己的故事，並以個案為中心的反思來支持個案，同理並承認他們的經驗。

難民的敘事方法

阿布赫澤爾等人（Abkhezer et al., 2018）對具有難民背景的年輕非洲女性進行質性研究，並主張敘事探究方法可以有效地為年輕女性營造一個空間，讓她們講述她們的生涯故事以及移民和安置經歷對她們目前和未來生涯規劃的影響。研究者採用了敘事生涯諮商的流程，包括聚焦在反思、關注意義創造，以及促進參與者的連結感、學習和能動性。他們認為，敘事生涯諮商為難民提供了一個機會，讓他們「重新定位他們的技能、優勢、知識和生涯規劃」（Abkhezer et al., 2018, p. 17）。研究者認為，一個設計來支持個人說出新的敘事或沉默的敘事的生涯諮商環境，為參與者提供解構過去故事並建構新故事的途徑，將有助於未來的生活和生涯規劃。

社會認知生涯理論和社會政治發展理論在拉丁裔移民高中生中的應用

麥克沃特等人（McWhirter et al., 2019）確定了兩個理論作為他們「支持拉丁裔青少年成就的學校計畫」（Advocating for Latina/o Achievement in School Program, ALAS）的哲學基礎，這個計畫主要在支持拉丁裔移民青少年的生涯發展。他們指出，社會認知生涯理論（Social Cognitive Career Theory, SCCT; Lent, Brown, & Hackett, 1994, 2000）非常適合這個計畫，這個理論關注背景的支持和阻礙，並促進與正向生涯成果和目標相關的能動性和自我效能信念。ALAS 計畫與社會認知生涯理論一致，支持探索學業成就的過去經驗，並提供嘗試新方式的機會來引導和體驗學業表現。以小組為基礎的方法包括：鼓勵和強化努

力；支持實現所期望的學業成果的堅持；促進壓力管理策略的學習；提供拉丁裔角色模範以擴展對潛在成功的想法；以及提供大學和生涯資源材料以減少生涯規劃的訊息阻礙。麥克沃特等人還將社會政治發展理論（Social Political Development Theory, SPDT; Watts et al., 2003）的前提納入 ALAS 計畫。這架構支持個人的知識、情感準備和能力的培養，以採取行動和抵抗壓迫性的政治和社會體系，並促使走向擺脫這些限制的解放。在這方面，麥克沃特等人提供了建立社區的計畫；增強文化自豪感；促進批判性反思；並為倡議技能的發展和應用創造機會。

強化非洲裔和拉丁裔青少年職業身分認同的四項實務工作原則

　　JFF 組織的使命是支持非洲裔和拉丁裔青少年獲得平等的生涯成果，提出了更廣泛但相輔相成的中介生涯介入策略計畫的目標。具體來說，霍夫曼等人（Hoffman et al., 2020）概述了可能擴大非洲裔和拉丁裔青少年經濟發展機會的四項原則，包括：1. 應用支持最邊緣化族群的最佳實務運作方式；2. 聚焦在青少年的優勢；3. 建立文化能力；和 4. 使青少年能夠進行自我倡議。

　　霍夫曼等人（Hoffman et al., 2020）為這四個原則分別提供了範例。例如，第一個原則，最佳的生涯諮商實務運作方式包括審查勞動市場的訊息，以幫助青少年評估社區中特定工作的勞動力需求和特定工作在他們社區潛在收入的趨勢。此外，協助青少年了解滿足迫切經濟需求的「救生艇」工作與提供經濟保障的「終生」工作之間的不同，同時也提到他們如何利用在救生艇工作中學到的技能來建立通往終生工作的途徑。由於有色人種青少年可能會遇到預期的阻礙和內化的錯誤刻板印象，他們也許會質疑為了上大學或接受更高薪職業培訓而努力克服相關阻礙，是否值得。第二個原則，透過聚焦在社區和青少年的優勢以及拒絕刻板印象，可以協助學生探索和追求興趣並克服預期的阻礙。第三個原則，建立文化能力，指的是為青少年提供機會，讓他們可以探索和理解在不同的環境中會預期不同的文化運作方式。此外，強調了實務工作者與雇主一起合作減少排斥性的文化做法。最後，鑑於職場上歧視發生的頻率讓人遺憾，實務工作者必須準備好「在種族不平等方面傾聽、學習和領導」（Hoffman et al., 2020, p. 9），以幫助年輕人識別和因應這些挑戰。

表達性藝術方法的多元族群應用

福瑞斯特－班克等人（Forrest-Bank et al., 2016）結合了表達性藝術方法和正向青少年發展（positive youth development, PYD:Lerner, 2005）架構，以支持來自市區低收入的青少年。福瑞斯特－班克等人將勒那（Lerner）正向青少年發展的核心前提定義為六個 C：能力（Competence）、連結（Connection）、品格（Character）、自信（Confidence）、愛護和關懷（Caring & Compassion）以及貢獻（Contributions），這些與青少年的茁壯發展有關。正向青少年發展計畫的目標是幫助青少年培養這些特質，幫助他們能夠成功應對生活中的挑戰。正向青少年發展計畫向青少年介紹保護性資源，例如學術支持、娛樂活動、藝術參與、社交情緒技能訓練、指導等。雖然對正向青少年發展課後計畫的效果仍需進行更多的研究，但初步的研究結果顯示，這些計畫對於改善挑戰行為、減少學校留級以及對學業成就動機有積極的影響，從而擴大了學生的生涯準備度與對社會的貢獻。福瑞斯特等人強調，表達性藝術尤其與正向的社會互動和價值觀相關聯。福瑞斯特－班克等人與灰燼中的藝術（Art from Ashes, AfA）組織合作，為高風險城市青少年提供表達性藝術課後正向青少年發展計畫並研究其有效性。該計畫包括一系列工作坊，著重於「表達、連結和轉化」（Forrest-Bank et al., 2016, p. 433）。在這個案例中，進行了為期四週的治療性詩歌方案的測試。與對照組相比，參加詩歌組的青少年顯示出在學業表現和社交能力指標有所提高。

賴斯等人（2018）在一項社會工作計畫中運用了表達性藝術過程，該計畫主要為海地的貧困兒童和成年人提供自力更生的希望和機會。在賴斯等人的具體研究項目中，他們將表達性藝術納入其中，以探索與海地學齡女孩的感知性別角色和生涯目標相關的文化背景。詢問女孩們在海地身為女孩意味著什麼，觀看了關於海地女孩求學夢想的電影和故事書，並請她們用紙和彩色鉛筆畫出完成學業後想要做的事情。在小組情境中，引導者鼓勵成員展示她們的畫作，並促進討論有關他們所渴望的工作類型以及實現教育或生涯抱負所需的步驟。透過這個過程，賴斯等人了解到海地文化中對女性的傳統角色和期望，以及女孩們對教育、工作（不需要教育就可以從事）和職業（需要進一步接受教育或專業培訓才能做的工作）等機會的感知，以及求學與求職阻礙的看法。儘管此方案並非設計作為生涯介入策略，但它展示了表達性藝術計畫可以提供一個討論會，以揭示有關文化

生涯背景的重要訊息，這些訊息可以用來建立與社區合作的生涯發展計畫。

根據多元向度調整創意的生涯介入策略

　　根據美國藝術治療證照委員會（2021）在倫理、行為與紀律程序準則中概述了治療師有義務運用符合個案或團體多元身分向度的實務工作方式。為了舉例說明如何將創意過程調整到適合身分認同向度和社區背景，將探討家族圖和包容性家族圖。

　　正如在評估章節中所描述的，生涯導向家族圖是一種經常使用的質性評估方法，探討家庭職業主題和模式以及它們對生涯決策的影響。標準的家族圖結構是一系列的圓圈和方塊分別代表一個家族中三個世代的男女性以及他們的職業。藝術治療師可以運用各種藝術媒介，創意地將聚焦在符號的方法應用於家族圖，以增強其表現力；然而，家族圖的基本結構偏向於傳統的家庭結構，並假設個案可能可以獲得有關幾個世代的家族成員的資訊（Buxbaum & Hill, 2013）。那些被收養、在寄養家庭中長大、生活在重組家庭、同性父母家庭中的成員，或家庭結構中扮演重要影響角色的是延伸的大家族成員，可能會覺得典型的家族圖結構不適合他們的經驗。此外，傳統的生涯家族圖沒有結構性元素來代表或考慮存在於家庭之外的重要生涯影響，如朋友、人生導師和老師。

　　布克斯鮑姆和希爾（Buxbaum & Hill, 2013）提出了包容性生涯家族圖作為一種擴展的創意結構，目的在更靈活地回應個案對家庭和生涯影響者的構思。他們將包容性生涯家族圖定義為「一種視覺地繪製、說明、記錄和建構圖表的方式，該圖表是一個擴展的、包容的、全面的影響範圍，包括來自家庭、文化和個人生活背景和主題中的多個生活角色」（Buxbaum & Hill, 2013, p. 50）。所代表的影響可能包括：雇主、老師、同事、社區榜樣、社會榜樣、虛構角色、歌曲、愛好、令人難忘的時刻，或對個案具有重要意義的地方。

　　在介紹這項任務時，布克斯鮑姆和希爾（2013）提供給個案上面所描述的潛在影響因素清單，以激發個案考慮他們可能經歷過的更廣泛的生涯影響範圍。使用大型海報板或白板上的麥克筆或白板筆，請個案使用任何形狀、形式或符號在表面中央創造一個代表自己的符號。在此步驟之後，請個案使用書面文字、形狀或象徵符號來代表所選擇的生涯影響，並將它們呈現在頁面上。然

後，請個案在他們的自我符號和影響符號之間劃出連接線，使用線條的類型來表徵影響關係的重要性。例如，短線或較粗的線條可能表示對個案來說更重要；而較長、較細的線條則可能表示較少的連結或影響。在隨後藝術創作作品的討論中，個案和實務工作者反思浮現的模式，並將其與在面談過程中談過的故事和主題聯繫起來。布克斯鮑姆和希爾主張這類型的介入策略有助於幫助成年人應對意料之外的工作轉換，將生活廣度影響整合到其生涯修正的過程當中。

在另一個討論會上，邀請選修佛羅里達州立大學生涯發展和藝術治療課程的藝術治療碩士生創作兩幅個人的生涯導向家族圖，一幅是傳統結構（**圖6.1**），另一幅是基於布克斯鮑姆和希爾（2013）包容模式的家族圖（**圖6.2和6.3**）。請他們在完成後確認每個過程的優點和缺點。兩個過程都完成後，有幾位學生指出，他們對包容性家族圖的格式感到更自在，因為這格式讓他們能夠考量到重要的影響因素和人物並呈現出來，如美術老師或人生導師，這些人

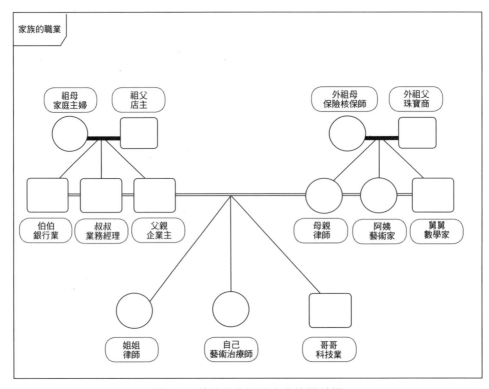

圖 6.1　傳統的生涯導向家族圖結構

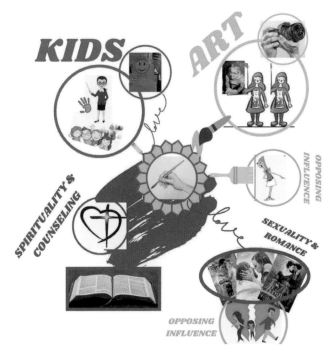

圖 6.2　學生 M 的包容性家族圖

圖 6.3　學生 S 的包容性家族圖

物在他們的家庭架構之外。其他學生明確表示對傳統的生涯導向家族圖感到有些不自在。在這些情況下,他們指出由於家庭離婚、多代創傷或家族壓迫史,他們對家庭成員的了解存在一些缺口,因而限縮了他們的家庭在追求理想職業身分認同時的選項。還有些學生指出,由於從家庭成員那裡收到的是負面的訊息,他們轉為仰賴家庭以外的人物和影響力。因此,學生們喜歡有更廣泛的選擇來識別和考慮其他榜樣或虛構人物當作生涯生活訊息的傳遞者,作為他們生涯家族圖創作過程的一部分。雖然這個課堂上的經驗並不構成研究,但它提供了一些現象,即包容性的生涯家族圖可能是一種用來檢視生涯影響更為受歡迎的結構。

其他藝術治療應用

藝術治療師通常會探索和調整藝術媒材和藝術流程來了解他們的個案,並協助個案實現人生目標,同時藝術治療師也會運用他們的藝術技能來擴展自我意識,並探索他們對治療關係和個案的反應(Fish, 2016)。以下的流程目的在促進自我探索和與個案進行深思熟慮的跨文化工作。與任何藝術流程相同,可以根據創作者的需求加以調整。

認識自己:文化謙遜與文化容器

博德洛維奇和傑克遜(Bodlovic & Jackson, 2019)在對藝術治療學生進行文化謙遜教育工作時創造和提供了文化容器藝術流程,這也可能適用於生涯諮商學生。為了創意地應對文化謙遜,請學生「用紙張製作出一個袋子、工具包或容器,作為隱喻性的承載」偏見假設、信仰、技能,同時檢視有關偏見制度和壓迫,以及「殖民主義、種族主義、階級主義、性別主義、異性戀規範主義和能力主義」概念(Bodlovic & Jackson, 2019, p. 3)。「主義」被描述為從社會影響中衍生出來的心理結構,可能會導致操作性偏見。當正視這些信仰和偏見時,學生被要求繼續對他們的創作進行添加,並檢視、替換其中的組成部分,以新的觀念、思想和理解取而代之。對於從事為不同族群提供生涯發展輔導等專業工作的藝術治療師而言,透過創意過程和作品來表達、保持、檢視和拋棄信念和假設是一項重要的任務。作為實務工作者,致力於不斷提升自身的謙遜時,

建議創作並重新審視個人的文化容器、袋子或工具包，並更換或丟棄已經轉變的假設和信念，如**圖6.4**所示。

關係動力學：探索與個案的跨文化差異

藝術治療師戴伊（2017）在南非發展了一種通用理論方法，以促進她的跨文化藝術治療工作。她的方法涉及其模式的重要組成：承認、身分認同、文化、個人、種族、語言。她解釋，個案和治療師需要承認特定文化對個案生活的影響。其次，戴伊主張治療的目標應該集中在建立和承認個案的個人、文化和種族身分認同上。戴伊指出，在治療過程中，應謹慎處理在文化影響和個人關切之間的關係，而在治療的不同階段，可能需要將更多注意力放在其中一方。在種族和語言方面，戴伊強調不能忽視這些因素，必須加以處理。在與個案開始工作之前，戴伊會完成與文化建構相關的研究，並整理出反映個案和治療師文化中的相似點和差異處，以提高對這些考慮因素的覺察和承認。戴伊（2017）也重視以溫和而直接的方式與個案一同應對藝術治療師和個案之間的文化和種族差異，以及這些差異可能會引起的情緒。她指出，這樣的承認減少了可能會發生的未明言的緊張關係，同時表達了對了解個案種族和文化經歷的興趣。

為了以不帶有攻擊性的方式來點出治療師與個案之間的相似之處與差異，戴伊（2017）提供了一種藝術本位的結構來促進溝通。在她描述的流程中，戴伊使用了一大張紙和顏料或其他材料，如拼貼。將這張大紙劃分為三個欄位，標題寫上相似點和差異處，如果適用的話。在標題下方的空白處，治療師和個案列舉或表示他們在了解彼此的文化經驗時發現的相似和不同之處。戴伊首先介紹較輕鬆的話題，比如慶祝傳統，然後再轉向與治療問題相關、更帶情感的話題。鼓勵自由流暢的對話並建立正向的聯繫。

戴伊（2017）指出，這些練習提供了表達興趣、討論、強化文化價值和自豪感的機會。她建議治療師營造一種正向的氛圍，用言語表達對了解文化的興趣和欣賞，對個案可能顯得不確定並擔心受到評判的反應保持敏感，並且在覺察到個案有此反應時，澄清他們並未被拒絕或受到評判。戴伊承認這些討論對於個案和治療師來說可能都是敏感的。因此，治療師應該準備好承認自己文化中可能被視為負面的方面，而不是自我防衛。

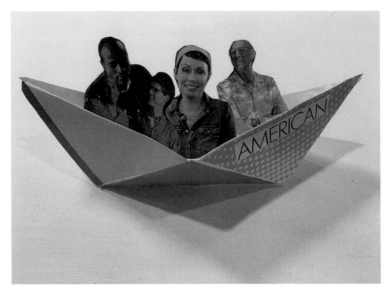

圖 6.4　摺紙和拼貼文化容器

　　在聚焦生涯諮商方面，可以進行有關工作和生涯概念的對話。這個流程提供了機會，讓人們能夠認識在生涯概念、價值觀、以及所經驗到的機會和阻礙方面的相似點和差異處。**圖 6.5** 是運用數位藝術方法創作的樣本。

探索個案主要身分認同的藝術流程

　　運用藝術可以創意地將現有的多元架構轉化為視覺跳板，用於敍事、承認和理解。例如，海斯（Hays, 2016）運用了 ADDRESSING 頭字語組合詞來識別可能對個案來說最重要的身分認同面向。ADDRESSING 分別代表著年齡（或世代經歷）、發展障礙、後天障礙、宗教（或靈性）、族裔（或種族）、社會經濟地位、性取向、原住民身分、原國籍和性別。透過面談或藝術來探索個案的重要身分元素，能夠讓治療師對個案的背景、價值觀和經歷有更廣泛的了解。探討 ADDRESSING 身分元素的藝術創作可以有多種形式，包括一本手工書（**圖 6.6**），其中每個元素及其相關的經歷都有各自的創意頁面。

　　另外，洛登（Loden, 2010）的多元性模式提供了主要和次要多元向度的兩個層面，主要向度位於次要向度的中心。多元性的主要向度包括：生理能力和特徵、年齡、種族、族裔、性取向、性別、精神信仰、收入和階級。次要向度

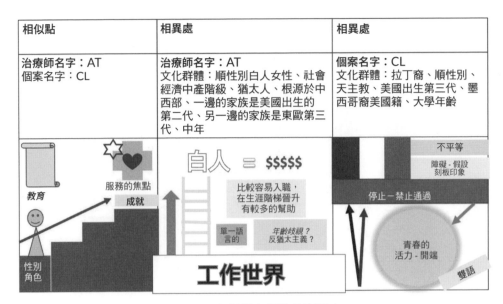

相似點	相異處	相異處
治療師名字：AT 個案名字：CL	治療師名字：AT 文化群體：順性別白人女性、社會經濟中產階級、猶太人、根源於中西部、一邊的家族是美國出生的第二代、另一邊的家族是東歐第三代、中年	個案名字：CL 文化群體：拉丁裔、順性別、天主教、美國出生第三代、墨西哥裔美國籍、大學年齡

圖 6.5　相似點和相異處的探討

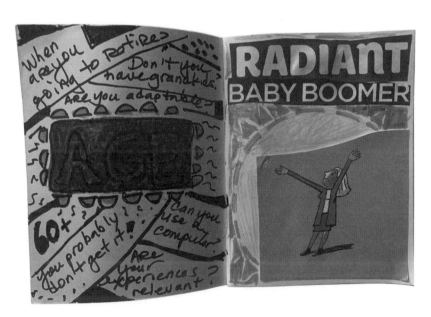

圖 6.6　ADDRESSING 書中的年齡和世代身分認同頁面

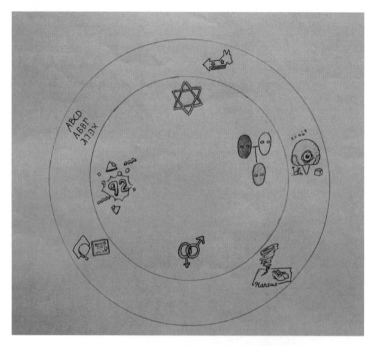

圖 6.7　多元性向度範例：主要和次要考慮因素

或外部範圍，包括工作經驗、溝通風格、認知風格、家庭狀況、政治信仰、教育程度、地理位置、組織角色和層級、軍事經驗、工作風格和母語。個案可以使用圓圈來代表目前存在於他們生活經驗中的因素。這些向度的視覺範例可以促進討論，了解哪些向度目前對個案是有意義的。除了這些因素的清單以外，還可以提供預先繪製了圓圈的表單，作為創作或書寫呈現的基礎。**圖 6.7** 提供了一個以藝術方式回應多元性模式刺激的範例。在這個例子中，主要因素包括以猶太教作為精神和文化認同、雙種族身分認同、異性戀取向和千禧世代的歸屬感。視覺學習風格、精通多種語言、教育成就、根源於中西部和民主政治傾向被描述為突顯的次要身分向度。

案例研究範例

　　以下用一個案例來展示專業生涯諮商和藝術治療架構下如何處理多元性向度。卡洛琳是一名拉丁裔大一學生，她在第二學期來到生涯中心，並表示對未

來感到不確定。她自小就想成為醫生，就像她的祖母一樣。當被問及原因時，她說她想幫助他人。高中時她總是能進入榮譽榜，並獲得了攻讀醫學預科的獎學金。她想成為拉丁裔社區中的醫學領袖，並成為其他拉丁裔高中生進入醫學領域的引導者。然而，在第一學期，儘管她花費了很多時間學習並請了家教指導，她在科學課程中還是難以取得 C 的成績。在本學期，她發現自己對科學課程感到厭倦，但很喜歡心理學入門課程。她說她非常害怕失敗，也擔心大家會怎麼想。她已經與父母討論過這個困境，雖然他們說會支持她做任何她想做的事情，但他們也很快指出，有很多主修心理學的學生在當地速食餐廳煎漢堡。卡洛琳希望尋求指引，不知道是否應該轉換主修，還是要重修科學課程，希望能提高獲得醫學院錄取的機會。

生涯實務工作者在面談開始時表示，希望能更加了解卡洛琳的生涯關切背後的脈絡，探討到目前為止影響她決策的因素和人物。首先，實務工作者請卡洛琳分享更多有關她的家庭和好友、他們的職業生涯，以及對她生涯方向的影響。接著，實務工作者指出，除了家庭，我們通常還擁有其他可能影響生涯規劃的身分認同。實務工作者隨後提供一份身分認同的範例清單給卡洛琳參考，並請她思考自己抱持的不同身分認同。卡洛琳瀏覽了清單，表示有些認同，但似乎不太願意說出細節。問及她的反應時，卡洛琳表示：「我不知道要從哪裡開始。我可以告訴你最重要的是什麼，但其實這很複雜。」實務工作者認可她的不安，提議透過視覺方式來探索她的主要身分認同，對她來說可以更容易些。

實務工作者隨後建議，創作一個拼貼畫可能是一個不錯的開始。拿出剪刀、口紅膠和三盒預先剪好的圖像（這些是特別挑選出來包含多元人物、不同地方和事物的圖像）後，實務工作者請卡洛琳為與她目前生涯關切相關的每個身分認同因素選擇一到三個圖像，然後將圖像放在一張 18 ×24 英寸的紙上，按照她覺得適合的位置擺放。實務工作者告訴她可以按照自己的喜好剪裁圖像。實務工作者的想法是要了解卡洛琳的文化背景以及她的交叉身分認同如何影響她的生涯關切問題（Evans & Sejuit, 2021）。在這種情況下，藝術創作作品被用來減少有關披露的不適感並建立關係。之所以會特別選用拼貼畫，是因為這個過程輕鬆不費力，以及預先存在的圖像具有的激發性質。**圖 6.8** 展示了這個拼貼畫。

在卡洛琳完成拼貼畫後，實務工作者邀請她留意在當下看起來對她而言

圖 6.8　卡洛琳的身分認同拼貼畫

最重要的一兩個圖像。實務工作者和卡洛琳一起安靜地觀看這件藝術作品。過了一兩分鐘，卡洛琳指著上半部中間的木頭人偶。她指出，這個人偶走在鋼索上，代表她嘗試在與她的身分認同相關的不同生涯影響之間找到平衡。她提到自己作為順性別異性戀女性的身分，如左側圖像所示，其中包含女性形象、慢跑的男性與心形。她表示有時會感覺到一些壓力，使得她有時會將浪漫關係放在比學業更優先的位置，這進一步挑戰了她想在科學上得到好成績的努力。右側的形象代表了她當醫生的祖母、她與墨西哥家族根源的聯結、他們的移民之旅以及她的靈性與天主教信仰。她形容她的信仰是一種影響力，吸引她投入服務生活，照顧社區中的人們。在木頭人偶的下方，她指出有一個大腦和漫畫對話框，代表了她對心理學的興趣。在大腦圖像下方的女性形象則代表了她與大學室友的對話，同時也代表了年齡／世代因素。卡洛琳說她是家族中在美國出生的第二代成員，像她的一些非拉丁裔同儕一樣，她覺得自己感受到一些吸引，吸引她更傾向追求獨立而非受制於家庭義務。她有時希望自己能夠在不太擔心家庭反應的情況下做出生涯決定。她感嘆說：「我的社區也需要心理健康服務！」

　　實務工作者接著請卡洛琳舉出一些過去她所做出重要決定的例子，以及這些價值觀如何影響她的決策。透過這種方式分析過去的決策，浮現的一些主題

是禱告和尋求靈性引導，傾聽並尊重家人的聲音同時保持自己聲音的重要性，以及最終努力尋找一個既滿足自己、家人又合乎上帝旨意的解決方案。實務工作者隨後請卡洛琳談談到目前為止每個價值觀對自己的生涯煩惱有何影響，以及她希望它們在她未來做出生涯決策時如何發揮作用。這一步展示了實務工作者的文化敏感性，以及有意識地將卡洛琳的文化價值觀整合到生涯決策過程中。在未來的會談中，當談論對自我與選擇的認識時，他們將重新審視這三個價值觀。

實務工作者使用了文化敏感的策略來應對卡洛琳的生涯煩惱。埃文斯和塞朱伊特（Evans & Sejuit, 2021）建議，除了詢問個案如何看待自己之外，還要詢問他們的家人如何描述他們。他們還建議使用一種名為「職業談話與心理談話」（Occtalk and Psychtal）的練習，卡洛琳在其中一個欄位裡列出了她正在考慮的選項（即職業談話），在第二個欄位裡列出了腦中浮現的形容詞（即心理談話）。實務工作者依據卡洛琳建議增加的欄位來調整這個活動，以納入重要家庭成員對這些選擇的看法。完成這一步後，實務工作者問卡洛琳是否想要擴展她正在考慮的選項，還是選擇她列表上的選項。她表示她想從她列出的選項開始，了解更多有關這些選項的資訊，然後如果她覺得自己沒有一個好的選擇，就會回到這個列表。他們一起腦力激盪，討論了卡洛琳可以如何了解她列表上的選項。這包括利用她的人脈，例如她的祖母，來了解選項，還可以在 O*NET 中查看勞動市場訊息（Hoffman et al., 2020），以及文化特定的來源，如 diversity.com、IMdiversity 和 employdiversity.com。在隨後的會談中，卡洛琳分享了她獲得的資訊，以及對家人和自己想法的反思。她描述為她的決定來祈禱如何減輕她對不同壓力源的擔憂，以及她感覺她考慮的所有選擇都會對社會有貢獻，她覺得這與上帝給予她的人生目的是一致的。在審查選項之後，她決定花些時間做出決定，並計畫在本學期剩餘的時間裡對她的選項進行更多的追蹤和研究。實務工作者和卡洛琳一起制定了一個計畫，幫助她探索每個選擇，並同意在下個學期見面時確定接下來的步驟。

總結

　　藝術治療師和生涯諮商師有倫理的責任，需要不斷擴展自己的自我意識和認識、知識和技能，以了解多元人群的價值觀、信仰、習俗和經驗。除了多元文化的能力之外，對藝術治療師和諮商師來說，實踐文化謙遜和多層次社會正義的方法也很重要，以支持個案克服在生涯發展機會、成就和正向平等工作環境方面遇到的阻礙，並協助個案發展自我效能和自我倡議的技能。在設計生涯介入策略時，必須謹慎研究適當的理論和最佳的實務運作方式，以尊重個案的文化背景、價值觀和目標。此外，根據文化藝術傳統和個案的背景經驗調整藝術治療方法和媒材也至關重要。

問題討論與活動

1. 你的生涯發展歷程涉及了哪些方面？你在接受教育和追求職業的過程中遇到了什麼程度的機會或阻礙？藝術提示：將一張紙對摺。在一邊寫上「機會」，在另一邊寫上「阻礙」。在兩邊創作象徵符號，代表你獲得的支持或是因為身分認同影響你各方面的機會，包括接受教育、生涯準備資源、工作機會和工作環境滿意度。對自己的特權或阻礙經驗的覺察，可能會如何有助於或干擾你對個案經驗的認知、考慮與尊重？
2. 你可以運用什麼樣的流程來支持你發展文化謙遜以及承諾持續學習？
3. 在個人、組織或系統層面上，你可以如何倡導生涯機會和平等？
4. 你可以透過哪些方式了解顯著的文化藝術傳統及其材料偏好？生涯諮商中的藝術創作經驗如何幫助你與個案建立合作關係，共同探討他們的生涯發展經驗和目標？

參考文獻

Abkhezer, P., McMahon, M., Glasheen, K, & Campbell, M. (2018). Finding voice through narrative storytelling: An exploration of career development of young Afican females with refugee backgrounds. *Journal of Vocational Behavior, 105*, 17-30.

American Art Therapy Association. (2013). Ethical principles for art therapists. https://arttherapy.org/wp-content/uploads/2017/06/Ethical-Principles-for-Art-Therapists.pdf

American Art Therapy Association. (2015). Art therapy multicultural and diversity competencies. www.arttherapy.org/upload/Multicultural/Multicult.ural.Diversity%20Competencies.%20Revisions%202015.pdf

Art Therapy Credentials Board. (2021). *Art Therapy Credentials Board code of ethics, conduct, and disciplinary procedures*. www.atcb.org/wp-content/uploads/2020/07/ATCB-Code-of-EthicsConduct-DisciplinaryProcedures.pdf

Autin, K. L. & Allan, B. A. (2019). Socioeconomic privilege and meaningful work: A psychology of working perspective. *Journal of Career Assessment, 33(2)*, 60-68. https://doi.org.10.1177/1069072719856307

Blustein, D. L., Kenny, M. E., Autin, K., & Duffy, R. (2019). The psychology of working in practice: A theory of change for a new era. *The Career Development Quarterly, 67(3)*, 236-254. https://doi.org/10.1002/cdq.12193

Bodlovic, A., &Jackson, L. (2019). A cultural humility approach to art therapy multicultural pedagogy: Barriers to compassion. *The International Journal of Diversity in Education, 19(1)*. https://doi.org/10.18848/2327-0020/CGP/vl9i01/1-9

Buxbaum, E. H., & Hill, J. C. (2013). Inclusive career genogram activity: Working with clients facing forced career transitions to broaden the mind and encourage possibilities. *Career Planning and Adult Development Journal, 29(4)*, 45-59.

Byars-Winston, A., Fouad, N., & Wen, Y. (2015). Race/ethnicity and sex in US occupations, 1970-2010: Implication for research, practice, and policy. *Journal of Vocational Behavior, 87*, 54-70.

Crucil, C. & Amundson, N. (2017). Throwing a wrench in the work(s): Using multicultural and social justice competency to develop a social justice-oriented employment counseling toolbox. *Journal of Employment Counseling, 54*, 2-11.

Dye, L. (2017). Using art techniques across c-ultural and race boundaries: Working with identity. Jessica Kingsley.

Evans, K. M. & Sejuit, A. L. (2021). Gaining cultural competence in career counseling. National Career Development Association.

Fish, B. (2016). *Art based supervision: Cultivating therapeutic insight through imagery*. Routledge.

Forrest-Bank, S. S., Nicotera, N., Bassett, D. M., & Ferrarone, P. (2016). Effects of an expressive art intervention with urban youth in low-income neighborhoods. *Child Adolescent Social Work Journal, 33*, 429-441. https://doi.org/ 10.1007 /sl0560-016-0439

Gipson, L. R. (2015). Is cultural competence enough? Deepening social justice pedagogy in art therapy. *Art Therapy: Journal of the American Art Therapy Association, 32(3)*, 142-145. doi:10.1080/07421656.2015.1060835

Glassdoor Inc. (2019). *Diversity & inclusion study 2019*. https://about-content.glassdoor.com/app/uploads/sites/2/2019/10/Glassdoor-Diversity-Survey-Supplement-l.pdf

Hays, P. A. (2016). *Addressing cultural complexities in practice: Assessment, diagnosis, and therapy* (3rd ed.). American Psychology Association.

Hoffman, N., Murphy, L., & Seaton, G. (2020). How intermediaries can help Black and Latinx youth develop a strong occupational identity: Four principles of practice. Building Equitable Pathways Series. Jobs for the Future QFF. Eric Number: ED11198: www.Jff.org

Ibrahimovic, A., & Potter, S. (2013). Career counseling with low-income students: Utilizing social cognitive career theory and the theory of circumscription and compromise. *Career Planning and Adult Development Journal, 29*, 60-71.

James, S.E, Herman, J. L, Rankin, S., et al. (2016). National Center for Transgencler Equality. https://transequality.org/sites/default/files/docs/usts/USTS-Full-Report-Decl7.pdf

Kantamneni, N., Shada, N., Conley, M. R., et al. (2016). Academic and career development of undocumented college students: The American dream? *The Career Development Quarterly, 64*, 318-332. https://doi.org/10.1002/cdq.12068

Lent, R. W., Brown, S. D., & Hackett, G. (1994). Toward a unified social cognitive theory of career/academic interest, choice, and performance. *Journal of Vocational Behavior, 45*, 79-122.

Lent, R. W., Brown, S. D., & Hackett, G. (2000). Contextual supports and barriers to career choice: A social cognitive analysis. *Journal of Counseling Psychology, 47*, 36-49.

Lerner, R. M. (2005). Promoting positive youth development: Theoretical and empirical bases. In R.M. Lerner (Ed.), *White paper prepared for the Workshop on the Science of Adolescent Health and Development*, National Research Council/Institute of Medicine. National Academies of Science.

Loden Associates (2010). Primary and secondary sources of diversity. www.loden.com/Web_Stuff/Dimensions.html

McWhirter, E. H., Rojas-Aruauz, B., Ortega, R., et al. (2019). ALAS: An intervention to promote career development among Latina/o immigrant high school students. *Journal of Career Development, 46(6)*, 608-622. https://doi.org/10.1177/0894845319828543

National Career Development Association. (2015). NCDA code of ethics. www.ncda.org/aws/NCDA/asset_manager/get_file/3395

National Career Development Association. (2020). Minimum competencies for multicultural career counseling and development. www.ncda.org/aws/NCDA/asset_manager/get_file/26627

Rice, K., Girvin, H., Frank, J. M., Corso, L. S. (2018). Utilizing expressive arts to explore educational goals among girls in Haiti. *Social Work with Groups, 41*, 1-2, 111-124. https://doi.org/10.1080/01609513.2016.1258620

Sampson, J. P., McClain, M. C., Musch, E., & Reardon, R. C. (2013). Variables affecting readiness to benefit from career interventions. *The Career Development Quarterly, 61*, 98-109.

Speciale, M. & Scholl, M. B. (2019). LGBTQ affirmative career counseling. *Career Planning and Adult Development Journal, 35(1)*, 22-35.

Sultana, R.G. (2017). Career guidance in multicultural societies: identity, alterity, epiphanies and pitfalls. *British Journal of Guidance & Counseling; 45(5)*, 451-462. https://doi.org/10.1080/03069885.2017.1348486

Tervalon, M. & Murray-Garcfa,J. (1998). Cultural humility versus cultural competence: A critical distinction in defining physician training outcomes in multicultural education. *Journal of Health Care for the Poor and Underserved, 9(2)*, 117-125.

Watts, R. J. Williams, N. C., & Jagers, R. J. (2003). Sociopolitical development. *American Journal of Community Psychology, 31(1-2)*, 185-194.

Zunker, V. (2016). *Career counseling: A holistic approach*. Cengage.

第七章

學校本位生涯諮商與藝術治療

　　個人對於生涯的概念從童年時期開始形成，並透過與父母、老師、學校輔導人員、班級、社團和同儕的互動經驗而漸漸成形，所有這些元素在學校環境中互相交織。本章，我們將探討學校的生涯發展標準（包括美國學校諮商人員協會〔ASCA〕模式的生涯組成部分），以及在幼稚園到高中階段（K-12）的學校環境中，如何以創意的方式實現這些標準。

階段理論

　　第二章已介紹過發展取向生涯理論，**表 7.1** 提供了重點摘要。儘管大多數的發展理論學者都會認同每個階段的實際年齡範圍可能會有一些模糊，但值得諮商師關切的是與每個階段有關的獨特特徵和發展任務。藉由了解個人所處的階段，諮商師可以判斷他們是否處於預期的發展階段，還是落後又或是超前於應有的發展，並據此提供適合的介入策略。

表 7.1　發展取向生涯理論及其階段的比較

	兒童期	青少年早期至中期	青少年中期至後期及成年期早期
金茲伯格	幻想階段（11歲前）：遊戲導向，兒童嘗試不同的「工作」，對生計做出初步的價值判斷。	試驗階段（11-17歲）：為過渡時期，青少年得知工作的需求，開始認識他們的興趣、技能等。	實現階段（17歲以上）：興趣與技能以及其他個人特質相結合，進而進行探索，逐漸具化成特定的生涯領域，最後對某項工作或培訓做出承諾。
蘇珀	成長階段（14歲及以下）：自我概念正在發展，對工作世界的態度也在形成。		探索階段（14-25歲）：透過在課程和工作中做出不同的嘗試來了解生涯選項，發展技能並做出嘗試性的選擇。
戈特弗雷森	4至5歲：以大小和權力為導向；具體的思維過程。 6至8歲：以性別角色為導向，自我概念受到性別角色刻板印象的影響。	9至13歲：以社會價值為導向，更強烈的自我意識，更內省的思考，並確認自己的志向。	14歲以上：以獨特、內在的自我為導向，關注自我處境，意識到職業聲望，發展個人偏好。

　　艾瑞克森（Erikson）和皮亞傑（Piaget）兩位雖然並非生涯理論家，但他們的理論提供了理解年輕族群和構想介入策略時的重要參考。艾瑞克森（1950）將心理社會發展分為八個階段，其中五個階段發生在兒童和青少年時期。生涯元素可以在期望發展的品質中看到。這些階段、年齡和期望發展出的品質包括：

- 信任對不信任（0到18個月），期望發展出的品質是希望。
- 自主行動對羞怯懷疑（18個月至3歲），期望發展出的品質是意志。
- 自動自發對退縮愧疚（3-5歲），期望發展出的品質是目的。
- 勤奮進取對自貶自卑（5-13歲），期望發展出的品質是能力。
- 自我統合與角色混亂（13-21歲），期望發展出的品質是忠誠。

皮亞傑（1971）將認知發展分成四個階段，這些階段都發生在幼稚園到高中的年齡。每個年齡階段以及每個階段要完成的任務描述如下：

- 感覺動作期（0 到 2 歲），涉及對世界的好奇心，以及運動反應與感官的協調，其發展目標是物體恆存性。
- 前運思期（2-7 歲），包含符號思維、發展想象力、學習說話和理解語言，其發展目標是守恆概念（例如，無論將水倒入什麼尺寸的容器中，水量都將保持不變）。
- 具體運思期（7-11 歲），包括將概念與具體情境連結；可以運用邏輯思考，但僅適用於具體物件。
- 形式運思期（11 歲及以上），牽涉到理論、應用思考、抽象邏輯和推理，具有策略性思考和規劃的能力。

透過這些理論的重疊視角來觀察幼稚園到高中年齡階段的個體，將使諮商師能夠理解生涯方面的擔憂，可能可以如何與個體的心理社會發展階段相契合，並確保諮商師使用的語言和介入策略適合個案的認知能力。例如，要求個案使用隱喻來描述他們的生涯擔憂對於已處於形式運思期的人來說是合適的，但對於認知程度在發展階段較早期的人來說，這可能是不適當的，可能還會徒勞無功，徒勞無功還是最好的情況，最壞的情況是會帶給個案沮喪和氣餒。

K-12 環境中的生涯發展目標

我們的個人身分在出生之前就開始形成，每個人的DNA都是獨一無二的，當我們與周圍的世界接觸時，這些身分會進一步形塑。對於大多數兒童和青少年而言，這個「世界」主要是由在學校環境中的互動所構成。因此，美國生涯發展協會和美國學校諮商人員協會（ASCA）等專業協會制定了指導方針，在生涯和職業身分方面幫助兒童和青少年尋求進步。雖然這些指導方針和指標眾多而且具體，但檢視它們可以為藝術治療師或生涯諮商師提供構想，來協助負責的學校諮商人員幫助學生的生涯發展。

在 K-12 學生階段，ASCA 確立學校諮商人員要協助增強的三個心態和行為

表 7.2　ASCA 生涯發展標準、指導方針和指標範例

標準	指導方針 1	指標範例	指導方針 2	指標範例
根據對工作世界和自我的整合知識，發展出生涯決策技能	發展生涯意識	認識個人特質，如興趣和技能	發展就業準備度	撰寫履歷
確立與生涯相關的目標和實現這些目標的策略	獲取生涯資訊	運用網路獲得生涯資訊	確定生涯目標	建立並維護一個生涯規劃檔案
了解個人特質、教育／培訓和工作世界之間的關係	獲取實現生涯目標的知識	描述工作如何影響生活方式	應用技能實現生涯目標	在團隊中順暢工作

焦點領域，其中一個即是生涯發展。生涯發展領域包含兩個標準：幫助學生（a）了解學校如何與工作之間相連結，以及（b）做出規劃並成功從學校轉銜到下一個目的地。此外，ASCA 還提供了三個國家標準，每個標準進一步由兩個具體指導方針來定義，而這些指導方針裡面又包含多個目標。ASCA 的生涯發展標準、指導方針和指標見於**表 7.2**。請注意，ASCA 未指定應該在哪個年級時遵循這些標準和指導方針。完整的 ASCA 模式可以在 schoolcounselor.org 網站上購買。

　　NCDA 也明確指出了一個發展性的架構，包括領域、目標和指標範例（見**表 7.3**）。NCDA 還按照學習階段將指標畫分為知識獲取、應用和反思（評估）。

　　例如，其中一個指標與溝通技巧有關，並細分為找出有效的溝通技巧（知識獲取）、展現出這些技巧（應用）和評估他們對溝通技巧的運用（反思）。完整的指導方針請參考 https://www.ncda.org/aws/NCDA/asset_manager/get_file/3384?ver=16587。

　　ASCA 與 NCDA 這兩個架構之間存在一些共同的主題，如加強建立自我認識、提高生涯意識和生涯探索、獲取和運用生涯資訊、參與生涯決策，以及擬定、實施和評估個人的生涯計畫。在接下來的段落，我們將探討小學、中學和高中階段的生涯發展方案和策略。

表 7.3　NCDA 生涯發展架構及指標範例

領域	目標	指標範例
個人社會發展	深化了解自己，建立並保持正向的自我概念。 發展正向的人際技巧，包含尊重多元性。 融合個人成長和生涯發展的變化。 平衡個人、休閒、社區、學習者、家庭和工作角色。	確認自己的興趣、喜歡和不喜歡的。 辨識有效的溝通技巧。 展現在啟動或應對變化時的適應性和靈活性。展示你如何平衡生活中的各種角色。
教育成就和終身學習	達到實現個人和生涯目標所需的教育成就和表現水準。 參與持續的終身學習，提升在多元且不斷變化的經濟環境中的有效運作能力。	評估自身的態度和行為能夠促進教育成就和表現的程度。 描述從一個學習級別過渡到下一個學習級別所需要的條件（例如，從中學到高中，從高中到高等教育）。
生涯管理	制定並管理符合生涯目標的生涯計畫。 運用決策過程作為生涯發展的一部分。 使用準確、最新且無偏見的生涯資訊進行生涯規劃和管理。 精通學術、職業和一般就業能力技能，以獲得、創造、維護和／或提升就業。 整合變化中的就業趨勢、社會需求和經濟狀況到個人的生涯計畫中。	制定符合生涯目標的生涯計畫。 評估個人優先事項、文化、信仰和職業價值觀對決策的影響。 判斷計畫中使用的生涯資訊資源的品質，包括準確性、偏見以及它們的最新性和完整性。 展示運用個人的學術、職業和一般就業技能以獲得、創造、維持和提升就業的能力。 確認影響你生涯計畫的就業趨勢。

學校計畫

　　在學校環境中，諮商輔導人員可以透過個別諮商、團體諮商、課堂輔導或工作坊、社團或組織，以及課外活動來提供服務。除了這些在時間架構下的介入措施，諮商輔導人員可能會想制定一個整體的生涯計畫，在整個學年和不同年級以系統化的方式來執行。在學校環境中開展與生涯相關的計畫需要行政人員、教師、家長和學生的認同與支持，以確保計畫的成功（Zunker, 2016）。在計畫設計章節（第十四章）中討論的議題是在學校環境中建立計畫的適當考慮因素。

　　許多生涯導向的活動可以根據發展層次進行調整。一些例子包括：

- 生涯日／週／月，包括與生涯相關的活動、比賽、特別演講
- 職業博覽會，許多當地企業來與學生做分享
- 教育和培訓博覽會
- 與職業相關的遊戲，如職業賓果、字母遊戲（你能列出多少個以字母「a」開頭的職業），或線上遊戲，如 Kahoot！
- 職業想像日，大家穿著特定職業的服裝
- 邀請演講嘉賓
- 全國生涯發展月和論文海報發表會（ncda.org）
- 本週職業（強調不同職業中的多元人士）
- 特定職業實地考察
- 在網路上、家長通訊等發布生涯指導方針和資訊
- 職業制服展示「櫥窗」
- 實作博覽會，讓學生練習面試、禮儀、簡歷撰寫、溝通技巧
- 強調培訓機會
- 鼓勵學校社團和組織，將活動與建立自我和選項知識串連起來
- 要求學校媒體中心策劃展示生涯相關的資訊
- 為教師提供與他們的科目／主題相關的職業和生涯資訊

　　迪吉斯－懷特和科隆（Degges-White & Colon, 2015）在他們的《學校諮商輔導人員的表達性藝術介入策略》一書中，囊括了其他活動，如願景板、拼貼畫和引導想像的活動，這些活動可以依據適當的程度來進行調整。職業卡片是讓學生設計 3 x 5 英寸的卡片，依據他們喜愛的活動，用卡片來代表相符的職業選項。另一個活動則是要求學生從電影中找出他們所欣賞或受到啟發的英雄，並蒐集有關該角色的訊息，包括角色的圖片和一般性描述、他們如何與角色產生認同感、角色如何激勵他們，以及角色如何影響他們對於未來職業的想法。學生根據這些訊息，創作並展示海報。

　　許多州提供課程來增進學生的生涯知識和技能。這些課程可能可以在教育部門的網站上或生涯教育的連結中找到。例如，佛羅里達州教育部提供了生涯自我評估指南（PDF 檔）與教師指南，還有一個連接到該州生涯資訊系統的連結，其中描述了幾個課程方案。在接下來的段落中，我們將描述幾個特定於小學、中學和高中學生的生涯方案示例。

小學生涯計畫

企業村

　　這個小學計畫是由斯塔夫羅斯學院（Stavros Institute, www.stavrosinstitute.org/enterprise-village）主辦的實作活動，其特點是學校的經濟教育與實際角色扮演相結合，提供一個模擬環境，其中包含當地企業的名稱和攤位。小學生可以申請並參與這個模擬的就業區域中的 20 種不同工作，如市長、記者和銀行家。他們在團隊中工作，設定並努力實現目標，領取薪水，並可以在其中一家商店裡使用這筆薪水。

職業和工作世界之旅

　　這個由吉內芙拉和諾塔（Ginevra & Nota, 2018）為兒童設計創立的 10 單元計畫，以生涯設計原則（Savickas et al., 2009）為中心，專門針對職業適應性的兩個方面，即好奇心和職業關注。生涯諮商人員每週提供兩個小時結合教學和實踐的活動。有關職業關注的模組標題包括：「讓我們互相認識，一起工作」；「學校萬歲……為我們的未來」；「工作的變化……讓我們尋找改變，思考未來」；「讓我們展望未來」；和「樂觀和希望的金磚」。專注於好奇心的模組標題為：「讓我們思考一下工作」；「探索超越其標籤的職業」；「讓我們繼續探索……探索工作和工作者」；「多元化讓工作更有意義」；和「工作、家庭、社區……為不同的關係歡呼。」課程結束後，學生完成了有關內容的多項選擇測驗；得分低於 8 分的學生將另外再參加有關此主題的聚會，直到他們達到該分數。與對照組相比，參與培訓的學生（平均年齡 10.65 歲）在多項結果上得分更高，包括希望、樂觀、好奇心、生涯探索、職業知識、資訊、規劃和時間觀念（Ginevra & Nota, 2018）。

REACH 職業和大學準備課程

　　這個課程專為四年級學生設計，目標是辨識並將自我認識與工作、生涯途徑相連結，另一個目標是建立正向自我效能信念，了解自己是否準備好工作或接受額外的培訓（Allen et al., 2019）。這些目標透過 8 週共六堂 50 分鐘的課程來達到，其中包括開場的暖身問題、簡短的訊息介紹、應用訊息的活動，以及反思時間。六堂課程的名稱包括：價值排序、願景板、目標設定、現實檢查、

生涯探索和大學探索。這個課程在正常上課時間內作為一門課程進行，因為該州分配了時間給學校諮商輔導人員，以便安排學生參加諮商輔導相關的課程。

其他小學活動

還有一種提供給小學生的創意方法是建立一個線上遊戲，如 Kahoot！，學生必須猜出職業相關問題的答案。其中一些問題可能是「我們城市中第一大的企業家是誰？」或者展示與工作相關的任務圖片，並請學生猜出職稱以及其他問題。職業猜謎遊戲是擴展職業意識的有趣方式。可以給學生像「消防員」或「醫生」這樣的常見職稱，或者更具挑戰性的職業，如「工程師」或「諮商師」。這也可以成為一個合作或小組的活動。有時，小學會舉辦生涯博覽會，這時可能會有機會讓從業人員站在桌子旁分享職業訊息。**圖 7.1** 照片中，本書其中一位作者奧斯本（Osborn）即在為學生做介紹。為了增加學生對 RIASEC 相關職業的認識，她製作了一個簡單的海報板，描述了六種 RIASEC 類型，並讓學生猜測哪種職業可能最像他們，她同時提供了一個非常重要的增強物（桌上的糖果）。

小學生也喜歡幫助他人，如果提供一個「案例」，他們會有很多想法。例如，描述一個人的特質給他們聽，比如，「她喜歡幫助別人，如果她身邊有人感到難過，她會想辦法安慰他們。你認為她擅長什麼樣的工作呢？」一個更具體的活動可能會包括要求學生將雙臂盡可能高地伸向天空，假裝他們能夠摸到

圖 7.1　奧斯本在小學生涯博覽會

藝術治療與生涯諮商

自己的夢想。建議他們將夢想握在手中，然後拍著自己的胸脯像是將自己的夢想放在心中。接著可以引導他們創作一個「夢想繪畫」，他們可以描繪他們的夢想。共同構想職業歡呼聲是另一個活動，他們可以創作個人或合作夥伴或團隊的吶喊，鼓勵他們追逐夢想。一個回聲吶喊的例子是：「我可以成為」（我可以成為），「任何我想成為的」，「沒有什麼可以阻止我」（沒有什麼可以阻止我）。

中學生涯計畫

生涯起步計畫

　　生涯起步計畫（CareerStart Program, Orthner et al., 2010）定位為一個全校參與的計畫，旨在幫助中學生（特別是有可能中輟的學生）為他們的未來生涯發展出一個計畫，此計畫同時也能影響學校參與、學業成功和生涯試探。為了達到這目標，生涯試探課程被整合到標準的核心課程中，以解答「我何時會使用到這個資訊？」這老生常談的問題，突顯那些確實使用該資訊的職業，以及有關這些特定職業的當地勞動力市場訊息。生涯起步計畫目標是藉由活動，如與學生進行面談，將家長或監護人的參與整合進來。同時也提供資源和建議給其他學校工作人員，如學校圖書館員、社工和諮商輔導人員。這個計畫還鼓勵當地企業參與生涯博覽會和擔任演講嘉賓。

女孩俱樂部

　　# 女孩俱樂部（#CHICAS Club, Edirmanasinghe & Blanigan, 2019）是一個提供給拉丁裔女學生的中學俱樂部，由一位學校諮商輔導人員贊助，著重在建立研究技能、自我效能感以及社區建設。學生用以下單字的首字母縮寫來為俱樂部命名：科學家（Cientificas）、英雄（Heroes）、智慧（Inteligentes）、自信（Confidente）、活動家（Activistas）和夢想家（Sonadores）。他們共同腦力激盪思考如何提高其他拉丁裔女學生的學校參與度，建立了一個研究計畫，並依據他們的研究結果進行學校變革，像是學校訊息同時用西班牙語和英語發布，以及安排西班牙裔傳統月慶祝活動。這個計畫是一個例子，展示俱樂部可以如何組織活動，以有目的地培養技能、建立人脈與信心。

基於 RIASEC 和 CIP 的課後職業團體

奧斯本和里爾登（Osborn & Reardon, 2006）根據認知訊息處理理論（Sampson et al., 2020; Sampson et al., 2004）與何倫的（1997）職業人格及工作環境理論，提出了一個為期六週的課後生涯計畫。第一次和最後一次的課程時間分別用於開場和收尾。其餘的 30 分鐘課程聚焦在 CIP 確立為生涯決策的基本元素上，這基本元素含有四個組成部分：自我認識、職業知識、決策和後設認知，再運用活動伴隨著每一個組成部分，比如自我探索興趣量表：生涯試探者（中學版本）。其他活動還包括研究選項和遊戲來處理決策和自我對話。在最後一次課程中，學生的評論顯示他們在這四個領域中的收穫，並希望有更多的時間和更多次的課程。

佛羅里達州的生涯和教育規劃課程

佛羅里達州目前要求所有中學生在升高中之前完成一門生涯和教育課程。在他們的教學工具包中（詳見 www.fldoe.org/academics/college-career-planning/），提供了具有課程目標、所需材料、所需時間長短、活動的詳細描述、線上資源、討論問題和評估標準的課程計畫。課程與現行的標準進行了對應。目前課程中包括的單元有：了解工作場所、自我意識、探索職業、目標設定／決策、職場技能、生涯和教育規劃以及求職。

繪製職業挑戰生涯發展計畫

特納和拉潘（Turner & Lapan, 2005）描述了在團體內運用繪製職業挑戰生涯發展計畫（MVC）的電腦輔助生涯計畫。MVC（Lapan & Turner, 1997, 2000）包含三個主要部分：生涯探索、生涯規劃和生涯詮釋。生涯規劃單元要求學生對 90 種職業加以評分，包含興趣、感知性別類型、效能、父母支持和價值（職業對個人而言是否有價值）。在團體中，諮商人員提供分布圖表，並著重在討論他們的興趣與他們所感知的職業性別類型之間的交集，以及對這些見解產生的影響有更多的覺察。鼓勵學生識別具有高度興趣但性別類型與自身不同的職業，即是非傳統的職業選項。接著討論感興趣職業的相關任務與其他具體訊息。這項團體介入的評估（Turner & Lapan, 2005）發現，男性在參與計畫後在藝術型、社會型和事務型的興趣增加，而女性參與者則顯示在實用型、企業型和

藝術治療與生涯諮商

事務型的興趣增加。在生涯探索、生涯規劃和職業發展的效能方面也取得了其它進展。

希望健康科學計畫

　　阿里等人（Ali et al., 2017）修改了一個現有的生涯介入計畫，以提高鄉村拉丁裔中學生在數學／科學成就，以及增加關於健康科學領域的生涯探索。根據社會認知生涯理論（Lent, 2020），這些課程包括：第1堂：藉由一場類似「危險邊緣」知識競賽遊戲節目的遊戲，來介紹健康科學職業訊息；第2堂：運用RIASEC代碼，來進行興趣的識別，並連結到健康科學職業；第3堂：透過生涯敘事和畫圖來探索文化和家庭的影響，以及生涯成功的阻礙和支持；第4堂：用過賓果遊戲探索與健康科學職業和資訊相關的文化和社區資源；第5堂：請健康科學科系的學生來扮演面試官，進行模擬面試，重點是要將中學生的興趣與健康科學的職位連結起來；以及第6堂：大學實地考察，其中包括在健康服務項目中進行的實際操作和生涯探索活動。評估發現，參與該計畫的拉丁裔和歐洲裔美國學生，都提升了數學／科學的自我效能信念，增加拉丁裔學生的健康科學職業興趣，提高歐洲裔美國學生的健康科學職業自我效能。

高中生涯計畫

向前行！

　　向前行計畫（Arriero & Griffin, 2019）是專為九年級和十年級拉丁裔學生設計，運用社區資產圖譜（即匯集周圍社區的正式和非正式資源）來提高學生的知識和技能，促進他們的族裔身分認同，提高他們在學校的出席率和畢業率，以及增加他們對高中畢業後選擇的認識。為了要能被納入此計畫，學生需要每週聚會，家長則需要每個月參加兩次聚會，聚會以西班牙語進行，同時提供托兒、晚餐和抽獎獎品。在孩子的學生活動進行的同時，也邀請父母參加英語作為第二語言的課程。學生課程著重於辨認性格特徵，分享一位展示某種性格特徵的拉丁裔榜樣，聆聽演講嘉賓分享並與之交談，以及共同合作辦理區域性文化活動。演講嘉賓具有拉丁裔背景，並在家長聚會中分享有關移民和政治等主題。來自附近大專院校的拉丁裔大學生則分享了他們的經驗和經濟援助等資源。

我的生涯故事　課堂活動

卡達雷特和哈同（Cadaret & Hartung, 2021）發展了一個為期三週的課堂介入策略，著重在運用《我的生涯故事》工作手冊（Savickas & Hartung, 2012）來進行生涯決策。這介入策略在一所市區高中的五個班級中進行，都是 11 年級，學生組成為非裔美國人、波多黎各人和多明尼加人。第一堂課，主要目標是建立工作同盟，一旦達成，學生將進行《我的生涯故事》的四個問題，讓他們寫出他們的榜樣、最喜歡的雜誌／電視節目／網站、目前最喜歡的書或電影，以及他們最喜歡的格言或座右銘。每個問題首先在大組中呈現，並由組長提出一個例子以及針對該例子的澄清問題進行討論。接著形成小組，採用相同的形式，但目標是要有更多的個別參與。

第二節課，焦點放在最喜歡的書或電影的情節和主題上，鼓勵學生更詳細地探索，描述所代表的自我，確定 RIASEC 興趣，並探索最喜歡故事中可能揭示的劇本。然後，檢視自己最喜歡的座右銘，並探討這座右銘可以如何成為自己現階段生涯決策的建議。在這個討論之後，組長協助他們透過 O*NET 來檢視職業，最後與團體成員分享關於他們生涯敘事的統一聲明。最後一節圍繞著「實現我的故事」這個主題，其中包括設定目標，確定策略，並腦力激盪關於達成目標的可能方式，討論阻礙和潛在解決方案。確定了支持決策的方法，課程以提醒目標與來自最喜歡座右銘的自我建議來結束。前後測相比顯示了職業認同感增強，以及生涯適應性的控制力和信心方面的增強。

這種方法的一個潛在改進版本，是鼓勵學生使用科技來展示他們的 MCS 答案。**圖 7.2** 展示了一名學生對每個問題的視覺呈現範例。

我的未來由我主宰

當中國一所高中看到對生涯規劃的需求時，他們與一個研究小組合作，建立了一門五單元／五堂平均結合講座和活動的課程。第 1 單元為「我的生涯發展」，使用自畫像和「穿越時光隧道」的概念來強調對現在和未來的積極態度，以及生涯規劃的概念。第 2-4 單元側重於探索興趣、個性和能力，並將這些與主修選擇相連結。第 5 單元名為「我在人文／社會科學或科學／技術方面的選擇」，強調要擁有積極的態度和主動性，以及選擇主修的相關邏輯。為了研究此課程的影響，顧等人（Gu et al., 2020）透過三種方式實施：實際進行為期 5 週

藝術治療與生涯諮商

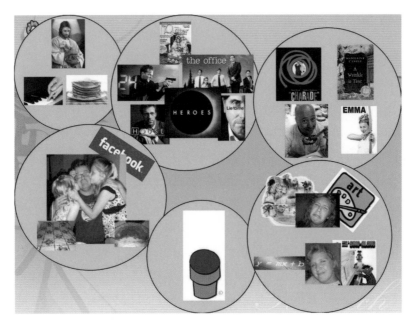

圖 7.2　MCS 回應的視覺呈現

的課程，將課程內容融入學生正在上的任何一門課程中；或者由核心教師透過課堂指導呈現內容。他們還包括了一個對照組。可惜的是，他們沒有比較不同方法的效果，而是將它們加以結合，發現與對照組相比，這門課程顯著降低了學生自述的生涯決策困難，並提高了他們的自我評估和解決問題的能力。

非傳統就業博覽會

　　這個為期一天的博覽會與傳統的就業博覽會有所不同，其中有 15 位在其性別中屬於少見職業的人，向當地高中與社區分享他們的經歷，目的在擴大參與者對職業選擇的看法。該博覽會是基於當地自營行業協會與當地社區大學和州立大學之間的合作夥伴關係而創辦的。女性在非傳統職業中的例子包括邊境巡邏官、消防員和電腦維修技術員。男性在非傳統職業中的例子包括髮型師、護士、呼吸治療師和接待員。午餐期間，當地美國海軍陸戰隊基地的現役女飛行員談到追求職業生涯時，不用受到外界對性別角色的既定觀念或規範影響。在卡洛丁斯基等人（Kolodinsky et al., 2006）的評估中，他們發現參與者對執行各種職業任務的信心有所提升。

STEM 導向的生涯計畫

鑑於國家對 STEM 相關職業（科學、技術、工程和數學）工作者的興趣和需求，許多學院為主修這些領域的學生提供獎學金和其他獎勵措施。因此，中學和高中通常會發展專注於識別並鼓勵學生考慮這些方向的計畫。在學生職業博覽會之類的活動中提供導師（師父）和角色典範（榜樣），對學生來說，是一種強大且重要的介入措施，尤其是對女性和少數族裔學生（Carlone & Johnson, 2007）。另一個建議是將 STEM 職業與價值觀連結起來，例如助人，以打破職業刻板印象（Wang et al., 2013）。福阿德（Fouad, 1995）為八年級學生創立了為期六週的單元，目的在提高對數學和科學職業的認識，以及自尊心和更多人選修數學和科學課程。她發現每個目標都有適度的提升。另一項研究探討了九次 50 分鐘的團體諮商課程，包括教學和體驗活動，重點放在建立 STEM 自我效能和一般生涯決策自我效能上。前四節課側重於與 STEM 生涯相關的生涯訊息，最後四節課則著重於自我效能來源，隨後是第九節總結課程。這些研究人員發現，與控制組相比，STEM 組的學生在團體學習結束後和三個月後均有顯著的增長。

課堂導向生涯活動

實務工作者在學校可以運用實際課堂、教室、午餐期間或放學後的機會來進行課堂輔導。

支持老師提供生涯發展

實務工作者可能會透過與教師的聯繫，找到解決生涯發展問題的機會。其中一些可能性包括提供：

- 與特定主題相關的職業清單，例如，與犯罪學相關的職業。
- 機會，如美國生涯發展學會的詩歌和藝術競賽。
- 每週的生涯發展提示，例如，如何了解更多生涯選項、培養技能等。
- 實務工作者找到或準備的線上遊戲連結，如 Kahoot！，學生可以在與生涯發展和求職相關的問題上進行比賽。

- 現場遊戲和活動，例如職業賓果遊戲、職業猜謎遊戲、填字遊戲或找單字遊戲。

除了這些活動之外，實務工作者還可以與有興趣的教師討論還有哪些資源或活動，可能會有幫助或受歡迎，例如共同開發和提供生涯課程計畫。

即興課堂生涯活動的範例

某天在課堂結束前，一位老師發現距離下課大約還有十分鐘，她決定將這時間用在學生的生涯發展上。老師瀏覽了一份由藝術治療師分享的生涯活動建議清單，最後選擇了字母挑戰。字母挑戰有兩種：第一種是學生對於每個字母盡可能地列出所能想到的職業，第二種是學生只要想一個字母開頭的職業。老師決定選擇後者，專注於字母「A」。為了減少白板上的混亂，她決定將學生分成幾個小組，讓每一組派一個代表寫出他們的答案。她告訴他們，他們有一分鐘的時間，不使用線上支援的情況下，盡可能列出以字母 A 開頭的職稱，想出最特殊的職業、最多職稱等的小組將會有獎勵（糖果）。她分發了便利貼，讓他們寫下答案。一分鐘後，每組代表來到白板前，張貼他們的結果。寫著相同職稱的便利貼必須疊在一起。他們接著查看剩下的名單。她依照承諾分發了糖果，然後問了幾個問題，例如：「你們對這個列表有什麼看法？」和「你們認為我們列出了大部分『A』開頭的職稱嗎？」接著，她在便利貼旁邊張貼了來自線上職業展望手冊的職業列表 (www.bls.gov/ooh/a-z-index.htm#A)（見圖 **7.3**），並說：「這是大約 15 頁以字母 A 開頭的職務名稱中的第 1 頁。你們有什麼想法？」學生們對數量之多感到驚訝。她問道：「你是否有可能因為不知道存在有哪些選項，而限制了自己的選擇？」她在課程結束時出示了線上職業展望手冊的網址，並提供了可以直接連結到那個頁面的 QR 圖碼，並鼓勵他們花一些時間看看除了他們目前所知以外還有哪些其他選擇。

在下一堂課的開始，她先說她想延續前一天的活動。她讓所有學生站起來，說她將描述「A 名單」中的一個職業。當學生聽到不符合他們的興趣、價值觀、技能或偏好的內容時，就坐下來。她持續念，直到清單的尾聲，或只剩下一個人站著。這些描述語包括：

- 年收入超過 10 萬美元
- 使用電腦來工作

圖 7.3　課堂白板活動範例

- 必須具備分析能力
- 必須具備較強的溝通能力
- 要建立圖表和表格
- 必須具備學士學位
- 通常以團隊形式工作
- 通常每週工作 40 小時
- 會使用到數學和統計學
- 大多數在保險公司工作

　　活動結束時，她請學生猜猜這是什麼職務。然後，她將有關這個職務的訊息投影到螢幕上，並請學生分享他們在聽到特定描述語時坐下的原因。她在活動結束時強調了一個主要的觀點：為了要將 15 頁「A」職業清單縮小範圍，他們需要充分了解自己以及他們正在考慮的選項。她向學生展示了 O*NET（www.onetonline.org）、職業展望手冊（www.bls.gov/ooh/）網站，與可直接連結該頁面的 QR 圖碼，以及如何依據不同條件來快速搜尋資料庫，以檢視相符的選項。最後，她展示了學校諮商輔導人員和藝術治療師的照片，他們可以與學生

進行個別諮詢，協助他們做生涯規劃。

藝術治療與學校本位服務

藝術治療在全球許多地方，已經納入學校服務超過 50 年（Moula et al., 2020）。例如，2013 年，受訪的美國藝術治療學會成員中，有 12.5％表示他們在學校工作（Elkins & Deaver, 2015）。更引人注目的是，卡科（Karkou, 2010）指出，英國 60％的註冊藝術治療師自述在學校服務兒童；以色列的藝術治療師報告指出，他們認為藝術治療服務對於學校的心理健康團隊至關重要（Regev et al., 2015）。雖然並非所有學校都提供藝術治療服務，但藝術治療師確實在小學、中學和高中以及替代性教育環境中提供個別和團體藝術治療服務。德博伊斯等人（Deboys et al., 2017）發現，兒童及其父母重視在學校接受藝術治療服務，因為他們認為學校是處理問題的安全環境。

學校本位藝術治療的目的和過程

藝術治療服務與藝術教育服務的區別在於，藝術治療促進非口語的溝通，以滿足學生的社交和情感需求，而藝術教育有其教學目標（Gonzalez-Dolginko, 2018）。漢尼根、格里瑪－法雷爾和沃德曼（Hannigan, Grima-Farrell, & Wardman, 2019）肯定地表示，在學校環境中採用創造性藝術治療方法，提供機會，可最大程度地發揮學生作為個體和社區成員的潛力，並欣賞學生獨特的學習方式。到目前為止，奠基於以兒童為中心的人本主義理論方法的學校本位藝術治療服務，已經證明是最有效的（Moula et al., 2020）。兒童們表示喜歡藝術治療中藝術創作的活躍本質，並發現透過圖像更容易表達和探索他們的感受或憂慮（Deboys et al., 2017）。

根據莫拉等人（Moula et al., 2020）的說法，藝術治療師在學校系統中的主要努力目標，是支持兒童的自尊、自信、自我表達、改善情緒、溝通技巧、復原力，以及減少可能干擾學習的行為。此外，藝術治療師還會運用介入策略，以減少與憂鬱、焦慮和注意力問題相關的心理健康症狀。伊希斯等人（Isis et al., 2010）指出，藝術治療師以富有創意的方式應對學生的考試焦慮，並支持那些可能會中輟的學生繼續就學。在德博伊斯等人（Deboys et al., 2017）的一個小規

模質性研究中，受訪的兒童、父母和教師一致認為，在藝術治療的介入下，孩子們在目標治療領域中展現出進步，特別是當治療目標清楚傳達給所有參與者時。

為了進一步建立對學校本位藝術治療服務的信心，並提供學生機會，拉米雷斯、哈恩和克魯茲（Ramirez, Haen & Cruz, 2020）對來自低收入社區、在學業成就不同水平的有色人種高中學生進行了一項研究，探討學校藝術治療團體的效果。參與者接受了一個為期 12 週的結構式團體計畫，他們在計畫中透過各種藝術媒介和任務（如拼貼、陶土創作、自畫像和風景畫）來探討多個主題，以促進自我探索和對事物的精通。與對照組中相同條件的高中生相比，參與計畫的學生注意力不集中和過動的狀況顯著減少，並且在個人適應、自尊和自我表達方面皆有進步。這些發現是在 12 週計畫開始前和結束後，運用《兒童行為評估系統，第二版》（*Behavior Assessment System for Children, Second Edition*）評估，研究結果透過分析所蒐集到的評估分數而確立。基於這些發現，拉米雷斯、哈恩和克魯茲（2020）提出：

考慮到心理健康與學業成功之間的重疊，藝術治療有潛力透過增加情感語言和表達，以及促進學生學術探究和評估的能力，從而增強學習環境。

（第 6 頁）

這些令人鼓舞的發現表明，藝術本位方法在支持基礎生涯發展目標和目的之探索和實現方面可能同樣有效。以藝術治療為基礎的方法可能會特別有效，有助於培養對生涯決策極為重要的自我認識和人際互動能力。

表達性藝術、兒童和青少年團體工作、支持社會情緒發展以及生涯諮商之間的聯繫已經形成。林多和塞巴洛斯（Lindo & Ceballos, 2020）引用兒童和青少年獨特的發展考量，例如他們偏好非口語交流以及青春期前期在抽象和具體思維之間的搖擺傾向，主張使用創意方法來促進中學生的基本認知和社會情緒生涯準備度。為此，他們創立並實施了一個名為「兒童青少年生涯建構訪談」（Child Adolescent Career Construction Interview, CACCI）的生涯介入方案。這項指引改編自生涯建構訪談（Career Construction Interview, CCI: Savickas, 2015），訪談引出了生涯和生活設計敘事，並添加了藝術的元素，以支持學生探索可能影響生涯準備和生涯探索的自我概念與有意義的生活主題。林多和塞巴洛斯

　　　　　　　　│ 藝術治療與生涯諮商 │

建議該計畫可以在學校諮商或心理健康環境中實施。

　　林多和塞巴洛斯的 8 週方案，包括七次團體聚會和最後一次與每位學生個別會談。這些活動包括：第一次的團體聚會——自我介紹，請個案用沙盤的微型玩具來代表自己並做自我介紹；活動專注於用畫圖或創作的方式來回答最喜歡的電視角色、社交媒體網站或雜誌等問題，以探索成員的興趣，也可以利用最喜歡的故事來探討解決問題的主題；給自己的建議，以強化他們相信自己具有解決問題的能力，確認和創意的描繪英雄來探索自我概念，以及描繪早期回憶以探索個案的背景和行為。在最後的團體聚會中，諮商人員和學生回到沙盤流程，請成員用沙盤來呈現他們的團體經驗，並與其他團體成員一起討論團體的結束。在與諮商人員進行的最後一次個別會談中，學生和諮商人員回顧了學生自己的陳述與創作。最後的回顧會談目的在鞏固學習、促進對話，幫助學生將獲得的自我意識應用於學術和生涯發展目標。

　　林多和塞巴洛斯發表了團體參與者的正面成果。然而，還需要進行更多的研究來進一步證明這種方案在支持青少年和生涯目標方面的有效性。此外，林多和塞巴洛斯建議，額外的生涯介入策略，如進行生涯興趣評估，可能會引發更深入的對話，並充分發揮從表達性藝術團體中所獲得的收穫。

學校本位生涯發展的藝術介入策略

　　如同本章前半部所述，K-12 生涯發展計畫通常運用積極的方式來支持生涯探索與學習。為了展示藝術治療過程如何作為一種支持不同年齡和階段學生進行生涯發展的積極方式，以下將更詳細地探討一些藝術本位的選項。在所有藝術治療的情境中，實務運用的範圍必須限定在治療師的技能範圍內，包含培養與建立治療關係，以及對特定群體的文化、情境和發展需求進行調整和理解的技能。

小學

　　以下描述的活動與吉內夫拉和諾塔（Ginevra & Nota, 2018）創立的《在職業和工作的世界中旅行》（*Journey in the World of Professions and Work*）計畫的目標一致。這個活動包括閱讀書籍、藝術創作和小組討論，重點是促進職業好奇心和關注。雖然有很多兒童讀物都提供了適合孩子的職業選項探索，但在這個主題

圖 7.4　奇特職業範例：愚蠢的帽子堆疊者。 (Copyright Wilson Bell, 2022)

上，我最喜歡的其中一本書是阿爾・揚科維奇（Al Yankovic）撰寫，韋斯・哈吉斯（Wes Hargis）繪圖的《當我長大》（*When I Grow Up*, 2011）。這本書特別適合培養對職業選項的好奇心和想像力。書中的主角創造了一些奇特的、尚未存在的職業選項，並熱情地描述了他的祖父有多樣化的職業興趣和參與度，讓一生之中的職業轉換成為一件很正常的事情。這本書專為 4-8 歲的兒童設計，還有有聲書。在閱讀或聆聽時間結束後，讓兒童使用適合他們年齡的線畫和繪畫材料創作出至少一個奇特的職業選項，**圖 7.4** 提供了一個創作範例。接著回顧藝術創作作品，學生所構想出來的各種創意職業選項以及故事都令人樂見。隨後，主持人可以鼓勵學生反思他們在日常生活中看到的許多工作角色，並透過小組討論擴展學生對多樣工作的認識。

中學和高中

　　以下過程適用於中學和高中學生，並遵循美國學校諮商人員協會有關促進個人特質、教育／培訓和職業世界之間關係的生涯發展標準。赫爾曼和哈莎（Hermann & Hasha , 2015）的《職業俳句》（Career Haiku）活動目的在增加學生對才能和興趣的探索，並支持長期生涯目標的發展。赫爾曼和哈莎描述的順序是先邀請學生反思他們的興趣、優勢、技能和職業想法，然後在小組內討論這

些想法。接著向學生介紹俳句的歷史和運用：俳句是一種日本詩歌形式，總共由 17 個音節組成，第一行 5 個音節，第二行 7 個音節，最後一行 5 個音節。此種短詩的結構能夠透由強而有力的簡短陳述來體現詩中所包含的意義。在看過俳句範例後，請學生認真思考他們的職業興趣，並藉由思考激發出俳句的創作。詩歌的重點可以進一步定義為著重在識別職業，描述為什麼他們會對該職業感興趣，以及他們的整體目標，或者是達到該職業目標所需的技能。最後，在小組內朗讀並討論完成的俳句。

赫爾曼和哈莎指出，當俳句結構過於繁雜或不太適合個案群體的學習優勢和挑戰時，可以用藝術創作來代替俳句詩。支持生涯問題創意探索的另一種方式是結合藝術和詩歌過程。在此種組合選項的過程中，鼓勵學生透過拍攝數位照片的方式來傳達自己的興趣、愛好、地點或代表自己技能或優勢的事物，藉此進行生涯探索。在小組當中回顧這些圖像並了解俳句短詩後，學生們運用選定的照片激發靈感，來寫下關於職業興趣的詩。在許多可能的職業興趣中，**圖7.5** 和 **7.6** 提供了兩個範例（照片和詩歌）。

這些照片和俳句的範例展現了創意探索如何激發對職業興趣進一步思考和調查的過程。陶輪機的照片和相應的俳句反映了對肢體與媒材的接觸，以及利用創造力為他人製作功能性物品的重視。水管的照片和相關的俳句反映了對機械過程和為服務他人的興趣。拍立得捕捉了想法並記錄興趣以供思慮，並可用來當作進入下一階段時的提示，以調查職業的相關特徵以及所必需的培訓。俳句的創作可以協助反思，並可以總結情感和生涯選擇的連結。俳句還可以揭示學生努力鞏固生涯興趣和價值觀時，需要進一步探索的重要主題。

總結

多位理論家和專業協會都提出了生涯發展目標。大多數高中的目標是讓畢業生能蛻變成對社會有貢獻且對自我滿意的公民。達成這目標的關鍵在於之前的種種經歷，這些經歷為學生的蛻變提供了契機。有許多途徑可以實現普遍的生涯目標，幫助學生更加了解自己、工作世界、決策技能和自我效能。在學校體系中，如果生涯規劃、實施和評估的設計能夠融入現有的計畫並涵蓋整個體系（即教師、家長、學生、學校工作人員、社區成員、當地企業等），將會更加

圖 7.5　工作室，2020.

泥塑為我工
心手同歡感應泥
土化為功能。（S. W.）

圖 7.6　水管：水電師傅的職業。

嘩，水管爆了
驚慌中，他們來電
我即刻修好。

有效。最近，藝術治療師和具有創意的生涯諮商人員已加入專業團隊，致力於支持學生的自我意識和生涯發展。而創意的方法，特別適合年輕人，為學生提供嶄新的途徑，讓學生反思這些重要的發展任務。

問題討論與活動

1. 考量發展程度和生涯目標，請為小學、中學或高中生設計一個生涯課程。
2. 與當地小學、中學和高中的輔導部門聯繫，和／或瀏覽他們的網站，查看他們為學生提供的生涯課程類型。有什麼樣的課程？少了什麼？還有什麼可以增強？是否有結合表達性藝術元素的跡象？
3. 訪問你認識的學齡前至十二年級的學生，詢問他們的生涯目標、興趣和感知的技能。
4. 請完成**圖 7.7** 中與職業相關技能的單詞搜索遊戲。單詞包括藝術、數學、研究、技術、領導、組織、演講、思考、聆聽、解決問題、團隊合作、寫作。你認為這是教導學生職業技能的有用方法嗎？你可能會怎樣根據發展程度或主題調整這個活動？

```
A B I H U W M K G T A H P J K
I S P N I J R N B E R C Y O N
Z G Q E Z O I S T C T R H S O
R Z D Y W K A H X H I A A J I
F M O M A D I D J N S E Z G T
S B A E E N W U E O T S T G A
O E P T K F W X S L I E W Q Z
T S Y I H M E U X O C R K K I
C X N W R I T I N G K B Q Z N
Z G B Z U T K M I Y T D V Z A
G N I V L O S M E L B O R P G
P I H S R E D A E L P B D O R
X M X V R U F S N X E C P P O
L I S T E N I N G T W R J B P
H H R W R C K I Q U F M Q P H
```

圖 7.7　單詞搜索遊戲，使用 Discovery Education Puzzlemaker 創作

https://puzzle-maker.discoveryeducation.com/word-search/result

5. 仔細想想你在童年和青少年時期所探索的不同生涯選項。是什麼幫助你傾向於某些領域，而遠離其他領域？當你在為不同發展階段的學生設計生涯相關的課程時，你可能會怎樣運用自己過去的經驗？

6. 如果你是在學校工作的藝術治療師，請尋找與學校諮商輔導人員或負責生涯發展課程的教師合作的機會。你所在的學校，現行生涯發展計畫是什麼樣子的呢？你可以如何有創意地參與計畫或與個別學生合作，以幫助培養促進生涯準備的社會情感和認知技能呢？

參考文獻

Ali, S. R., Brown, S. D., & Loh, Y. (2017). Project HOPE: Evaluation of health science career education programming for rural Latino and European American youth. *Career Development Quarterly, 65(1)*, 57-71. https://doi.org/10.1002/cdq.12080

Allen, A. H., Jones, G. D., Baker, S. B., & Martinez, R. R. (2019). Effect of a curriculum unit to enhance career and college readiness self-efficacy of fourth grade students. *Professional School Counseling, 23(1)*, 1-9. https://10.1177/2156759Xl9886815

Arriero, E., & Griffin, D. (2019). ¡Adelante! A community asset mapping approach to increase college and career readiness for rural Latinx high school students. *Professional School Counseling, 22(1)*, 1-9. https://doi.org/10.1177/2156759Xl8800279

Cadaret, M. C., & Hartung, P. J. (2021). Efficacy of a group career construction intervention with urban youth of colour. *British Journal of Guidance & Counselling, 49(2)*, 187-199. https://doi.org/10.1080/03069885.2020.1782347

Carlone, H. B., &Johnson, A. (2007). Understanding the science experiences of successful women of color: Science identity as an analytic lens. *Journal of Research in Science Teaching, 44*, 1187-1218.

Deboys, R., Holttum, S., and Wright, K. (2017). Processes of change in school-based art therapy with children: A systematic qualitative study. *International Journal of Art Therapy, 22(3)*, 118-131, https://doi.org/10.1080/17454832.2016.1262882

Degges-White, S., & Colon, B. R. (Eds.) (2015). *Expressive arts interventions for school counselors*. Springer.

Edirmanasinghe, N., & Blanigan, K. (2019). Demystifying the research process: A career intervention with Latinas. *Professional School Counseling, 22(1b)*, 1-6. https://doi.org/10.1177/2156759Xl9834433

Elkins, D. E., & Deaver, S. P. (2015). American Art Therapy Association, Inc.: 2013 membership survey report. *Art Therapy: Journal of the American Art Therapy Association, 32(2)*, 60-69. https://doi.org/10.1080/07421656.2015.1028313

Erikson, E. H. (1950). *Childhood and society*. Norton.

Fouad, N. A. (1995). Career linking: An intervention to promote math/science career awareness. *Journal of Counseling and Development, 73(5)*, 527-534.

Ginevra, M. C., & Nota, L. (2018). Journey in the world of professions and work': A career intervention for children. *The Journal of Positive Psychology, 13(5)*, 460-470. https://doi.org/10.1080/7439760.2017.1303532

Gonzalez-Dolginko, B. (2018). Status report on art therapists in public schools: Employment and legislative realities. *Art therapy: Journal of the American Art Therapy Association, 35(1)*, 19-24. https://doi.org/ 10.1080/07421656.2018.l 459116

Gu, X., Tang, M., Chen, S., & Montgomery, M. L. T. (2020). Effects of a career course on Chinese high chool students' career decision-making readiness. *Career Development Quarterly, 68(3)*, 222-237. https://doi.org/10.1002/cdq.12233

Hannigan, S., Grima-Farrell, C., Wardman, N. (2019). Drawing on creative arts therapy approaches to enhance inclusive school cultures and student wellbeing. *Issues in Educational Research, 29(3)*, 756-773.

Hermann, K. M., & Hasha, L.R. (2015). Career story haiku. In S. Degges-White & B. Colon (Eds.), *Expressive arts interventions for school counselors* (pp. 227-229). Springer.

Holland, J. L. (1997). *Making vocational Choices: A theory of vocational personalities and work environments*. PAR.

Isis, P. D, Bush,J., Siegel, C. A., & Ventura, Y. (2010). Empowering students through creativity: Art therapy in Miami-Dade County public schools. *Art Therapy: Journal of the American Art Therapy Association, 27(2)*, 56-61.

Karkou, V. (2010). *Arts therapies in schools: Research and practice*. Jessica Kingsley.

Kolodinsky, P., Schroder, V., Montopoli, G., et al. (2006). The career fair as a vehicle for enhancing occupational self-efficacy. *Professional School Counseling, 10(2)*, 161-167. https://doi.org/10.5330/prsc.10.2.cp27m5302304lk64

Lapan, R.T., & Turner, S. (1997, 2000). Mapping Vocational Challenges Career Development Program. All Rights Reserved.

Lent, R. W. (2020). Career development and counseling: A social cognitive framework. In S. D. Brown, & R. W. Lent (Eds.), *Career development and counseling: Putting theories and research to work* (pp. 129-164). Wiley & Sons.

Lindo, N. A., & Ceballos, P. (2020). Child and adolescent career construction: An expressive arts group intervention. *Journal of Creativity in Mental Health, 15(3)*, 364-377. https://doi.org/10.1080/15401383.2019.1685923

Mou la, z., Aithal, S., Karkou, V., & Powell, J. (2020). A systematic review of child-focused outcomes and assessments of arts therapies delivered in primary mainstream schools. *Children and Youth Sernices Review, 112*, 104928. https://doi.org/10.1016/j.childyouth.2020.104928

Orthner, D. K., Akos, P., Rose, R., et al. (2010). CareerStart: A middle school student engagement and academic achievement program. *Children & Schools, 32(4)*, 223-234. https://doi.org/10.1093/cs/32.4.223

Osborn, D. S., & Reardon, R. C. (2006). Using the Self-Directed Search: Career Explorer with high-risk middle school students. *The Career Development Quarterly, 54*, 269-274.

Piaget, J. (1971). The theory of stages in cognitive development. In D.R. Green, M. P. Ford, & G. B. Flamer (Eds.), *Measurement and Piaget* (pp. 1-11). McGraw-Hill.

Ramirez, K., Haen, C., & Cruz, R. F. (2020). Investigating impact: The effects of school-based art therapy on adolescent boys living in poverty. *The Arts in Psychotherapy, 71*, 1-6. https://doi.org/100.1016/j.aip.2020.101710

Regev, D., Green-Orlovich, A., Snir, S. (2015). Art therapy in schools: The therapist's perspective. *The Arts in Psychotherapy, 45*, 47-55. https://doi.org/10.1016/j.aip.2015.07.004

Sampson, J. P., Osborn, D. S., Bullock-Yowell, E., et al. (2020). *An introduction to GIP theory, research, and practice* (Technical Report No. 62). Florida State University, Center for the Study of Technology in Counseling and Career Development. Retrieved from http://fsu.digital.f1vc.org/islandora/object/fsu%3A749259

Sampson, J. P., Jr., Reardon, R. C., Peterson, G. W., & Lenz, J. G. (2004). *Career counseling and sernices: A cognitive information processing approach*. Brooks/Cole.

Savickas, M. L. (2015). *Life design counseling manual*. Retrieved from www.vocopher.com

Savickas, M. L., & Hartung, P. J. (2012). My Career Story: An autobiographical workbook for life-career success. www.vocopher.com.

Savickas, M. L., Nota, L., Rossier, J., et al. (2009). Life designing: A paradigm for career construction in the 21st century. *Journal of Vocational Behavior, 75*, 239-250. doi:10.1016/jjvb.2009.04.004

Turner, S. L., & Lapan, R. T. (2005). Evaluation of an intervention to increase non-traditional career interests and career self-efficacy among middle-school adolescents. *Journal of Vocational Behavior, 66(3)*, 516-531. https://doi.org/10.1016/jjvb.2004.02.005

Wang, M. T., Eccles, J. S., & Kenny, S. (2013). Not lack of ability but more choice individual and gender differences in choice of careers in science, technology, engineering, and mathematics. *Psychological Science, 24*, 770-775.

Yankovic, A., & Hargis, W. (2011). *When I grow up*. Harper.

Zunker, V. (2016). *Career counseling: A. holistic approach*. Cengage.

第八章

正向心理學在生涯發展和藝術治療中的應用

強調優勢

本章將透過正向心理學和正向藝術治療的觀點來探討生涯相關的議題。突顯的概念將包含在職業領域中產生希望、找出個人優勢和資源、培養工作意義與目標,所帶來的益處。此外,我們還將描述生涯發展策略和藝術本位介入方法的範例。正向心理學、藝術治療和生涯諮商的概念和策略將應用於不同的生涯階段,包括早期生涯準備、從學校轉向職場、中期生涯面臨職場挑戰的轉型,以及晚期生涯中的挑戰和轉換,包括退休。檢視並應用已識別的優勢將會是主要重點。

正向心理學

近年來,由塞利格曼和契克森米哈伊(Seligman &Csikszentmihalyi, 2000)樹立的正向心理學概念越來越受歡迎,並影響著許多專業助人工作者的工作取向,以協助個案提升幸福感以及改善個案在各個生活領域中(包含生涯方面)

的運作（Panc, 2015）。塞利格曼和契克森米哈伊將正向心理學描述為人類心盛（flourishing）和個人滿足／實現（fulfillment）的研究與培養，與以疾病為導向且側重於病理、修復和緩解痛苦的心理學模式形成對比。正向心理學實務中的努力主要在通過培養正向的主觀經驗，和關注正向的特質、優勢和美德來激發改變。塞利格曼和契克森米哈伊列舉的正向特質包括個人的勇氣、毅力、原創性、審美感，以及智慧等，特別是「愛與工作的能力」（Seligman & Csikszentmihalyi, 2000, p. 5）。此外，責任感、利他主義、彬彬有禮和職業道德等美德已被確認與許多教育、工作和社區環境中的成功息息相關。

正向心理學與生涯發展

潘克（Panc, 2015）總結了正向心理學的根基，認為與享樂主義和幸福主義哲學傳統相關，它們分別強調透過實現真實且最佳的自我，來增強快樂、減少痛苦或擴大幸福感。潘克更具體指出，享樂主義導向的介入策略以培養良好感覺為核心，而幸福主義導向的介入策略則強調採取行動與良好運作。為了測試和實行正向心理學的原則，研究人員和實務工作者實施了各種正向心理學的介入方式（Panc, 2015）。這些介入方式的主題包括構想最佳的自我，表達樂觀和感恩的心，培養正向的思維，找出個人優勢，以及對未來抱持正面的預期。

潘克概述的研究結果顯示，擁有更多良好感覺或正面情感經驗的個人，會採取更多行動來實現目標。那些表示經歷更多正面感覺的人，更有可能接觸新經驗，並與他人有更多的互動。此外，那些快樂程度較高的人，對自己的工作滿意度更大、與主管和同事的關係更好、失業一段時間後要再找到新工作也更容易，並在整個職業生涯中創造更多收入。基於這些研究結論，潘克提倡將正向心理學的介入策略納入生涯發展方案中，以發揮個人最大的潛能，實現最佳的生涯結果。

迪克等人（Dik et al., 2015）也認為，生涯諮商策略與正向心理學概念和介入措施非常一致，因為它們都肯定培養工作意義和目標的重要性。迪克等人表示，所有生涯發展理論都在某種程度上探討到意義的主題，並且有許多生涯發展應用的目標是培養具有目標和意義的工作投入。根據迪克等人的說法，受到正向心理學啟發的生涯應用涵蓋了感知和實現自己的生命使命；培養正向的情

緒;感恩的心;工作的希望感——與積極的工作目標與實現這些目標的能動性有關的經驗;以及心流(flow)——人們積極專注且投入在目標導向的努力。此外,與正向心理學相容的生涯介入策略可能會涉及強調個人優勢在工作環境和工作塑造方面的應用,鼓勵個人有意識地調整他們對工作投入的看法或行動,以提升工作滿意度。

彼得森等人(Peterson et al., 2017)描述了一個工作方面的職業意義模式,模式中分為四個層次。四個層次逐層堆疊向上,從生存層次(survival)開始,包括基本需求,如食物和住所;自我中心主義層次(egocentrism),包含升遷與特權等自我增強的需求;團體福祉層次(group welfare),包括團隊增強的需求,如為團體做出貢獻,或幫助團體達到目標;以及普世主義層次(universalism),如超越的需求,將工作視為上帝的召喚或在生活中達到滿足/實現。彼得森等人建議,在評估哪個意義來源對個案來說最重要之後,實務工作者接著評估個案目前的工作能夠滿足這些需求的程度。當存在差異時,實務工作者應討論如何補足差異。例如,如果團隊增強是個人在工作中實現意義的關鍵方式,但自評目前的工作並未提供許多團隊增強的機會,則對話可能集中在是否能夠透過其他管道來滿足這個需求,例如休閒活動或志工活動,或者工作項目是否可以協商或重新規劃工作職責,使其能夠滿足需求。另一種選擇是考慮辭職,尋找能夠滿足該需求的工作。

除了工作的意義和目標,還有一些生涯諮商概念和介入策略,可以從正向心理學的角度來探討。本章隨後將討論自我認識的其中一個面向:優勢(strengths)。另一個重要的領域是心理學結構在增強生涯適應能力方面的作用。在布尤克戈澤-卡瓦斯(Buyukgoze-Kavas, 2016)針對土耳其 415 名大學生從正向的心理特質預測生涯適應性的研究中,發現希望感、復原力和樂觀等特質與生涯適應能力有顯著的正相關。布尤克戈澤-卡瓦斯表示,所有這些心理學結構對個人的生涯決策來說都是重要的心理資源。希爾斯基(Hirschi, 2014)發現,希望感與生涯規劃、生涯決定和生涯自我效能之間呈現正相關。

其他在生涯領域和正向心理學之間的重疊部分,還包含自我對話和生涯思考。此外,生涯諮商越來越肯定生涯與心理健康之間的關聯(Marks et al., 2021)。例如,研究發現,負面的生涯思考與憂鬱,皆預測了較低的生活意義感(Buzzetta et al., 2020),而負面的生涯思考也與較差的因應策略有關(Bullock-

Yowell et al., 2015）。個人幸福感是正向心理學的一個組成部分，較高程度的個人幸福感預測了與職業承諾焦慮相關的負面思考程度較低，並可適度地預測職業認同（Strauser et al., 2008）。幫助個人誠實地看待自己與自己的選擇，並對未來充滿信心，這是生涯實務工作者應與他們的個案固定運用的介入措施。

正向藝術治療

藝術治療師威爾金森和奇爾頓（Wilkinson & Chilton, 2013）主張，藝術治療的原則和策略與正向心理學的架構可以產生很好的協調，因為藝術治療中的創意過程是藉由隱喻內容來培養對意義的探索；在藝術參與中藉由平衡技巧與挑戰來轉移能量並達到心流；並促進正向的經驗和情緒。他們指出，提供包含正向關注的藝術提示，比邀請個案表達壓力情境經驗的藝術提示，更能大大地增加正向情緒。儘管如此，他們解釋，正向藝術治療方法的目的並不是要淡化負面經驗，而是在為人們提供機會，使其能夠發揮優勢和資源，或達到一種支持人們面對與處理困擾的存在狀態，從而促進茁壯成長。威爾金森和奇爾頓強調了幾種創意介入方式，能夠在不同狀況下培養意義、目的感或正向情感。例如，威爾金森和奇爾頓邀請一群癌症存活者，透過回憶在艱困時期帶給他們希望的事物，然後請他們組合出能夠反映自身經驗的現成物雕塑作品，藉此來表彰他們的復原力，即在遭逢挑戰後，仍能茁壯成長的能力。在創作過程中與作品完成後，癌症存活者能夠發現在他們經歷中，有其意義和正向的部分，以及找出自身優勢的證據。

達雷維奇和鮑爾斯（Darewych & Bowers, 2017）提倡以正向心理學為基礎的藝術治療介入措施，並強調藝術過程在培養想像力方面的作用。他們討論了心像、畫圖以及人類能夠概念化那些當下不存在事物的能力，這三者之間的關係。他們指出，這種能力可以用來以象徵性的視覺形式重溫經歷或記憶，並提供機會來讓人們賦予這些事件新的意義。在這方面，達雷維奇和鮑爾斯概述了一些鼓勵想像力的簡單藝術過程，例如由美國早期藝術教育家和藝術治療師佛羅倫斯‧肯恩（Florence Cane）發展出的塗鴉線條畫。使用肯恩（1983）的方法，邀請個人在紙上自發地塗鴉，查看結果，並辨識出他們可以從塗鴉線條中找到或創造出的符號或物體。接著，創作者通過修飾塗鴉線條和標記來擴展他們的

藝術治療與生涯諮商

聯想。當意義確定下來時，就可以在治療中進一步探索，並且可以激發進一步的轉化和正向行動。

　　一些初步的研究支持了這些主張。皮克泰等人（Pictet et al., 2011）展示了生成心像能夠影響情緒反應。在他們的研究中，研究人員力求確認或反駁：想像力可以用來提升正向的心情。研究使用圖片和文字提示，讓處於輕度憂鬱程度、有著煩躁不安情緒的成年人觀看常見物品和區域位置的數位圖片，並搭配暗示正面／負面情緒結果或中性條件的文字。在觀看圖片和文字後，研究人員要求參與者利用心像，「想像置身在圖片和文字組合的情境中，就好像你身歷其境一般」，然後請他們評價所體驗到的圖片之生動程度（Pictet et al., 2011, p. 888）。在觀看圖片和文字以及心像練習後，邀請參與者參與一項行為任務：磁性玩具釣魚遊戲。研究人員發現，接觸並產生正向心像的參與者在任務中的表現明顯優於中性或負面圖像和文字條件下的參與者。研究人員建議，透過從圖片和文字提示中產生的正面意象，可以激發情緒低落的人增加正面情感和提升表現。

　　諮商師們也使用藝術本位方法來支持個案的正向視覺化想像和目標實現。伯頓和倫特（Burton & Lent, 2016）主張，創意藝術過程和非語言的探索有助於提高個案對個人資源的認識，同時支持對目標的視覺化想像。伯頓和倫特將他們的理論取向與焦點解決的行為治療相結合，而這種方法與正向心理學有許多共同之處，因為它著重在創造個人所期望的未來經驗，而非聚焦在問題或痛苦。為了協助個案確定目標並視覺化想像他們的未來，伯頓和倫特鼓勵個案創作願景板。願景板可以運用各種數位藝術的架構和傳統藝術材料的表面來創作，例如畫布、紙張、佈告板，並運用數位圖像、雜誌圖片和文字、畫圖媒材以及其他可取得的材料來裝飾。首先，邀請個案思考他們的價值觀，以及這些價值觀如何影響他們的生活和工作目標。接著，在開始創作之前，伯頓和倫特鼓勵個案寫下幾個想要聚焦的目標。在個案完成願景板後，將時間用於探討個案以視覺方式表達的目標。伯頓和倫特強調，願景板的創作能有效促進諮商師與個案之間的溝通，並啟發個案努力追求他們所想像的生活。

確認和運用個人優勢

　　設定了目標之後，人們該如何著手實現它們呢？有哪些特質或資源，有助於人們執行自己的行動計畫？正向心理學家常常強調運用個人優勢，來產生正向的結果和幸福的主觀經驗（Owens et al., 2019; Peterson & Seligman, 2004）。然而，對於要辨識自己的優勢，人們可能會覺得很困難，或者在表達所擁有的優勢時，感覺到詞彙有限，難以描述。因此，引入正式的評估工具，提供個案了解其優勢的途徑，可能是有利的。歐文斯等人（Owens et al., 2019）和羅伯遜（Robertson, 2018）指出，生涯實務工作者經常使用正向心理學評估來幫助個案確定他們的優勢。兩個設計用於提高優勢意識的評估工具分別是克利夫頓優勢識別器（Clifton StrengthsFinder, Rath, 2007）和優勢的行動價值問卷（Values in Action Institute Inventory of Strengths, VIA-IS：Peterson & Seligman, 2004）。克利夫頓優勢識別器幫助個案識別可以轉化為優勢的天賦主題。VIA-IS 向受試者展示了 24 種不同的品格優勢，邀請受試者評估這些優勢與自己的關聯程度。在完成評估後，受試者會根據自己的認可，確定了自己的五大品格優勢。羅伯遜將 VIA-IS 描述為一個經過深入研究且正向聚焦的系統，供個人識別和了解自己的主要優勢。迪克等人（Dik et al., 2015）主張，在工作中使用自己的指標性優勢可能會讓人認為工作更有意義，且運用指標性優勢可以增加幸福感。

　　藝術治療師也運用 VIA-IS。例如，達雷維奇和鮑爾斯（Darewych and Bowers, 2017）將 VIA-IS 當作開端的活動，用來刺激優勢的辨識和應用。達雷維奇和鮑爾斯將 VIA-IS 搭配藝術治療過程，先邀請個案完成 VIA-IS，然後運用紙張、雜誌、麥克筆、顏料和其他畫圖材料創作「我的優勢拼貼」。通過觀看和討論完成的藝術創作作品，包括所選的符號和意象，個案意識到了自己的優勢，以及他們可以如何在日常生活中應用這些優勢。

　　路易斯和洛佩茲（Louis and Lopez, 2014）描述了在闡明優勢後，優勢導向的介入策略可能可以瞄準的目標範圍。例如，優勢導向的介入策略可能強調增加運用優勢的頻率，依據情境的需求來調整優勢的運用，或培養特定優勢的進階發展。總體而言，路易斯和洛佩茲強調，優勢導向的介入策略應該幫助個案描述已確定的優勢，並闡明這些優勢如何在不同程度上得以發展與運用。此外，路易斯和洛佩茲解釋，優勢導向的介入策略需要不斷優化，以協助個案實現期

望的結果，實務運作以實證為基礎，並且介入策略的應用應持續一段時間，以擴展和強化學習。介入策略可以在各種環境中啟動，包含但不僅限於心理健康機構、生涯諮商中心、學校和工作場所。

優勢與職業決策：案例研究

在接下來的案例中，運用 VIA-IS 和藝術治療方法來支持一位藝術治療研究生，協助她更進一步確定她畢業後的生涯方向與完善她的求職策略。J. 表示她對自己選擇藝術治療領域有信心，只是不確定什麼樣的工作環境最適合自己的個性和技能。為了幫助她縮小聚焦範圍，實務工作者建議 J. 先從完成 VIA-IS 評估來開始她的探索。在完成評估後，J. 表示她的指標性優勢是創造力、好奇心和謙虛。J. 閱讀了這些特質的描述，認同這評估結果貼近她的個性。儘管如此，J. 並不清楚這些特徵，能夠如何有助於完善她的工作選擇過程。因此，實務工作者邀請 J. 創造反映她優勢的符號，然後創作與每個優勢互相協調、相輔相成或支持的工作環境的圖像。

首先，J. 創作了一幅代表她創造力的圖像（見**圖 8.1**）。她表示：「我創造

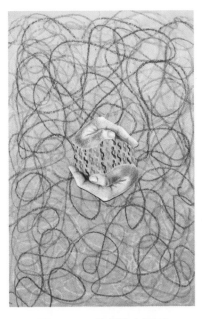

圖 8.1　J. 的創造力展現

力的象徵是我的雙手，我的雙手能將不同的訊息或材料結合在一起，創造出新的成果。」在構想一個能夠發揮這種優勢的理想工作環境時，她受到啟發去創造一個充滿彩色線條的環境，她可以用她富有創意的雙手將線條編織起來。

J. 提到她在創造反映好奇心的象徵時遇到了困難。在仔細思考一些關於好奇心的描述後，其中一個描述：對新經驗持開放態度並享受發現的過程，引起了她的共鳴。J. 決定將她的好奇心描繪成一個包含不同道路、小徑和地點的大腦（見**圖 8.2**）。她解釋說，這個象徵符號代表了她過去的旅程，以及她對於深入探索新地方的熱愛。然後，J. 更加自信地創作了一個工作環境的圖像。為了支持她的好奇心，J. 堅定地說到，她理想的工作環境將為新發現提供許多不同的途徑和刺激。

在謙遜方面，J. 發現這是一個比較容易創造的象徵符號。她將謙遜比喻為野花，它們在不同的氣候和環境中，以一種互相輝映、互相支持而不是主導、支配的方式茁壯生長。對於謙遜的象徵，她創作了很多花朵的形象，其整體形狀或結構呈現出人體的輪廓（見**圖 8.3**）。至於它們的環境，她製作了一個代表著茂密草地的圖案，讓花朵可以在其中茂盛生長。

圖 8.2　J. 的好奇心展現

圖 8.3　J. 的謙遜展現

　　在創作了三個象徵符號及其環境之後，J. 反思了她理想的就業環境應該擁抱她的特質，提供創造力的機會、探索的途徑，以及促進員工和個案共同蓬勃發展的文化。在這個過程的最後，J. 決定將與每個特質相關的工作環境剪成條狀，並將它們編織在一起，形成一個開放的籃子狀結構，以整合她對環境的偏好和願望（見**圖 8.4**）。

　　在藝術創作系列結束時，J. 表示，這個過程以創意、有意義的方式探索她的優勢，「使我更容易回答和消化我對於未來工作環境可能是什麼樣子的一些問題，並且未來的工作場所給予這三種優勢空間是很重要的。」J. 提高了對自己特質與價值的自我認識，而這為她提供了重要的自覺，讓她能夠在求職和決策步驟中應用。

善用優勢以應對阻礙

　　重要的是要認知到當經濟差異、系統性壓迫或其他阻礙干擾生涯準備資源和就業機會時，追求適合自己優勢的有意義工作可能被視為一種奢侈。然而，檢視和強化優勢可以幫助個人找到內部或外部資源，他們可以運用這些資源來

圖 8.4　J. 對創造力、好奇心、謙遜及其環境的整合

克服阻礙，並實現生涯目標。史密特等人（Smit et al., 2015）與一群來自南非資源不足鄉村的青少年合作，設計了參與式的視覺策略，讓學習者參與支持優勢識別的過程中，同時培養對於高中畢業後選擇的希望感和能動性。他們的計畫包括學生參與心智圖和影像發聲（photovoice）活動，以及討論圍繞著他們的個人和系統性挑戰、可選擇的建設性選項，以及在未來生活階段可能提升或支持他們的優勢。史密特等人承認，單純培養對優勢和風險因素的認識，並不能保證一定能提高復原力，但他們主張建立對個人和社會資源的認識，有助於提高批判性思考、解決問題的能力和樂觀主義。

　　為了展開與學生的合作，史密特等人（2015）邀請學生參與心智圖。心智圖是一種概念地圖，運用視覺的格式來呈現目前正在形成的想法（Butler-Kisber & Poldma, 2010）。通常，這樣的地圖是藉由書寫，搭配畫圖或想法的草圖，並繪製概念與概念之間的關係圖來完成的，以提供一種視覺化的方式來檢視所有的想法與概念。在史密特等人（2015年）的研究中，要求學生在頁面中央創造這些概念的象徵符號，以視覺形式來組織他們對生涯和人生目標的想法。接下來，鼓勵他們描述他們對從中央形式向外發散的相關優勢和阻礙的想法。

　　在完成心智圖後，學生進行了影像發聲活動。影像發聲方法是運用攝影過

　　　　　　　　　　　　　　　　　　　　　　　| 藝術治療與生涯諮商 |

圖 8.5　SHOWED 方法範例

程鼓勵人們反思和辨識社區的優勢和關注點，並透過觀看照片來激發對重要議題的探討（Wang & Burris, 1997）。史密特等人提供了一次性相機，並邀請參與者拍攝至少兩張代表相關阻礙或優勢的環境物品的照片。印出照片後，由學生選擇其中兩張照片，以書寫方式進行反思，並在小組中進行討論。史密特等人改編了王（Wang, 1999）的 SHOWED 方法來為學生的敘述提供結構。這些結構包括回答以下問題「你**看到**了什麼？」；「實際**發生**了什麼？」「這與**我們**的生活有什麼關係？」「**為什麼**存在這個問題 / 議題或優勢？」「我們如何透過我們的理解而更有力量（**增能**）？」以及「我們能**做**什麼來應對這個問題或議題？」（Smit et al., 2015, p. 126）。作者提供的範例（Parker-Bell；見**圖 8.5**）示範了如何使用 SHOWED 方法來探索選定的照片。

　　S 我**看到**一個有瑕疵但美麗絢彩的玻璃杯，它可以承載並反射光芒。

　　H 正在發生：玻璃杯承載著光芒，並且讓我想要進一步的探索和參與。

　　O 我們的生活：我喜歡多元、多彩多層次的體驗。我能欣賞整體的美，其中包括其他人可能視為瑕疵的事物。

　　W 為什麼：來自家庭的影響，以及我對不同興趣和生活方式的欣賞。

　　E 增能：這個畫面賦予我對自我接納和自我欣賞的力量，並啟發我將這種

看法擴展到其他人。

D 做：在瑕疵吸引我的注意力和思考時，不要忽略整個體驗的美和豐富的視野。

根據史密特等人（2015）的說法，心智圖和影像發聲活動不僅有助於學生辨識出他們所經歷的優勢和擔憂；還有助於向老師揭示了相關考慮因素。因此，老師能夠依據學生個人和社區的背景，來調整所運用的生涯支援策略。運用這個玻璃的圖像和伴隨的 SHOWED 反思作為生涯探索的基礎，實務工作者可以探討作者在探究多元現象時所經驗到的各種興趣和樂趣，能夠如何有助於克服生涯探索阻礙，以及如何與各種生涯選項互相適配。

發揮優勢提高工作滿意度

在選擇職業和就業後，正向心理學的原則和策略可以協助個案在工作環境中，實現最佳功能以及蓬勃發展（Owens, Allan, & Flores, 2019; Owens, Flores, Kopperson, & Blake, 2019）。例如，正向心理學的架構可以幫助個案在面對工作環境時，考慮並應用他們的正向特質和優勢。此外，培養希望感和增能可能增加個案對能動性的感知，從而帶來更大的工作滿足／實現（work fulfillment）。

歐文斯等人（Owens, 2019）將工作滿足／實現定義為與工作相關的經驗，可以提供滿足感、意義、正向參與以及在工作場中正面的情緒。個人對工作滿足／實現的感知奠基於個人特質、文化背景以及環境和社會考量之間的互動。例如，兩個人可能具備相同的個人優勢和技能，但他們對於資源或工作機會的取得可能有所不同。一個人可能居住的地區在其擅長的領域中有豐富工作機會，而另一個人則居住在就業選擇有限的區域。工作的環境也可能有所不同。例如，工作場所可能對相似職位但不同身分認同的工作者採取支持性或歧視性態度，從而引發工作者滿意度或痛苦程度明顯不同的經驗。可惜的是，工作滿足／實現比較容易發生在遇到的阻礙較少，且工作上的努力受到重視和支持的時候。發生系統性壓迫或政策不平等時，實務工作者的支持和倡議是必要的。然而，在個案確實擁有一定控制權的情況下，實務工作者可以支持個案運用其優勢和資源來應對工作因素，並建立正向的經驗。

在這方面，從正向心理學架構出發的實務工作者與個案建立治療同盟，共

同努力培養希望感、適應力、優勢和增能感（Owens et al., 2019）。根據歐文斯等人的說法，希望導向的實務運作方式始於個案確定其更廣泛的工作和生活目標。如果遇到阻礙，透過產生多條實現目標的途徑，以維持希望。當個案遇到意想不到或新的生涯挑戰時，實務工作者可能會強調促進適應性和靈活性發展的介入措施。當工作環境出現挑戰時，實務工作者可以協助個案辨識並發展正向的品格特質和技能。實務工作者還支持個案確認如何運用其優勢和技能來促進正向的工作環境。

在職業生涯中期發揮優勢和正向策略：工作重塑

維舍內夫斯基和達頓（Wrzesniewski & Dutton, 2001）將工作重塑（Job Crafting）描述為透過改變思想、任務，以及轉變工作環境關係，來促進員工能動性和增能的過程。當個人進行工作重塑時，他們啟動了塑造工作環境設計和社會架構的機會，進而可能支持正面的工作意義和工作者身分認同。然而，值得注意的是，個人可能沒有機會進行工作重塑，或者由於需要額外的努力而選擇不進行工作重塑。維舍內夫斯基和達頓還強調，工作重塑可能會引發工作場所的變革，但並不能取代組織本身評估和改善工作環境的責任。

然而，當工作環境在履行職責方面具備了一定的自由度時，個人可能會選擇塑造他們的工作任務、人際關係，或者與工作相關的想法，以提高自己對於工作投入的滿意度。例如，在日常工作任務中，要求雇主增加與他們的興趣和技能相符的任務比例，或者修改必須完成的任務使其變得更容易完成時，他們就是在進行任務塑造（task crafting）。當工作者適應、重構或建立工作環境中的社會連結，以加強他們的團隊合作意識時，這就構成了關係型工作重塑。認知工作重塑，可能包括個案努力重新建構自己對工作經驗的想法，或重構關於自己的工作對他人而言的價值的想法。當個人專注於工作中令人感到滿足和有價值的方面，而不是集中精力在所感知到的組織缺陷時，他們也可能涉及認知工作重塑。

工作塑造與藝術治療的結合：G 女士的案例

G 女士，一位 52 歲的單身白人女性，在發現自己對曾經樂在其中的工作感到難以承受和沮喪時，尋求與職涯相關的幫助。G 女士形容她的工作環境要求很高，因為對績效有著極高的期望和不斷增加的工作量。G 女士在一家大型銀

行的人力資源部門工作。G 女士表示，在公司的八年中，她已經升遷了兩次，負責開發新的員工培訓和有關顧客關係的員工持續發展培訓。她與區域培訓講師合作，並在區域分行試行新的培訓策略和內容。最近，她被分派了更多與培訓講師評估相關的行政職責。她認為這項任務的分配反映了公司對她的信任，但也導致她的工作時間變得更長。G 女士也承認，當她察覺到年輕的行政主管正在利用她未婚且無子女的狀況時，她有一些怨恨的感覺。她回憶起一次主管評論，他欣賞她接下時間較晚的任務，不僅因為她表現出色，還因為這樣有助於已婚和有子女的同事能及時回家與家人團聚。儘管她感到被冒犯了，但她很難拒絕臨時的任務。此刻，她不確定是否應該留在公司，並嘗試讓這份工作能夠繼續，還是要尋找新的替代方案。當她思考要求職時，她表達了對就業市場上可能存在的年齡歧視的憂慮，並且對於可能需要在新公司找到機會再次證明自己的情況而感到矛盾。

在進一步的對話中，實務工作者和 G 女士確定了初始治療目標，將是探索她在目前工作環境中提升工作滿意度的經驗和潛力。生涯實務工作者選擇了正向心理學和藝術治療的方法，創意地幫助 G 女士善用她的優勢，建立對目前職位的希望感和能動性。為了更了解更多有關 G 女士的工作偏好，實務工作者邀請 G 女士創作她理想中工作日的圖像。G 女士從各種媒材中選擇了彩色鉛筆，並花了不少時間來描繪她的圖像（見**圖 8.6**）。G 女士從圖像的邊緣開始，添加圖畫和文字來描述工作特性和任務。接著，她在中央畫了一個圓圈，並將其標示為「在安靜的時間中進行有成效的思維整合和創造性活動」。她花了相當多的時間和精力裝飾這個圓圈。

G 女士深入思考她的圖像，注意到她對安靜時間的需求在她理想的工作日圖像中占據了中心位置，這讓她感到有些驚訝，因為她確實喜歡與他人合作，以及管理與員工培訓相關的各種任務。她觀察到，額外的行政任務慢慢侵蝕了她的安靜時間，之前她會運用這安靜時間來整合新的資訊和訓練發展方法。她認同她理想的一天應該要涉及較少的行政任務，更多地與同事和培訓學員的互動，以及更多地認可和讚賞自己的才華和工作努力。她理想的工作日還包括一份可以在下午 6 點之前完成的待辦事項清單。G 女士表示，她喜歡培訓工作的核心內容，並希望探索能夠將更多時間投入這些職責的方法。在會談結束時，G 女士和實務工作者同意探討實現這目標面臨的阻礙。

　藝術治療與生涯諮商

圖 8.6　G 女士的理想工作日圖像

　　第三次會談，以 G 女士熱切地著手描繪她的工作阻礙為開端。她使用水彩蠟筆創作了一幅以時鐘和清單為主的圖像（見**圖 8.7**）。在時鐘下方與在兩個清單之間，G 女士描述她創作了一個自我象徵符號，她正在舉著非常沉重的負擔，包含時間壓力和待辦事項清單。她指出，紅色、橙色和黃色的圓圈代表她的安靜、創意、富有成效的時間以及她的頭。她把這個圓圈的大小與她第一個圖像的中心圓圈加以比較，指出目前的圓圈比理想的圓圈要小很多。她評論到光是看著作品本身就會引起煩惱，使她看不到工作的正向方面。

　　在探索了其中一些感受後，實務工作者反映了 G 女士能夠維持參與並成功完成許多重要任務的優勢，但也指出了對工作時間缺乏控制和負擔的主題。實務工作者詢問 G 女士對於安排她的工作日的自由度。G 女士表示，當她不用辦理培訓工作時，她通常有很大的自由可以安排她的工作日。此外，G 女士還指出，她因工作量大和截止日期短而感到負擔，這造成她在計畫她的工作日時更常是被動反應，而不是主動安排。在會談的這時刻，實務工作者介紹了工作重塑的概念，詢問 G 女士是否有興趣了解更多，並嘗試工作重塑的過程，以增加正向的經驗與更大的工作滿足／實現。G 女士同意工作重塑可能是一個很好的開始，她期待了解更多。

　　在第四次會談中，G 女士和實務工作者回顧了先前的藝術創作作品，然

圖 8.7　G 女士對工作阻礙的描繪

後討論了三種類型的工作重塑：任務塑造、關係塑造和認知塑造。提供了這些策略的範例。接著，實務工作者邀請 G 女士創作一幅反映她在工作環境中可能可以嘗試的工作塑造任務的圖像。為了創作這圖像，G 女士再次選用了彩色鉛筆。她在一張紙上畫了一個大圓圈，並在大圓圈的中央再次畫上了代表她安靜、富有成效的時間圓圈設計。她將大圓圈的外部畫分並標記為認知、任務和關係，並在其後添加象徵符號和文字，以代表可能的工作重塑任務。當她畫完她的圖時，她剪下了圓形構圖，並把這圓形構圖放在理想工作日阻礙的那張圖上面（見**圖 8.8 和 8.9**）。G 女士表示，將這圓圈放在令人煩惱的圖像上已經增強了她的個人力量感。

　　G 女士和實務工作者回顧了 G 女士的工作重塑圓圈。G 女士解釋說，潛在的任務重塑可以包括將適當的行政任務委派給其他人來減輕她的一些工作任務。她表示，將培訓評估數據的分析分配給她部門內的同事是合理的，這樣她就可以主要專注於根據分析結果撰寫季度總結報告。她還解釋說，她可以透過在某些天的一到兩個小時內關閉辦公室門並關閉電子郵件提醒，藉此來減少工作中斷，留出時間來撰寫報告，以及騰出「創意整合時間」。關於認知工作塑造任務，G 女士指出，她可以在每天結束時花點時間列出並反思自己的成就，並給予自己「做得好！」的肯定，而不是等待上級的讚賞。她指出，她還可以

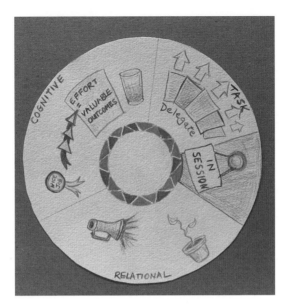

圖 8.8　G 女士的工作重塑任務

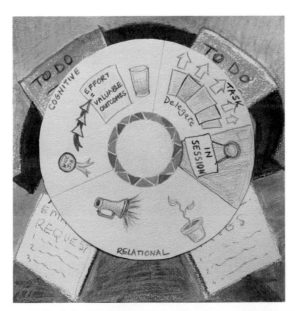

圖 8.9　G 女士的工作重塑任務與理想工作日阻礙圖像的重疊

選擇將她的工作看作是一種玻璃杯半滿而不是半空的現象，每天提醒自己工作中一個讓她喜愛的方面。在思考關係工作塑造時，G女士承認她可以改善與行政主管的溝通，這些主管可能沒有意識到她一直以來所經驗到的一些不舒服。她表示，要求與管理層定期召開工作量規劃會議是合理的。最後，G女士表示，她可以加強與同事之間的社交關係，以促進團隊合作，並減少她承擔的行政任務所帶來的孤立感。在會談結束時，G女士重申，找到塑造她工作經驗的方法是有幫助的。

　　與G女士的額外會談聚焦於創造並反思她可以運用的優勢和技能，將她所確定的工作重塑任務轉化為實際的行動和執行步驟。G女士開始實施這些策略，從中受益，重新獲得了更充實的工作體驗，包括「創意整合時間」和對她的工作滿意度和滿足／實現至關重要的人際關係。

後期職涯擔憂的正向生涯介入

　　在職涯的後期階段，成年人可能會面臨與職場變化有關的脆弱性，包括就業市場變動、經濟下滑，或者工作資格期望的轉變，這需要取得新的能力。這些情況可能導致料想不到的工作轉換、低度就業，或比預期提前退休。布蘭登等人（Brandan et al., 2013）主張，在這一職涯階段，可以利用以正向心理學為基礎的生涯諮商，來支持成年人應對變化的適應力、自我效能和社區效能。佩拉－舒斯特（Peila-Shuster, 2012）提出，成年人清晰表達自己的優勢，然後確定這些優勢在生命的下一篇章中能夠如何發揮作用，無論是新的工作環境還是退休，都可能是有利的。

　　一旦認識了自身優勢，個案可以在新的職位或環境中應用自己的優勢，培養有意義的工作投入、志工機會和／或休閒活動。

　　由布蘭登等人（2013）確立的優勢導向評估工具，這些評估可以提供給處在後期職涯階段的個體來一同開啟這項辨認自身優勢的工作。例如，實務工作者可以使用優勢、劣勢、機會和威脅（SWOT）分析格式來開啟有關個案資源和擔憂的對話。詢問關於工作和人際技能、個人或社區可用的人脈以及過去的成就，可能可以開展出關於個人優勢的對話。提問關於曾經遇到過的阻礙，或者在生活範圍中遇到難以實現的目標，可能會揭示需要解決的潛在劣勢。額外的

問題，像是問及有關生活夢想與支持系統，可能會發現尚未考慮到的機會。最後，關於威脅的討論，比如健康問題或是經驗到的年齡歧視等面向，則提供了支持與解決問題的機會。布蘭登等人建議實務工作者在採取這種方法之前，先評估個案對於進行此類對話的準備程度。

另外，布蘭登等人（2013）贊成將 SWOT 分析中的組成，配對和轉換成適合培養新的觀點和策略。個案和實務工作者共同合作，將優勢與機會連結起來，例如將語言能力與醫療衛生機構中的口譯需求連結起來，或是將劣勢和威脅重新看待為機會。例如，由於缺乏對行業尖端技術的熟悉而被忽略升遷的威脅，可以重新分類為尋求培訓機會的激勵因子。

四部曲拼貼系列是一個以視覺方式協助個案從劣勢或威脅，轉為優勢或機會的方法，實務工作者可以在個別或團體情境中提供。個案使用一張橫向擺放且摺成四個頁面的紙，按照指示在第一個頁面上寫下他們正在離開的事物（劣勢或威脅），並在最後一個頁面寫下他們正在邁向的目標（優勢或機會）。中央兩個頁面將用於反映和代表這些特質中的正向部分，而這些正向部分可能有助於他們邁向最後的頁面。除了給予個案膠水和剪刀之外，還提供雜誌或預先剪好的圖片與文字，並請他們在每個頁面中貼上具代表性的詞語或圖片。**圖 8.10和 8.11** 提供了此過程的兩個範例。

在 **圖 8.10** 中，個案 A 寫下自己的劣勢是工作上太大膽和情緒化。個案 A 表示，他的主管最近因為他在表達對工作團隊及其表現的不滿時有「聲音大聲且語氣具攻擊性」而給予他負面的書面評價。他承認自己很沮喪，但是他認為自己不應該因為向團隊提出合理的擔憂，而受到「懲罰」。現在他感覺想要辭職。然而，他對辭職猶豫不決，因為考慮到自己的年齡，以及擔心要與較年輕的經理們競爭新職位。在探索自己大膽特質的正向部分時，他反映自己為工作帶來了力量和火花，而且他對於完成自己所承擔的任務充滿興趣、機敏和有效率。在最後一個頁面中，他能夠將他的大膽特質中的某些方面視為是一種優勢，因為他認為自己是果斷的，並且能夠迅速完成工作。他覺得這些特質加上經驗，可能在許多工作環境中都是很有價值且受到讚賞的，他對於尋找可能更適合自己的新職位變得更加樂觀。

在 **圖 8.11** 中，個案 B 反思了作為一名教師在努力工作了 30 年後，仍能保持正向態度的個人優勢。隨著退休金制度的改變，她做出了退休的艱難決定，

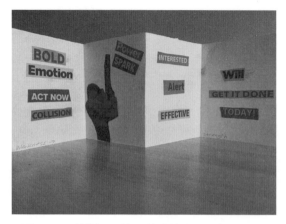

圖 8.10　範例 1：展現轉變的四部曲拼貼系列

並把握最佳的退休金給付方式，儘管心理上她不確定自己是否已經準備好要離開教室。在討論她的拼貼時，她解釋，她的教學經驗幫助她看到了可以實現的解決方案，而不是聚焦在挑戰本身。第三個頁面代表了她正在萌芽的能力，即是能夠將處在新環境視為一件可以令人愉快或讓人振奮的事情。最後，個案 B 表示，她的正向態度可以幫助她將退休視為是一個「實現夢想」的機會，因為她享受與兒子及其家人共度時光，而且現在她有了時間和財力去享受。

　　對優勢、劣勢、機會和威脅的關注可以帶來焦點解決的對話和努力。實務工作者可以使用布蘭登等人（2013）確立的焦點解決提問策略，來闡明個案先前克服生涯挑戰、適應新的工作環境以及在經歷個人挑戰後仍能蓬勃發展的經

圖 8.11　範例 2：展現轉變的四部曲拼貼系列

藝術治療與生涯諮商

驗。識別並承認個案所有的復原力技能，可以激發個案在新情境中應用這些技能。

總結

正向心理學和正向藝術治療原則可用於生涯發展的各個階段，以激發希望感、找出優勢、支持自我效能，並在面對工作阻礙與追求有意義的工作時培養復原力。透過使用藝術本位的介入措施，來激發解決問題的正向圖像與創意方法，可以增強優勢導向的生涯評估和方法。實務工作者在支持個案實現職業目標的過程中，發揮了促進個案感受到增能的重要作用，並協助個案運用自己的技能、優勢和機會，來達成生涯目標。

問題討論與活動

1. **自我反思 1**：在你的童年、青春期或成年早期，對你所感知到的優勢，他人所給予的回饋或關注如何影響了你的生涯興趣或追求？在你的生涯發展中，你認為最具影響力的個人或社區資源是什麼？在你的生涯發展過程中，你如何運用這些優勢與資源來因應充滿挑戰的時期？使用任何藝術媒介，創作一幅藝術作品來反映你的優勢，這些優勢持續地在工作或生活目標達成方面支持著你。

2. **自我反思 2**：考慮你目前的工作或志工經驗。思考如何應用工作重塑任務，來提高你對角色和責任的滿意度？

3. **自我反思 3**：創作一個「最喜歡的工作日」圖像。這幅圖像揭示了哪些對你而言是有意義的工作經驗？

4. **自我反思和應用**：請回想，在你的人生中，曾經在你想要達成渴望的學業或生涯目標時，遇到困難的時刻。在那個時候，若有生涯實務工作者的引導或介入，你的感受會是如何，尤其是當這引導或介入是強調了正向或聚焦在優勢導向 無論你當時的反應是正面、負面，還是介於兩者之間，這種反應可能如何影響你運用正向心理學和藝術治療的生涯介入方式來協助個案？你會使用哪些技巧來貼心地鼓勵希望，同時不忽視阻礙

呢？

5. **應用**：你可以使用哪些生涯或藝術治療評估工具，進一步了解個案在有意義的工作方面的優勢、資源或價值觀？所選擇的評估工具可以如何地幫助你制定生涯發展治療計畫？

6. 想一想，在你的工作和生活中，什麼會為你帶來意義？你希望透過工作來滿足你的哪些需求呢？你的工作又是怎麼滿足這些需求？當你在工作中追求的意義與目前的工作不符時，你會建議採取哪些進一步行動？有其他方法可以滿足這些需求嗎？你是否可以與雇主協商，以增加滿足你需求的可能性？接受更多培訓或尋找不同的項目是否有助滿足你的需求？

參考文獻

Brandan, M. M., Goddard, N. A., Kabir, B., et al. (2013). Resilience and retirement, coping selfefficacy: Implementing positive psychology during times of economic hardship for late-career individuals. *Career Planning and Adult Development Journal, 29(4)*, 25-36.

Bullock-Yowell, E., Reed! C. A., Mohn, R., et al. (2015). Neuroticism, negative thinking, and coping with respect to career decision state. *The Careei·Development Quarterly, 63(4)*, 333-347.

Burton, L., & Lent, J. (2016). The use of vision boards as a therapeutic intervention. *Journal Creativity and Mental Health, 11(1)*, 52-65. http://dx.doi.org/10.l080/l5401383.2015.l09290l

Butler-Kisber, L., & Poldma, T. 2010. The power of visual approaches in qualitative inquiry: The use of collage making and concept mapping in experiential research. *Journal of Research Practice, 6(2)*: 1-16.

Buyukgoze-Kavas, A. (2016). Predicting career adaptability from positive psychological traits. *The Career Development Quarterly, 64(2)*, 114-125. https://doi.org/10.1002/cdq.12045

Buzzetta, M. E., Lenz, J. G., Hayden, S. C. W., & Osborn, D.S. (2020). Student veterans: Meaning in life, negative career thoughts, and depression. *Career Development Quarterly, 68(4)*, 361-373. https://doi.org/10.1002/cdq.12242

Cane, F. (1983). *The artist in each of us (rev. ed.)*. Art Therapy Publications.

Darewych, O. H., & Bowers, N. R. (2017). Positive arts interventions: Creative clinical tools promoting psychological well-being. *International Journal of Art Therapy, 23(2)*, 62-69.

Dik, B. J., Duffy, R. D., Allan, B. A., et al. (2015). Purpose and meaning in career development applications. *The Counseling Psychologist, 43(4)*, 558-585. https://doi.org/10.1177/0011000014546872

Hirschi, A. (2014). Hope as a resource for self-directed career management: Investigating medi ating effects on proactive career behaviors, life and job satisfaction. *Journal of Happiness Studies, 15(6)*, 1495-1512. doi:10.1007/sl0902-013-9488-x

Louis, M. C., & Lopez, S. J. (2014). Strengths interventions: Current progress and future directions. In A. C. Parks, & S. M. Schueller (Eds.), *The Wiley handbook of positive psychological interventions* (pp. 66-89). Wiley.

Marks, L. R., Hyatt, T., Saunders, D., et al. (2021). The intersection of career and mental health from the lens of cognitive information processing theory. *Journal of the National Institute for Career Education and Counselling, 47(1)*, 38-43. doi:https://doi.org/10.20856/jnicec.4706

Owens, R. L., Allan, B. A., Flores, L. Y. (2019). The strength-based inclusive theory of work. *Counseling Psychology, 47(2)*, 222-265. https://doi.org/10.1177/0011000019859538

Owens, R. L., Flores, L. Y., Kopperson, C., & Allan, B. A. (2019). *Counseling Infusing positive psychological interventions into career counseling for diverse populations. 47(2)*, 291-311 https://doi.org/10.1177/0011000019861608

Pane, I. R. (2015). Positive psychology interventions: Evidence-based resources for students' career development. *Journal of Educational Science, 5(2)*, 51-61.

Pei la-Shuster, J. J. (2012). Using strengths to construct the new life chapter. *Career Planning and Adult Development Journal, 28*, 21-32.

Peterson, C., & Seligman, M. E. P. (2004). *Character strengths and virtues: A handbook and classification*. Oxford University Press/American Psychological Association.

Peterson, G. W., MacFarlane, J., & Osborn, D. (2017). The Vocational Meaning Survey (VMS): An exploration of importance in current work. *Career Planning and Adult Development Journal, 33(2)*, 49-59. Retrieved from http://fsu.digital.flvc.org/islandora/object/fsu%3A543789

Pict.et, A., Coughtrey, A. E., Matthews, A., & Holmes, E. A. (2011). Fishing for happiness: The effects of generating positive imagery on mood and behavior. *Behavior Research and Therapy, 49(12)*, 885-891.

Rath, T. (2007). *StrengthsFinder 2.0*. Gallup Press.

Robertson, P.J. (2018). Positive psychology and career development. *BritishJournal of Guidance & Counseling, 46(2)*, 241-254. https://doi.org/10.1080/03069885.2017.1318433

Seligman, M. E. P., & Csikszentmihalyi, M. (2000). *Positive psychology: An introduction. American Psychologist,*

55, 5-14. https://doi.org/10.1037/0003066X.55.l.5

Smit, S., Wood, L., & Neethling, M. (2015). Helping learners think more hopefully about life school: The usefulness of participatory visual strategies to make career education more contextually relevant. *Perspectives in Education, 33(3)*, 121-140.

Strauser, D. R., Lustig, D. C., & Çiftçi, A. (2008) Psychological well-being: Its relation to work personality, vocational identity, and career thoughts. *The Journal of Psychology, 142(1)*, 21-35. https://doi.org/10.3200/JRLP.142.1.21-36

Wang, C. C. (1999). Photovoice: A participatory action research strategy applied to women's health. *Journal of Women's Health, 8(2)*, 185-192.

Wang, C. C., & Burris, M. A. (1997). Photovoice: Concept, methodology, and use for participatory needs assessment. *Health, Education, & Behavior; 24(3)*, 369-387. https://doi.org.proxy.lib.fsu.edu/10.1177/109019819702400309

Wilkinson, R. A., & Chilton, G. (2013). Positive art therapy: Linking positive psychology to art therapy theory, practice, and research. *Art Therapy, 30(1)*, 4-11.

Wrzesniewski, A., & Dutton, J. E. (2001). Crafting a job: Revisioning employees as active crafters of their work. *Academy of Management Review, 26(2)*, 179-201.

第九章

生涯決策

　　本章將探討生涯決策的複雜性，以及可能支持或阻礙生涯決策準備度的因素，會辨識和探索生涯決策評估、模式和介入策略。最後，將重點介紹與認知訊息處理論和混沌理論等生涯發展理論一致的介入策略範例，其中特別強調創意與藝術性介入策略能夠如何與已確立的生涯諮商結構和實務運作相互融合。

掌握生涯決策

　　生涯未決定的情況是個人尋求生涯諮商最常見的原因之一（Gati & Levin, 2014）。生涯選擇是一個複雜的過程，許多因素可能都會導致個人在生涯決策方面遇到阻礙。加蒂和萊文（Gati & Levin, 2014）描述了可能會使這個過程變得複雜與挑戰的一些相關因素，包括：大量可供選擇的生涯替代方案；在為生涯選項做準備時，需要接受的培訓類型，與培訓所花費的時間存在廣泛的差異；對於自我與工作世界的不確定性；在決策過程中必須做出的妥協；在入職機會或選擇上遇到的社會阻礙；以及擔心做錯決定的顧慮。

　　此外，加蒂和庫爾克薩（Gati & Kulcsar 2021）指出，當前的決策過程受到

經濟轉變的影響，導致在長期的職業生涯可預測性方面存在更多的未知數。近期的全球疫情大流行經驗也營造了無法預測的氛圍。因此，當前的生涯探索者被呼籲要去擁抱模糊和不確定性，融入靈活性，並將變化視為朝向理想生涯位置的正常過程。在做生涯決策時，花時間深入了解生涯方面的影響因素，並將這些影響因素納入思考的過程中，使其變得更加清晰和明確，這也是決策過程中非常重要的部分。

探索和應對個案的自我概念與生涯努力

生涯問題解決和決策的準備狀態

要做出生涯決策的那一刻，個人可能未必準備好應對的方式。桑普森等人（Sampson et al., 2013b）將生涯決策準備度描述為管理與生涯選擇相關的複雜內部與外部變數的能力。值得注意的是，準備的狀態並非停滯的。準備狀態會隨著內部經驗變化而轉變。例如，一個人可能會受到驅力重新評估令自己滿意的生涯類型，並且在評估完成之前，未準備好要做出生涯決定。或者，一個對生涯選項充滿信心的人，可能會在經歷一次負面的生涯事件後產生自我懷疑。生涯決策的準備度還可能在外部需求與家庭或生涯之間意外的擴大或收縮時出現。許多因素可能會造成決策準備度低。其他因素包括性格特徵、對自我或生涯決策過程抱持負面思考、對生涯資訊的理解不足、在制定決策策略方面遇到了困難、個人可能在教育或工作機會經歷外部阻礙，或是在之前的生涯相關資源和介入措施上，個人可能沒有充分的接觸經驗或者並未獲得預期的成功。如前面章節所述，實務工作者可能會使用正式或非正式的評估方法，來釐清個案對生涯決策過程的準備度，以便調整生涯諮商的介入策略。

創意自我效能

在當代的生涯選擇過程中，個人必須處理大量和各種類型與生涯途徑選擇相關的訊息，對生涯選擇的過程感到困難或吃力，是可以理解的。考量到這種複雜性，斯托姆和塞利克（Storme & Celik, 2018）主張，創造力以及對自己創造力的信心是生涯決策過程的核心。斯托姆和塞利克提出，那些缺乏對解決獨特和複雜問題信心的人，也就是創意自我效能感低的表現，很容易在生涯決策方

面遇到挑戰。根據斯托姆和塞利克的研究結果發現，創意自我效能感得分較低的大學生呈現較低程度的自我與生涯探索，對自己的生涯道路存在更多的功能失調信念或缺乏現實評估，以及更大程度的生涯未決定。此外，斯托姆和塞利克發現，那些對模糊不清容忍度較低的人在生涯決策方面更加困難，可能會經歷生涯迷惘。根據這些發現，斯托姆和塞利克建議，生涯諮商師的方法應著重在建立創意解決問題的信心，處理與生涯決策相關的功能失調信念或恐懼，並支持個案組織和整合在生涯探索和決策階段所蒐集的訊息。

情緒智商和自我效能

桑托斯等人（Santos et al., 2018）研究情緒智商與自我效能之間的關係，他們的研究豐富了對於自我效能與生涯決策的討論。在他們的研究架構中，他們將情緒智商描述為一個人評估自己的情緒、評估他人情緒，以及調節和運用情緒來引領行動的能力，與黃和羅（Wong & Law, 2002）的理論一致。桑托斯等人發現，最重要的是，那些在難以理解自身情緒以及難以將情緒融入個人行動中的人，在生涯決策方面會面臨更大的挑戰。此外，那些難以評估和應用情緒的人也常在自我效能部分面臨挑戰，這反過來又影響到他們在生涯決策方面的自我效能信念。基於這些發現，桑托斯等人建議將介入措施集中在發展情緒智商和生涯決策自我效能上。他們主張，專注於自我反思和情緒表達的介入措施可能會提高情緒智商，進而可以用來激勵有關生涯目標制定的行動。建議的提高生涯自我效能感介入措施包含：支持自我知識、職業知識、目標確立，以及提高個案對生涯規劃和問題解決的了解和自在程度。

用於支持生涯自我效能和決策的創意方法

藝術治療與自我效能

提供個人藝術表達的機會可能有助於自我效能。凱馬爾和雷（Kaimal & Ray, 2017）發現，在藝術治療師的協助下，在工作室環境中進行一小時的自由藝術創作的健康成年人，根據他們在藝術創作之前與之後所填寫的《正向和負向情緒量表》（Watson et al., 1988）和《自我效能感量表》（GSES; Schwarzer & Jerusalem, 1995）所示，自述了正向情緒和自我效能感的增加。協助的藝術治

療師為參與者提供了三種媒材選擇以及非評價性的支持。參與者選擇他們的媒材，自己選定他們希望參與的過程，並自行決定要發展的圖像和主題。這些開放式的機會促使個人接觸創意的解決問題和決策技能。

福吉德等人（Forgeard et al., 2021）也試圖了解支持性的非結構化藝術創作如何促進成年人的自我效能。在他們的研究中，有情緒障礙和焦慮症等臨床診斷的成年人參與了支持性的自由選擇藝術創作團體。在藝術活動參與之前和之後進行的自我報告評估結果顯示，活動結束時，成年人的情緒、一般自我效能感與創意自我效能感皆有所改善。在這項研究中，自我效能感指的是對創作任務的掌控感或媒材選用的感知，而創意自我效能感指的則是對創造新穎和有用的想法或結果的信心。此外，藉由藝術過程的刺激，團體參與者感到更有活力，更能積極投入活動中。

研究人員需要進行更具體的研究，以確定開放畫室歷程是否能夠影響生涯自我效能。如果有更多的證據顯示，在創意和表達領域的信心可以移轉到生涯決策層面，則可以使用支持性藝術創作參與來補足聚焦於生涯介入的策略。

沙盤

桑甘賈納瓦尼奇和馬格努森（Sangganjanavanich & Magnuson, 2011）以及斯旺克和雅恩（Swank & Jahn, 2018）提倡在生涯諮商中使用沙盤來促進生涯決策過程。斯旺克和雅恩主張，半結構化沙盤介入措施可以透過提供一個創意的架構，來探索生涯決策的內部和外部影響，從而有效地協助支持大學生的生涯自我效能感。在斯旺克和雅恩對大學生進行的研究中，他們提供大學生長方形沙盤，以及包括各種人物、神話生物、動物、建築物、車輛等的微型人物和物件。在四次 50 分鐘的活動時間中，請學生使用沙子和微型人物來「創造你的生涯世界」；「創造一個由你喜歡做的事情組成的世界」；「創造一個由你擅長的事情組成的世界」；最後，再次「創造你的生涯世界」（Swank & Jahn, 2018, p. 271）。斯旺克和雅恩在最後一個環節中再次提出第一個題目，是要提供機會讓學生考慮在這些環節中自身觀點的變化。實務工作者和學生共同檢閱了每個完成的沙盤，並探討其中出現的主題。學生保留了沙盤配置的照片以便進一步反思。

根據在最後一次沙盤創作之後與學生的面談，斯旺克和雅恩（Swank &

Jahn, 2018）發現學生起先對沙盤過程抱持懷疑態度，但最後學生認識到這個過程有助於他們完善對自己想追求職業的想法。參與者表示，他們對於工作抉擇感到更有自信，並透過參與擴展了他們對內在和外在影響的認識，也了解了他們的生涯如何融入更廣泛的工作／生活體系。此外，學生談論到他們從自我表達的機會中受益，而其他人則表示，創意和反思的歷程激勵了他們持續進行生涯探索的動力。參與者認為，沙盤工作的積極性和視覺元素可以幫助他們在沒有談話壓力的情況下探索主題，或者能輕鬆地討論工作方面的考量。值得注意的是，斯旺克和雅恩承認在研究結束時，學生還未能完成他們的生涯決策過程，但沙盤是可以幫助大學生做出滿意的生涯決策而提供的多種生涯介入策略之一。

　　根據一個特定的個案研究與較非正式的生涯諮商經驗的結果，桑甘賈納瓦尼奇和馬格努森（Sangganjanavanich & Magnuson, 2011）也認為沙盤會談可以有效幫助個案探索決策阻礙。為了探究個案的決策狀態，他們邀請個案反思他們目前的生涯決策狀況，並在沙中創造一個場景，來代表他們所經驗到的生涯阻礙或挫折。桑甘賈納瓦尼奇和馬格努森認為，沙盤和微型作品幫助個案超越字面上的對話，進入到深層探索工作或生活主題的隱喻層面，並加深實務工作者對個案問題的理解。一旦找到了與生涯矛盾或阻礙相關的意涵，個案和實務工作者就可以一起確定相應的介入策略。桑甘賈納瓦尼奇和馬格努森強調了接受適當的沙盤工作引導培訓的重要性，並建議實務工作者在應對個案生涯場景或故事中可能顯示的主題或張力時，需要採取一種非評價式、支持性的方法。

　　藝術本位的介入策略，如沙盤工作，可以被看作是非正式的評估工具，有助於理解個案在做決策時的考量或阻礙。這些流程可以獨立進行，也可以與正式的生涯決策評估工具結合使用。以下將描述一些能夠確認決策過程與關切的相關生涯發展評估工具之範例。

正式的決策評估與工具

決策空間工作表

　　誠如第四章中所述，由彼得森、倫茨和奧斯本（Peterson, Lenz, and Osborn, 2016）發展出的決策空間工作表（Decision Space Worksheet）提供了一種視覺方

式，用來識別、探索和評估個案在進行決策過程時所面臨的問題。個案辨識出想法和考量，以陳述形式書寫，並評估這些陳述為正面、負面或中立的狀態，再將這些陳述語句，畫成一個更大的圓圈裡的多個圓形，來代表所面臨的生涯問題。對個案而言，每個圓形的大小代表著相對應問題的重要性，因此有助於實務工作者確定在生涯諮商討論中，可能更需要去處理的問題。

生涯決定困難量表

加蒂等人（Gati et al., 1996）設計了包含 34 個項目的生涯決定困難量表（Career Decision-Making Difficulties Questionnaire, CDDQ），用來評估一個人可能面臨的決策挑戰。加蒂及其研究合作者將 CDDQ 以及其他決策評估與工具開放給生涯實務工作者和大眾，網址：CDDQ.org。CDDQ 提供一個全球性的決定困難得分，同時也提供了評估決定問題中分項的方法。加蒂和萊文（Gati and Levin, 2014）概述了三組困難集群與十個難度類別。三組集群包括：1. 決定前出現的困難；2. 決定過程中出現的困難；以及 3. 運用生涯資訊時遇到的困難。第一集群決策前出現的困難包含：與動機有關的挑戰、整體上的猶豫不決，或有關自我或決策過程的功能失調信念。第二集群的困難：缺乏與生涯或決策過程相關的資訊。第三集群的決策困難則包括：與內部衝突、外部衝突和資訊的不可靠性相關的挑戰。在完成 CDDQ 評估後，實務工作者和個案可以確認特定的決策障礙，以便規劃相應的介入策略。羅查特（Rochat, 2019）主張對 CDDQ 回應進行更具體的思考。羅查特檢視了個案對個別項目的回應，以找出構成問題的生涯決定困難，進而需要關注和介入。

生涯思維量表

生涯思維量表（Career Thoughts Inventory, CTI; Sampson et al., 1996a, 1996b）評估是以認知訊息處理論與 CASVE 循環為基礎，注重探索與重構有關生涯決策過程中的負面思維。生涯實務工作者使用 CTI 作為一種識別與評估問題的工具，並有助於學習關於決策思維模式。CTI 所測量的構成概念包含：決策困惑、承諾焦慮與導致生涯未決定的外部衝突。決策困惑，所代表的是對於如何開始或如何進行生涯決策過程，整體而言是個「卡住」的狀態。承諾焦慮，則是指當一個人已經成功地將其選擇範圍減少到一個主要選項以及一個備用選項，但

在實際按照選擇採取行動時，受到某些恐懼的阻礙。這種恐懼可能是對失敗的恐懼，對錯過更好選擇的擔憂，以及其他憂慮。外部衝突，則發生在一個人預期自己的生涯決策會被重要他人反對時。個案在 CTI 中所勾選認同的各個項目所代表的思維，不一定都是依據現實情況。換句話說，個案可能認為某個特定的人將會對自己感到非常失望，但實際情況可能不是這樣。請個案對那些自評分數較高的項目「多談一些」，可以揭露特定的背景以及這種思維對個案生涯決策能力的影響。對於有一些負面生涯思維的人，可以建議他們使用補充的 CTI 工作手冊（Sampson et al., 1996a），其中包含幫助認知重構、行動計畫、檢視問題解決以及決策模式的閱讀和練習（Sargent & Lenz, 2017）。

實務工作者應用 CTI 測驗時，應從整體分數開始。高中生、大學生和成人各有其適用的常模分數。個案的常模分數可在實施手冊中對照查詢（Sampson et al., 1996b）。較高的分數可能表示個案正經歷著大量的負面生涯思維，這些思維可能會阻礙生涯決策過程。因此，實務工作者應該將會談的重點放在了解個案的負面核心信念上，闡述負面思想會怎樣妨礙決策的其他方面，並幫助個案意識到以及學習到如何處理這些信念。認知重構是一個有用的工具。一種常見的重構方法是請個案提供證據，來支持與反駁該信念的真實性，然後建立一種較不那麼負面／適應不良的替代性思維。顯示存在有阻礙的關鍵詞包括：「總是」、「從來沒有」、「應該」、「必須」和「應當」等字眼。重構可以是口頭或書面的。這裡詳細介紹了一個口語交流的例子：

實務工作者：你一直說，你從來沒有做過任何好的決定。

個案：覺得確實是這樣的。

實務工作者：我相信現在是這樣的——但難道你從來沒有做出好的決定嗎？

個案：我想可能沒有吧。

實務工作者：你能回想一下曾經做出一個好的決定，甚至是還 OK 的決定嗎？

個案：我想，你可以說來這裡是一個好的決定。

實務工作者：謝謝你！我想可以這麼說吧，你還是可以做好決定的，對吧？

個案：我想，有些時候吧。

實務工作者：有時候，還是大部分的時候？

個案：我想，事關重大時，我會謹慎小心地做出相當不錯的決定。

實務工作者：你能看出這兩句之間的區別嗎？當你說「我從來沒有做過任何好的決定」和「事關重大時，我會謹慎小心地並能做出好的決定」。

在這個情境中，實務工作者沒有在個案第一次提到負面思維時，就直接面質個案，而是等到它出現了幾次。隨著關係的進展，實務工作者將能夠更迅速地進行面質，並使用更簡短的敘述，比如「**從來沒有嗎？**」

幫助個案認識到負面思維如何影響決策是非常重要的，而不是立即建議進行生涯評估或提供生涯訊息，因為充斥的未受挑戰的負面思維可能會妨礙前述兩種介入策略，例如「我什麼都不擅長」或「我永遠做不了這種工作」。負面思維偏高的個案可以參與這些活動，但實務工作者應提醒他們要提防這些負面思維，以避免對過程與結果產生偏見。

中等或得分偏低的施測結果不應被忽略。一個負面的生涯思維影響力太大了，以至於它的影響力可能會會壟罩整個生涯決策過程。建議處理這種負面的思維，進行全面地挑戰與探討。除了總體分數外，也可以檢視分量表是否有顯著較高的分數並進行討論。例如，與其將注意力集中在一般性的「外部影響力」，可能導致實際衝突或感知衝突的人，實務工作者可能會說：「這個量表顯示，你非常在意某人或一些人的意見，你擔心他們對你的生涯決定可能會有何反應。你能告訴我更多相關的訊息嗎？」問完的結果可能會是，這種思維根本就不是負面的，特別是與文化差異有關的時候，這是實務工作者應該要意識到的，以免強加價值觀於個案身上。

生涯狀態量表

另一個生涯決策評估工具是生涯狀態量表（Career State Inventory, CSI）。萊爾等人（Leierer et al., 2020）設計了 CSI 來評估生涯決策狀態與解決生涯問題的準備度。作者群將生涯決策狀態描述為「對於自己的生涯目標或抱負的瞬間意識」（Leierer et al., 2020, p. 2）。生涯決策狀態，涵蓋與身分、方向、滿意度、自信心和自我效能感相關的想法和感受。生涯準備度，關乎一個人為了生涯問

題解決與決策做好準備所付出的努力。這份簡短的問卷量表檢驗一個人對生涯目標的確定度與滿意度，以及詢問個人對於自己實現生涯和生活目標的方法，是否感到清晰且充滿信心。CSI 評估與 CASVE 循環以及認知訊息處理論一致，並已被應用為個別生涯諮商的篩選工具。實務工作者可以檢視量表的三個層面，以確定個案最關心的方面（決心、清晰度或滿意度）。

我的職業情境

我的職業情境（My Vocational Situation, MVS）由何倫等人（Holland et al., 1980）開發，由衡量個人職業認同的 18 道是非題所組成，像是「如果我現在必須做出職業選擇，我怕我會做出一個糟糕的選擇。」在 MVS 中還有兩個項目分別評估個人的資訊需求以及個人所感知到的阻礙。MVS 的開頭和結尾處皆為開放性的提示。第一個提示請個人列出目前正在考慮的所有選項，而結尾的提示只是問：「還有其他的嗎？」藉由第一個提示，實務工作者可以請個人談論正在考慮的每個選項。實務工作者會留意顯而易見的興奮情緒、錯誤訊息、與選項相關的經歷或技能、潛在的壓力，並可能鼓勵個案檢視橫跨各種選項的共同主題。最後的提示則提供了機會讓實務工作者識別個案在量表中未列出的考慮因素，而這考慮因素可能對職業討論是很重要的。 MVS 已用於多項研究，具有很強的心理計量特性，並且免費提供。

與生涯決策相關的其他測量方法

有相當多的量表用來測量與生涯決策相關的變數。例如，其中測量生涯未決定最有名的是奧西波夫等人（Osipow et al., 1997）所建立的。量表裡的 18 個項目代表奧西波夫等人認為個人在生涯決定中會遇到的 18 個具體問題，另外再加上一個開放填寫選項。因此，雖然總分顯示生涯未決定程度較高，但如果有任何項目被肯定評價，那麼這些特定項目就值得與個案進一步討論。很多時候，研究人員會報告自行創建的職業決定性測量工具，例如 CIP 的技能問卷（Osborn et al., 2020），這個工具由四個問題組成，分別與 CIP 中的每個層面有關，請個人對自我知識、職業知識、決策技能和控制自我對話的能力進行評分。研究顯示，這四個項目既獨立又相互依存（Osborn et al., 2020; Osborn et al., 2021）。桑普森等人（Sampson et al., 2013a）建立了一個表格，比較了測量生涯

決策準備度的 49 種不同量表。透過評估過程更確定了解個案的決策問題和阻礙，就會提出介入策略。通常，生涯諮商師會介紹決策模式來幫助個案掌握複雜的決策過程。

生涯決策模式

生涯諮商師設計了一系列廣泛的生涯決策模式來協助個案的決策過程。決策模式可分為三類：規範模式（normative models）、描述模式（descriptive models）和指導模式（prescriptive models; Gati & Kulcsar, 2021）。規範模式著重於提供一種邏輯和理性的生涯選擇系統，以計算的方式來確定最有利的選擇，這可能被認為是理想的，但無法實現。描述模式反映了個人根據主觀經驗和喜好來協商生涯決策結果的獨特方式。加蒂和庫克薩（Gati & Kulcsar, 2021）主張，指導模式藉由與直覺過程相容的系統程序，來結合邏輯和主觀組成部分。這樣的模式將決策過程拆解為更容易處理的組成部分，可以藉反思和邏輯的方式檢視，實現令人滿意的生涯結果。生涯決策中兩個基於理論的指導模式範例是 PIC 模式（Gati, 1986; Gati & Levin, 2014）和 CASVE 循環（Peterson et al., 1996; Sampson et al., 2020）。

PIC 模式

加蒂的 PIC 模型（Gati, 1986; Gati & Levin, 2014; Levin & Gati, 2015）描述決策的步驟分為預先篩選、深入探索和選擇。在預先篩選的過程中，一個人會依據自己重視的生涯因素，來辨識並深思熟慮地考量一系列相符的生涯可能性。個人在預先篩選過程中可能考慮的因素，包含財務考量、晉陞前景、地點，以及生涯如何與自己辨認出的職業天賦及價值觀相符。在預先篩選階段結束時，合適的生涯替代方案會最佳地縮小到五至七個選項。接著，生涯探索者進行深度探索。對生涯選項進行徹底的比較與評估，幫助生涯探索者確定兩到四種可以滿足他們需求的生涯選項。最後，在選擇階段，生涯探索者權衡每種生涯的優缺點，根據選項對自身的吸引力來排序，然後做出自己有興趣追求的生涯選擇。

為了延伸這個想法，並探索如何在生涯決策和工作選擇中結合 PIC 模式與藝術創作，作者們邀請了藝術治療研究生來探索更廣泛的藝術治療工作，對這

些工作進行深入評估，然後將選項縮減為兩個，以進行最終決策過程。作者們請學生將他們的紙張分成兩半或對折，並從各種平面材料中選擇來完成他們的藝術創作過程。接著，作者們邀請學生對他們在紙的兩半上面所選擇的兩個職位來進行創意反思。當圖像完成後，作者們請學生回顧藝術創作作品的兩個部分，並將它們與之前創作的職業願景板和職業價值觀肖像互相比較。透過將工作選擇的反思與先前藝術創作作品中的生涯價值體系進行對比，學生可以進一步檢視哪種工作最有可能滿足他們的生涯和人生目標。

　　學生對融入藝術的決策過程的反應是正面的。第一位學生點出藝術與觀看過程對她在考慮工作選擇方面的價值。她說：「藉由這個反思，幫助我更加了解每份工作的利弊。透過畫出一種類似文氏圖（Venn diagram）的圖表，我意識到中央州立醫院與我將藝術創作作為治療過程核心的價值觀不符。」第一位學生的工作選擇藝術探索與願景板如**圖 9.1** 所示。

　　第二位學生將她的藝術治療工作搜尋鎖定在她認為有吸引力且有文化支持的國家區域（**圖 9.2**）。她將選擇範圍縮小到兩個職位，並創作藝術作品來反思她所蒐集到的訊息。請參見**圖 9.3 和 9.4**。

　　在反思這些藝術創作作品和她先前創作的願景板（**圖 9.5**）時，她注意到她的願景板可能過於理想化，而且沒有任何工作能夠達到她所設想的那種魔法般滋養的環境。她還觀察到**圖 9.2**強調了工作所在的城鎮，但並未充分考慮到工

圖 9.1　第一位學生的工作選擇探索

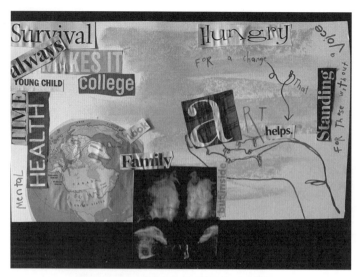

圖 9.2　第一位學生的生涯生活願景板

圖 9.3　第二位學生的工作選擇選項 1

圖 9.4　第二位學生的工作選擇選項 2

圖 9.5　第二位學生的願景板

作機會。她總結到她對第二份工作的反思比較現實，卻有不祥的預感。在這個階段，這名學生決定不會依據這兩個選項做出職業決策。雖然藝術本位的 PIC 過程最終並未達成工作選擇，但它確實幫助學生釐清了她進一步探索工作的需求以及工作環境特徵的考量，這個需求和考量將會作為她在工作和廣泛生活目標的滿意度評估標準。

其他學生發現在 PIC 過程中添加藝術並反思他們的願景板是有價值的。第三位學生表示：「雖然生涯決策可能看起來更直截了當，但藝術創作作品幫助我探索圍繞在兩個選擇周邊的感覺。」第四位學生說：「我真的很喜歡創作藝術作品來反思這兩個工作選擇，因為它幫助我緩解了一些焦慮，並在我做出最終選擇時，給我一個更清楚的方向」。第五位學生強調，在做決定的過程中，諮詢她的願景板和她的職業價值觀肖像是很重要的，因為這提醒了她的職業優先事項。

職業生涯決策循環

接下來要介紹第二個有助於正向生涯決策過程的指導決策模型：CASVE 循環。CASVE 循環首次出現在第二章中，描述進行與生涯決策相關的階段，包含溝通、分析、綜合、評價、執行以及回到溝通階段（Sampson et al., 2020）。從個案的角度來看，溝通的第一階段涉及在循環的開端時承認需要做出選擇。在分析階段，個案將努力了解自己和職業選擇，接著是綜合階段，個案會擴大和縮小自己的選擇。在評價階段，個案將選擇職業、工作、學習或培訓方向，以在執行階段實行。在循環結束時，個案會反思並表達對自己已執行選擇的滿意度。在整個過程中，鼓勵個案反思他們的想法和情緒。個案可以寫下他們對每個階段的想法（例如，在評價階段，「這是我考慮的每個選項的利弊清單」）。個案也可以使用科技來表達這些訊息。**圖 9.6** 即是使用 Snapchat（拍照錄影應用程式）展示了關於 CASVE 循環想法的範例，然後將圖片輸入到投影片中。在過程中還可以重新回顧不同階段。生涯思維量表（Sampson et al., 1996a）和 CTI 工作手冊（Sampson et al., 1996b）找出可能影響特定 CASVE 循環階段的負面生涯想法，這些想法可能需要解決，特別是如果一個人卡在特定階段。

學生或生涯探索者可以自我識別或尋求支援，以確定他們在循環中的狀態。如果需要或有要求提供支援，實務工作者會依據辨識出的循環階段，調整

生涯決策介入策略來協助。在佛羅里達州立大學的生涯課程中提供的 CIP 介入策略，包括向個案宣導積極參與生涯規劃的重要性，了解個人特質如何影響生涯決定，幫助參與者學習實用的求職和面試技巧，以及增強認識影響職業的經濟趨勢。研究人員積極研究 CASVE 循環結構，發現透過在 CASVE 不同階段的推進，可以提高生涯決策者在抉擇方面的清晰度、確定性和自信心（Osborn et al., 2020）。

相關藝術流程：溝通

　　藝術本位的過程可以強化 CASVE 循環內每個階段的探索。在初始的溝通階段，實務工作者可以邀請個案創作兩幅藝術作品，一幅作品是如果他們此刻不做出與生涯相關的決定，請想像一年後（或更長時間）的生活將會是如何，第二幅作品則是如果現在做出與生涯相關的決定，請想像一年後（或更長時間）的生活將會是如何。類似的藝術過程已被運用在正接受物質濫用治療的族群，以激發參與者的自我反思與評估。霍爾特和凱撒（Holt & Kaiser, 2009）請個案描繪「如果他們做出支持康復改變」（第 9 頁）的話，自己一年後會是如何，並在研究中描述了這種做法的好處，因為這提供了視覺證據，與個案正在考慮

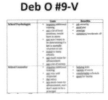

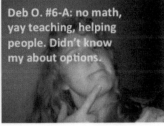

圖 9.6　運用 Snapchat 展示的 CASVE 循環範例

的選擇有關，並促進個案認識到有作為與不作為的潛在後果。

　　一位面臨職業決擇的律師創作了兩幅拼貼藝術作品，這是這種藝術過程的一個例子。這位律師自述，她曾在她目前工作的知名律師事務所中遭受到同事性騷擾，這是一次不幸的經歷。她向人力資源部門投訴，管理階層已經處理了這些指控。最終，涉事的律師選擇辭職離開事務所，而不是接受其他懲罰。雖然她感到如釋重負和感激，但她開始感覺到律師事務所內的其他人不再信任她，並與她保持距離。她曾在這家律師事務所努力工作以取得晉升，但現在感覺到很多人不歡迎她。她來參加生涯諮商，以決定自己是否應該留在這家律師事務所，還是開始尋找一個更正向的工作氛圍。第一幅拼貼畫（**圖 9.7**）代表了這位律師對未來一年不改變工作環境的反思。

　　第二幅拼貼畫（**圖 9.8**）代表如果她選擇在現在的律師事務所以外，尋找其他工作機會的情況。在反思這兩幅圖像，並在生涯諮商的協助下，進一步評估她目前的狀況與生涯價值觀之後，這位律師決定願意冒險去尋找其他工作。

相關藝術流程：分析

　　當個人在探索自己的技能、興趣與可能的生涯選項之間的契合度時，創意過程也可以很好地與決策分析階段相結合。例如，巴爾巴（Barba, 2000）鼓勵個案使用藝術和寫作等創意過程，來探索可能影響生涯興趣與選擇的個人價值觀和限制。在其中一個過程中，巴爾巴邀請個案回想曾經感到「界線被跨越」並引發困擾的經驗。在回憶這些事件之後，邀請個案畫出與這些經歷有關所浮現的圖像以及書寫敘事。巴爾巴和個案共同瀏覽這些作品，以找出困擾的源頭以及與困擾相關的隱含價值觀。透由藝術、寫作和反思過程，個案增加了對所持有可能會影響對生涯或工作環境滿意度信念的認識。巴爾巴還協助進行引導式想像歷程來激發想像力。她使用引導式想像，請個案想像自己乘坐魔毯飛入未來。將想像之旅中出現的影像創作出來，並檢視可能會出現與興趣、生涯和生活目標有關的主題。

　　在綜合階段，在蒐集和檢視更多有關自我和生涯的資訊後，可以運用受到海耶斯（Hayes, 2015）生涯決策個案配對模式所啟發的藝術流程。在這個配對過程中，個案創作一系列藝術創作作品，內容是關於他們對生涯導向或工作環境的貢獻、他們希望能夠從工作環境中獲得到什麼，以及他們對所選職業中成

長和發展的目標。進行這一系列藝術創作作品的一種可行的方式是提供水彩紙明信片，一面可以進行繪畫，背面可以寫下反思。接下來，個案將創作與正在考慮的生涯或工作環境相關的藝術創作作品，這些作品可能與期望、條件、機會以及未來在就業／職業市場中的方向有關，這些可能會影響到未來幾年生涯或工作環境中可獲得的機會。一旦卡片上描繪了自我特徵以及生涯或工作環境

圖 9.7　拼貼畫：如果我不考慮換工作場所，一年後我的職業生涯

圖 9.8　拼貼畫：反思與重新詮釋

的特點，個案就可以檢視他們自己的素質和願望，與生涯或工作環境的期待和所提供的條件之間，是相輔而行，還是無法匹配。這第二組的卡片可以為最後的幾個生涯選項來製作，並用於協助 CASVE 循環中的評價與執行階段。一系列以綜合為導向的藝術創作作品，可作為提供視覺訊息的作品集，供個案和實務工作者之間進行反思和討論，以支持個案的決策過程。

在最後的溝通階段，可以在個案和實務工作者的關係結束時，回顧整個 CASVE 創作的藝術創作作品。朗加藤（Landgarten, 1991）主張在結束治療時進行藝術任務的回顧，作為反思治療過程中會出現的主題的一種方法，來慶祝成長和決定，並讓個案和治療師為適當的告別做好準備。

了解個人決策過程
影響圈

支持個案努力接受未知，並在意想不到的事件中看到潛在的可能性，可以為個人在困難時期做出必要的生涯決策做好準備。普賴爾和布萊特（Pryor & Bright, 2011）主張將與生涯諮商混沌理論相關的創意思維策略納入生涯決策諮商關係中。創意思維策略涵蓋應對挑戰、概率、可能性和計畫的概念與活動。在這些架構內，個案探索他們對事件的想法和感知，評估可能發生的結果，注重於可能性而不是問題，並發展積極的策略來克服所遇的挑戰。

以視覺導向的任務，如布萊特和普賴爾（Bright & Pryor, 2003）所創立的「影響圈」技術，並由普賴爾和布萊特（2011）進一步描述，可以培養對生涯影響的感知探索，包括非計畫事件。實務工作者鼓勵個案探索三個影響圈：1. 內圈反映的是教師、督導、媒體；2. 中間圈代表的是家人、朋友和同事；3. 最外層的第三圈則代表非計畫事件。請個案在每個類別中列舉影響因素，進一步了解過去塑造他們決策的力量，並激發個案考慮未來的可能性。在個案完成影響圈表格後，實務工作者會他們請反思以往做過的一個具體生涯決策。實務工作者可能會請成年人填寫多張表格，產生出可能顯示決策和影響模式的視覺訊息。此外，對非計畫影響的反思，增加了對非預期事件可能發揮潛在正面作用的認識。

普賴爾和布萊特（2011）建議將圓形表格提供給個案，讓他們在相應的圓圈內寫下影響因素。實務工作者與個案一同查看最後完成的表格。為了擴展這

種視覺探索，作者提供了影響圈任務的藝術本位改編版本，並提供了如何使用這種改編版本的個案範例。

案例 1

　　實務工作者解釋了影響圈任務，鼓勵參與者選定一個生涯決策來進行探索。實務工作者沒有使用既定的表格，而是提供給個案各種圓形的形式供其選擇。本例中的個人選擇聚焦在她的大學和本科主修的決策。她接著選擇了代表教師、督導和媒體影響圈的大小，然後再選擇相應的大小來代表家人、朋友和同事影響的第二個圓圈，以及相應的最外層非計畫事件圓圈。接下來，實務工作者邀請個人用顏色來代表每個圓圈類別中的特定影響者。她選擇了水彩蠟筆以及畫筆和水來完成藝術過程（**圖 9.9**）。

　　在向實務工作者解釋她的影響圈時，她觀察到她的高中老師在主要以粉紅色為主的區域中，對她的大學主修以及她所考慮的學校名單有重大的影響。她提到，她在主修中得到了很好的成績，並獲得了鼓勵以及大學申請的推薦信。她還承認媒體在她的大學決策過程中的作用。她指出，她看到了很多關於她所

圖 9.9　藝術本位的影響圈，水彩蠟筆畫於紙上

在地區的大學聲望和地位的媒體報導，這部分則是以藍色和黃色區域表示。當她做出最終決定時，她選擇了在她所在的州排名最好、在州外也獲得重要認可的大學。

在家人、朋友和同事圈方面，她表示她也深受朋友與家人的強烈影響。她的一些高中同學選擇了同一所大學，這減輕了她對離家讀書的一些焦慮。不過，她表示，對她影響最大的是她的家人。她的母親家族中的幾位家人在她主修興趣領域有豐富的經驗，非常鼓勵她攻讀該領域的學位。此外，她的姐姐曾在同一所大學就讀，她在幾年前也多次到學校拜訪姐姐，這更加堅定了她的選擇。她指出，她所有的家人、朋友和影響力都是綠色的，因為她覺得每個人都支持著她的興趣和成長。

被問及非計畫事件圈的時候，她變得沉默，然後慢慢開始談論在其底部的黑色小三角形。她提到準備上大學的四年前，她的父親因健康問題突然去世。由於她的父親有個「更實際」的生涯與事業，她想知道她父親在她上大學之際是否會引導她走向不同的生涯方向。從正向的角度來看，她能夠將失去父親視為一種增加她對他人敏感度的經歷，並為她追求心理學專業提供了額外的動力。在後續的交談中，她能夠確認出她當時繼續向前的能力，並將這個能力作為未來遇到困難情況或意外職業轉折時，具有潛在應對能力的一個範本。

案例 2

在這個例子中，讓一位正在經歷職業轉換的成年人，回顧自己在四個重要的生涯決擇時刻的「影響圈」。根據提供的指示，反映每個組成部分（教師、督導、媒體；家人、朋友、同事；以及非計畫事件）的形狀大小是可以調整的，而這位成年人選擇使用電腦和文書處理軟體來畫出圓圈，分別反映了大學時的生涯決定、研究所和生涯改變決定，以及兩次的工作變動，在當時選擇轉向新的工作機會。在將影響圈並排比較時（**圖 9.10**），這名成年人發現隨著步入成年後的生活，教師、督導和媒體的影響力逐漸減弱。

同時還觀察到，在前三組圓圈中，家人的影響力從強烈轉變為中等，然後在第四組決定中略為增加。這名成年人還指出，在最後一個情境中，非計畫事件發揮了持續且顯著的正面作用。在過去的工作中遇到工作環境令人不太滿意的時候，這些情況會促使他好奇其他的選項。意想不到的是，在這些時候會出

藝術治療與生涯諮商

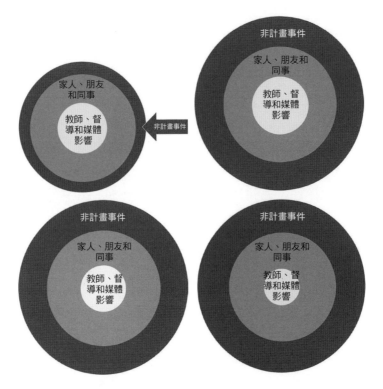

圖 9.10　影響圈：與四個生涯決策重要時刻相關的模式探索

現有吸引力的工作機會，激勵他大膽嘗試申請和接受這些選項，這些選項將為他提供進一步生涯成長的機會和改善的工作環境。他反思成功地應對過多種突發情況的能力後，他鍾情於用開放和好奇的態度面對可能出現的新機會。他開始制定行動計畫，增加意想不到好事發生的可能性。

重新概念化非計畫事件與探索

　　較少結構的藝術方法也可用於探索一個人對非計畫事件的反應，或對新的生涯調查與決策的接受度。在下一個範例中，請參見**圖 9.11**，一位女性運用藝術過程來探索自己對求職的態度。在她準備進行藝術過程時，她決定放棄對藝術媒材的控制，看看會發生什麼。她先從在紙上滴水彩開始，讓水彩自由流動。她跟隨著水滴出現的線條，繼續用線條加以延伸，這些線條象徵著潛在的新方向。在檢視了多條路徑後，她進一步發展了一些路徑，並添加了代表機會

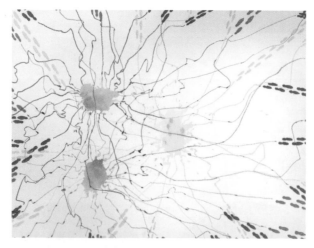

圖 9.11　水彩和麥克筆非計畫的方向探索

的腳印。

　　經過反思，她承認這些選擇只是模糊地代表了工作機會，她還沒有準備好要縮小她的選擇範圍。儘管如此，她覺得這個經驗能讓她更放鬆地進行生涯探索，而不是過早地縮小她的選擇範圍，快速為生涯調查做出結論。在這種情況下，繼續探索自我知識、職業知識與分析，將會是在邁向綜合和執行生涯決策階段之前，要完成的重要工作。

　　第二位學生將可能影響他們決策的非計畫或未知事件，描述為可能導向各種經驗或結果的錯綜複雜道路（**見圖 9.12**）。學生描述藝術作品整體的感覺像是暴風雨，且最初的反應是將機會的概念比喻成一個破壞性的龍捲風，這種風暴會摧毀事物並打亂計畫。他提到對這種負面感受感到不舒服，並試著考慮意外可能出現的變化與選擇的正面影響。因此，學生解釋說，道路迴圈或轉角內的彩色部分代表了從意外發現的機會中獲得的正向經驗。學生總結時觀察到幾條道路似乎延伸出頁面之外，代表了他尚未想像到的路徑和選擇。

　　在這種情況下，擁護混沌理論作為生涯介入策略的實務工作者將支持個案擁抱可能性，而不是確定並堅守一個生涯目標。鼓勵個人保持創造力、好奇心與冒險精神，並在必要時從失敗中學習（Pryor, Amundson, & Bright, 2008）。鑑於世界複雜且多變，應該要預期到不可預料的事情會發生，這可以被視為獲得新知識和成長的途徑。支持個人找出可以幫助他們增加實現所期望結果機會的

圖 9.12　錯綜複雜的道路：對非計畫事件的視覺考慮

領域。普賴爾等人（Pryor et al.）等還指出，在面對一位猶豫不決的個案，他可以輕鬆地找出可能的生涯途徑，但在選擇生涯的起點時會有困難，實務工作者可能需要引導個案，以更系統化的方式從已經檢視過的替代方案中進行選擇。實務工作者在回應個案的需求時，靈活性是不可或缺的。

總結

　　生涯決策是一個複雜的過程，考慮到需要考慮的訊息類型與數量，可能會讓人感到難以掌握。因此，面臨生涯決策挑戰是人們尋求生涯相關支持最常見的原因。生涯決策問題涵蓋了決策前、決策過程中以及運用生涯資訊過程中出現的一系列困難。由於決策問題的種類各不相同，許多評估工具設計來識別導致挑戰的因素。一旦生涯挑戰變得清晰可見，實務工作者就可以進一步調整介入策略，以解決特定的問題。通常，實務工作者會提供基於理論的決策模式，來協助個案處理生涯資訊與決策步驟。此外，實務工作者還可以提供創意的藝術介入策略，以激發並引起人們對於生涯目標與決策過程相關的想法和感受的關注。

問題討論與活動

1. 案例探討：蒂娜是一名大學生，即將上大學二年級。她剛就讀大學時尚未選定主修，並在大一時選修了各種通識教育課程，幫助她確定自己的生涯目標和興趣。今年，她感受到來自父母的壓力，要求她立即選定一個主修，以免把錢浪費在可能不計入所選主修的額外課程上。雖然她已經將自己的興趣縮小到視覺藝術領域，但她仍感到困惑，因為她的學校有很多選擇，比如視覺藝術創作、藝術史、博物館研究、室內建築等。當她查看各主修的課程要求時，她發現在大二時各個主修之間的共同課程變少了，並擔心自己會做出錯誤的選擇，浪費了父母的錢。她也不確定父母是否會支持她往藝術領域發展，此刻她對選擇哪些課程感到焦慮和無所適從。她來到生涯服務中心尋求幫助，以釐清下一步該怎麼做。根據 CASVE 循環，蒂娜正面臨決策的哪個階段，你會提供哪些評估測驗或介入策略？

2. 你運用過哪些決策探索過程，或系統性模式來支持你的生涯決策？哪些過程對你來說是效果最好的？你的經驗可能會如何影響你在協助個案或學生進行生涯決策過程時，所採用的方式？

3. 你可以運用哪些創意的方式，來支持個案探索和解決有關生涯決策的負面思維？

4. 結合創意方法與傳統的未來生涯決策模式介入策略，可能會有哪些優點？

5. 考慮一個你今天需要做出的日常決定，比如穿什麼衣服、從自動販賣機中買什麼零食、晚餐吃什麼、從哪個路線回家等，然後應用其中一個生涯決策模式在這個決定上。接著再用不同的生涯決策模式重複這個過程。哪個效果比較好，如果有的話？是什麼因素促成的呢？

6. 思考一下你即將做出的下一個重大生涯決策。選擇本章描述的其中一個練習，用一種有創意的方式，來表達這個決策以及影響它的因素。關於這個即將到來的決策，你的藝術過程和成品透露了你的哪些想法與感受呢？

參考文獻

Barba, H. N. (2000). *Follow your bliss! A practical, soul centered guide to job-hunting and career planning.* Universal Publishers.

Bright, J. & Pryor, R. (2003). The exploring influences on career development technique. In M. McMahon & W. Patton (Eds.), *Celebrating excellence in Australian career practice: Ideas for career practitioners* (pp. 49-53). Australian Academic Press.

Forgeard, M., Silverman, A., Buchholz, J., et al. (2021). Changes in general self-efficacy and mindfulness are associated with short-term improvements in mood during art-making in a partial hospital program. *The Arts in Psychotherapy, 74*, 101799. https://doi.org/10.1016/j.aip.2021.101799

Gati, I. (1986). Making career decisions: A sequential elimination approach. *Journal of Counseling Psychology, 33(4)*, 408-417. https://doi.org/10.1037/0022-0167.33.4.408

Gati, I., Krausz, M., Osipow, S. H. (1996). A taxonomy of career decision making. *Journal of Counseling Psychology, 43*, 510-526. https://doi.org/10.1037/0022-0167.43.4.510

Gati, I., & Kulcsar, V. (2021). Making better career decisions: From challenges to opportunities. *Journal of Vocational Behavior, 126*, 103545. https://doi.org/10.1016/jJvb.2021.103545

Gati, I., & Levin, N. (2014). Counseling for career decision-making difficulties: Measures and methods. *Career Development Quarterly, 62*, 99-113. https://doi.org/10.1002/j.2161-0045.2014.00073.x

Hayes, W. (2015). Matchmaking your career options. In M. McMahon & W. Patton (Eds.), *Ideas for career practitioners: Celebrating excellence in career practice* (pp. 103-105). Australian Academic Press eBook.

Holland, J. L., Daiger, D. C., & Powell, P. G. (1980). *My vocational situation.* Retrieved from https://career.fsu.edu/sites/g/files/imported/storage/original/application/f3dd4dl7aeae2f58lfb-9837fdl6381f5.pdf

Holt, E., & Kaiser, D. H. (2009). The first step series: Art therapy for early substance abuse treatment. *The Arts in Psychotherapy, 36*, 245-250.

Kaimal, G., & Ray, K. (2017). Free art-making in an art therapy open studio: Changes in affect and self-efficacy. *Arts & Hectlth, 9(2)*, 154-166. https://doi.org/10.1080/17533015.2016.1217248

Landgarten, H. (1991). Termination theory and practice. In H. Landgarten, & D. Lubbers (Eds.). *Art psychotherapy: Issues and applications* (pp. 176-199). Brunner-Routledge.

Leierer, S. J., Peterson, G., Reardon, R. C., & Osborn, D. S. (2020). *The Career State Inventory (CSI) as a measure of the career decision state ancl readiness for career decision making: A manual for assessment, administration, and intervention* (2nd ed.). Florida State University. https://diginole.lib.fsu.edu/islandora/object/fsu%3A743264/datastream/PDF/view

Levin, N., & Gati, I. (2015). Facilitating the transition from school to work with a career decisionmaking approach: Process-related assessments and the PIC model. *Career Planning and Adult Development Journal, 30*, 127-143.

Osborn, D., Sides, R., Brown, C. A. (2020). Comparing career development outcomes among undergraduate students in cognitive information processing theory-based versus human relations course. *Career Development Quarterly, 69(1)*, 32-47. https://doi.org/10.1002/cdq.1221

Osborn, D. S., Brown, C., & Morgan, M. (2021). Expectations, experiences and career-related outcomes of computer-assisted career guidance systems. *Journal of Employment Counseling, 58(2)*, 74-90. doi:https://doi.org/10.1002/joec.12158

Osipow, S. H., Carney, C. G., Winer, J., et al. (1997). *Career Decision Scale.* Psychological Assessment Resources.

Peterson, G., Lenz, J., & Osborn, D. (2016). *Decision Space Worksheet (DSW) activity manual.* Florida State University Center for the Study of Technology in Counseling and Career Development. Retrieved from http://fsu.digital.flvc.org/islandora/object/fsu%3A540931

Peterson, G. W., Sampson, J. P., Jr., Reardon, R. C., & Lenz, J. G. (1996). A cognitive information processing approach to career problem solving and decision making. In D. Brown, L. Brooks, & Associates (Eds.), *Career choice and development* (3rd ed., pp. 423-476). Jossey-Bass.

Pryor, R., Amundson, N. E., Bright, J. E. H. (2008). Probabilities and possibilities: The strategic counseling implications of the chaos theory of careers. *Career Development Quarterly, 56(4)*, 309-315.

Pryor, R., & Bright, J. (2011). *The chaos theory of careers: A new perspective on working in the twenty-first century*. Routledge.

Rochat, S. (2019). The Career Decision-Making Difficulties Questionnaire: A case for item-level interpretation. *The Career Development Quarterly, 67*, 205-218. https://doi.org/10.1002/cdq.12191

Sampson, J. P., Jr., McClain, M., Musch, E., & Reardon, R. C. (2013a). A partial listing of instruments hat can be used as a component of readiness assessment. Center for the Study of Technology in Counseling and Career Development. Faculty publication. Retrieved from:

https://fsu.digital.flvc.org/islandora/object/fsu%3A209960

Sampson, J. P., Jr., McClain, M., Musch, E., & Reardon, R. C. (2013b). Variables affecting readiness to benefit from career interventions. *The Career Development Quarterly, 61*, 98-108.

https://doi.org//10.1002/j.2161-0045.2013.00040.x

Sampson, J. P., Jr., Osborn, D. S., & Bullock-Yowell, E. (2020). Promoting career choices. In S. D. Brown, & R. W. Lent (Eds.), *Career development and counseling: Putting theory and research to work* (pp. 675-702). John Wiley & Sons.

Sampson, J. P., Jr., Peterson, G. W., Lenz, J. G., et al. (1996a). *Career Thoughts Inventory: Professional manual.* Psychological Assessment Resources.

Sampson, J. P., Jr., Peterson, G. W., Lenz, J. G., et al. (1996b). *Career Thoughts Inventory workbook.* Psychological Assessment Resources.

Sangganjanavanich, V. F., & Magnuson, S. (2011). Using sand trays and miniature figures to facilitate career decision making. *The Career Development Quarterly, 59*, 264-273.

Santos, A., Wang, W., & Lewis, J. (2018). Emotional intelligence and career decision-making difficulties: The mediating role of career decision self-efficacy. *Journal of Vocational Behavior, 107*, 295-309.

https://doi.org/10.1016/j.vb.2018.05.008

Sargent, A. C. & Lenz, J. G. (2017). The Career Thoughts Inventory (CTI) and CTI workbook: A purposeful integration of theory, research, and practice in career assessment and intervention. *Career Development Network Journal, 33*, 45-56.

Schwarzer, R., &Jerusalem, M. (1995). Generalized self-efficacy scale. In J. Weinman, S. Wright, & M. Johnston (Eds.), *Measures in health psychology: A user's portfolio. Causal and control beliefs* (pp. 35-37). NFER-Nelson.

Storme, M., & Celik, P. (2018). Career exploration and career decision-making difficulties: The moderating role of creative self-efficacy. *Journal of Career Assessment, 26(3)*, 445-456.

https://doi.org/10.1177/1069072717714540

Swank, J. M., &Jahn, S. A. B. (2018). Using sand tray to facilitate college students' career decisionmaking: A qualitative inquiry. *The Career Development Quarterly, 66*, 269-278.

Watson, D., Clark, L. A., & Tellegen, A. (1988). Development and validation of brief measures of positive and negative affect: The PANAS scales. *Journal of Personality and Social Psychology, 54*, 1063-1070.

Wong, C. S., & Law, K. S. (2002). The effects of leader and follower emotional intelligence on performance and attitude: An exploratory study. *The Leadership Quarterly, 13(3)*, 243-274.

http://dx.doi.org/10.1016/Sl048-9843

第十章

運用創意支持個案的求職過程

　　本章將描述與個案求職過程中有關的治療性與實際任務。將使用藝術方法來分析和呈現個案在尋找工作方面的具體過程，並透過實際案例和相應的藝術本位練習來說明。提供協助和支持，使個人能夠發展、提升或改進他們的履歷撰寫、面試技巧和社交媒體管理能力。最後，將檢視求職過程中所面臨的挑戰，特別是與歧視、多元文化議題和背景以及經歷有關的生涯阻礙。

求職準備

自我認識的重要性

　　準備求職是一項複雜且通常耗費時間的任務，特別是突然或意想不到的事件開始有重新求職的需求時，例如裁員或需要搬遷。除了處理找工作的技能（例如履歷撰寫、面試技巧、求職策略等），實務工作者可以按照個案的生涯計畫，藉由協助他們回答「下一步是什麼？」的問題，在個案尋找工作的過程中支持個案。可能包含重新檢視個案的興趣、價值觀和技巧，或是回顧他們過去的工作經驗，了解先前的哪些工作對他們而言是滿足的以及哪些不是。在前

面的章節中介紹許多的活動可能會有助於澄清個案的自我知識，而自我知識則是成功求職的基礎步驟。最關鍵的是要澄清個案的需求。在個案此刻的人生階段，個案需要工作為他帶來什麼？個案尋求的是經濟上的穩定、高薪、成長的機會、旅行、彈性的上班時間嗎？當個案考量自己的選擇時，了解與尊重對個案來說是最重要的，也是設計出最佳求職計畫的關鍵。另外，了解個案尋找工作的急迫性也是很重要的。如果個案沒有足夠的錢付房租或買食物，可能會需要把焦點轉移到臨時就業，或尋找次優但可以滿足立即需求的工作，而不是探索理想的選項。一旦解決基本需求了，就可以將注意力轉移到長期的就業目標上。

自我對話對求職的影響

當與求職者合作時，探索自我對話也是重要的。每個人對自己與職場的想法可能會影響自己在求職過程中各方面的態度與行為。詢問個案對求職的感覺如何，會是一個很好的起點。個案感覺到的情緒可能會包含擔心、困惑、信心不足或興奮等。探討個案情緒背後的想法可以幫助實務工作者知道要聚焦在哪裡。例如，假設某人感覺自己沒有太多技能可以提供給潛在雇主，實務工作者可能會花時間幫助個案探索他所擁有的經驗與技能，並且藉由模擬面試來練習，特別是針對技能的具體提問來練習回答。如果負面想法是侵擾性的，並且個案擔心這些想法會在面試過程中影響其能力時，實務工作者可以幫助個案發展出認知重構或簡單口號，個案可以在當下幫助自己。

達娜的案例

達娜正在為即將到來的面試做準備，但她與實務工作者分享到，她其實對於想要留下好印象感到非常焦慮。當實務工作者進一步詢問她的擔憂時，她說到自己總是容易感到緊張，並會開始非常快地說一些不相關的事情。她可以感覺到自己的臉發熱，雙手濕冷。大部分情況下，她覺得自己像個冒牌貨，害怕自己說的事情會被聽出來她不夠格擔任這個職務。達娜接著說：「光想到這裡，我就感覺很緊張了！」

實務工作者問達娜是如何意識到自己在那一刻的情緒與生理反應，達娜說她注意到大部分時間都是自己在說話，並說她可以感覺到自己的臉頰與脖子在

發熱。實務工作者將這種覺察視為正向的表徵，並且協助達娜找出一些在實際面試中出現這些症狀時可以對應的策略，其中包含像是深呼吸、隨身攜帶水壺並喝口水、改變身體姿勢以引發行為的改變，以及將她的手搗在嘴巴上，作為一個身體上的提醒，提醒自己話說少一點。

　　接著將注意力轉到她的負面自我對話。在探索她負面的自我對話底層的核心信念（例如：「我不夠 ＿＿＿＿（聰明、技術純熟、精明）」或是「我不值得好事（如這份工作）發生在我身上」），實務工作者與達娜列舉出一系列可以反駁這些想法的證據指標。比如，為了應對關於知識與技能的自我對話，列出了她的學位、她的平均學業成績、一封教職人員的推薦信、她的實習經驗，以及她因專案所獲得的獎項。他們接著查看這個職缺的描述，進一步找出特定必備技能的證據指標，像是達娜擁有特定軟體應用的經驗。然後，一起腦力激盪出一些能夠應對這些特定負面想法的認知重構。其中包含，「我正好擁有他們所要求的，甚至更多」或是「我擁有這工作所需要的條件」，或是「寶貝，妳可以的。」達娜先對著實務工作者練習大聲說出這些句子，再對著鏡子說。她最喜歡最後一句，因為這句來自一首她喜歡的歌曲。她決定在去面試的路上播放這首歌曲作為激勵，同時強化這個自我對話。另外，實務工作者請達娜創作或尋找一個立體的小物件，她可以在面試前或是面試過程中，放在口袋裡或是握在手上，用來提醒自己回到當下。達娜決定要創作一個專屬的物件（見**圖10.1**）。她說這個角色的名字叫維納斯，以歌曲為名，並且整個物件的設計將提醒她，她具備全部的條件，而這有趣的設計會提醒她微笑，讓她記住自己是唯一可以勝任這個職務的人。

　　如果個案真的缺乏特定職業或工作職缺所需要的技能，生涯實務工作者可能會將討論聚焦在取得這些技能，突顯其他所需的技能，或是尋找更符合個案技能的機會。求職者本質上涉及一個潛在的轉變，因此也建議討論與此轉變有關的想法、情緒與考慮事項。有關與生涯轉換中的個人合作的建議，請參閱第十三章。

尋找工作機會

　　一旦個案釐清了他們的就業偏好，下一步就是要找出潛在的雇主、職缺

圖10.1 達娜的立體物件，「維納斯」

和機會。有些機會較明顯——它們會在線上招聘平台、招聘廣告，或公司的網站上張貼。而有些機會則不那麼明確，可能根本就沒有登廣告。這些機會屬於「隱藏的就業市場」，最常是透過人脈網絡才接觸得到。舉例來說，一位雇主可能正在考慮擴大業務，或者最近得知一名員工將在未來幾個月內需要搬遷。他們可能沒有考慮增加職位，但在與朋友的交談中，或閱讀有關特定行業趨勢的文章時，為未來的招聘埋下種子。如果一名合格的求職者在合適的時間與地點出現，雇主可能會在不刊登職缺的情況下加以聘用，尤其是在較小規模的公司。較大的公司可能仍然需要刊登職缺，但透過人脈的求職者將有提前了解這個職缺的優勢。

　　生涯實務工作者可以幫助個案接觸到隱藏的就業市場，方法包括協助個案變得讓雇主更容易「找到」自己，並共同制定一個發展和加強人脈網絡與人脈經營技能的計畫。在現今社會中，前面兩者使用網際網路通常是實現的最佳方式。雖然如此，求職者還是要運用傳統的方法，比如告訴他們定期見面的人自己正在找工作，尤其是那些與大眾接觸的人（如餐廳老板、理髮師、醫生等）。有關人脈經營策略的詳細內容稍後本章會進行探討。

研究雇主

當找出了潛在雇主之後，求職過程中的下一個重要步驟就是了解這些雇主。通常要了解的部分包含所需的教育程度或相關訓練、具體的工作任務、薪資、地理位置、出差（要求或機會）與福利。求職者還會想要了解的其他訊息是與其價值觀有關（源自自我知識）——求職者需要工作為他帶來什麼？可能包括穩定性、晉升機會、獨自工作還是團隊合作、著裝要求、對多元性的承諾、工作時間的彈性等等。個案隨後可以將這些訊息作為評估機會和錄取通知的參考標準。

以利亞的案例

以利亞的案例參考，他收到了兩個職位的錄取通知，並正試圖確定哪個職位對他來說是最好的選擇。**表 10.1** 簡要比較了他對自己以及職位 A 與職位 B 的了解。因為他知道對他來說最重要的是什麼，他能夠在網路上研究和與雇主及員工交談中，精確了解這兩個公司和職務。雖然最終結果尚未確定，但他對每個職務是否適合他自己有了更清晰的了解。接下來，他需要考慮對他來說什麼是必要的，以及他願意和不願意妥協的事項。

如何研究雇主

研究雇主通常會牽涉到檢視其網站與社群媒體帳戶。單靠這些來源的一個缺點是資訊存有偏見——雇主分享他們想要分享的內容，那些內容可能是他們的理想，但不是現實。搜尋其他途徑，例如雇主名稱與「新聞」一詞，或在新聞類別中搜尋，可以提供另一種視角。使用公司名稱作為主題標籤，在社群媒體中搜尋將會找到更多的觀點。使用負面詞語，例如公司名稱加上「投訴」或「差勁」，不僅會突顯抱怨，還會突顯具體需要改進的部分。求職者不會說「我注意到一個對貴公司的常見投訴是 ＿＿＿＿＿＿＿，而我剛好有解決方案」，而可能是運用這些知識，在求職信、簡歷或面試中強調某些技能。例如，如果常見的投訴是顧客服務，那麼建議的步驟是清楚地強調顧客服務的實績。網路求職平台，如 glass-door.com，甚至是一般的線上評論公司，如 Yelp，可能會為求職者提供特定公司工作的相關利弊見解。

表 10.1　兩份工作機會與個人偏好的比較

我的期望	工作 A	工作 B
應用我的廣告學位	較小型公司——不只負責廣告，還負責行銷、媒體製作和平面設計等工作。	工作主要重點在為客戶創作符合其需求的廣告。
團隊合作	在公司內有一個小型的廣告團隊；根據不同的專案，可以一起工作或獨自工作。	團隊規模較大——可能有機會在不同的團隊中工作。
公司在回饋社會方面是積極的，自己可以成為其中的一份子	公司參與多項活動、獎學金等，並提供員工參與的機會。	公司將利潤的 5% 捐贈給員工決定的慈善機構。
國際差旅	會有些國際差旅——主要是針對愛爾蘭的客戶。	如果有國際差旅的話，也很少——主要服務美國的客戶。
明確的多元及包容價值	在公司網站上有公平的機會聲明；網站上的圖片顯示了多元性——高層管理人員的多元性則不太明顯。	在公司網站上有公平的機會聲明；提供針對來自少數群體的領導培訓／指導計畫；領導層明顯由多元化的人士組成。
決策發言權	較小型的公司——每個人似乎都有發言權；員工表示感覺自己的意見有被聽到。	廣告團隊中會有一位領導者去參加更大的會議，並提出想法。
薪資大約在 40,000 美元左右，並有晉升機會。	規定起薪為 35,000 美元，另含 5,000 美元的簽約獎金、年度績效考核和新客戶引進獎金。	起薪為 45,000 美元，無簽約獎金，每年有績效考核。

研究雇主有助於建立自我和職業知識

　　正如在以利亞案例中所示，個人在進行求職與研究雇主時，會更了解自己和自己的選擇。透過探索各種選擇，無論是線上還是透過面試，個案將開始優先考慮對自己來說最重要的事情，以做出就業決定。幫助個案準備求職的一種策略是調查與感興趣的工作有關的線上簡歷。例如，以「會計師簡歷」為關鍵詞並查看搜尋結果。透過瀏覽幾個樣本，個案可以看到那些職位的人通常具備哪些技能與經驗，然後將其與自己的簡歷和技能進行比較。他們可以建立一個比較表（**表 10.2**），看看自己符合的情況，並提供可以在求職信裡或面試中引用的具體範例。在這個例子中，個案搜尋了會計師簡歷，並在第一欄中列出了

表 10.2　簡歷與現實比較

簡歷	這個我有做過嗎？	具體例子或計畫
透過實施降低成本策略幫助提高利潤	沒有	計畫：我會問我的實習督導，是否可以讓我與某人合作進行這項任務。
為新客戶進行財務分析並評估潛在風險	有點	例子：在我的副修課程中，我們針對不同的案例進行了多種分析。 計畫：我會問我的實習督導是否可以在下個月讓我參與或觀摩。
核對每月信託和統制帳戶，包括集團薪酬、存款本金和應收帳款	有	例子：作為會計俱樂部的財務主管，這是我工作的常規部分。
管理總帳	有	例子：我接受過 Excel 巨集程式和其他資料庫的培訓，並將其用於會計俱樂部。
美國會計協會成員	沒有	計畫：加入！

重複出現的工作任務類型與技能。在第二欄中，個案評估了自己是否具有這些經驗和技能，最後一欄則寫下了具體例子，或制定計畫來發展該技能。實務工作者也可以引導個案檢視自己對於樣本中所列出的工作任務與經驗有什麼樣的感覺。瀏覽目前的簡歷還可以讓個案了解常見的簡歷風格，針對該職業的簡歷中經常包括或不包括的內容，以及如何呈現技能與經驗的構想。

進入隱藏的就業市場

求職不再是一條單行道，求職者試圖尋找潛在的雇主，對它們進行研究，然後應徵選定的職位。而公司雇用獵頭，協助尋找可能適合特定職位的個人，這是一個雇主在廣告職位之前（如果有廣告的話）主動積極地尋找潛在優質員工的例子。這種情形不僅限於獵頭人員，而且隨著線上平台的出現，許多小型雇主也會以類似的方式來尋找潛在雇員。因此，求職者需要讓這些潛在雇主能夠「找到」自己，而其中一個關鍵方式是建立線上的專業身分。

建立和管理線上專業身分

　　擁有個人線上履歷檔案可以向潛在雇主提供有關候選人的具體訊息和證據。個人在網路上提供的訊息類型可以對印象產生關鍵性的影響。因此，在應徵工作之前，建議應聘者對自己進行線上審核，檢查自己的網路形象、社群媒體貼文、圖片等，並從雇主的角度加以評估。這些貼文和圖片表明了什麼？人們也許會對他們在工作環境中可能會如何表現，做出什麼樣的假設？與此同時，專業處理的社群媒體可以創造出積極的觀點。例如，創一個部落格相對簡單。求職者可以經營一個專注於特定領域的部落格，並且可以包括相關時事的貼文、最近發表的研究摘要、可能有用的資源評論、特定技能的影片示範、與相關人物和領域的訪談等。透過設立這樣的部落格，個人可以展示自己對該領域的知識、自身的人際網絡、對當前議題和領域資源的了解，以及為該專業社群貢獻與教育大眾認識該領域的承諾。在簡歷和電子郵件簽名中附上部落格連結，能為潛在雇主創造了一個超越簡歷並親身體驗求職者知識和技能的機會。接下來，我們將針對一些較為流行的社群平台說明它們如何支持個案求職。

LinkedIn

　　雖然並非所有的產業在網路上都充分呈現，但許多雇主尋找潛在專業人才的首選線上來源是 LinkedIn。LinkedIn 是一個專業人士的社群網站，可用於經營人脈，也可用於尋找工作。個人可以發佈自己的經歷，撰寫部落格文章，加入專業團體，與其他專業人士聯繫並表示自己正在尋找工作。許多書籍和指南（如 Dodaro, 2019; Wittman, 2019）介紹了如何最大程度地發揮 LinkedIn 的優勢。實務工作者應該引導個案參考這些資源，同時也可以提出一些建議，例如包括專業的頭像照片，建立能夠傳達他們專業身分的專業簡介，盡可能涵蓋相關雇主、就讀的大學與學校、加入相關團體的具體細節，在標題中包含特定關鍵詞，並使用部落格功能分享專業訊息（Osborn et al., 2014）。懷著對於建立人脈關係的重視，個案可以最有效的運用 LinkedIn 的方式是，創造機會讓其他專業人士連結到自己的檔案頁面，或者透過與期望的雇主有聯繫的其他人。有關建立人脈的更多細節將在下一節中介紹。

Twitter

Twitter 不僅是一個社交的微型部落格，還是一個出色的人脈網絡與求職資源。雖然許多人運用 Twitter 發佈個人貼文，但 Twitter 也是成千上萬的雇主用以分享公司文化的管道。實務工作者可以幫助個案在 Twitter 上建立專業的線上形象，幫助他們撰寫遣辭用句精錬的簡歷，連結到他們的 LinkedIn 頁面，並考慮哪些推文和主題標籤可能會為潛在雇主留下深刻印象（Osborn et al., 2014）。實務工作者還可以教導個案如何搜尋雇主，查找與他們有興趣從事的行業有關的關鍵詞（以找出主要參與者），以及如何有意義地參與這些團體。

Instagram

作為一個視覺社群媒體平台，Instagram 能夠讓用戶發佈展示個人技能、經歷和個性的照片和影片。求職者可以發佈自己展示特定職位所需關鍵技能的證據。可以鼓勵一個人持續發佈與工作相關的經驗、獎項、點讚數等證據，即使他們已經獲得了工作，因為這將成為未來工作的證據。與其他社群媒體網站類似，精選的主題標籤可以增加瀏覽次數。搜尋「#career」會得到 640 萬則貼文，而「#hireme」則有 762,000 則貼文，「#resume tips」也有 189,000 則貼文。大公司也有 Instagram 帳戶，可以鼓勵個案發佈與特定公司相關的主題、參加比賽，並以積極的方式策略性地參與，以引起注意。

YouTube

影片簡歷是一種獨特且更為溫暖的方式，能夠與潛在雇主分享技能、經驗、生涯目標、溝通技巧與個性。影片應該要簡短、經過精心剪輯與製作。它們可以針對特定公司，或聚焦於特定行業或技能。求職者應該要在影片發佈前先尋求專業意見，了解影片呈現的效果。此外，影片上線後，求職者可以藉運用主題標籤、在其他社交媒體帳戶中連結該影片，並在電子郵件簽名中添加連結來提高能見度。搜尋「影片簡歷」或「影片履歷」來瀏覽一些近期的範例。

Facebook

Facebook 長期以來一直位居社群媒體網站之首。因此，雇主也在那裡擁有強大的影響力，經常發佈不會出現在其公司網站上的資訊。追蹤一家公司的頁

面可以幫助求職者隨時了解該公司的活動與新聞（Osborn et al., 2014）。求職者也可以讓朋友和家人參與自己的求職過程，但應注意不要過度尋求幫助、聯繫和資訊。建議的第一步是讓朋友和家人知道他們正在尋找特定類型、特定地點的工作，並詢問是否有人認識相關行業可以聯繫的人。如果求職者對特定公司有興趣，也可以提及。如果求職者目前仍在職，並且尚未與雇主分享他們計畫離職的訊息，建議不要在社群媒體上分享該訊息，而是詢問更一般性的問題來判斷誰可能會有幫助，透過其他方式詢問，或等到與現任雇主談過後再提問。

其他社群媒體

建議鼓勵個案探索他們經常使用的社群媒體網站：(a) 查看自己感興趣的雇主是否在該平台擁有帳戶，以及 (b) 確定他們向潛在雇主傳遞的訊息。擁有行銷部門或社群媒體經理的公司將在這些網站上宣傳，作為與潛在員工互動的方式。例如，TikTok 是一個運用短影片來傳遞內容的社群媒體平台。可以引導個案搜尋公司名稱、新增主題標籤。還有一些網站提供有關簡歷寫作和面試等主題的求職建議。以 Reddit 為例，一般人都會在此評論與日常生活相關的問題，包括求職和生涯問題。可想而知，並不是所有的建議和評論都是實務工作者可能會贊同的。然而，還是有一些有價值的訊息，例如從他人的個人經驗中學習。實務工作者可能會請個案將這些網站中的例子帶入會談中，或一起搜尋它們以評估共享內容的實用性。這也可能會為個人帶來獨特自我行銷方法的靈感。

虛擬就業博覽會

傳統的就業博覽會通常會在一個大型場館中舉行，雇主在那裡設置桌子，與潛在員工談論有關公司／組織、可取得的機會以及求職者的技能和經驗。如果談話是正面的，求職者可能會將簡歷交給雇主，雇主可能會隨後進行面試。虛擬就業博覽會遵循相同的理念，但由於是線上的特質，實行方式會有不同。就業博覽會可以由一個擁有各種職缺或多個地區機會的雇主主辦，也可以由較大的團體主辦，例如大學職涯發展中心或社區中心，並包含多家雇主。這些雇主可能集中在特定的職業領域，例如醫療保健工作；或特定的地理位置；或特定的工作類型，例如兼職或合約工作。此外，虛擬就業博覽會也可能鎖定特定

族群，如退伍軍人或少數族裔工程師（Osborn et al., 2014）。

　　在就業博覽會上實際發生的情況也各不相同。雇主可能會概述公司與職務，然後回答一般性問題，或者他們可能會有一張報名表，未來的員工可以登記進行簡短的交談，或兩者皆俱。實務工作者在協助一位準備參加虛擬就業博覽會的個案時，應鼓勵個案盡可能地多了解有關博覽會、感興趣的雇主，以及博覽會進行方式的資訊。也許雇主希望應聘者在與他們交談之前先上傳一份簡歷；掌握這些資訊對於給人留下好印象是非常重要的。知道如何在線上面試穿著得體，如何調整音效與照明以給人最佳印象，也是重要的策略。

求職網站和智慧型手機應用程式

　　尋找工作的其中一個常見方法是運用專門求職的網站與應用程式。這些工具能夠讓求職者建立一份一般的申請表或上傳一份簡歷，然後將該簡歷或應徵表傳送給在該網站／應用程式上刊登職位空缺的感興趣的雇主。其中兩個一般性的求職網站／應用程式的例子是 indeed.com 和 glassdoor.com。通常這些網站會提供有關公司的資訊、雇主評分以及其他訊息，例如常見的面試問題。其他求職網站可能專門針對某個特定行業，例如以大專院校內職位為主的 higheredjobs.com。由於這些職位空缺可供所有在線者查看，因此雇主可能會被大量的應徵申請所淹沒。個案可能需要實務工作者提供建議和指導，以幫助他們的應徵申請能脫穎而出。本章提供的策略著重於如何展現雇主需求與求職者技能之間的關聯性，這可能是實現此目標的最佳方法。

建立專業的人脈

　　在求職中，所有社群媒體的一個重要層面是建立和維持專業人脈。雖然數量很重要，但質量可能更重要。這意味著以一種精確的方式使用社群媒體，持續參與社群從而讓潛在雇主留下印象，或者是能夠讓將求職者與潛在雇主連結起來的人留下印象。僅僅建立連結還不夠，這種連結需要透過評論、主題標籤、記載和貼文來維繫，例如：「我看到這個標題，想到了你／你的公司／你的產品。」

　　為了發展專業人脈，求職者可以從現有的人脈關係開始，查看是否有人直

接參與他們所感興趣的行業、工作、地理位置、公司或機構。除了與這位人士聯繫並尋求建議外，求職者還可以瀏覽自己聯絡人的人脈關係，並請求幫忙引薦。團體或課程提供了一個很好的機會來練習建立人脈。在**圖 10.2** 中，我們要求學生在地圖上標示他們畢業後希望居住的地方。有人將紐西蘭添加到我們的圖片中。然後，我們特別選擇了標明的地點，並要求學生說明他們是否有認識該州的任何人。我們以該活動為例，說明了我們之間的聯繫是多麼密切，而與所期望的職位或地點的聯繫可能僅僅是一次對話的距離。

一些高中和大多數的大專院校都有校友會或校友團體。LinkedIn（linkedin.com/alumni）可以提供特定大學校友的各種工作訊息（Osborn et al., 2014）。雖然許多社群網站的聯繫請求通常是自動的，但建立一個更加個性化的介紹和聯繫請求可能會產生更積極的結果。

以藝術本位的流程來激發有關人脈的想法

雖然社群媒體網絡提供了拓展人脈的機會，但運用藝術本位方法來構想潛在的人脈建立可能會有所幫助。在這方面，布朗（2015）為成年求職者提供

圖 10.2　建立人脈地圖範例

　　　　　　　　　　　藝術治療與生涯諮商

了一個簡單的視覺表格與建立人脈規劃表，工作表包含標有朋友、家人、額外課外活動的熟人、工作和學習上的同事以及其他人際關係的圈圈。邀請求職者邀請填寫這些圈圈，列出可能成為潛在聯絡人和機會連結者的名字。表格完成後，提示求職者選擇五個人來進行聯繫，記錄聯繫原因，然後為具體的對話提出問題。

　　這個視覺工作表與用來檢視個案可用的社會支持系統的視覺生態圖有些相似之處。鮑姆加特納等人（2012）將生態圖描述為個人或家庭與正式和非正式人脈連結的圖形化呈現，使用已設定好的線條、形狀和顏色，來表示個案與其社交資源之間的連結與關係特性。這個表格由個人或家庭填寫，然後與專業人士一起檢視，以增進專業人士對個案背景和資源的理解。鮑姆加特納等人（2012）支持年輕個案使用圖像或個案照片來代表其社交資源，發現較不抽象的圖像形式會引發對話。同樣地，在生涯背景脈絡中進行藝術本位的人脈探索可以促進有關潛在人脈的對話，並增加對可用資源的優勢和差距的認識。

　　圖 10.3 代表了一位求職者對建立人脈選項的初始描述。這些選項包括社群媒體網絡、兄弟會、社交活動、同學、家庭成員和就業博覽會的社交活動。在探索圖像的過程中，鼓勵求職者更具體地進行腦力激盪，思考在這些群體中可

圖 10.3　「我的人脈圈」，麥克筆繪製

圖 10.4　「新舊人脈建立」，以不透明水彩與彩色鉛筆畫在紙上

能會最有幫助的聯絡人，以便制定更詳細的策略和計畫，來進行更合求職者意願的查詢。

　　第二張圖像（**圖 10.4**）是一位求職者的創意描繪，反映了她的人脈以及她想藉由社交聯絡人擴展人脈的渴望。在反思這幅圖像時，她指出她是身穿藍色衣服的中心人物，正在與淺橘色衣服的女士互動，並補充說，在這個圖像中的這一刻，一個重要的連結正在形成。她指出，花時間想像自己的人脈，並創立一個人脈圖像，有助於她想像可能幫助她實現生涯目標的可能性。

簡歷撰寫

　　傳統的簡歷並未消失。建議求職者持有一份最新版本的簡歷，同時也建議那些目前尚未尋找工作的人這麼做，因為機會可能隨時降臨。簡歷的主要目的是引起潛在雇主有足夠的興趣，讓他們想要與求職者進行更多的交談。因此，簡歷的目標是獲得面試機會。過去，求職者可能會將同一份簡歷用於多個

藝術治療與生涯諮商

職位。這是因為簡歷通常是排版的，所以修改成本較高。隨著文書處理的便利性，現在可以輕鬆地為特定類型的工作甚至是雇主量身定制簡歷，這不僅是可行的，也是值得推薦的做法。簡歷應該清晰地展示出求職者具備的資格與雇主期望的要求之間的明確關聯性。應鼓勵求職者運用雇主在職位描述或網站上使用的相同詞語。例如，他們使用的是「團隊合作」還是「合作」，「領導」還是「指導」，「願景」還是「目標」？簡歷撰寫有許多指南和範本；實務工作者不需要成為這個領域的專家，但可以將這些指南介紹給個案。還可以就簡歷的整體外觀，以及它如何妥善地傳達所需的訊息，提供一般性的回饋。還建議幫助個案避免常見錯誤，如排版、語法錯誤或提供太少、太多的細節。履歷與簡歷相似，但通常較長，適用於學術界或研究等職位。

　　有些領域對於簡歷有明確的偏好和慣用方式，包括簡歷上包含或不包含的內容，排版的格式，項目排列的順序等等。為了確認個案的領域是否屬於這些情況，生涯實務工作者可以協助個案在網路上搜尋職位名稱或職業（如機械工程師）以及「簡歷」一詞。快速瀏覽發佈的圖像可以顯示一般風格，而更詳細的查看可以提供具體的範例。創意領域可能更容易接受獨特類型的簡歷，如**圖10.5和10.6**中的兩個例子。

求職信

　　求職信可以被視為簡歷或履歷的引言，因此，如果一個人親自將簡歷遞交給雇主，通常不需要求職信。但當求職者郵寄簡歷時，無論是用傳統郵件還是電子郵件，求職信都是必要的。求職信的長度通常為一頁，其目的是說服雇主仔細查看簡歷。第一段很簡短，介紹自己並清楚陳述寫信的目的。如果知道職位編號，也應該加以註明。第二段應該強調求職者如何地符合所需的資格。簡歷中已有的內容不應在求職信中重複，而應該描繪出更大的圖像。如果求職者缺乏某項需具備的資格，可以指出並附帶說明求職者願意並有能力學習該項技能。最後一段將注意力轉向簡歷，並表達進一步交流的意願。求職者可能需要實務工作者幫助他們確定在求職信中應包含最重要的重點。

面試

　　如果簡歷的目的是為了得到面試，那麼面試的目標就是獲得工作邀約。有關面試的建議在網路上很容易找到。就像簡歷一樣，重點應該展現雇主的徵聘與求職者具備的條件之間的契合度。被評估的不僅僅是求職者；求職者也應該評估潛在的工作是否符合自己的需求。實務工作者可以協助求職者進行模擬面試，提出可能會被問到的問題，並讓求職者練習來完善他們的回答。雖然可以預期到一些一般性的問題，比如「你為什麼想來我們公司工作？」或「你在應徵這個職務上的優勢和劣勢是什麼？」或「有什麼問題想要問我們？」求職者可以透過社群媒體了解雇主可能會問到的具體問題。像 glassdoor.com 這樣的網站提供公司評論，通常包括現任和過去員工的評論，範圍從被問到的面試問題到工作環境的描述。

　　求職者最常被問到的問題通常是「你有什麼問題想要問我們？」這個問題需要準備，也是實務工作者提供幫助的機會。雖然詢問關於入職日期和成功的雇主是什麼樣的等一般性問題可能有幫助，但提出具有見識的問題可以展示求職者的機智與興趣。因此，鼓勵應聘者在面試前研究雇主。研究主題包括雇主提供的服務或產品、最受歡迎和不受歡迎的產品或服務、競爭對手是誰、他們的市場對象是誰（以及誰不是）、公司的新聞（通常在社群媒體上發布）、公司的地理位置等。根據這些資訊，應聘者可以提出已鎖定目標的問題，比如：「我看到公司正在荷蘭開設一家分公司。是否有外派調動的機會？」另一個問題可能是：「我看到你們即將推出一個新產品。有關它的市場營銷計畫是什麼？」

　　實務工作者可以協助個案準備求職的一種方式是運用模擬面試。實務工作者可以提出常見的面試問題，比如「介紹一下你自己」或「你認為你擁有哪些技能將對我們的工作有所幫助？」還可以運用工作描述、職位說明或公司網站來構想鎖定目標的問題，並要求個案提供有見識的回答，比如：「你的個人職業目標如何與我們公司的使命相契合？」或「如你所知，我們正在尋找具有特定軟體知識和技能的人。你在這方面有什麼經驗？」為了提高模擬面試的價值，實務工作者可以錄製模擬的面試並在會談中回放，與個案一起合作評估優勢以及改進的方法。

一般求職技巧

　　本章提供了幾個具體的求職技巧。有目標的求職需要有組織性，要追蹤已聯繫過的對象、聯繫的管道（如社群媒體、公司網站等）、已採取的行動、下一步行動的時間，以及在每一步中所獲得的重要訊息。當一個人正在追蹤多個雇主和機會時，這格外地重要。

　　第二個建議是採取多管齊下的方式來找工作。在可能的情況下，個案應該通知他們的朋友和同事們自己正在尋找工作，並尋求他們的幫助。搜尋公司網站、求職網站以及應用程式可能會得到特別好的結果，有時會是同一職務不同類型的訊息。與期望的雇主直接聯繫又是另一種方法。還有一種方法是參加實體或虛擬就業博覽會。只依賴一種方法可能會導致機會有限，而改變方法可能會帶來更多的可能性。透過線上搜尋時，鼓勵個案使用不同的關鍵詞，因為雇主並不會一直使用相同的職稱。例如，如果正在尋找諮商的職位，可以鼓勵個案使用諮商師、治療師、臨床執業人員、教練、顧問等詞彙。

　　最後一個建議是，始終把下一次求職放在心上。及時更新專業建立人脈網站上的簡歷和資訊，從長遠來看不僅可以節省時間，還可以讓潛在雇主了解自己的資歷。附上 LinkedIn 帳號或專業部落格的連結是一種策略，可以不斷分享自己的經驗和技能，同時提醒自己不斷更新個人資料。主動探索下一個階段的生涯目標，並朝著準備就緒的方向邁進，是另一個策略。這可能涉及承擔略微超出自己目前技能的專案，或參與專業發展活動，或有機會時參加額外培訓。這也意味著在社群媒體上保持專業形象，為線上社群做出貢獻，以及保持或增加自己的學歷或證照等資格。最後，密切關注未來的潛在雇主，看看誰正在從事自己渴望從事的工作，並在社群媒體網站上關注他們，也是一種強有力的策略。

求職面臨的挑戰

　　有些個案儘管已經運用了本章目前為止所分享的所有技巧，但求職時仍將面臨挑戰。不論是因為年齡、性別、性取向、種族、身心障礙、犯罪紀錄或其他問題，歧視仍然經常發生。長期脫離職場的人可能會被問及他們的知識與技能是否還跟得上時代。曾有過被捕紀錄的人可能會擔心要如何、何時揭露這些

蘇珊·史密斯

植物學家

執行摘要

以結果為導向的植物學專業人士，正在尋找研究行業的高階職位，我探索各種植物的經驗可以在研究中發揮作用，並找到保育、林業和園藝的有效補救措施。

技能和專業知識
環境評估

外來入侵植物管理
進行野外調查的能力
對州級法規的了解
GPS 地圖繪製和數據分析

聯繫方式：

信箱：hello@reallygreatsite.com
電話：（123）456 7890
網站：www.reallygreatsite.com
辦公室地址：123 Anywhere
Street, Any City, State,
Country12345

工作經歷

植物學家

薩斯拉克斯 ICF 國際公司，俄亥俄州克利夫蘭市
2016 年 11 月 – 迄今

- 從植物染色體、組織和細胞樣本中研究罕見植物物種的生命週期
- 與其他植物學家合作，判定可能從植物中提煉出的藥物、藥品和其他產品
- 參與野外考察，鑑定新品種的植物並確定其標本類別

野外植物學家

斯帕納斯集團有限公司，俄亥俄州克利夫蘭市
2013 年 4 月 - 2015 年 7 月

- 對維管束植物物種進行野外調查，並撰寫建議控制方法的報告
- 與州級資源專家協調，更新罕見植物和動物物種的調查
- 撰寫再生能源計畫下受影響的植物資源狀況的報告

學歷

俄亥俄州立大學
2011 年，植物學理學士

圖 10.5 植物學家簡歷

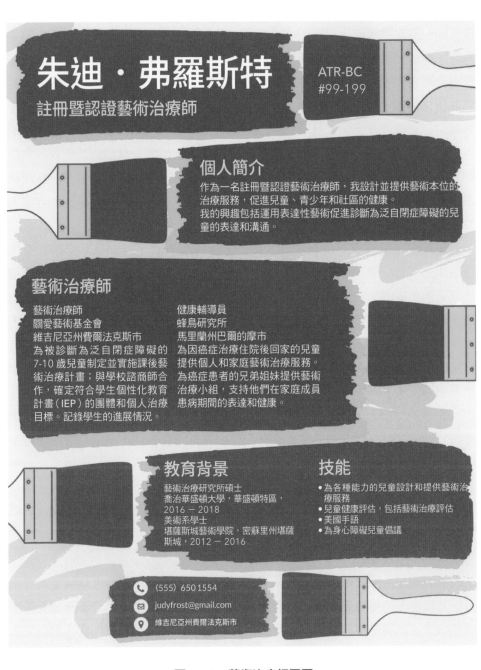

朱迪・弗羅斯特

註冊暨認證藝術治療師

ATR-BC
#99-199

個人簡介

作為一名註冊暨認證藝術治療師，我設計並提供藝術本位的治療服務，促進兒童、青少年和社區的健康。
我的興趣包括運用表達性藝術促進診斷為泛自閉症障礙的兒童的表達和溝通。

藝術治療師

藝術治療師
關愛藝術基金會
維吉尼亞州費爾法克斯市
為被診斷為泛自閉症障礙的7-10歲兒童制定並實施課後藝術治療計畫；與學校諮商師合作，確定符合學生個性化教育計畫（IEP）的團體和個人治療目標。記錄學生的進展情況。

健康輔導員
蜂鳥研究所
馬里蘭州巴爾的摩市
為因癌症治療住院後回家的兒童提供個人和家庭藝術治療服務。
為癌症患者的兄弟姐妹提供藝術治療小組，支持他們在家庭成員患病期間的表達和健康。

教育背景

藝術治療研究所碩士
喬治華盛頓大學，華盛頓特區，
2016－2018
美術系學士
堪薩斯城藝術學院，密蘇里州堪薩斯城，2012－2016

技能

• 為各種能力的兒童設計和提供藝術治療服務
• 兒童健康評估，包括藝術治療評估
• 美國手語
• 為身心障礙兒童倡議

📞 (555) 650 1554

✉ judyfrost@gmail.com

📍 維吉尼亞州費爾法克斯市

圖 10.6　藝術治療師履歷

訊息，以及有隱藏身心障礙的人，比如注意力不足過動症（ADHD）或憂鬱症，或是被歸類為性別弱勢的人，可能會思考是否、如何、何時他們該披露這些訊息。另一個挑戰可能與有限的機會有關，可能是因為配偶的工作、教育、軍事承諾，或者他們自己對照顧依賴者的承諾。如果依賴者需要頻繁就醫，這種情況可能會更加惡化。國際學生常會面臨到困難，因為雇主必須要填寫額外的表格並提供保證，才能雇用他們。沒有合法文件的工作者可能會難以找到工作。單親父母可能會在協調工作時間與小孩需求之間遇到困難。從未有工作經驗的人會面臨的是一份空白的簡歷，而且要說服雇主給他們一個機會的任務。來自鄉村或低社會經濟環境的人也可能擁有較少的機會。一位看不出懷孕症狀的孕婦在面試時可能會考慮是否需要透露懷孕的訊息，同樣的，一位患有慢性或末期疾病但渴望工作的人也可能會考慮這個問題。

在制定可能的應對策略之前，實務工作者應該盡可能從個案那裡獲得更多的訊息，包括個案過去處理這個問題的經驗以及具體的擔憂。此外，建議還應該研究相關的策略與指南，以了解與有某種特定議題的個案合作的方式。一般來說，人們根據自己的優勢和技能來獲得工作，而不是自己的缺陷或可能引起偏見的生活領域。幫助個案闡明他們的技能，以及雇主應該要考慮雇用他們的理由是首要步驟。如果個案懷疑自己受到了歧視，就應該討論接下來該怎麼做。個案需要衡量是否提出投訴是最好的行動，特別是如果仍在求職的過程中。討論要點將包括提出投訴的目的（即目標是什麼）、如何表達關切以及所需的時間。此外，個案可能會與實務工作者進行角色扮演，或者討論未來的策略，希望能夠積極解決問題。例如，有明顯障礙的人（如坐輪椅或使用視覺輔助設備）可能會在面試中主動談論自己的障礙，以及他們過去如何取得成功和未來的計畫。有犯罪紀錄的人可能會提及過去的紀錄，並說明類似以下的事情：「我知道雇用有犯罪紀錄的人是一種風險，但我在監獄裡的時間參加了特定課程和工作任務，以建立我的知識和技能，這樣就可以為雇主做出貢獻。」或者，他們可以問雇主關於他們的背景是否有任何問題或顧慮。求職者直接主動提出可能的顧慮，將解決雇主因法律限制而無法直接詢問的擔憂。這不一定會帶來工作機會，歧視仍可能發生，但至少求職者能夠陳述自己想要什麼，並且可以避免雇主在缺乏額外訊息的情況下做出錯誤的結論或持有偏見。

運用藝術流程來識別和應對求職問題與挑戰

對一些求職者來說，要向生涯專業人員提出與求職過程相關的擔憂，可能具有挑戰性。因此，有創意的生涯專業人員可以提供藝術本位的結構，促使求職者探索他們的求職顧慮。透過藝術表達和討論，已知的顧慮可以被呈現，而目前尚未意識到的顧慮可能會被揭示出來。下面提供了與簡歷、面試和歧視相關的藝術作品和藝術提示的範例供參考。

重重困難的簡歷

圖 **10.7** 中展示的藝術作品代表了一位求職者對於求職過程的恐懼。在提供了繪畫或拼貼選項後，求職者選擇用拼貼材料來反映他對即將到來的求職的擔憂。在這種情況下，求職者擔心他的 ADHD 診斷和經歷可能會如何影響他的求職過程。在完成拼貼畫並與生涯專業人員一起觀看後，求職者提到，他對於自己目前管理 ADHD 症狀的策略有自信，並對目前深思熟慮的職業選擇感到高興，但也承認 ADHD 影響了他過去的工作經歷，因為他在過去五年裡曾擔任又離開過許多不同類型的工作。他最擔心的是，他無法超越雇主對他簡歷的第一印象，因為簡歷清楚地記錄了他與幾個雇主的短暫關係。在生涯諮商會談中創作這幅藝術作品有助於求職者向生涯專業人員提出這些問題，並開啟了合作解決問題的機會。

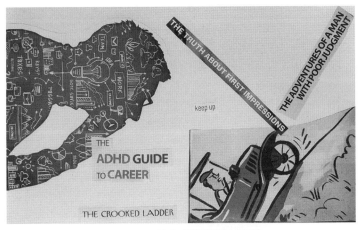

圖 10.7　重重困難的簡歷拼貼

面試焦慮

　　無論是在哪個生涯階段，求職面試過程都可能令人感到緊張害怕。在這個案例中，一位剛畢業的學生表示她有「面試焦慮」。為了促進探索，藝術治療師邀請這位求職者描繪她對面試過程的期望。求職者運用麥克筆和拼貼元素，描繪了自己進入一個房間，那裡有許多人正在等候面試。她描述看到自己的競爭對手擁有比她目前更多的經驗和獎項（見**圖 10.8**）。在共同探討這幅圖像後，求職者和藝術治療師澄清了求職者對面試過程的擔憂類型。求職者發現，創作和觀看藝術作品有助於她確認面試本身並不令人擔憂，令她感到緊張害怕的是她對於自己與他人競爭的能力信心不足。在這次討論之後，求職者和藝術治療師探討了求職者的優勢和技能，並將它們與職位描述和工作文化描述加以比較。這些探討有助於求職者發展策略以應對即將到來的面試。透過藝術創作、觀看和討論過程的協助，特定的求職擔憂被帶到了意識中，以便能夠採取適當鎖定目標的介入策略。

無盡的跨欄

　　在一次生涯諮商會談開始時，一位求職者表達了對求職過程模糊的抱怨。求職者似乎對談論自己正在經歷的具體障礙感到猶豫，因此藝術治療師邀請求

圖 10.8　面試焦慮的繪畫和拼貼

　　　　　　　　　　　　　　　　　　　　藝術治療與生涯諮商

圖 10.9　無盡的跨欄，水彩畫

職者創作與經歷或顧慮相關的藝術作品。在提供了麥克筆、油性蠟筆、水彩顏料、紙張以及造型黏土等材料選項後，求職者選擇了水彩，並將求職過程描繪為賽道上的一系列跨欄（見**圖 10.9**）。整體來說，求職者將賽道描述為一個高風險求職努力的無限循環。求職者將賽道分為魅力、簡歷和歧視的跑道，並將每個柵欄標示為顧慮的特定障礙。他觀察到賽道上沒有終點線或成功求職結果的圖像。在反思天空的部分時，求職者表示不想呈現一個陽光的日子，因為這可能會被認為是愉快的刻板印象，也不想呈現一個暴風雨的天氣，因為可能會是一個不祥的預兆。他想要繪製雲朵，並描述這些雲快速移動且不確定。在看到這些有象徵意義的顧慮後，藝術治療師和求職者得以開始一個溫和的過程，探索並承認求職者所經歷的歧視行為。在藝術治療過程的這個階段，藝術治療師展現了同理心並準確反映求職者的經歷以確認理解，是很重要的。

　　在這些案例中，所提供的藝術本位流程源於特定求職者所關注的事，並彌合了專業關係中存在的溝通挑戰。藝術創作過程激發了反思，幫助求職者和專業人員共同識別需要進一步探索和擬定策略的求職問題。

總結

　　本章回顧了求職過程的多個面向，包括幫助個案撰寫簡歷、面試和求職等各個方面的具體策略。此外，還討論了社群媒體的作用，並舉例說明如何在求職中最好地運用社群媒體。本章還識別了求職中的阻礙，並提出了實務工作者能夠如何解決這些問題的建議。此外，本章還介紹了藝術本位的策略在擴展對求職策略、問題和阻礙的感知方面的角色。

問題討論與活動

1. 請專業人員或班上同學對你的簡歷和／或 LinkedIn 個人檔案進行評論。

2. 使用你的簡歷完成一份工作經驗分析。你在每份工作中最喜歡或最不喜歡的任務是什麼？你希望下一份工作中有哪些面向？

3. 找到兩到三個目前職位的招募公告，並將它們與你目前的簡歷進行比較。有哪些共同的要求與獨特的要求？你對職位描述中的內容感覺如何？你看到了哪些差距，如果有的話？擬定一個解決差距的計畫。

4. 對自己進行線上的自我檢核，也看看圖像。根據你的發現，試著想像一位潛在的雇主可能會假設你是一個怎樣的人與員工。請客觀的第三方也進行同樣的審查並分享他的意見。你可能需要做出哪些改變？

5. 使用照片、拼貼材料和其他平面材料，創作一張家人、朋友、組織等建立人脈的地圖，你可以在其中找到支援你求職工作的資源。地圖完成後，從每個類別中找出一個你可以聯繫的人，以探討工作角色和機會。你會如何開始與這位人士談話？

6. 使用一個流行的社群媒體網站（如 Facebook、Instagram、Twitter、TikTok），使用主題標籤或關鍵字搜尋與職業相關的術語，例如 #jobopening、#resume、#art_therapist。你看到了什麼？你能以類似的方式行銷自己嗎？

7. 選擇本章討論的一個職業阻礙，或者你可以想像的另一個阻礙（如缺乏可靠交通工具的人）。假設一個人希望在尋找工作時獲得幫助，並且擔心自己因為這個問題而無法搜尋工作，或者當這個問題被披露時，雇主會做出什麼樣的回應。你會提出什麼建議？你將如何聚焦這次會談？

8. 你會運用哪些創意方法來更好地了解個案在求職過程中的經驗？你將如

何探索求職問題，比如負面自我對話或對歧視行為的恐懼？哪些因素可能會影響你進行創意探索的藝術媒材選擇？

9. 評論**邊欄 10.1** 中的簡歷。比較你的評論與線上簡歷評論指南。

邊欄 10.1

簡歷存在多個錯誤

「弗里斯基」・樂福　813-264-2137, hotlipsyahoo.com, 佛羅里達州坦帕市梅瑞維巷 1515 號
YouTube 頻道：FriskyGetsDown

目標：找到一份工作。很快。

工作經驗

　　從 2008 年 4 月以來，在私人診所工作了一段時間。買了電話設備並設定了筆記型電腦。

　　把辦公室裝飾得很好看。有很多溫暖、舒緩的顏色。目前仍在此工作。

2005 年 5 月 - 2006 年 1 月 - 在一家機構工作。見個案與帶團體。
教育程度
從南佛羅里達大學獲得碩士學位，於 2007 年 5 月畢業。與同學相處得很好，參加了許多派對。
加入了一個女生聯誼會。

實習
2006 年春季在生命中心和救世軍做義工。見個案與帶團體。做了我的督導要求我的任何事情。
幫助了很多很多人。

額外的課外活動
- 連續 3 次贏得粉紅頭髮喝啤酒比賽。
- 為迎新會吹氣球。
- 消費
- 和家人一起去義大利西班牙愛爾蘭過暑假
- 經常運動。真的很多。

推薦人

參考文獻

Baumgartner, J., Burnett, L., DiCarlo, C. F., Buchanan, T. (2012). An inquiry of children's social support networks using eco-maps. *Child Youth CareForum, 41*, 357-369. https://doi.org/10.1007/10566-011-9166-2

Brown, C. (2015). A career development program for adult students. In M. McMahon & W. Patton, *Ideas for career practitioners: Celebrating excellence in career practice* (pp. 44-47). Australian Academic Press.

Dodaro, M. (2019). *LinkedIn for students, graduates, and educators: How to use LinkedIn to land your dream job in 90 days: A career development handbook.* Author.

Osborn, D., Kronholz, J. F., Finklea, J. T., & Cantonis, A. M. (2014). Technology-savvy career counselling. *Canadian Psychology, 55(4)*, 258-265.

Wittman, D. J. (2020). *Ignite your LinkedIn profile: Learn the secrets to how LinkedIn ranking really works.* Wittman Technology.

第十一章

探索與協助個案使用資源和資訊

　　生涯實務工作者運用各種工具來協助個人應對與生涯相關的種種考量，從最初的轉換選擇、到求職，再到工作之間的轉換，直到退休。本章介紹如何將資訊與其他資源融入整個生涯決策的過程，以及實務工作者如何教導個案評估資訊的完整性，以解決個案的問題或符合其關心的需求。在實務中，常見的資源和資訊工具類型被用於加強生涯決策並協助個案進行求職過程，包括線上資源及其應用，以及它們的優點和缺點。本章還示範了如何在會談中有創意地整合資訊與其他資源。

資訊在生涯決策與求職過程中的作用

　　具備關於職業的知識是做出有效生涯決策的關鍵要素。弗蘭克·帕森斯（1909）將這種知識描述為一職業的「成功條件」，並認為如果不知道在一個職業中成功所需的條件，就無法評估一個人是否具備準確執行工作的技能，因此也無法評估一個人是否適合從事某個職業。成功條件包括對特定行業或職業的內容知識、工作所需的特定技能、組織的價值觀（例如，如果從事與動物有關

的職業，帕森斯將「對牠們的同情和愛」〔p.51〕列為成功的必要條件），以及對特定職業相關更廣泛領域的知識。

　　儘管資訊在本質上是靜態的，但當個人運用這些資訊時，這個過程絕不是靜態的。當個人審視資訊，尤其是正在做生涯決策時，會不斷將這些資訊與對自己的了解加以比較。例如，考慮帕森斯為社會工作列出的成功條件：

- 對服務的熱愛、熱忱、能贏得尊重的品格。
- 表達能力。
- 組織能力。
- 了解工作中所要與之合作的人群。
- 對人性的了解。
- 對社會、政府、行業的了解。
- 同情心，機智，幽默，合作。
- 耐心，善良，崇高的理想。
- 良好的通識教育。
- 對社會問題、組織、研究等方面的專業培訓。
- 吸引人的個性。

(Parsons, 1909, p. 62)

　　考慮社會工作領域的人，很自然地會拿這份清單與自己進行比較。我有這些技能嗎？我有這些領域的知識嗎？我（或別人）會這樣形容我的個性嗎？這對我來說聽起來有趣嗎？我的價值觀與這個職業的價值觀相符嗎？當我思考這個職業所需具備的條件以及我是誰的時候，我感覺如何？在尋找工作時，同類型的認知──情感交互作用也會發生。當一個人閱讀職務的表列清單、對公司的評論或參加求職面試時，會持續評估工作要求、公司文化，與自己的價值觀與目標、專業的價值觀與目標之間的合適度。生涯和就業決策性質嚴肅，其結果會影響到自己與重要他人，例如財務、所在地、延後或排除追求其他目標等。考慮到這些決策的重要性，實務工作者需要確保與個案分享的訊息是準確的、最新的，並滿足個案的需求。此外，考慮到可取得的訊息廣泛，訊息品質有時值得懷疑，我們的角色之一是傳授個案如何評估所獲得的訊息，然後拿它

作為決策基礎。

教導個案成為有資訊鑑定力的消費者

　　資訊呈現的型態多樣，其客觀性、準確性和相關性也各不相同。公司提供的自身資訊可能以突顯優點、縮小或忽略任何缺點的方式撰寫。個人在部落格中談論擔任電機工程師的經驗時，是從個人的觀點，對特定日子、特定工作任務發表意見，因此這些資訊可能是不完整的（因為個人的工作任務可能並非所有電機工程師都會經歷），或受到偏見的影響（這取決於雇主或同事是否支持有關），或是撰寫貼文時當下的心情。偏見可能是有意的（例如，出於利益考量，或是試圖呈現某個雇主或領域的特定形象），也可能是無意的（如分享的經驗範圍有限）。在這兩個例子中，無論是公司還是部落客提供的訊息，只要運用這些資訊的個人明白潛在的偏見，並且不僅僅依賴該來源的資訊，這些資訊仍然可以是有用的。

　　由於人們依賴資訊來做出關於學習什麼專業、進入什麼行業或從事什麼工作的決定，實務工作者需要示範如何評估資訊的有效性與可適用性（Hooley et al., 2010; Sampson et al., 2018; Zalaquett & Osborn, 2007），這也被認為是一種倫理責任（NCDA, 2015）。對應生涯考量或求職問題，資訊的價值應該從幾個方面來考量，包括：

- 資訊的準確性
- 偏見
- 資訊的時效性
- 全面性
- 資訊是否適合使用者的能力（例如，四歲孩子能理解並覺得有用的資訊，與四十歲的成年人大不相同）
- 資訊提供者的權威性
- 與生涯關注的相關性（Sampson et al., 2018）

　　「資訊素養」一詞由大學和研究圖書館協會（www.ala.org/acrl/standards/objectivesinformation）定義為：

不僅僅包括良好的搜尋資訊的行為。它還包括認識到何時需要資訊，然後擬定問題來蒐集所需資訊的能力。它包括從任何媒體（包括電子形式、人際交流或印刷資源）中檢索資訊後，對資訊進行評估，然後以適當和合乎倫理的方式使用該資訊。

換句話說，要具備資訊素養，個人需要能夠找到、評估，然後應用或運用資訊來解決他們的問題。

實務工作者可以透過多種方式協助個案在處理資訊時培養更有鑑定力的態度。可以提供手冊或線上指南，其中包含如何尋找、評估和應用與常見生涯問題相關的生涯資訊等建議。當實務工作者與個案合作並搜尋／查閱線上資訊時，實務工作者可以主動提及自己如何評估所查找資訊的有效性。由於社群媒體是常見的資訊來源，實務工作者應運用社群媒體來獲取生涯相關資訊，主動納入並描述這些資訊如何有用但也可能存在偏見。

生涯資訊的類型

每個人需要的生涯資訊類型各不相同，取決於實際需求以及本身已經擁有的資訊。個案可能需要的常見資訊類型包括有關職業領域（如醫學領域）、特定職業（如護理師執業者）、指南（如生涯決策、求職策略）、將主修領域或過去經驗與職業選項相連結、不同的培訓和教育途徑、工作機會、獲得工作經驗的方法（如志工、兼職和學徒機會），以及建立人脈的聯絡資訊。有些人可能希望獲得與他們個人特質相關的資訊和資源，比如積極雇用特定族群的雇主，比如退伍軍人、身心障礙者或特定的文化狀態。還有一些人可能扮演著支持生涯決策者或求職者的角色，他們需要的資訊不僅包括前面提到的資源，還包括如何分享這些資訊並提供支持的策略。

常見的生涯資訊來源

人們從小就開始學習關於生涯的事情。兒童看到人們從事各種工作，形成對工作任務、特定生涯以及工作的整體看法。兒童參與跟工作相關的任務和環境，如學校和課外活動，在這些情境中，兒童面對各種期望、作業、截

止日期、個人和團隊合作、「老闆」和回饋等要素。兼職工作、實習觀摩、志工機會、參與俱樂部和組織，甚至是與朋友已經在工作的兄弟姐妹、父母討論，都讓個人接觸到關於工作世界的資訊，影響其看法。由於工作是大多數人的共同經歷，並且可能佔據一天中的大部分時間，人們通常會透過社群媒體分享工作經驗，也會透過社群媒體搜尋工作與生涯資訊。

其他資源可能包括按照職業或職稱線上搜尋、與在感興趣的特定職業領域內工作的人或認識該領域的人進行交談，YouTube、書籍、報紙、部落格、Podcast、電視、電腦輔助就業輔導系統、雜誌等。實務工作者運用以上這些資源來評估個人對自己正在考慮的選項的了解程度，以及其使用的多種生涯資訊來源。此外，實務工作者還會與個案分享一些常見的生涯資源，這些資源慣常用於生涯決策和求職。接下來章節中列出的網站都提供西班牙語版本。

資訊式面談

資訊式面談是一個重要的生涯資訊來源，它與傳統的求職面試不同，在這情境中，訪談者（對特定領域的工作感興趣者）尋求的不是工作機會，而是正如其名的資訊。這些資訊的目的是為訪談者提出的問題提供解答，這會有助於訪談者為自己的生涯關切做出決策的過程。因此，問題可能會集中在如何為特定的職業領域做準備，例如：「你會推薦哪個專業主修？」或「我應該要專注在哪些技能或軟體呢？」如果訪談者試圖確認該職業是否適合自己，可能會問：「我很重視能夠有 ＿＿＿＿＿（發揮創意、獨立工作、團隊合作等）的機會。你認為在這種類型的工作中，實際上會有這樣的機會嗎？」對於想要探索特定公司是否適合自己的人來說，可以進一步調整這個問題，例如改為「這裡的員工有這樣的機會嗎？」得到的回應可以幫助釐清對工作環境的誤解，提供明確的指標，指導個案如何集中精力以提高自己對雇主或行業的吸引力，以及幫助個案確定這個選項是否值得追求。無論結果如何，都應鼓勵在資訊式面談後寄送感謝函，禮貌地對於受訪者願意騰出時間分享表示感謝，這也是強化關係的一種方式。

除了想了解特定雇主的情況以外，應鼓勵個案至少進行兩次資訊式面談。這是為了降低可能產生偏見的機會，並提高對所獲得資訊的信心。當受訪者在不同時間點對他的工作感受可能有所不同時，這可能會影響他在分享

時所提供的資訊以及所應用的篩選標準。受訪者心情好的時候可能導致過於正面地看待工作與機會，並降低潛在的負面因素，而心情不佳的時候則可能分享相反的看法。即使只是一個平常的日子，受訪者喜歡或討厭的事情，可能與訪談者的偏好或價值觀不相符。例如，一位企業家可能會說自己工作的最大優點是與公眾互動，而另一位可能會說這是最大的缺點。一位可能會說，公眾參與佔據了他大部分時間，可能是因為這是他最喜歡的工作部分，而另一位可能會說公眾參與佔據了他最少的時間，可能是他有意識的安排。如果個案只訪談了一個人，可能會對該職業需要多少公眾參與程度產生不準確的看法。如果訪談者發覺自己對於公眾參與程度非常在意，他可能會根據受訪者提供的資訊做出職業決策，而該資訊可能是偏頗的或只代表該特定場所的現實。然而，如果這兩位受訪者他都訪談的話，可能會得到更實際的理解，也就是在這個主題上可能存在很大的差異。這也可能讓個案在與潛在雇主談論這個主題時，更有信心進行協商。

如果可以的話，個案應該試著在受訪者實際工作的地方面談。身處實際的工作環境中可以提供對個案重要的額外訊息。可以指導個案在進行資訊式面談時留意環境。受訪者的辦公室是什麼樣子？整齊還是凌亂？單獨使用還是共用？是辦公室還是隔間？整個辦公室看起來和感覺如何？繁忙還是安靜？有沒有充滿活力或動力的氛圍？是否有多次被打斷的情況？人們是團隊合作還是獨自工作？有無時間壓力造成的緊張氛圍，還是有比較輕鬆的對話和交流？大家的穿著如何？員工和管理階層之間有何不同？每個工作場所的環境可能各有不同，這也是為什麼建議至少要去兩個不同地方進行比較的原因。

協助生涯決策的網站

生涯決策者的生涯資訊需求會根據正在做的決策類型和個人的決策者類型而有所不同。更趨向線性決策的人可能會希望先確定自己的理想職業，然後逆向規劃設計出達到目標的步驟，確定理想的求學領域、課外活動和其他經歷，並將這些步驟安排在時間軸上。另一個人可能對生活和決策有著更多「順其自然」的態度或偶然的方式，傾向於不用詳細規劃未來。這個人需要的資訊可能是「我可以用我主修的專業來做什麼……」之類的輔導。第九章提供了更多關於不同類型的決策者及如何協助他們的細節。然而，在某個時間

藝術治療與生涯諮商

點，這兩種性格的人都需要確定哪些職業最適合他們獨特的興趣、價值觀、技能、個性、需求等。為此，他們將需要生涯資訊。當開始縮小選擇範圍的時候，生涯決策者不需要一頁頁的詳細資訊，反而能從工作的簡要描述中獲得最多幫助。隨著選項清單被縮小到合理數量（大約 5 到 7 個選項），更詳細的資訊會更有幫助。在檢視本章節中的網站時，可以看到最常見的資訊主題間存有一些重疊。

線上職業展望手冊

由美國勞工統計局維護的線上職業展望手冊（（ONLINE OCCUPATIONAL OUTLOOK HANDBOOK, OOH; www.bls.gov/oohn）提供了關於數百種職業的資訊：

- 要點摘要（例如工作的基本描述、中位數薪資、所需的培訓或教育、工作前景和生涯影片）
- 職業的典型責任和其中的專業領域
- 工作環境（例如工作機會數量、工作環境、最大的產業的就業情況、工作時間表）
- 準備工作或如何在該職業中找到就業機會，包括入門教育要求、有用的特質、執照／認證資訊，以及如何在該領域中晉升
- 薪資（中位數年薪或時薪）
- 工作前途，根據就業情況將如何變化的預測來提供工作前景，顯示行業的成長或下滑，以及商業模式的變化
- 特定於州及地區的職業資訊
- 與正在探索的職業相似的其他職業
- 其他資訊，包括有關於協會、組織及 O*NET 美國職業職能資訊網或生涯影片的連結。

特定職業的預測每年都有更新，一次顯示了十年的趨勢與模式。網站上也提供了成長最快、薪資最高和最新類型的工作的資訊。美國勞工統計局網站（bls.gov）上還有其他的訊息可能對從事生涯規劃的人有幫助，例如每月

勞動回顧、顯示就業和學位領域之間關聯性的生涯展望（網址為 www.bls.gov/careeroutlook/），以及針對 K-12 學生和教師的部分。

O*NET 美國職業職能資訊網

由美國勞工部建立的 O*NET 美國職業職能資訊網（onetonline.org）提供了超過 900 種職業的資訊，並每年更新。用戶可以按照前景樂觀（即就業預測將大幅增長）、STEM 生涯、產業、個人特質或對照表（如軍方或標準職業分類代碼）搜尋職業。提供的資訊包括：

- 職業簡介
- 與研究工作職稱相關的工作職稱範例
- 所包含的任務
- 科技技能
- 使用的工具
- 知識
- 技能
- 能力
- 工作活動
- 詳細的工作活動
- 工作內容
- 工作區域
- 教育
- 資格證書（學位、專業資格證書、執照、註冊證明或其他相關文件）
- 興趣
- 工作方式
- 工作價值觀
- 相關職業
- 薪資和就業
- 職缺
- 該職業特定的機構、協會和組織等補充資訊。

在 O*NET 網站上的生涯探索工具（www.onetcenter.org/tools.html）包括能力評估工具、興趣分析工具和工作重要性定位工具，其中又包括工作價值卡。

職業一站式

職業一站式（Career Onestop, www.careeronestop.org）由美國勞工部贊助，提供多種工具，用於了解職業情況、尋找特定職業的培訓、工作搜尋，包含多個與職業相關連的自我評估工具清單，以及針對特定群體的特定資源，例如年輕人、自僱人士、退伍軍人等，在求職過程中可能會用到。職業的資訊包括簡要描述、其他職位、職業影片、前景和預期就業情況、薪資、所需培訓以及在該職業中通常所需的知識和技能。

我的下一步行動

我的下一步行動（My Next Move, www.mynextmove.org）由美國勞工部、就業和培訓管理局贊助，由國家 O*NET 開發中心開發，設計為一個互動式工具，用戶可以透過多種方式搜尋職業，如關鍵詞、瀏覽行業或查看與興趣清單相符的職業等。資訊呈現更像是資訊圖表，文字有限，顏色使用引人入勝，並提供了 O*NET 連結以獲得更多詳細資訊。還有一個專門針對退伍軍人轉換到平民生活的部分。

專業組織

一個專業的指標是由該專業或相關領域工作的成員組成的專業協會。這些協會通常提供有關該領域的資訊、培訓或研討會、會訊和期刊，有時也提供職缺資訊。正在考慮自己是否對該專業感興趣的人可以查看演講標題以及其他資訊，了解當前正在討論的主題，並評估自己對這些主題的興趣和熱情。

協助求職過程的網站

選擇一份工作並做出承諾，是一個需要大量資訊過程中的最後一步。求職者需要獲取各種類型的資訊。他們需要知道有哪些工作機會，工作內容包括什麼，起薪是多少，公司的文化，公司的聲譽，組織中與領導層中的多元性，組織的財務狀況和前景，競爭對手，公司的優勢與需要改進的地方等

等。求職者還需要了解有關求職的基本知識，例如怎樣撰寫簡歷和求職信，面試技巧，尋找隱藏的就業市場，建立人脈和待遇協商。後面這些主題在第十章裡有介紹。前一節列出的一些網站可以提供關於哪裡可以找到可能雇主的線索。同樣地，本節列出的網站可以為生涯決策者提供有關職業的最新資訊。他們可以看到工作的具體要求，並了解所需的經驗、培訓和技能，並將這些資訊應用於自己的生涯規劃中。

工作數據資料庫

Glassdoor、Indeed、Snagajob、SimplyHired、CareerArc、ZipRecruiter 和 Monster 都是工作數據資料庫的範例，求職者可以在上面輸入自己的資訊，與職缺配對，或者可以瀏覽雇主列出的職缺。除了確認目前的工作機會外，這些網站通常還包含有關雇主的有用訊息，包括評等、他們常問的面試問題和員工評論。如果求職者想知道通常有哪些公司在招聘某個職位，只需快速搜尋職位標題就可以提供這方面的訊息。由於這些網站公開發布職缺廣告，對這些職位的競爭可能非常激烈。求職者不應只依賴這些網站作為尋找工作機會的唯一來源。

公司網站和社群媒體

公司通常在其網站上提供豐富的資訊，有時會直接在公司網站上刊登招聘廣告，或者邀請提交簡歷，而不使用大型的求職數據資料庫。求職者需要知道哪些公司正在招聘自己渴望的職位。顯然，一家名稱中帶有「工程」一詞的公司會對工程師感興趣，但他們可能有許多不同的職缺招募，如行銷／廣告、會計和人力資源等。求職者可能需要協助確認那些可能不那麼明顯提供職缺的公司，這正是之前提到的一些網站可能有幫助的地方。

公司網站與其社群媒體帳戶為求職者提供其他有用的資訊，包括公司願景和使命聲明、產品資訊、領導階層成員、在該地點提供的職業類型、公司的倡議和成就，以及社區參與。求職者應該探索、關注和參與他們有興趣工作的公司的社群媒體網站。儘管這些資訊可能會以正向的詞彙描述公司，但雇主會期望求職者對這些公開資訊有所了解。求職者可以透過探索競爭對手的網站與社群媒體帳戶，以及搜尋關於公司的其他線上資訊，更全面地了解

這家公司。搜尋公司相關的最新消息，並將這些資訊結合到面試中，可能會給潛在雇主留下深刻的印象。

其他線上求職工具

　　除了找到可應徵的職缺、建立人脈機會和了解公司資訊外，求職者可能還需要額外的資訊。當考慮為了工作而搬遷時，要了解新地點的生活開銷可能會不一樣，這也許會影響到所需的薪資水準。因此，線上的薪資和生活費用試算表將是值得參考的工具。公司的財務績效指標可以描繪出公司的整體健康狀況，因此股價資訊和年報可以提供這方面的資訊。LinkedIn 是一個專業的建立人脈社群網站，除了提供有關職缺的資訊外，還提供公司網頁，用戶可能會找到過去或現在的員工所發表的部落格文章，這些文章可能提供了公司內部人士對公司的看法。正在求職並想了解特定公司情況的人可以聯繫自己社群媒體群組內的成員詢問資訊。設定關於特定公司的新聞提醒也可以為求職者提供最新的訊息。

運用與組織生涯資訊的創意方法

　　提供工作世界的資訊，已透過統合分析（meta-analysis）確定為有效的生涯介入策略的五個關鍵要素之一（Brown & Ryan Krane, 2000）。此外，NCDA（2009）將提供資訊來源列為實務工作者的能力領域之一。請注意，這不僅僅是訊息資源的知識，還包括能傳遞這些資源的技能。提供特定主題的資源清單，例如職缺搜尋技巧，可能對自主性強且不需要太多支援的人很有幫助。但對於那些感到不知所措的人來說，有一個清單可能只會增加焦慮。實務工作者需要小心不要對方負擔過重，而是要傾聽並評估他們在已有訊息的情況下，還需要什麼類型的訊息，他們能夠消化多少訊息，以及什麼將最有助於他們做出生涯決策。本節的其餘部分提供了創意方式的範例，讓個人或團體可以組織和應用生涯資訊。

選項比較表

　　選項比較表是一併整理關於選項的重要資訊的方法。空白範本可以讓表

表 11.1　職業比較表

	我的偏好 （第一欄項目）	選項 1 公共服務助理	選項 2 諮商師	選項 3 諮商心理學家
是否與人合作？	是	是	是	是
具有創意？	是	可能	否	可能
所需培訓 / 教育	學士學位	學士學位	碩士學位	博士學位
薪資	起薪約 $30,000	約 $35,000	約 $46,000	約 $78,000
我是否會考慮？ （圈選一項）	——	是	可能	以後也許可能

格進行個人化設置。第一欄可以包含個人正在考慮選項的優先順序。這些選項可以是職業、專業主修、培訓途徑、工作機會，或者是任何其他需要做出的選擇。讓個人填寫第一欄，可以比較與自己偏好有關的資訊。如果個人考慮的選項超過三個，還可以添加額外的欄位。**表 11.1** 是模擬試圖選擇職業的人已經填好的範本。

在**表 11.1** 的範例中，這個人將會需要權衡自己願意妥協的事項，如教育程度或薪資。如果這個人仍然不確定，他可能希望考慮包括更多細節，比如期望的工作任務、晉升機會、獨立性、在家工作的能力等，進一步幫助區別這些職業。

生涯階梯

生涯階梯不僅呈現了所討論的單一職業的情況，還包括那些要求較低或更高的教育程度，或提供較低或較高薪資的相關職業。透過這麼做，它幫助個案看到通往已確定職業的步驟，同時也看到下一步可能需要的條件。有時這些額外的訊息可能會導致個人改變計畫。「只要教育程度再提高一點，我就能擁有這種職位或那個層級的薪資。」在上面的職業比較中，顯然教育程度的提高會帶來更高的薪資。此人仍需決定是否值得為了不同的起薪，付出參與不同培訓所需的時間和成本。

　　　　　　　　　　　　　　　| 藝術治療與生涯諮商 |

考慮以下這個生涯階梯的範例：

法官	4 年以上的教育、法學院和經驗	年薪 136,910 美元
律師	4 年教育加上法學院	年薪 122,000 美元
法律助理	2 年教育	年薪 51,740 美元

生涯資訊探險

學生團隊可以從生涯資訊的探險（Osborn, 2011），學習有關生涯資訊的來源，並獲得評估生涯資訊來源的經驗。線上分享文件檔案可以增強這個活動，他們可以將圖像和連結貼貼在表格內，並且對於特殊的資訊來源，可以給予額外加分，如有關職業的音樂影片或卡通。

任務：你的團隊首先必須選定一個職業。接著，你需要找到下面提供的資訊類型的範例，並完成表格。可以將任務分配給你的團隊成員。在最後一欄中，請評估來源，並說明你是否喜歡這個來源以及原因。你的團隊將研究一些諮商師不常使用的線上工具。發揮創意，善用你的調查技能，並且玩得開心！**表 11.2** 顯示了一個生涯資訊探險的範例。

將職業資訊轉化為自我評估表

如果一個人正在兩個職業之間做抉擇，或者想要更好地為特定的職業道路做準備，諮商師可以幫助他們運用有關職業的資訊，建立一個檢核表，將個人的技能、經驗與職業要求進行比較。此外，這個人還可以制定計畫，以獲得任何缺少的技能或經驗。這種方法也可以用於培訓初期的個人，透過使用工作招聘訊息來建立檢核清單。**表 11.3** 是一個以藝術治療師職缺為基礎的部分檢核清單範例。

職業賓果遊戲

這個遊戲是設計用來在團體環境中使用，職業賓果遊戲藉由競爭性的元素來提升對生涯的了解。傳統上，賓果遊戲是透過五乘五的卡片來玩的，但可以根據時間和專注力調整。在遊戲開始之前，實務工作者可以預先填寫卡片，其中包含特定的工作任務、薪資、培訓要求等。為了讓遊戲變得更容易

表 11.2　生涯資訊探險

資訊類型	標題、參考文獻或連結	它是關於什麼/包括什麼？	來源評估
O*NET 美國職業職能資訊網			
職業展望手冊			
職業一站式			
社群媒體：Facebook, Instagram, Twitter, Snapchat, TikTok			
我的下一步行動			
LinkedIn			
Podcast			
職業從事者的影片			
該職業的專業組織			
關於該職業的部落格			
新聞文章			
該職業的實習機會？			
在本州，哪裡可以接受該職業的培訓？			
留學選擇？			
公部門工作是否有該職業？			
軍方的工作是否有該職業？			
該職業／領域的性別／多元性資訊？			
你選擇的資訊網站（上述未列出的類型）？			

一些，實務工作者可能會在賓果日之前對團體進行調查，以確定團體成員們最感興趣的 5 到 10 個職業，縮小搜尋資訊的範圍。

職業填字遊戲

使用線上工具，如 https://puzzlemaker.discoveryeducation.com，實務工作者

表 11.3　職業資訊的自我評估表格

	我有	我沒有	取得策略
藝術治療碩士學位，經 AATA 認可！		X	現在已經註冊！
曾與退伍軍人一起工作的經驗		X	將會尋找服務退伍軍人的兼職實習
執行、分析、解讀和報告功能領域的評估數據	X		
提供個人諮詢	X		
提供團體諮詢		X	將與我的督導討論有哪些機會
結合評估、計畫、實施和評鑑服務的四個步驟，並訂定適當的實證藝術治療的治療計畫	X	X 需要改進評鑑	將更加勤奮地進行評鑑

可以建立一個互動式活動，個人可以自行進行，也可以與伙伴或團隊合作。可以建立關於一般職業領域的謎題，其中單字是職業的名稱，職業線索是一個描述，或者如**圖 11.1** 所示，可以為特定的職業名稱創造謎題，完成後可引導個人猜謎。這些可以作為獨立活動使用，個人可以在等待預約時使用，也可以被納入到研討會或課堂指導活動中，或者放在計畫的網站上作為一種互動式生涯教育的方式。

猜測職業提示

橫向：

1. 用於幫助個案表達想法或感受的普遍性方法

4. 結合視覺藝術、動作、戲劇、音樂、寫作和其他創造性過程以促進深度個人成長和社區發展的術語

7. 包含不止一位個案的諮詢類型

8. 不使用文字的溝通類型

9. 以個案為中心的工具，鼓勵個案透過更加開放或抽象且沒有特定指示的藝術，來表達情緒或想法

13. 從事此工作所需的最低教育程度

圖 11.1　猜測職業填字遊戲。使用 https://puzzlemaker.discoveryeducation.com/ 創作的填字遊戲。

14. 與此工作相關的何倫職業人格及工作環境類型（RIASEC）之一

15. 此領域在成長和職缺數量方面的預期前景

16. 用於創作藝術的媒材

17. 透過心理方法來治療心理問題

20. 年收入的中位數（以千美元計，全國性的）

豎向：

2. 藝術是否針對特定主題或是開放性的

3. 幫助管理壓力的策略

5. 藝術即治療的目標是透過創造性歷程，較少的討論，且更注重在協助個案創作一個完成的或滿意的作品

6. 「　」認證是此專業最高等級的資格證書

10. 以個案為中心的工具，鼓勵個案依照具體指示運用藝術來表達情緒或

想法

11. 使用文字溝通的類型

12. 這個職業與哪些年齡層的人一起工作

18. 注重創作過程，而不是最終藝術成品的藝術類型

19. 這個職業的專業協會的名稱

將職業資訊融入生涯對話的案例示範

考慮到有些人想要探索由生涯評估結果所產出的多個職業選擇。實務工作者應該如何進行呢？線上評估會提供連結到網站（例如 O*NET）上的職業描述，但整理這些資訊可能會讓人感到招架不住。一個選項是讓個人按照最初感興趣的程度對這些職業進行排名，然後訂定一個目標，確定要閱讀多少個職業的資訊。或者，這個人可以按照它們列出的順序進行。另一個選擇是讓個人將這些職業組織成圍繞某些主題，例如「分析型職業」或「創意型職業」。在開始探索之前，與個案討論可能會是有幫助的，以得知他們用什麼標準來判斷某個職業是否值得進一步了解，或者讓他們釐清自己與工作相關的價值觀，這樣他們就可以專注於搜尋與這些價值標準相關的資訊。

這種方法在個人僅查看少數幾種職業時效果良好。如果他們試圖從眾多職業中縮小範圍，讓他們閱讀職業的簡要概述，並要求他們在閱讀時注意自己的想法和感受，可能會有幫助。這個描述聽起來有趣、令人興奮、糟糕還是無聊？他們是否想進一步閱讀有關它的資訊，把它放在「可能」的類別中，還是從考慮的範圍中移除？在閱讀後詢問個人對職業喜歡、不喜歡或不確定的原因，可以幫助釐清個人的自我認識。請想一想對職業進行初步探索後的對話。

> 實務工作者：所以你花了一些時間看看這些職業通常包含哪些內容。我看到你在某些職業旁邊標記星號，劃掉了其他職業，還有一些標記問號。請說說你的想法。
>
> 個案：嗯，有星號的那些是我開始閱讀時就感到非常興奮的職業，我絕對想更了解這些職業。我劃掉的是覺得無聊的，或者我根本無法想像自己做那些工作。旁邊有問號的職業聽起來還可以，所以我不想把它們

完全劃掉，但它們不像旁邊有星號的那些職業那麼令人興奮。

實務工作者：太好了！這是一個很好的整理方式。我們從你打星號的那些開始。你能告訴我，每個職業對你來說有什麼特別的嗎？

個案：有。對於消防員，我真的喜歡置身火海當下的感覺，真的（笑），那種在試圖阻止火災摧毀某物時的興奮和腎上腺素。我永遠無法想像自己坐在辦公桌後面，每天打扮得整整齊齊。那會是最糟糕的。至於護理人員，你永遠不知道會遇到什麼，所以這很刺激。而且你可以直接投入到問題中。沒有冗長的辯論哪種方式是最好的——你看到問題，就全力提供幫助。我也有點喜歡當偵探的想法。

實務工作者：為什麼是偵探呢？

個案：我可以拒絕我不感興趣或我認為無法做好的工作，而且每個案子都不一樣。我也喜歡弄清楚那些不太明顯的事物。

實務工作者：想想這三個選項，你覺得它們之間有哪些相似的主題？（釐清自我認識）

個案：嗯，這三種都是在戶外，而且它們都有一些刺激或風險的因素。

實務工作者：沒錯。我還看到每個職業都有很多變化，而且它們都需要快速解決問題。現在告訴我一些你劃掉的職業。

個案將辦公室經理、銀行出納員和醫生等職業列為他不會考慮的職業。當實務工作者詢問原因時，個案表示這些工作都是在室內、感覺沉悶、單調（因為這些工作是重複性的），而且就醫生而言，需要花太多時間在學校裡求學。這項資訊支持了他先前所說的，想要一份兼具變化和一定冒險成分的工作，同時又增加了關於他願意追求多少學歷的元素。然後，實務工作者轉向旁邊標有問號的職業，請個案瀏覽這些職業，看看他是否能確定他需要哪些類型的資訊，以幫助他決定是否繼續將它們視為選項。他表示這些職業似乎具有他想要的一些特點，但不像標有星號的職業那麼多，他不確定這些組合是否會讓他滿意。其中一些職業看起來像是有可能令人感到興奮，但他不確定是否有足夠的實際工作機會，或它們是否能支付足夠的薪資。這次對話幫助他進一步了解什麼對他來說是重要的，薪資的要求出現在討論裡，同時也提到了他所描述的價值觀中，對他來說最重要的是什麼。

圖 11.2　風險

圖 11.3　多樣元素

在更深入研究每個選項之前，實務工作者認為進行一次藝術體驗會對個案有所幫助，能呈現個案在考慮工作時最重要的事情。考慮到他喜歡積極參與，實務工作者提供了顏料、畫筆和一疊 9 吋 x12 英寸的白紙給個案。再給個案一個大型的調色盤供調色用，並介紹了調色的選項。然後，實務工作者請個案使用線條、形狀和顏色創作，以視覺方式表達與工作特徵相關的特質，例如：冒險精神和辦公室工作；多樣性和重複性；高和低的學歷要求；中等和高額的薪資報酬；以及室外工作或辦公室工作。個案迅速地用黃色、橙色和紅色來表現冒險，並評論說：「看起來很刺激，像是搖曳的火焰或煙火。有很多方向可以跟隨，而且色彩也很明亮。」**圖 11.2** 顯示了他的初步作品。他繼續進行系列作品，在創作出各種圖像時他停下來。他指出，這「看起來很有趣。它充滿活力和色彩。多樣元素讓人感到振奮！」**圖 11.3** 展示了他接下來的作品。

在完成代表戶外工作、教育和薪資報酬的任務後，個案使用線條、形狀和顏色來描繪受控的、重複的和辦公室工作的主題。當他退後觀看他關於辦公室工作的創作時（**圖 11.4 和 11.5**），他說：「這讓我有一種被困住的感覺，有點像監獄。」此外，他說：「重複性的圖像是最難創作的，感覺好像永遠做不完，我不喜歡這種感覺。」實務工作者和個案一起攤開本次會面中創作的所有圖像，並試圖探索畫作中的模式和反應。個案指出，當這些作品出現溫暖的色彩和活潑的筆觸時，他很受吸引。另一方面，他覺得藍色和灰色的作品很無聊，對他來說沒什麼趣味。在回顧這些作品後，實務工作者和個案討論了這些創作如何證實了他對特定工作特質的偏好。實務工作者鼓勵個案進一步思考他的首要生涯選擇——消防員、醫護人員和偵探——作為下次會面前的家庭作業。

在下一次會面開始時，實務工作者詢問個案的家庭作業，並問他是否希望探討有關職業選項的其他考慮因素。他說：「是啊，我很多時候都在思考它們，它們似乎都是不錯的可能性。我不確定到底要選擇什麼。」為了提供個案進一步反思的機會，實務工作者再次將上次會面的畫作展開在桌上。他們逐一查看了以職業性質命名的作品。接下來，實務工作者請個案使用線條、形狀和顏色在較大的紙張上繪製三幅作品，描繪他的三個首要生涯選項的特質（**圖 11.6、11.7 和 11.8**）。個案很有活力地創作每一幅作品，並在很短的

藝術治療與生涯諮商

圖 11.4　辦公桌

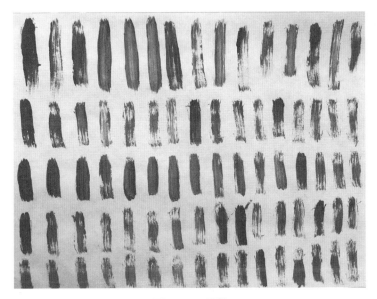

圖 11.5　重複

圖11.6　偵探

時間內宣布：「我完成了」。

　　為了幫助檢閱，實務工作者在職業性質畫作之間展示了這三幅作品，實務工作者和個案花時間將這些作品放在一起觀看，然後再個別觀看。個案對作品提出了一些觀察，例如對於消防員工作的活力和冒險感到興奮，並評論說圖像中的綠色與戶外有關。他相當喜歡這份工作中冒險刺激的部分，這部分在這幅作品中有呈現出來。然後他指出，他有再更深入地了解了消防員的職責，並了解到在活躍的消防任務之間可能會有很多閒置時間，因此在這些時候他可能會感到無聊和受困在室內。在探討偵探的創作時，他表示他喜歡代表風險的各種顏色和面向（黃色線條）以及城市般的戶外場景。然而，他提到大塊的灰色代表了偵探工作的缺點，例如完成與偵查結果相關的文書工作和報告撰寫。當他檢視護理人員主題的畫作時，他表示，這一次灰色並不是代表無聊或乏味。他說，灰色是一輛救護車，正緊急駛向重要目的地，周圍的黃色代表風險和興奮。他進一步提出，他喜歡有各種情況要應對，以及在戶外環境中穿梭對他來說很有吸引力。他描述，儘管兩者的特質與責任有一

　　　　　　　　　　　　　　　│藝術治療與生涯諮商│

圖11.7　護理人員

圖11.8　消防員

些重疊，但護理人員的工作比消防員職位提供更多的多樣性和較少的「等待時間」。實務工作者和個案一起投入額外的時間來比較這些職業畫作，以促進關於喜好和更清晰地縮小選擇範圍的對話。在這個創作活動後，個案表示他已經準備好朝著做出初步生涯決策的方向邁出步伐，開始實現他的選擇。

這個情境範例示範了如何運用職業資訊來支持個案的生涯決策過程。此外，藝術治療技術可以強化個人對資訊如何與自身情感、價值觀互動的體驗。

總結

生涯資訊是成功進行生涯決策和問題解決不可或缺的要素。個案不僅需要知道有哪些資訊可供使用，還需要知道在哪裡找到它，如何判斷其價值，以及如何將資訊應用在自己的職涯考量上。雖然許多生涯資訊都可以在線上取得，但其他資訊來源也可能很有價值。如何將生涯資訊引入對話中，可以因具體情境、個案特質和需求的不同而有所變化，可以從直接提供連結到運用更富有創意的方式。

問題討論與活動

1. 選擇一個你感興趣的職業。選擇本章中的三個網站，並比較有關職業的資訊。你注意到不同網站提供了什麼內容？哪個網站對你通常服務的個案最有用？根據網站上所提供的資訊，對你的生涯規劃可能會建議哪些後續步驟？

2. 選擇三種你正在考慮的不同職業或工作機會。以你的價值觀作為比較的基礎，建立並完成一個比較表或其他視覺圖。是否有一個選項比其他選項更突出？

3. 運用一些求職網站，搜尋與你職業興趣相關的職缺，了解該職位目前所需的技能、經驗和知識。你的技能、經驗與職位要求之間存在哪些差距？根據你的發現，現在應該採取哪些步驟讓自己在求職過程中更具有市場競爭力？

4. 找到一家你可能考慮工作的公司或組織。將它們的使命和價值觀訊息

複製並貼入到文字雲產生器。其中出現哪些關鍵字？這些訊息對求職者來說可能有什麼用處？

5. 安雅即將獲得心理學學位。研究所是一個選擇，但她想先取得一些工作經驗。她還沒有決定生涯道路，但對所有可能性持開放態度。她的興趣是助人、管理、指導、解決問題等。她來找你幫助她求職。根據這些訊息和她的問題，制定一個包括推薦資源的計畫。試著在每個問題中運用不同的資訊來源。最後，回答她的問題。她的問題與疑慮包括：

- 擁有目前的這個學位，我可以做什麼（沒有碩士學位）？
- 心理學專業的傑出雇主是誰？
- 我需要寫一份簡歷。我應該放上我的照片嗎？需要放我的愛好清單嗎？
- 我也想在面試中表現出色。最困難的面試問題是哪些？
- 我沒有任何工作經驗，那麼我如何快速獲得一些經驗？
- 我也願意從事商業領域的工作。有沒有專門針對亞洲商業界女性的雜誌？
- 如果我得到一份工作，我應該要求多少薪資？
- 如果 1 號雇主提供我一份工作，而我仍在等待 2 號雇主的消息，我該怎麼辦？
- 如何確定哪些雇主對亞洲女性來說是好雇主？
- 我在哪裡可以找到入門初階職位的招聘訊息？

6. 創作一首詩或一個視覺作品，描述特定職業的任務和要求。讓其他人猜測這個職業名稱。

7. 在你考慮進入的職業領域中找到兩位從業者，或是你的個案們普遍會感興趣的人，與他們進行一次資訊式面談。詢問有關他們如何決定自己的生涯道路；他們為了準備就業，在培訓／教育方面採取的步驟及工作經驗；他們在工作中最喜歡或最不喜歡的事物；以及他們對現在有興趣進入這個領域的人的建議。想出其他能反映你價值觀的問題。例如，如果你重視週末和晚上擁有自己的時間，或者喜歡高能量的環境，你可以問問看他們的經驗裡是否如此。比較兩次資訊式面談的答案。仔細思考選擇在不同工作環境中擔任相同職位的人，例如營利和

非營利部門。如果你的幾位同學也對某個職業感到興趣，可以考慮舉辦一個小組活動，讓這些人分享他們的工作並回答問題。

8. 搜尋包含對藝術治療師或生涯諮商師建議的最新貼文（例如新聞文章、協會會訊或期刊、研究論文、社群媒體或部落格）。將這些建議整理成你專業領域的十大建議。

9. 尋找當地至少兩家雇主，他們有可能聘請你感興趣追求的職位。預約時間來進行資訊式面談。比較在兩個地方的經驗，並思考這些資訊會如何影響你對自己和未來可能考慮選項的認識。

10. 完成本章前面的填字猜謎遊戲。你能猜到這個職業嗎？

橫向答案： 1) art; 4) expressive; 7) group; 8) nonverbal; 9) nondirective; 13) masters; 14) social; 15) bright; 16) medium; 17) therapy; 20) sixty

豎向答案： 2) theme; 3) coping; 5) sublimation; 6) board; 10) directive; 11) verbal; 12) all; 18) process; 19) AATA

藝術治療與生涯諮商

參考文獻

Brown, S. D., & Ryan Krane, N. E. (2000). Four (or five) sessions and a cloud of dust: Old assumptions and new observations about career counseling. In S.D. Brown & R.W. Lent (Eds.), *Handbook of Counseling Psychology* (3rd ed., pp. 740-766). Wiley.

Hooley, T., Hutchinson, J., & Watts, A.G. (2010). Careering through the web: The potential of Web 2.0 and 3.0 technologies for career development and career support services. Retrieved from UK Commission for Employment and Skills website:

http://derby.openrepository.com/derby/bitstream/10545/198269/1/careering-through-the-web.pdf

National Career Development Association. (2009). Career counseling competencies. Retrieved from www. ncda.org/aws/NCDA/pt/sd/news_article/37798/self/layout_ccmsearch/true

National Career Development Association. (2015). NCDA code of ethics. Retrieved from www.ncda.org/aws/NCDA/asset_manager/get_file/339

Osborn, D. S. (2011). Information career safari. In T. M. Laura, M. Pope, & C. W. Minor (Eds.), *Experiential activities for teaching career counseling classes & facilitating career groups* (vol. 3, pp. 267-270). National Career Development Association.

Parsons, F. (1909). Choosing a vocation. Houghton Mifflin.

Sampson J. P., Jr., Osborn, D., Kettunen, J., et al. (2018). The validity of socially-constructed career information. *Career Development Quarterly, 66(2)*, 121-134. Retrieved from http://purLflvc.org/fsu/fd/FSU_libsubvl_scholarship_submission_l521225668_d3959a6c doi:10:1002/cdq.12127

Zalaquett, C. P., & Osborn, D. S. (2007). Fostering counseling students' career information literacy through a comprehensive career web site. *Counselor Education and Supervision, 46*, 162-171. doi:10.1002/j.1556-6978.2007.tb00022.x

第十二章

探索與協助身心障礙者的生涯發展

　　身心障礙者在生涯方面有著與其他人相似但更為細緻的需求，因此實務工作者需要準備好支持他們的生涯發展、探索、生涯導航、問題解決和求職努力。因此，本章將探討身心障礙的定義與模式，以及影響生涯導向服務提供的身心障礙身分與身心障礙文化。由於多種類型的心理與身體障礙表現形式廣泛，嚴重程度與功能影響各不相同，難以在一章中全部涵蓋闡述，因此我們將重點介紹幾個範例，示範生涯實務工作者如何理解、支持和促進適當的生涯發展介入策略。強調實務工作者對身心障礙身分、態度與資源具備敏感度的重要性。

身心障礙與就業

　　在討論本章主題時，檢視身心障礙可能對生涯和就業的影響是非常重要的。根據美國勞工部勞工統計局（2021 年）的數據，身心障礙者的就業率為19.1%，非身心障礙者的就業率是 63.7%。此外，在身心障礙工作者中，有 29%的人從事兼職工作，相較之下，非身心障礙者從事兼職工作的比例為 16%。在

19.1% 的身心障礙就業率中，自營業者的身心障礙人士相對較多。目前沒有工作或正在尋找工作的人不被列入美國勞動力的一部分。而有身心障礙的人士佔了這個群體一個顯著的更大比例。然而，值得注意的是，在認定某程度上具有身心障礙的人中，有一半以上的年齡超過 65 歲。

即使是就業，身心障礙者也會經歷著各種職業的差異。例如，根據美國勞工部勞工統計局（2021）的報告，完成學士學位或更高學歷的身心障礙者，並不會獲得通常與更高教育水準相關的更大就業機會。統計數據還顯示，身心障礙者較不可能從事管理或其他專業層級的職業，而更有可能從事服務業、產品生產、運輸或公部門工作。

身心障礙統計、定義和模式

根據世界衛生組織（2011）資料，全球有超過 10 億人口具有某種形式的身心障礙，約有 2 億人面臨嚴重干擾日常功能的困難。值得注意的是，幾乎所有人一生中都將會遇到暫時或永久身心障礙的狀況。

什麼是身心障礙？美國人口普查局勞工統計局（2021）的現行人口普查將身心障礙定義為關於嚴重聽力困難、嚴重影響視力的困難（即使配戴眼鏡仍有困難），以及因身體、精神或情緒狀態而導致專注、記憶或做決定方面存在嚴重困難。身心障礙狀態的其他標準包括與運動功能挑戰相關的困難，如步行或爬樓梯困難，或者日常活動的困難，如洗澡或穿衣，以及無法獨立完成生活必需的差事，如購買食物日用品與預約就診。

勞工統計局的這些描述與身心障礙的醫學模式相符，該模式聚焦在個人身體內部發生導致功能受損的問題（Bogart et al., 2022）。從醫學模式的視角來看待身心障礙的實務工作者專注於病理學、診斷和治療介入，目的在減輕干擾個人運作能力的症狀（Retief & Letsosa, 2018）。安德魯斯等人（2019）的研究觀察到，醫學模式對於去人性化的語言使用與對障礙的強調存在關聯性，例如稱呼一個人為下半身麻痺者或思覺失調症患者，而不是考慮到個人的整體身分和能力或考慮環境的限制。

世界衛生組織（2011, p. 4）將身心障礙描述為一個「複雜、不斷變化、涉及多個層面且具爭議性」的概念，需要討論限制不同能力人士的參與機會和發揮

最佳功能的障礙。他們將身心障礙定義為有身體功能或結構方面損傷的個人與態度和環境之間的互動，態度和環境的影響可能會阻礙個體公平且有效地參與社會。例如，當個人患有聽力障礙或運動障礙等健康情況，且處於無法進入或缺乏社會支援（如促進翻譯和交流的手語翻譯）的環境時，便會出現障礙。這些描述與強調個人與環境之間互動的社會模式相符（Retief & Letsosa, 2018）。

不意外地，環境的要求塑造了對功能挑戰的考量或分類方式（Smart & Smart, 2006）。例如，一個行動能力受到身體限制的人，在強調認知技能或使用適當電腦技能的工作中，可能不會遇到與工作相關的任何功能性挑戰，但在從事與建築勞動相關的許多任務中，將會遇到功能性的挑戰。而在律師事務所角色中，一個有嚴重閱讀障礙的人可能被認為存在功能挑戰，因為這個角色需要大量閱讀，但就擔任瑜伽教練的角色來說，可能不會遇到任何功能性挑戰。

史馬特和史馬特（Smart & Smart, 2006）清楚說明，具有不同功能能力的人經常面臨到環境中的物理障礙、周遭人的負面態度，或在其環境中的人並沒有意識到障礙的存在，因為這些人可能自認為沒有障礙。雖然這些因素並不是導致身心健康狀況成為身心障礙的原因，但這些因素可能會加劇他們所面臨挑戰的範圍和嚴重程度，包括參與限制和就業歧視。此外，社會對不同功能能力的偏見和附加的污名可能與社會對個人多重身分的觀念相互交織，例如種族、文化、族裔、性別認同、性取向或年齡，導致了一個複雜的障礙體系，阻礙了個人發揮潛力。

雷蒂夫和賴索薩（Retief & Letsosa, 2018）描述了依據身分模式的其他詮釋身心障礙的方式。身分模式承認社會力量透過環境的限制與態度創造出身心障礙，但也確認身心障礙為一種積極和集體的認同。本章後續將進一步探討身心障礙身分的概念。

職場身心障礙身分

1990 年《美國身心障礙者法》（ADA）、2008 年《美國身心障礙者法修正案》與其他國家立法的創建者致力於制定政策，以消除職場中的歧視。然而，對身心障礙者而言，職場歧視，包括騷擾，仍然是一個顯著的議題（ADA National Network, 2022）。騷擾可以透過多種方式表現。美國平等就業機會委員會（2022）

　藝術治療與生涯諮商

將騷擾定義為同事或雇主表達的冒犯性言論，導致有害的工作環境。此外，騷擾還可能包括對員工及其身心障礙的負面工作場所反應，包括無故降職或終止雇傭關係。

桑圖齊和華爾茲（2016）指出身心障礙身分在職場中的複雜性，這種複雜性體現在個體的實際體驗和表達上。當一名工作者出面承認自己的身心障礙情況需要合理調整與保護時，但在其他生活情境中不把自己視為身心障礙者，身心障礙身分的複雜性可能會顯現出來。相反地，一個人可能將自己視為「身心障礙者」，但其狀況或經驗在法律上可能不被視為身心障礙。另外，一個人在職場中也可能不認同自己是身心障礙者，以避免污名和其他負面後果。

為了加深對職場身心障礙身分複雜性的理解，桑圖齊和華爾茲（2016）確認了多個影響工作者身心障礙身分的因素。這些因素包括：個人內部因素；人際關係因素；組織因素；以及身心障礙的法律、醫療和文化定義。這些研究人員將個體內部因素描述為，個人對自己可能被視為身心障礙的身體、心理狀態或經驗的內部解釋。例如，一個人可能不了解自己的經驗如何構成了身心障礙或損傷，而另一個人可能不認為自己是身心障礙者，以避免被貼上標籤和相關的污名。他人的關係和反應是影響工作場所身心障礙身分的人際因素。例如，與身心障礙社區有緊密連結的個人更有可能肯定自己的身分，因為他擁有一個支持自己在職場之外的意義和價值觀的寶貴人際關係網絡。另一方面，身心障礙者可能會努力隱藏自己的身心障礙狀況，因為他擔心承認自己是身心障礙者可能會改變他人對他的技能或才能的看法，或者改變已建立的職場關係。

當涉及身心障礙身分時，組織因素可能影響員工對工作場所的感受，這些因素將決定工作氛圍是正面還是負面的（Santuzzi & Waltz, 2016）。例如，支持或限制身心障礙員工彈性的組織政策會向員工傳遞有關組織態度的訊息。此外，組織政策與運作方式可能意味著對工作安全議題或人體工學條件敏感或不敏感，從而增加身心障礙經歷的風險。在法律、醫療和文化定義的影響方面，如上所述，國家立法的目的是保護就業權利並確保公平的工作機會。然而，桑圖齊和華爾茲認為，各政府機構對身心障礙缺乏統一的定義會產生模糊不清的情況，可能會導致個人和組織的困惑。法律和醫療定義之間的衝突也可能令人困惑，因為醫學或心理健康診斷未必在法律上構成身心障礙。此外，文化和更廣泛的社會觀點對於什麼是身心障礙的觀念可能會影響個人或組織對身心障礙

的理解。

身心障礙身分的發展

在更廣泛的層面上，福伯-普拉特和扎佩（Forber-Pratt and Zape, 2017）為身心障礙者建構了一個心理社會認同發展模式，以利理解如何形成正向的身心障礙認同。他們主張正向的身心障礙認同有助於身體與心理健康，並形成強烈的自我意識，可以在面對阻礙時培養決心和韌性。鮑嘉（Bogart, 2014）對患有先天性和後天性身心障礙者進行了一項研究，使用了對生活滿意度、自尊心以及身心障礙身分和身心障礙自我效能量表的衡量。研究結果支持了一個假設，即肯定自己的身心障礙身分對個人的幸福感有正面影響。鮑嘉還發現，與後天性身心障礙者相比，先天性身心障礙者對生活的滿意度較高，即使身心障礙對他們的日常生活活動有更大的影響。正向的身心障礙認同也預測了更高程度的身心障礙自我效能感，以及隨後的生活滿意度。自尊心程度則無法預測生活的滿意度。

為了更深入了解認同發展因素，福伯－普拉特和扎佩（2017）訪談了17名自我認定有身心障礙的大學生，並進行了分析。研究中的參與者有著主要是身體方面的各種障礙，有些是後天的，有些是從出生時就存在的。所有參與者都是在《美國身心障礙者法案》頒布後長大的。根據研究結果，福伯－普拉特和扎佩歸納出四種認同狀態：接受、關係、採納和參與。簡而言之，接受狀態包括個人逐漸認識與接受其身心障礙，並認同身心障礙狀態的各種經歷。這些經歷在一定程度上因發病年齡和朋友和家人的接受程度而有所不同。關係狀態反映了與其他身心障礙者建立人脈、從該群體中學習以及減少孤獨感的經驗。在採納狀態中，納入並應用與身心障礙文化相關的核心價值觀。在這種狀態下採取的行動包括增進對可能適用於自己情況的政策與法規的了解，以及在推動自己權益的努力中靈活應對。福伯－普拉特和扎佩將參與狀態定義為個人在繼續了解該群體的同時，也為社區作出貢獻，例如，擔任另外一位身心障礙者的精神導師。

福伯－普拉特和扎佩（2017）強調，醫療保健社群成員需要加深對接受照顧者身心障礙認同狀態的理解，以便能夠提供敏銳細心的介入策略，例如敏感

地傾聽並尊重個人目前對於如何認同或是否願意參與身心障礙社群的看法，或者在他們準備好尋求連結時，提供有關社區網絡的資訊。生涯和藝術治療實務工作者也需要意識到身分認同因素如何塑造對生涯選擇和決策、生涯問題、問題解決以及工作場所中期望的解決方案的觀點。

實務工作者的考量

史馬特和史馬特（2006）指出了諮商實務工作者在與被認定為身心障礙者或正在經歷身心障礙的人進行工作時需要考慮的重要因素。首先也是最重要的，是實務工作者必須承認並探究有關身心障礙的定義和概念化的假設，防止過度強調身心障礙的身體方面，並將努力與個案對其身分認同、抱負和所經歷障礙的表達保持一致。此外，史馬特和史馬特描述了諮商師應追求反思和採取行動的部分。這些包括但不僅限於，檢視自己對個案身心障礙的情緒反應，以及這些反應和期望如何影響工作同盟；檢視個案對於其身心障礙經驗的感受；欣賞個案將身心障礙視為身分認同中重要一部分的考量；強調個案在決策中的能動性，以及支持其所期望的參與和目標追求；傾聽偏見和歧視的經驗；擴展對身心障礙者經常利用的機構的了解，以促進重要的合作；並參與多個層面的機構倡議和政策變革的努力等。實務工作者應預期需要持續反思、自我教育和培訓，提供一個尊重和能夠回應個案需求的空間，促進個案和實務工作者的合作。

生涯實務工作者的考量

權（Kwon, 2019）強調了支持青年生涯發展自主決定的重要性，並指出實現理想就業和良好構思的生涯選擇，受到個人在選擇生涯道路時的賦權程度影響。相反地，權觀察到，善意的監護人、教師或專業人士引導個案選擇特定的生涯選擇作為照顧和保護的手段，或引導他們從事實務工作者認為對個人來說最容易的工作，可能會降低個人對自己或其生涯決策技巧的信心。這些行為也限制了個人對自我實現目標的追求和實現人生意義的願望。權認為這些都是壓迫性的做法，會使得個人在生涯方向選擇上受到社會期望的限制。

為了因應這種動態，權（2019）建議生涯實務工作者考慮支持個案自主決

定的生涯架構，例如，他認為生涯建構主義方法很適合這項工作。生涯故事的探索以及這些生涯故事的建構和解構等相關過程，提供了有助於反思有關生涯興趣與選擇的外部和內部影響的結構。

修格倫等人（Shogren et al., 2016）探討了自我決策生涯發展模式（SDCDM: Wehmeyer et al., 2003）作為支持身心障礙成年人自我決策生涯發展的方法。SDCDM 介入策略提供了有關發展自我管理問題解決的技能指導，這些技能目的在用於生涯探索和設定就業目標。修格倫等人描述該模式是一個三階段的教學過程，其中向參與者提供一個需要解決的生涯相關問題。在每個教學片段中，身心障礙者確定所提出的生涯問題，腦力激盪出問題的可能解決方案，考慮可能干擾問題解決的潛在阻礙，然後考慮所提出解決方案的可能結果。儘管強調自我決策，但引導者在過程中扮演著重要角色，透過提供一個不帶評價的環境，支持對模式的理解，重視個人的努力，並在個案透過解決問題的步驟時，支持個案取得成功。在對身心障礙成年人進行的研究中，修格倫等人將 SDCDM 實驗組與醫療機構中相應的控制組進行比較，經由 ARC 自我決策量表—成人版（SDS-Adult; Wehmeyer, 1996）測量，發現實驗組在與自主性的自我決策因素相關的分數顯著較高。由於較高的自我決策分數與正向的生涯結果有關，因此生涯問題解決的指導、演練和支持似乎是實務工作者在與身心障礙成年人合作時可以運用的有益策略。史特勞澤（Strauser）2021 年出版的教科書《復健中的生涯發展、就業和身心障礙：從理論到實務》（*Career Development, Employment, and Disability in Rehabilitation: From Theory to Practice*）是與身心障礙個案及其生涯發展需求合作的絕佳資源。

藝術治療師的考量

關於藝術和藝術治療實務，索爾萬（Solvang, 2018）概述了為身心障礙者設計的各種藝術治療模式和互動的歷史。她提到藝術治療介入策略往往側重於藝術的過程而非藝術的成品，因為這些介入策略是設計來支持表達、個人發展和賦權。另外，有些藝術治療實務著重於為身心障礙者提供機會獲得指導和培訓，以及銷售作品的途徑，讓他們可以建立藝術家的身分認同與職業生涯。索爾萬指出，這些方法可能是正面的，但仍可能延續醫學模式的觀點，亦即把從事藝術的人視為接受服務的病人，或是同樣地，視為非主流藝術家，這種標籤

強調了藝術家與「主流」社會的差異或分野。索爾萬將這些模式與身心障礙社群中興起的身心障礙藝術運動做對比，這些運動目的在推動受到身心障礙經驗啟發的文化表達，以及為平等而奮鬥的努力。

貝克（Beck, 2020）是一名身體有明顯障礙的藝術治療師，她強調了在助人專業領域內抵制能力主義的重要性。貝克描述她親身經歷過的情況，即她的觀點被貶低又或者是身體健全的實務工作者向她解釋自己的觀點。她觀察到其他人對於身體差異的不適感，基於身體能力方面是不能勝任的假設，以及實務工作者缺乏認識到身心障礙文化是自豪感的來源，而不是需要被修復的事物。她主張從事藝術治療的實務工作者應遵循一個社會身心障礙模式，承認環境的侷限性以及帶偏見的社會觀點造成邊緣化和污名化身心障礙者。貝克發現了組成和參與無障礙身心障礙者社區藝術空間的價值，在這些空間中，身心障礙者的故事和藝術品可以被聆聽、重視和展示。貝克強調，這些環境減少了與身心障礙身分相關的羞愧感並提升了自豪感。

無障礙和適應性工具與材料

與其他情境相同，實務工作者可以提供藝術本位的介入策略，作為與身體障礙者進行生涯導向探索的一部分，並且必須充分理解藝術媒材與其特性，以及如何讓個案方便使用。因此，熟悉低技術的美術工具改良，對於確保表達參與的公平機會非常重要（Coleman & Cramer, 2015; Schoonover & Schwind, 2018）。斯庫諾弗和施溫德（Schoonover & Schwind, 2018）創造了一個經過改良和再利用的美術工具套組，為有各種身心障礙的青少年提供獨立藝術參與和自我表達的鷹架。他們將簡單的物品，如披薩盒，改造成了畫架，以幫助調整到符合學生的水平視線，並重新利用塑膠牛奶罐，將手柄轉變為畫筆的握把。**圖 12.1** 提供了一些美術用品改良的範例，包括一個水瓶和一個用於幫助握住畫筆的油漆滾筒。**圖 12.2** 中以藝術形式呈現了用於使藝術無障礙的工具，例如帶有附加標記器的小型電動玩具，以及受到科爾曼（Coleman, 2012）啟發，連接到輪椅上的油漆滾筒。

除了自製的美術改良工具以外，實務工作者還可以運用數位藝術軟體和輔助技術讓個案方便進行藝術創作。克瑞德（Creed, 2018）概述了身體障礙藝術家使用的各種輔助技術工具，例如可以增強數位藝術製作應用程式靈活性

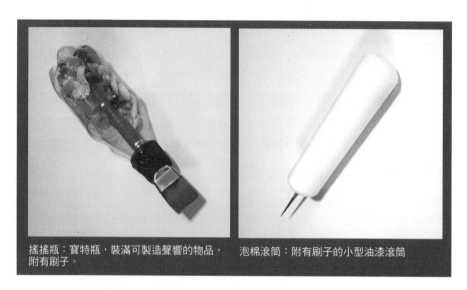

搖搖瓶：寶特瓶，裝滿可製造聲響的物品，附有刷子。

泡棉滾筒：附有刷子的小型油漆滾筒

圖12.1　藝術工具改良　a. 搖搖瓶　b. 泡棉滾筒

圖12.2　無障礙藝術工具範例

藝術治療與生涯諮商

的 Wacom 繪圖板。科爾曼（2012）建議可以與搖桿、軌跡球或其他適應性輸入裝置一起使用，包括頭部或眼部控制系統的電腦繪圖或繪畫應用程式。免費的藝術軟體程式可用於各種電腦平台，並可作為手機／平板電腦應用程式使用或無需此類設備一起使用。科爾曼將企鵝小畫家（Tux Paint, Tux Paint Development Team, 2002-2022）定位為一個免費且易於使用的應用程式範例，該應用程式除了具有各種形狀圖章和特殊效果外，還具有各種畫筆風格、大小和顏色選項，可用於創意表達。雖然 Tux Paint 軟體最初是為兒童設計的，但它可供所有年齡層的人使用，並提供成年人非常簡單的方式來進行數位藝術創作過程，可以使用輸入裝置或簡單的繪圖板觸控。**圖 12.3** 中提供的藝術作品是使用 Tux Paint 創作的探索性藝術作品範例。

重要的是，實務工作者有責任滿足個案的需求與移除阻礙，並確保獲得適當的藝術治療與諮商介入及空間。這些要求已在專業準則和能力檔案中概述。例如，藝術治療證照委員會（2021）倫理、行為與紀律程序準則要求藝術治療師提供實用的環境，並在實務運作中配合個案的能力與身分狀態。美國生涯發展學會多元文化生涯諮商發展必備能力的最低門檻（NCDA, 2009）也明確指出，生涯諮商師必須具有「關於資訊、資源和運用技術的知識，以確定這些工具對各種族群的需求敏感，並根據每位個案的需求進行修正和／或個性化」（p.

圖 12.3　使用軟體企鵝小畫家的探索性藝術作品

6）。NCDA倫理準則（NCDA, 2015）還描述了解決技術輔助服務問題的要求，並為個案提供有助於他們獲得此類選項的資源訊息。

了解資源

　　為提供生涯導向的知情服務，重要的是要對身心障礙與就業的廣泛主題有豐富的了解。這裡將概述選定的一組網站資源，以協助讀者了解可用的資源。

身心障礙資源

　　身心障礙資源網站，網址為 www.disabilityresources.org，是一個綜合性網站，可作為獲得各種身心障礙主題資訊的入口網站。這些主題包括虐待、無障礙、倡議和法律權利、輔助科技、照護、兒童、溝通、文化、政府身心障礙福利、身心障礙議題、教育、就業、醫療保健、國家身心障礙者組織、復健治療和心理治療等等。使用者選擇一個主題後，將會連結到相關資訊，並提供其他網站和資訊來源，以進一步研究主題內容。網站設計簡單，資料查找容易。

DO-IT

　　DO-IT 網站，www.washington.edu/doit/，隸屬於華盛頓州西雅圖的華盛頓大學，示範了如何運用實證實踐來增加身心障礙者在挑戰性學術與職業方面的機會。DO-IT 名稱中的字母分別代表了身心障礙（Disabilities）、機會（Opportunities）、網路互聯共享（Internetworking）和科技（Technology），該網站提供複製 DO-IT 實務的指南，如建立良師益友社群，提供探索科技和教育中的通用設計以擴大可及性的資源，並概述促進制度變革的策略。

EARN：身心障礙共融的雇主協助與資源網絡

　　EARN 網站，https://askearn.org。EARN 的目標是為雇主提供資訊和資源，以便他們可以招聘、僱用和留住身心障礙者。EARN 提供支持正向職場文化和行動發展的資源，幫助雇主實現多元化、公平性、共融性和可及性等目標。這網站上有一個值得注意的資源是 EARN 的心理健康工具包，網址是 https://askearn.org/page/mental-health-toolkit。這個工具包提供有關心理健康問題、對工

作的影響、促進心理健康友好工作場所的理由以及實現這一目標的方法的統計
數據。雖然這個網站是為雇主設計的，但實務工作者也會很重視這個網站，因
為它提供了支持宣導努力的言辭和用語。

工作合理調整網絡

　　工作合理調整網絡（JAN）網站，https://askjan.org。這個網站是美國勞工部
的身心障礙就業政策辦公室（ODEP, 2022）的一項服務。網站提供有關《美國
身心障礙者法》的指導，並提供目的在使身心障礙員工和雇主受益的合理調整
（accommodation）選項。JAN 的任務是促進對身心障礙工作者的價值和才能的
認識。網站的部分專門為雇主、個人和其他對象。其他目標受眾包括復健、醫
療專業人員、工會代表以及律師和法律代表。該網站提供免費的網絡廣播節目
與培訓。

身心障礙者就業政策辦公室

　　ODEP 網站、www.dol.gov/agencies/odep，隸屬於美國政府勞工部。ODEP
的使命是「制定並影響政策和執行，以增加身心障礙人士就業機會的數量和質
量」。與 ODEP 的附屬網站 JAN 相比，ODEP 網站提供了更廣泛的主題範疇。
ODEP 網站涵蓋了雇主、就業支援、個人訊息資源以及「其他」類別等廣泛的
訊息類別，其中特別介紹了心理健康和自閉症等主題。

　　在建立了有關生涯資源和應用的意識、知識和能力後，你將準備好在實務
環境中應用這些資訊。

考慮生涯諮商

　　身心障礙者可能希望在生活與生涯發展過程的不同階段探索、規劃或解決
生涯問題。個案和實務工作者將共同努力確定在會談中將要解決的具體目標。
赫舍森（2005）強調了 INCOME 模式（INCOME model, Beveridge et al., 2002），
這個模式是一個精心設計的生涯架構，結合了適用於不同背景、年齡和能力
的人的各種生涯結構，並提供易於理解的語言來識生涯問題。INCOME 模
式包括六種不同的狀態，這些狀態可以在生涯探索和決策過程中同時或分別

體驗。INCOME 這個頭字語的組合詞代表六個狀態：想像（Imagining）、訊息（iNforming）、選擇（Choosing）、獲得（Obtaining）、維持（Maintaining）和退出（Exiting）。想像狀態包括擴展對工作類型的意識、幻想想像以及基於現實想像潛在的生涯選擇。訊息狀態涉及對自己、技能和才能的了解，以及對生涯選擇、必備條件和特質的了解。在選擇狀態中，個人將自我知識與職業、工作世界的了解相結合，並選擇職業。在獲得狀態中，個人在理想生涯領域中尋找並以最佳方式獲得職位。維持狀態涉及工作和適應的過程，以維持在工作角色和環境中的積極參與。退出狀態涉及離開工作或考慮離開工作，並與工作轉換相關。

　　生涯諮商師採用此模式規劃介入策略，解決在積極參與的狀態領域中出現的問題，從最重要的關切領域開始。然而，還需要注意的是，這只是可用於概念化身心障礙人士生涯考慮的眾多模式之一，這一點可以從第二章介紹的理論數量中得到證明。

隱形身心障礙

　　並非所有身心障礙都是可見的或容易察覺的；因此，有些身心障礙被稱為隱形身心障礙。隱形身心障礙包括廣泛的身心狀況，包括憂鬱或焦慮、創傷性腦損傷、自體免疫疾病、低視能或聽力損失，以及許多其他類型的挑戰，遭遇到這些挑戰不一定會被看見（Prince, 2017; Santuzzi et al., 2014）。桑圖齊等人（Santuzzi et al., 2014）指出，患有隱形身心障礙的人可能會有一些觀察可見的症狀，如行動緩慢，這可能會被他人誤解為是短暫的狀況，例如睏倦或其他非身心障礙的原因。在這兩種情況下，如果身心障礙不是看得見的或相當明顯的，工作者可能會選擇隱藏自己的身心障礙狀態。然而，如果個人沒有提報可能影響自身工作表現的隱形身心障礙，他們可能很容易受到負評。如果他們向雇主報告了自己的身心障礙情況，他們可能會獲得合理調整和其他法律保護，並且可能會得到更公平的評估。披露自身情況的其他優點包括：減輕因保守「秘密」而帶來的壓力；更容易向雇主提出健康保險或其他福利問題；獲得合理調整和個人化支持，增加成功的機會；在幫助他人理解和應用便利設施時，感覺到自己的能動性；以及透過自我倡議努力產生更正面的自我形象（Prince, 2017）。然而，大多數患有隱形身心障礙者並沒有透露自己的狀況。

拉斯本－格魯布（Rathbun-Grubb, 2021）對有慢性疾病和相關狀況的圖書館員進行了調查，以了解他們的經驗、應對策略，以及他們對身心障礙、合理調整、披露與其職業相關的後果的看法。在616名受訪者中，有42%報告了心理疾患，18%報告了自體免疫疾病。其他報告的病況包括偏頭痛、心血管疾病、糖尿病、消化系統疾病、聽力和視力障礙等。關於向雇主披露疾病情況，許多人對透露隱形身心障礙持有複雜的看法。有些人認為披露是有風險的，並明確表示擔心因此受到評價或被忽視晉升。其他人指出，披露後他們遭受了歧視和失業等負面後果。還有一些人之所以不報告他們的隱形身心障礙，是因為擔心自己不會被相信。有些人感覺在症狀變得更加嚴重時「被迫」披露自己的身心障礙，並感到有壓力要解釋缺席情況以及應對同事的態度。從更正面的角度來看，其他選擇披露自己身心障礙的人表示，這有助於他們更加透明，使他們能夠更好地為自己的需求發聲。

問及合理調整時，受訪圖書館員中有35%表示曾要求合理調整，79%報告說已獲得合理調整（Rathbun-Grubb, 2021）。那些獲得合理調整的人將他們的圖書館描述為重視公平、多元化和包容性的支持性環境。然而，許多受訪館員表示，希望管理人員能更積極地學習和實施確保工作人員成功的合理調整。

除了合理調整外，圖書館員也設計了自己的策略來應對身心障礙，以保持他們的工作效率（Rathbun-Grubb, 2021）。其中一些策略包括為必要的預約時間請假、遵循藥物和飲食規則、將自己的輔助設備帶到工作中、在一天中能量較高的時間優先安排高要求的工作任務、進行短暫的散步以增加能量，或者必要時在工作中找到一個安靜的空間重新集中精神。其他人指出，他們透過冥想、設定界線和採用其他有助於管理慢性病的做法，在工作和家庭中照顧自己。

正如調查案例顯示，對於那些有隱形身心障礙的人來説，做出披露和請求合理調整的決定可能相當複雜。生涯實務工作者可以透過了解身心障礙者權利和就業立法、倡議資源，以及了解披露的實際優點和缺點及其影響，來開始支持這個決策過程。此外，實務工作者必須在會談中建立正向的工作同盟與不帶評價的空間，讓隱形經歷能夠被展現出來進行處理。藝術治療師多年來透過多種不同形式（Anand, 2016; Rosner-David, 2016）與患有醫療狀況的人進行藝術治療實務工作。阿南德（Anand, 2016）指出，與患有醫療疾病的人進行藝術治療的目標包括但不僅止於：減少孤立感；改善社交能力；支持掌握藝術媒材以增

圖12.4　橋本氏早晨例行日常

強自信心；提供表達對疾病感受的機會；並透過發現自身優勢來培養復原力。藝術創作獨特地使內在經歷更加顯示出來，並且依據感受到的經歷創作出的圖像可以被共同觀看、探索和理解。

在這個例子中（圖12.4），個人使用藝術治療和藝術創作的形式，來揭露她的自體免疫疾病的故事，以及她的經歷如何從一天的開始就與她的工作同事有所不同。她將自己的作品命名為「橋本氏早晨例行日常」。

在描述她的圖像時，她指出：

大多數人從我的外貌上看不出來，但我患有橋本氏甲狀腺炎，這是一種自體免疫疾病，我的免疫系統會攻擊我的甲狀腺，損害其產生調節新陳代謝、能量水平、焦慮和情緒的激素的能力。大多數人在早晨會著重淋浴和快速吃點東西，我必須早起幾個小時才能為出門工作做好準備。為了在同事中保持冷靜的態度與能力，我會進行一些能帶給我能量的活動，為新的一天做好準備，如跳舞和聽一些提振情緒的音樂，沐浴時添加令人精神煥發的尤加利葉，還有吃一頓合適的早餐，吃一些不會進一步惡化我免疫系統的食物，這樣我可以服用甲狀腺激素替代藥物。然後，在上班之前，我會從事一些舒緩的愛好，比如長時

藝術治療與生涯諮商

間散步，同時聽著音樂或網路廣播，並在手邊準備一些手工藝材料，如畫圖、編織和串珠材料，用來在開始工作之前或休息時間緩解我的焦慮。

她的描述顯示了她在家庭生活中所做的許多適應措施，為自己的工作日做好準備，但她並沒有要求工作場所提供任何合理調整。與這名個案持續合作的目標可能會集中在阿南德（2016）所概述的許多目標上，例如表達對疾病的感受和培養復原力。此外，了解身心障礙和揭露議題的實務工作者可以協助她使用藝術創作來探索揭露的優點與缺點；促進演練和解決與工作相關的問題，例如歧視；提供資源以鼓勵她社區網絡的擴展；並加深對她在法律下的便利設施和保護選擇的理解。

生涯發展以及與心理健康相關的身心障礙

就身心障礙而言，心理健康障礙最常被歸類為隱形障礙。雖然本章的大部分內容都集中在身體障礙上，但是處理心理健康問題和生涯考量也同樣重要，因為心理健康症狀可能以各種方式影響生涯發展的努力以及工作場所的經驗。在接下來的段落中，會討論為有注意力不足／過動症（ADHD）和憂鬱症診斷的個人，提供生涯決策支援時的考量。

生涯決策與注意力不足／過動症

由於做出決定需要處理與評估大量的資訊，生涯決策可能是一項艱巨的任務，而對於確診 ADHD 的人來說，決策可能會更具挑戰性。美國精神醫學會（2022）描述了 ADHD 的症狀，包括不專注，這會導致難以組織一系列的任務、難以聽從指示，以及更容易分心或偏離任務。迪佩奧盧等人（Dipeolu et al., 2015）研究了 ADHD 對於人們生涯發展任務的影響，發現有 ADHD 的人比沒有的人有更大的決策困惑，並且有 ADHD 的人可能更容易做出倉促的生涯決定。在生涯決策之後，迪佩奧盧等人（2013）指出，ADHD 的症狀經常干擾工作和就業功能，例如優先處理、管理或完成工作任務，並阻礙職業成功。因此，他們主張生涯實務工作者應該熟悉精神障礙的症狀，例如 ADHD，以更好地將治療策略個別化，並促進從學校經驗到職業成功的正向過渡。

布魯克斯（Brooks, 2016）在與診斷有 ADHD 的青年人進行生涯諮商的過程中觀察到，有 ADHD 的個案經常顯得無聊或坐立不安，對於必須為一種類型的工作做出承諾感到擔憂，並對自己的決策能力感到懷疑。這些情況可能會使生涯決策過程讓實務工作者與個案都感到沮喪。因此，布魯克斯設計了考量和適應這些經歷和擔憂的生涯決策目標和方法。

　　布魯克斯（2016）主張，協助 ADHD 個案的第一個目標是培養希望。為了實現這一目標，布魯克斯透過簡短的逐步任務激發個案探索關於生涯選擇的內在想法，而這些任務可以建立成功、增加信心和動力。她還介紹成功運用支持性認知行為方法，挑戰關於決策能力的功能失調思維。這些思維像是，「如果我的第一個工作選擇無法完全讓我感到滿意，就表示我永遠找不到我喜歡的工作」，這類的陳述反映了關於職業成功與失敗的非理性想法，經由探索經驗證據來消除這些非理性想法，從而拓展個案的職業概念。

　　布魯克斯（2016）也將生涯決策任務調整成更容易掌握，有時還會運用視覺和創意的手段。其中一個過程稱為「可能的生活地圖」。「可能的生活地圖」的具體目的是幫助人們整理他們對潛在生涯的想法並釐清生涯決策。布魯克斯提供個案以下用品來完成製圖任務：一張 8.5×14 英寸的白紙、一支麥克筆和便利貼。首先，請個人在白紙中央寫下自己的名字，畫一個圓圈包圍自己的名字。完成後，請個案想想自己從童年早期到現在考慮過的職業。每想到一個職業，實務工作者都會邀請個案將其寫在紙上，目標是在完成時要圈出 10 個已確定的職業選擇。布魯克斯之所以要求 10 個選擇，是為了防止個案感到不知所措，但個案可以選擇寫下更多或更少的職業。如果個案想不出來，實務工作者可以提供一份準備好的職業列表供個案參考。

　　當所有想到的職業都寫出來後，實務工作者會要求他們在寫著自己名字的中央圓圈以及每個職業選項之間畫線。接下來，實務工作者要求個案在自己的地圖尋找職業主題，例如積極的職業、戶外的職業、服務的職業，並寫下自己的發現。在記錄這些主題後，請個案說出目前最吸引自己的三個職業，將反思過程集中在當下。個案在地圖上寫著自己名字的中央圓圈以及主要的職業選擇之間，畫出更明顯的連線。在實務工作者提出一些反思性的問題之後，請個案使用這條線來寫下他們為朝向這些可能的職業所需採取的前三個步驟。布魯克斯指出，使用「可能的」而不是職業「選擇」這個詞語，可能會減少對工作選擇

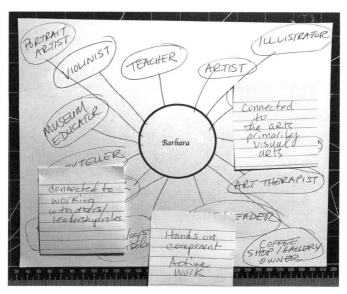

圖 12.5　芭芭拉的「可能的生活地圖」

做出承諾的焦慮。為了幫助個案確立意圖，布魯克斯可能會要求個案在便利貼上寫下他們在職業中正在尋找的主題，以這樣的陳述開始：「我正在尋找一個機會……」。布魯克斯解釋，外部化這些意圖有助於 ADHD 的個案專注於所選定的項目，並可能減少內部的混亂。

「可能的生活地圖」的測試流程

　　為了測試這個流程，第一章的作者芭芭拉在思考自己從童年開始的工作興趣時，建立了**圖 12.5** 作為一個「可能的生活地圖」。她的工作選擇包括肖像藝術家、小提琴家、教師、藝術家、博物館教育工作者、畫廊老闆、咖啡店老闆，當然還有藝術治療師。芭芭拉確實很欣賞所有這些選項都包含在圓圈之中，不會感到不知所措。在這個範例中，芭芭拉使用便利貼來標示出她在檢視這些工作選項時出現的三個主題。這些主題包括與他人合作、實際動手參與的工作和視覺藝術參與。雖然**圖 12.5** 中沒有描述，但該流程的下一步驟是芭芭拉把三個目前興趣選項的連線畫得更粗一些，並列出朝向每個選項所需採取的前三個步驟。例如，芭芭拉可以寫下追求藝術治療職業的後續步驟，比如找出學歷要求，與藝術治療師交談，並查看附近是否有藝術治療研究所課程。為了確

立意圖，芭芭拉會使用另一張便利貼來寫下她在職業選擇中正在尋找的內容，「我正在尋找與其他人一起探索視覺藝術的機會」。

透過所描述方法的設計和實施，布魯克斯示範實務工作者如何靈活地調整任務，並使生涯介入策略對於有 ADHD 的人更容易親近。她的「可能的生活地圖」方法示範了結構化方法如何支持生涯決策努力，使用創意的視覺方法來外部化創意的決策步驟，並讓所考慮的選項變得更有組織與更容易駕馭。

生涯決策與憂鬱症

根據《美國身心障礙者法案》，憂鬱症是一種精神障礙，而有鬱症的個案可能會因為他們正在經歷的症狀而遇到職業障礙（Hayden et al., 2016）。一些具體症狀包括幾乎每天都感到猶豫不決、感到無價值感，或者思維遲緩（American Psychiatric Association, 2022）。這些症狀通常會影響決策能力。例如，穆里斯和范德海登（Muris & van der Heiden, 2006）發現，憂鬱程度較高的人對未來的信念較不正面。其他研究（Blanco et al., 2013）發現，憂鬱程度較高的人更容易感到不確定，並且會選擇更簡單的決策方法。另外有其他研究（Lawlor et al., 2019; Murphy et al., 2001）發現，憂鬱程度較高的人需要明顯更長的時間才能做出決定。就生涯決策而言，沃克和彼得森（Walker & Peterson, 2012）發現憂鬱、生涯探索性未決定與功能失調的生涯想法（特別是決策方面的困惑）之間存在關係。

下面的案例示範了個案的憂鬱症可能會如何與他們的生涯問題交互作用，以及生涯實務工作者能夠如何引導對話。生涯實務工作者能夠整合心理健康與生涯問題的程度，應由生涯實務工作者的資格、能力範圍、雇主政策來判定，以及最終取決於個案對這些議題進行討論的開放程度與是否同意。

當生涯與憂鬱症交會

切爾西出現在一個免預約的生涯諮商會談，想與一位生涯實務工作者談談主修專業選擇的事。他們注意到她說話時的語氣很絕望，從她的言談和語句如「我想該是我應該把事情弄清楚的時候」，以及「這些主修專業對我來說都不太有趣」中得到了印證。當生涯實務工作者問她正在考慮哪些選項時，她說她沒有任何選項，也對任何主修專業都不是特別好奇——當問及她的興趣與技能時，她說：「我不知道。我還在試著弄清楚。」當問及為什麼是現在來諮

商，切爾西說在她選定主修專業之前，她不被允許再選修任何課程。當問及她認為是什麼讓她難以做出決定時，她談到了缺乏有趣的選項，不確定要從哪裡開始，以及整個過程似乎非常複雜且要耗費太多精力。根據這些說法，生涯實務工作者問她是否願意完成一個簡短的量表（生涯思維量表，Sampson et al., 1996），這可能有助於他們找出是什麼阻礙了她做出決定。切爾西同意了，她的分數顯示出顯著升高的負面生涯思維，主要集中在決策混淆方面。生涯實務工作者還注意到，她認同了一些情緒沉重的項目（如，「當……時我感到很沮喪」，或「我感到焦慮」，或「我感到不知所措」）。當她開始回顧結果時，她說：「切爾西，看來你對於開始這個過程感到不知所措。你還標記了很多關於感到沮喪和焦慮的項目。你能再說多一點嗎？」

切爾西認同了這個大致的觀察，並提到她目前正在接受憂鬱和焦慮的諮商。她同意填寫一份披露醫療訊息的授權書，讓生涯實務工作者能與她的諮商師談談，以便他們可以通力協作。生涯實務工作者還分享了情緒和思想如何影響生涯探索和決策，並詢問切爾西學到了哪些關於如何覺察與應對憂鬱、焦慮的策略，以及如何藉由跡象來得知何時可能不是做出重大決定的最佳時機。切爾西說她對於知道自己何時「腦中感到沮喪」但有時成功有時失敗，有時她能聽到她對自己說話的方式，或者注意到自言自語中應該與應當的次數。她說她的心理治療師一直在訓練她留意自己的身體，如果她睡得太多或吃太多，或者只是發現很難移動自己的身體，就要檢查自己。她說她仍在努力尋找策略，例如使用手機版的思維應用程式或重新調整思維，她發現並沒有一種方法是百分之百有效的。在她精力更充沛的日子裡，她可能會嘗試幾種不同的策略，但在其他日子裡，她會嘗試避免做出決定或做任何事情，這樣她就不會做出讓自己後悔的選擇。她還說她的心理治療師向她介紹了量尺概念，所以在做出重大決定之前，她會問自己當下的焦慮和憂鬱對她的影響有多大，等級 1 到 10 分。如果低於 5 分，她覺得可以繼續進行，但要小心。5 分或 5 分以上表示如果可能的話暫時推遲做出決定。

生涯實務工作者問她現在的分數是幾分。切爾西說：「當我剛進來的時候，老實說，我是 6 分——但我已經來了，而且我費了很大的力氣才來到這裡，所以我決定要做點什麼。老實說我甚至不在乎我選擇了什麼專業，我只是厭倦了知道自己需要做出選擇的壓力。」

「那是你剛進來的時候。聽起來好像有些變化了？」生涯實務工作者評論道。

「是的，」切爾西說，「有時當我談論它時，會減輕一些壓力。我想說的是，現在我大約是4分—我不希望你直接告訴我該怎麼做，這樣我就能結束這件事。我想要實際地選擇一些更貼近真實的我的東西。我現在對這個感覺到有一些力氣。」

生涯實務工作者回應說：「我們有工具可以幫助你整理關於自己的訊息，然後看看這些訊息如何適用於不同的主修專業和職業。但是，你的自我對話很容易影響這些訊息，所以你必須處於一個可以誠實評估自己是否感興趣的狀態，並確保不是憂鬱在說話。你明白我的意思嗎？」

「我想我了解。我知道如果我允許自己的話，我可以很快地說服自己放棄那些我通常會喜歡的事情。就像我可能在想我想去散步，但隨後憂鬱就來了，我會找出一百萬個理由說這不是個好主意，最後我就不去了，並對於自己一開始有一個如此愚蠢的想法而感到難過，後來又因為自己聽從那個聲音而感到愧疚。有時，那個聲音很大聲。」

「我明白。在進行這些類型的生涯探索活動時，讓自我對話自由發揮的問題在於它可能會影響結果。最後你可能會得到不是那麼適合你的選項，甚至根本沒有選項。那麼，在你做生涯決策時，要如何確保自己不會聽到那個聲音呢？」

切爾西笑了笑，從背包裡拿出一張畫有勾號的記事卡放在桌上。她說：「當我在做某事，感覺自己可能會沮喪並開始聽從憂鬱時，我就把這張卡片放在我面前。這提醒我檢查自己的內心對話並做自我量尺評估。」

當切爾西確認她想使用勾選卡作為一種支持策略繼續進行生涯探索時，生涯實務工作者向她提出了幾個選項，問她有興趣做哪一種（並詢問她對哪一個感興趣，例如，職業組合卡、興趣量表、拼貼畫），同時讓她知道她想做多少就可以做多少。他們以這種方式繼續進行多個生涯諮商會談，生涯實務工作者與切爾西的治療師合作，強化她在治療中使用的策略，將它們應用到生涯問題中，並提供切爾西選擇如何處理決策過程中的每一步驟，並讓切爾西控制要使用哪些資源，以及她願意投入多少時間／精力來進行任務。

在這個範例中，我們展示了如何以尊重個人心理健康獨特方面的方式解決

生涯與心理健康問題，並與正在進行的其他治療通力協作。如果個案沒有接受諮商，生涯實務工作者可以進行轉介。如果個案不想進行個人治療，生涯實務工作者仍然可以分享有關自我對話如何影響決策的訊息，並根據個案的意願分享與心理健康相關的資源。

總結

本章探討了身心障礙者在工作上的差異、身心障礙身分、身心障礙模式，以及在職場環境中如何考量身心障礙身分。此外，還強調了實務工作者有責任了解和解決身心障礙者的無障礙需求，以及提供支持的資源用來協助身心障礙者了解和行使他們的權利，並提供了範例。為明顯和隱性身心健康障礙人士提供了可以解決各種生涯問題的方法和介入策略，以供參考和思考。

問題討論與活動

1. **反思**：在你人生中的任何階段，你或你親近的人是否經歷過暫時、永久或漸進性的身體障礙？你或這個人在日常工作或學校環境中的經驗如何？你會建議所造訪的組織或機構如何調整他們的環境使其變得其更容易接近，或者轉變態度變得更加尊重或歡迎？你可以參與哪種類型的倡議行動來解決不公平的做法或難以接近的環境？

2. **活動與反思**：探索你目前的工作、實習辦公室或工作室。對於可能使用輪椅、電動車或助行器的人來説，該空間的無障礙程度如何？你可以如何改變，使得在該空間行動時更為方便？

3. **活動**：查閱參考文章（Coleman, 2012; Coleman & Cramer, 2015, and Schoonover & Schwind; 2018），並使用家中或工作環境中的物品，來製作3~5個適用於鉛筆與畫筆的低技術改造美術工具。將它們放在你的工作室或是辦公室的工作區中，隨時待命！

4. **資源探索與反思**：在網際網路上尋找一個為身心障礙人士提供社區藝術空間或計畫的組織。根據你從他們的資訊中所看到的內容，你認為他們的使命和做法是受到何種身心障礙模式的影響？誰參與了與組織的政策

和實務相關決策？這些實務做法與參與者的志業或職業目標或參與度有何關係？

5. **活動**：回顧書中的其他章節，挑選一個你認為複雜和／或可能讓人感到難以應對的藝術提示。你會如何調整這個提示，讓有 ADHD 的人能更容易或更成功地進行藝術創作？

6. **討論與活動**：選擇一個你所知很有限的明顯或隱形的肢體障礙。你可能會使用哪些方法來了解更多關於這種特定身心障礙及其在各種環境中可能的日常生活經驗？在探索 3 個或更多的資源來了解身心障礙和生活經驗後，創作一幅與所學知識相關的回應性藝術創作。反思這幅藝術作品，並記下你的反應和潛在的假設。

參考文獻

American Psychiatric Association. (2022). *Diagnostic and statistical manual of mental disorders* (5th ed.). American Psychiatric Association.

Americans with Disabilities Act National Network. (2022). *An overview of the Americans with Disabilities Act.* https://adata.org/factsheet/ADA-overview

Anand, S. A. (2016). Dimensions of art therapy in medical illness. In D. Gussak & M. Rosal (Eds.), *The Wiley handbook of art therapy* (pp. 409-420). John Wiley & Sons.

Andrews, E. E., Forber-Pratt. A. J., Mona, L. R., et al. (2019). #SaytheWord: A disability culture commentary on the erasure of "disability." *Rehabilitation, 64(2),* 111-118. https://doi.apa.org/doiLanding?doi=10.1037%2Frep0000258

Art Therapy Credentials Board. (2021). Code of ethics, conduct, and disciplinary procedures. www.atcb.org/wp-content/uploads/2020/07/ATCB-Code-of-Ethics-Conduct-DisciplinaryProcedures.pdf

Beck, B. (2020). Embodied practice: Reflections of a physically disabled art therapist in social and medical disability spaces. *Art Therapy: Journal of the American Art TherapyAssociat-ion, 37(2),* 66-69.

Beveridge, S., Heller Craddock, S., Liesener,J., et al. (2002). INCOME: A framework for concep tualizing the career development of persons with disabilities. *Rehabilitation Counseling Bulletin, 45,* 195-206.

Blanco, N. J., Otto, A. R., Maddox, W. T., et al. (2013). The influence of depression symptoms on exploratory decision-making. *Cognition, 129,* 563-568.

Bogart, K. R. (2014). The role of disability self-concept in adaptation to congenital or acquired disability. *Rehabilitation Psychology, 59(1),* 107-115. https://doi.org/10.1037/a00035800

Bogart, K. R., Bonnett, A. K., Logan, S. W., & Kallem, C. (2022). Intervening on disability attitudes through disability models and contact in psychology education. *Scholarship of Teaching and Learning in Psychology, 8(1),* 15-26. http://dx.doi.org/10.1037/stl0000194

Brooks, K. S. (2016). Breaking through career indecision in clients with ADHD. *Career Planning and Adult Development Journal, 32(1),* 54-62.

Bureau of Labor Statistics US Department of Labor (2022). Persons with a disability: Labor force characteristics - 2021. www.bls.gov/news.release/pdf/disabl.pdf

Coleman, M. B. (2012). Technology spotlight: Art adaptations for students with physical disabilities. *Newsletter of the Division for Physical and Health Disabilities, 30(2),* 14-22.

Coleman, M. B. & Cramer, E. S. (2015). Creating meaningful art experiences with assistive technology for students with physical, visual, severe, and multiple disabilities. *Art Education, 68(2),* 6-13. http://dx.doi.org/10.1080/00043125.2015.11519308

Creed, C. (2018). Assistive technology for disabled visual artists: Exploring the impact of digital technologies on artistic practice. *Disability & Society, 33(7),* 1103-1119. https://doi.org.10.1080/09687599.2018.1469400

Dipeolu, A., Hargrave, S., & Storlie, C. A. (2015). Enhancing ADHD and LD diagnostic accuracy using career instruments. *Journal of Career Development, 42(1),* 19-32. https://doi.org/1177/0894845314521691

Dipeolu, A., Sniatecki, J. L., Storlie, C.A., & Hargrave, S. (2013). Dysfunctional career thoughts and attitudes as predictors of vocational identity among young adults with attention deficit hyperactivity disorder. *Journal of Vocational Behavior, 82,* 79-84. http://dx.doi.org/10.1016/jJvb.2013.0l.003

Forber-Pratt, A.J., Mueller, C. 0., &Andrews, E. E. (2019). Disability identity and allyship in rehabilitation psychology: Sit, stand, sign, and show up. *Rehabilitation Psychology, 64(2),* 119-129. https://doi.org/10.1037/rep0000256

Forber-Pratt, A.J., & Zape, M. (2017). Disability identity developmental model: Voices from the ADA generation. *Disability and Health Journal, 10,* 350-355. http://dx.doi.org/l0.10l6/j.dhjo.2016.12.013

Hayden, S. C. W., Kronholz, J., Pawley, E., & Theall, K. (2016). Major depressive disorder and career development: Links and implications. *Career Planning and Adult Developrnent Journal, 32(1),* 19-32.

Hershenson, D. B. (2005). INCOME: A culturally inclusive and disability-sensitive framework for career development concepts and interventions. *The Career Development Quarterly, 54, 150-161.*

Kwon, C. (2019). *Career development of people with disabilities: Self-determin*ation as a skill set or a mind-set? *Adult Learning, 30(2)*, 78-83. https://doi.org/10.1177/1045159518817736

Lawlor, V. M., Webb, C. A., Wiecki, T. V., et al. (2019). Dissecting the impact of depression on decision-making. *Psychological Medicine, 50*, 1613-1622. https://doi.org/10.1017/S0033291719001570

Muris, P., & van der Heiden, S. (2006). Anxiety, depression, and judgments about the probability of future negative and positive events in children. *Journal of Anxiety Disorders, 20*, 252-261.

Murphy, F. C., Rubinsztein, J. S., Michael, A., et al. (2001). Decision-making cognition in anxiety and depression. *Psychological Medicine, 31*, 679-693.

National Career Development Association. (2009). Minimum competencies for career counseling and development. www.ncda.org/aws/NCDA/pt/sp/compentencies_multi_cultural

National Career Development Association. (2015). NCDA code of ethics. https://ncda.org/aws/NCDA/asset_manager/get_file/3395?ver=738700

Office of Disability Employment Policy (2022). Office of Disability Employment Policy website. www.dol.gov/agencies/odep.

Prince, M. J. (2017). Persons with invisible disabilities and workplace accommodation: Findings from a scoping literature review. *Journal of Vocational Rehabilitation, 46*, 75-86. https://doi.org/10.3233/JVR-160844

Rathbun-Grubb, S. (2021). Voices of strength: A survey of librarians working with chronic illnesses or conditions. *Journal of Library Administration, 61(1)*, 42-57. https://doi.org/10.1080/01930826.2020.1845546

Retief, M. & Letsosa, R. (2018). Models of disability: A brief overview. *HTS Teologiese Studies/Theological Studies, 74(1)*, a4738. https://doi.org/10.4102/hts.v74i1.4738

Rosner-David, I. (2016). Art therapy in medical settings. In D. Gussak & M. Rosal (Eds), *The Wiley handbook of art therapy* (pp. 441-450). John Wiley & Sons.

Sampson, J. P., Jr., Peterson, G. W., Lenz, J. G., et al. (1996). *Career Thoughts Inventory professional manual.* Psychological Assessment Resources.

Santuzzi, A. M. & Waltz, P. R. (2016). Disability in the workplace: A unique and variable identity. *Journal of Management, 42(5)*, 1111-1135. https://doi.org//10.1177/0149206315626269

Santuzzi, A. M., & Waltz, P.R., & Finkelstein, L. M. (2014). Invisible disabilities: Unique challenges for employees and organizations. *Industrial and Organizational Psychology, 7*, 204-219. https://doi.org/10.1111/iops.1234

Schoonover, J., & Schwind, D. B. (2018). DIY Adapted Repurposed Tool (ART) kit: A recipe for success. *Journal of Occupational Therapy, Schools, & Early Intervention, 11(1)*, 7-14. https://doi.org/10.1080/19411243.2018.1396016

Shogren, K. S., Gotto, G. S., Wehmeyer, M. L., et al. (2016). The impact of the Self-Determined Career Development Model on self-determination. *Journal of Vocational Rehabilitation, 45*, 337-350. https://doi.org/10.3233/JVR-l 60834

Smart, J. F., & Smart, D. W. (2006). Models of disability: Implications for the counseling profession. *Journal of Counseling & Development, 84*, 29-40.

Solvang, P. K. (2018). Between art therapy and disability aesthetics: A sociological approach for understanding the intersection between art practice and disability discourse. *Disability & Society 33(2)*, 238-253. https://doi.org/10.1080/09687599.2017.1392929

Strauser, D.R. (Ed.). (2021). *Career development, employment, and disability in rehabilitation: From theory to practice.* Springer.

Tux Paint Development Team (2002-2022). Tux Paint software. Available: https://tuxpaint.org

US Equal Employment Opportunity Commission. (2022). Disability discrimination. www.eeoc.gov/disability-discrimination

Walker, J. V., III, &Peterson, G. W. (2012). Career thoughts, indecision, and depression: Implications for mental health assessment in career counseling. *Journal of Career Assessment, 20,* 497-506. https://doi.org/l0.1177/1069072712450010

Wehmeyer, M. L., (1996). The Arc's Self-Determination Scale Adult Version. The Arc National Headquarter.

Wehmeyer, M. L., Lattimore, J., Jorgensen, J., et al. (2003). The Self-Determined Career Development Model: A pilot study. *Journal of Vocational Rehabilitation, 19,* 79-87.

World Health Organization. (2011). World report on disability. PDF. Retrieved from www.who.int/publications/i/item/WHO-NMH-VIP-11.0

第十三章

用創造力來了解和支持生涯轉換

本章將探討生涯機會與興趣如何隨著人生歷程而變化。將提供藝術治療師／生涯諮商師可以用來支持有關生涯的重新探索與決策的策略。與生涯變化相關的特定轉換主題將包括工作環境中的衝突、工作場所中的要求以及家庭生活角色與責任的變化。本章將重點放在生涯發展的混沌理論，並提供創意和藝術本位的方法來探索對變化的反應，同時賦予個案能力，喜迎機會去適應及重新定義生涯價值觀和目標。

生涯轉換的本質

生涯轉換在一生中都會發生。生涯轉換被定義為「任何造成人際關係、日常慣例、假設和角色發生變化的事件或非事件」（Schlossberg, Waters, & Goodman, 1995, p.27）。第一個與生涯相關的轉換發生在幼童進入成為學生的職責角色時，他們了解到有關表現期望、截止日期、個人的付出、團隊的合作和評估等。其他與生涯相關的轉換發生在一個人第一次從事志願工作或第一份工作時，從高中進入高等教育訓練、就業或服兵役，從一個職位轉換到另一個

職位，或在不同的職業領域間晉升、降職、長時間離開工作崗位、入職和重新入職，以及最後的退休。有些轉換可能是計畫好的，比如退休或搬遷，而其他轉換可能不是在計畫中內的，例如被解雇，或是因為意外的健康問題而必須辭職，或是因 COVID-19 疫情等災難導致許多企業永久關閉。

轉換的時刻是自我反思的機會，特別是價值觀的澄清（Brown, 1995）。在轉換前重要的事情，在轉換的時候可能會變得不那麼重要，特別是如果這些時刻與發展優先順序的改變有關。例如，蘇珀（Super, 1957）確定了五個階段，而第一階段和第二階段之間的轉變，即成長和探索，發生在艾瑞克森（Erikson, 1963）定義中自我統合發展的關鍵任務期間。個人必須從被告知他們是誰，轉為發現他們真正是誰，並探索他們如何最有效地在世界中發揮作用。經過一段時間的探索之後，個人必須轉向做出承諾，同時從依賴轉變為獨立和具備個人能動性。這是從青少年到成年人的轉變。對於那些「自我認知未經檢驗及成人世界經驗有限」的人來說，這種特殊的轉變可能非常困難（Salomone & Mangicaro, 1991, p.328）。

其他研究學者（Fouad & Bynner, 2008）確定了生涯相關轉換的四種關鍵類型，包括：從學校到工作，從一種工作經驗到另一種工作經驗，從工作到非工作（如退休、再培訓、身為照顧者），以及從非工作到工作（如重新投入工作或產假後復職）。無論在哪個階段，轉換都意味著移動。德沃斯等人（DeVos et al., 2021）描述了「動態資本」這一術語，其中包括任何影響個人機動性機會的因素。轉換對於員工的就業能力是有幫助的。

當某人剛開始職業生涯時，他的主要優先事項是讓自己在所選的專業中擁有豐富的知識和技能。一段時間之後，優先事項從獲得認可轉移到維持專業地位，最終轉向退休時放棄該地位。在某個時候，職位逐步向上升遷，或是獲得晉升與更高的薪水可能是優先考量的，但在另一個時期，與同事合作或在工作時間表上擁有更多靈活性，也許是為了留出時間承擔照顧者的職責，可能更為重要。艾瑞克森的「精力充沛與頹廢遲滯」階段使貝吉安和薩洛莫內（Bejian and Salomone, 1995）提出了蘇珀模型的第六階段，即生涯更新，包括回顧先前的決定、反思成就、意識到自己生命的有限性，然後考慮接下來想做的事情。

近來，研究人員一直在研究生涯衝擊，「一種顛覆性和非同尋常的事件，至少在某種程度上是由個人主要的控制以外的因素引起的，並引發了深思熟慮

自己生涯的過程」（Akkermans etal., 2018, p.4）。生涯衝擊也可能是主動探索選項的結果，例如當一個人偶然發現先前所不知道的選項或機會時（Akkermans et al., 2021）。特定的生涯衝擊，像是沒有得到預期的晉升，或在工作中感到被低估，可能會促使個人考慮創業。當員工的健康受到嚴重影響時，也可能會發生生涯衝擊，這導致他們重新考慮目前的工作承諾。另一個考慮因素是當生涯衝擊發生時，一個人的社會身分和群體間的關係可能會受到的影響。此外，「組織外的」衝擊，如自然災害，會擾亂一個人生活的各個方面，可能會正面或負面地影響個人的能動性，並導致想要或不想要的生涯轉換（Wordsworth & Nilakant, 2021）。生涯衝擊可能會或可能不會導致生涯轉換，但這種情況是生涯實務工作者應該詢問的原因，因為它可能導致生涯轉換，或是由生涯轉換所引起。

生涯適應能力的作用

生涯適應能力最初被定義為「應對變化的工作和工作條件的準備」（Super & Knasel, 1981, p.195），較強調積極主動行為。生涯適應能力與生涯轉換準備度密切相關（相關係數為 .64，p < .01，Ghosh et al., 2019）。古德曼（Goodman, 1994）提出了一個「牙科模式」，以幫助個人管理轉換並增加保持適應性觀點的可能性。正如良好的牙齒保健包括定期檢查，而不僅僅在有問題時才去看牙醫一樣，她建議個人定期檢查自己的生涯滿意度。在這些時候，個人可以檢視生涯是否有成就滿足感，討論可能的或是可能即將發生的轉換，並開始為它們進行規劃。

轉換的風格

賓羅斯和穆爾維（Bimrose & Mulvey, 2015）確定了生涯中期成年人的四種轉換風格，這些成人正在經歷各種轉換，例如從教育到首次就業、失業尋求重新就業，以及就業中但尋求改變。這四種風格包括策略型、評估型、志向型和機會主義型。策略型風格採用認知方法，著重於理性決策，並堅信他們能夠實現下一個目標。評估型風格包括更多情感與反思，以及關注需求和價值觀的自我

檢視。志向型風格的特徵是擁有更長遠的生涯或個人目標，這些目標可能描述得有些模糊，目前技能或知識水準與理想目標之間並不相符，而工作被視為實現理想目標的途徑。機會主義型風格專注於眼前出現的機會，順應當下有的、感覺對的機會流動，而不考慮當下立即的決定可能如何影響長期的生涯目標。研究人員指出，個人在做出任何特定決定時可能會結合使用多種風格，或者根據決定及其背景交替使用不同風格。無論如何，生涯實務工作者都可以更好地了解一個人傾向於如何著手處理轉換，以及他們對如何處理當前轉換的概念和渴望有何相似或不同。此外，詢問他們對其偏好方法的優缺點可能會是一個有幫助的對話，可以與其他策略結合使用。

以混沌理論概念化生涯轉換

生涯混沌理論（Bright & Pryor, 2012）是一種建構主義的生涯發展理論，對於幫助處於轉換中的個人特別有用。其關鍵要素包括變化是生活中不可避免的一部分，不可能確定知道將會發生什麼事情，以及專注在可轉移的技能比朝著特定的生涯做規劃更為重要。生涯混沌理論重視不確定性、創意、冒險和詭論，同時也要關注個人的情況，因為他們正在一個不斷變化的世界中運作（Amundson et al., 2013）。此外，幫助個案意識到，對機會保持開放並準備對機會採取行動是生涯實務工作者的建議（Pryor & Bright, 2011）。

2014 年，理論家普賴爾和布萊特（Pryor and Bright）提出了以 5C 為中心的混沌理論反思：背景、複雜性、連結、變化和機會。他們確定了與個案一起聚焦的 9 種策略，包括：

1. 釐清目前真正重要的事情，以及工作如何融入其中
2. 保持對機會的開放心態；
3. 提出並嘗試幾種可能性；
4. 預期其中有些可能會失敗；
5. 讓失敗變得是可以承受的；
6. 尋求並檢視回饋，以了解哪些有效、哪些無效；
7. 利用有效的方法，並檢視所出現的情況；

8. 結合和添加可能會改善職業前景的因素；

9. 重複這個過程，從第一步重新開始。

(p.8)

其他態度包括：願意「在缺乏完整知識的情況下進行工作，並認識到這將永遠如此」，保持樂觀，歡迎不確定性，並跟隨他們的好奇心（Pryor et al., 2008, p.312）。

創意方法與混沌理論

普賴爾和布萊特（2014）確定了幾種技術，包括心智圖、現實檢查清單、原型敘事、卡片分類、晶格圖、生涯教育模型（如蝴蝶模型）、寓言、電影、拼貼、法庭訪談、視覺藝術和簽名練習。例如，蝴蝶模型（Borg, Bright, & Pryor, 2006）提供了一種視覺化的格式，用於探索非計畫的事件如何影響規劃的生涯軌跡，特別是具體探索非計畫事件的特定技能的發展，以及當非計畫事件發生時應對的技能。博格等人將蝴蝶模型運用在中學生身上，請他們在「計畫的」生涯目標圈周圍，規劃自己的長期目標，以及 3 年、6 年和 9 年的步驟。接下來引入「非計畫的」事件卡，並請學生想像該非計畫的事件可能會如何在 3 年、6 年和 9 年的增量中改變他的生涯發展任務與結果。在**圖 13.1** 中提供的範例中，學生確定其長期生涯目標是成為一名醫生。當引入「非計畫的」事件時，在範例中是全家搬到緬因州海濱小鎮，學生想像她的科學興趣轉向海洋生物學，並最終參與研究以保護海洋野生動植物。探索計畫和非計畫事件之間的互動，可以幫助學生適應變化和未來轉變的期望。

此外，普賴爾和布萊特（2011）建議個案觀看雕塑家尚・丁格利（Jean Tinguely）的動態雕塑影片，作為生涯探索的前奏。丁格利的藝術作品以現成物、機械滑輪系統、動態以及以意想不到的方式與人們或其他環境因素互動為特色。（丁格利的幾部作品影片可以在 youtube.com、博物館網站或其他線上論壇上觀看。）在觀看丁格利的作品後，普賴爾和布萊特建議個案思考傳統靜態雕塑與動態雕塑之間的不同，並請他們反思這兩種雕塑形式如何代表了他們目前生涯生活設計的策略。在這些討論之後，鼓勵個案使用現成物創作動態雕

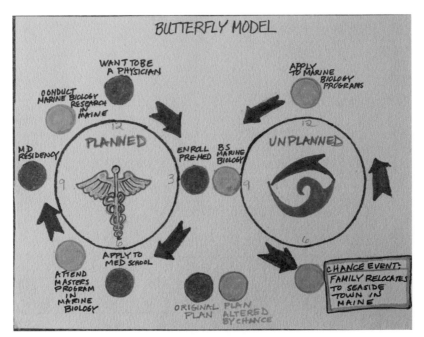

圖 13.1　蝴蝶模型

圖 13.2　轉換動態：由現成物與創作的物件組成的動態雕塑

塑。他們的目標是在幫助個案運用偶然元素的創作過程中，同時培養個案對歡迎偶然元素可能帶來的能量和美感的欣賞。

利用物件增強個案反思

藝術治療師也在藝術治療中運用現成物來培養反思。例如，布魯克（Brooker, 2010）和加米克（Gamic, 2010）鼓勵個案將現成物帶入治療中，並觀察到現成物的作品能夠在注意力、情感和認知層面上積極地吸引個案參與其中。受到這些臨床研究發現的啟發，加米克等人（Camic et al., 2011）設計了一項質性研究，進一步探討了藝術治療中現成物作品。其中出現了幾個主題。治療師認為這項工作促進了個案在治療中的積極參與，並鼓勵了反思聯想。個案指出，在治療中運用現成物時感受到了好奇心和熱情。此外，個案將物件視為有助於自我理解的聯想刺激物。個案還指出，在他們的環境中尋找現成物促使他們去尋找外部意義和聯繫。這些發現與普賴爾和布萊特（2011）的動態雕塑生涯介入的目標非常相符。

物件雕塑的案例研究

為了示範運用現成物的集合雕塑可以如何幫助一個人探索生涯轉換問題，以下提供一個案例。在這個案例中，個案完成了治療作業。運用在家中找到的物件，創作了「轉換動態」（見**圖 13.2**），並將作品帶到會談中。個案描述說，他喜歡尋找物品來創作自己的雕塑，並且肯定地說到所找到的物品影響了他作品的最終形式。當他完成創作時，才開始探索他賦予雕塑的意義。例如，個案認為氣泡紙包裹的座椅和名牌架做成的擋風玻璃，代表了對於未來崎嶇道路和潛在危險的保護渴望。方向盤象徵著他對未來方向有些許掌控感，而心形和車頭燈貼紙代表了對未來求職結果的希望。另一方面，他也沉思到「轉換動態」類似一輛可能需要由一組馬來拉動的戰車。在仔細思考這個描述時，他承認自己時不時會依賴外部的動機來幫助自己在重要的求職任務上保持進展。由於這些反思，生涯實務工作者和個案能夠解決問題並微調生涯諮商的後續步驟。

使用得宜的話，現成物的作品可能會提供豐富的機會來激發個案的好奇

心和想像力、揭露個案的擔憂，並發展創意的問題解決方法，為計畫或非計畫的生涯轉換事件產生積極的選項，並可以加深對個案考量的理解。為了最大程度地發揮現成物作品的潛力，生涯實務工作者和個案一起受益於檢視在尋找、發現、選擇和創造性轉化現成物的過程中，可能浮現出的強大意義（Brooker, 2010）。所選的物件可能對個案具有美感或實用的吸引力，也可能揭露情感上豐富的連結和意義。此外，檢視個案發現、選擇和使用物件的過程，開啟了進一步了解個案與物件互動的機會。例如，一名從公共空間中「拯救」廢棄物品的個案，可能會與一名選擇運用和改造個人環境中珍藏的物件來進行藝術反思或創作的個案，兩位對於物品與過程的體驗或聯想會有所不同。在生涯的情境下，現成物使用得宜，需要實務工作者對個案的物件選擇過程和聯想進行調整，因為探索現成物的使用可以跨越個案對自我理解的障礙。

支持個人的生涯轉換

4S 生涯轉換模式

施洛斯貝格（Schlossberg, 1984）確定了實務工作者在支持個案進行生涯轉換時需要考慮的四個領域。稱為「4S 轉換模式」，其中包括的考慮要素為情境（Situation）、自我（Self）、支持（Supports）和策略（Strategies）。施洛斯貝格建議，個人「全面評估」自己在每個領域中的資源和不足，並在此過程中掌握一些對轉換的控制權。與大多數治療一樣，實務工作者首先探討個人在當前轉換中所面臨的情境來開始。**表 13.1** 中包含了每個 S 的問題。每個 S 的問題包括在**表 13.1** 中。

在探索這些領域時，實務工作者可以與個案進行目標設定。每個領域可能會有需要解決的具體行動步驟。實務工作者可以與個案合作確定哪個領域要先解決，或是同時解決。藝術本位的介入策略可以加深個案和實務工作者對情境、自我、支持和策略的理解。

L 太太的案例示範了如何運用拼貼藝術過程，來激發討論關於 4S 轉換的考慮事項。L 太太因目前的工作變化迫在眉睫，不得不改變而尋求生涯協助。六個月前，她收到通知，她所在的銀行即將被另一家銀行收購，但她不確定他們

表 13.1 施洛斯貝格的 4S 模式及範例問題

情境	自我
• 這次轉換的背景是什麼？ • 個案在轉換的過程中處於什麼位置？是在期待轉換中，正在進行中或是正在從轉換中走出來，也就是所謂的「準備開始、進行中或繼續前進」（Schlossberg et al., 1995; Anderson et al., 2012）？ • 這次的轉換是個案主動選擇還是被迫的？ • 這次轉換的觸發因素是什麼？ • 個案對組織轉換條件的控制程度有多大？ • 在轉換發生之前，個案有多少時間？ • 目前的情況對個案來說（以及在個案的生活中已經、可能或目前受到轉換影響的人）是什麼樣的？ • 這次轉換對其他角色、事件、計畫有哪些連漪效應？哪些角色被遺棄了、被接受了或保持不變？ • 同時還有哪些其他壓力來源？ • 個案之前有過哪些類似的轉換經驗？ • 當個案經歷或考慮這個轉換時，有哪些迫切的需求？ • 個案正在經歷或預期將要面對哪些成功轉換的阻礙？ • 個案正感受到哪些情緒？ • 個案如何評價這次轉換以及目前情況的難度？請用 1 到 10 分來表示。	• 個案在這種情況下感覺如何？ • 有哪些個人特質使這次轉換更容易或更難處理？ • 個案的個人背景特徵（年齡、種族、性別、健康狀況等）如何影響個案對轉換的感受？ • 個案在反思這個轉換經驗時，有哪些價值正在發揮作用？ • 個案對這次轉換的可能結果，以及自己能妥善管理這次轉換的能力有何感受？ • 個案的樂觀、彈性、有希望的程度如何？ • 個案對於理解和應對這次轉換有多大的動機？ • 個案如何看待自己處理這次轉換經歷的情感和務實面的能力？
支持	策略
• 個案認為在這段時間內，誰和什麼支持對他最重要？ • 這些支持如何支持個案？ • 哪些支持是最穩定的，哪些是最不穩定的？ • 個案正需要哪些支持，例如鼓勵、資訊、實際幫助（Goodman & Hoppin, 1990）？	• 個案需要採取哪些直接行動才能最好地管理這次轉換？ • 個案知道在哪裡可以找到自己需要的資訊嗎？ • 個案能否確定要先採取哪一步驟？ • 個案如何解決轉換的阻礙？ • 個案如何能夠動員自己的支持？ • 個案還需要哪些其他支持，以及如何獲得這些支持？ • 個案如何保持積極性並應對負面的自我對話？

藝術治療與生涯諮商

圖 13.3　4S 模式的拼貼範例

是否會留下現有的員工在分行工作。直到現在，她還沒有考慮找工作，因為她希望自己能夠以相似的身分留在新公司。然而，在上週，她收到了提前兩個月的解雇通知，因為新公司決定將自己的信貸人員帶到該地區。L 太太指出，她是家庭的主要經濟來源，她有丈夫和 3 歲、5 歲的兩個孩子。兩年前，L 先生發生了一起造成他肢體障礙的建築工程事故，他現在使用輪椅，並且目前是孩子的主要照顧者。她還提到，她住在距離其他家族成員幾個小時路程的地方，其中許多人居住在佛羅里達州西海岸。L 太太表示，這次工作轉換對她來說不僅僅是工作問題，還有潛在的搬遷問題等許多考量。

　　在與 L 太太檢視了情境、自我、支持和策略的 4S 轉換概念後，實務工作者邀請她創作一張拼貼畫，利用她在雜誌上找到的 1 到 5 個圖像或文字，來反映每個概念中最突出的考量因素。實務工作者解釋，拼貼作品可能有助於確定擔憂、資源，以及可能需要更多的考慮和支持的轉換層面。作為回應，L 太太使用了麥克筆、型板和雜誌圖像來編排 4S 圖像（見**圖 13.3**）。L 太太將情境描述為一個顛倒、混亂，有點失控，就像是坐雲霄飛車時人們倒掛的場景。在自我方面，L 太太說到她必須「深入探討」並以不同的方式考慮事情。她表示，她

對自己的資格與對未來工作的準備有自信，但對於搬遷選擇有很多考量，比如哪裡可能是她職業和財務目標的最佳機會所在，在哪裡她可以獲得最大支持以回應她的家庭在教育與醫療方面的需求？她回想起自從丈夫發生事故後，她承擔了很多事情，現在正在考慮更接近家人，擴大她的支持系統。在支持方面，L太太描述了由於丈夫的情況而不敢尋求他的情感支持，但確認當她需要他時，他是隨叫隨到和支援她。她還感到她有很多家族親人的支持，她只是需要多依賴每個人一點。她的策略圖像包括佛羅里達州的地圖、燈塔和「內部指南」字樣。L太太說她將有系統地審查離家人更近的工作地點，並依靠她從培訓和銀行經驗中建立的聯繫，來確定這些地區穩定的銀行系統。在「做好功課後」後，她預計與丈夫商量如何縮小搜尋範圍，並確定時程表。L太太表示，她發現有結構的藝術創作過程，有助於減輕她對許多轉換任務感到不知所措的感覺。

各種群體的轉換

除了研究一般性的生涯轉換之外，研究人員還關注特定群體的轉換，往往會得出對該群體的獨特建議，這些建議可能對專注於該群體的實務工作者有幫助。本節包括一些群體和專門適用的建議。

運動員退役

埃爾皮奇等人（Erpič et al., 2004）發現，結束運動員生涯的品質取決於退役是否是自願的、運動員對自己運動成就的感知、對自己運動員身分的認同程度、教育狀況（範圍從小學畢業到完成大學學位）、以及同時發生的負面非運動相關的轉換。負面的非運動相關的轉換，被定義為對生涯、家庭生活、教育、經濟狀況、人際關係或其他被認為具有負面影響的重要生活事件。建議討論運動員在退役決定上擁有多少控制權，並在計畫下一步時，給予他們盡可能最多的控制權，同時關注他們生活中的運動和非運動方面。

職業與技術教育畢業生

這些人在高中職時專注於學習特定行業的技能，同時在特定公司工作，應用所學知識並培養能力。然而，在畢業後，技職合作終止，高中職提供的正

式支援也隨之結束。在一項觀察畢業後結果的研究中，帕卡德等人（Packard et al., 2012）發現那些失去工作的人改變了他們的生涯計畫，那些因各種原因沒有機會接受大學教育的人選擇較少，而有接受大學教育機會的人則有更多選擇，那些在高中職有相關工作並在畢業後繼續從事相同職業的人，則繼續沿著該職業道路發展。此外，對許多人來說，職業與技術教育（Career and Technical Education, CTE）作為備用計畫或讓他們在工作的同時追求更高的教育。除了討論職業與技術教育的角色外，還鼓勵實務工作者幫助這些學生聯繫校友，確定能增加他們畢業後就業機會的工作場所，並為確定下一步提供支持，無論是尋找工作還是進行額外培訓。

大學生轉入職場

鼓勵生涯實務工作者探索學生願意做出的妥協，特別是在興趣和能力之間的妥協（Ryu & Jeong, 2020）。溫德蘭特和羅赫倫（Wendlandt & Rochlen, 2008）確定了大學畢業生在這個轉換中感到面臨挑戰的三個方面。首先，是大學生活和專業工作生活之間的文化轉變。例如，大學提供了結構，對作業有具體期望或評分規範，以及對表現的定期回饋，而工作環境可能結構較少，指導或期望較不具體，且每年進行一到兩次的績效評估。其他轉變包括從個人表現和個人成就轉向團隊合作，並將公司的成功置於個人的成功之上。第二個是缺乏雇主渴望或期待的技能和經驗，第三個是對工作生活的期望不準確。他們建議使用一個聚焦社會化的轉換模式，包括預期（在轉換之前進行規劃）、適應（一旦轉換發生後適應的過程）和成就（提高留在該職位可能性的行動）。

第一代上大學的學生

這些學生可能需要支持，來學習如何在大學取得學業成功，特別是著重在現有和正在發展的支持，解決在了解自我和選擇（如技能）方面所感知到的阻礙，以及在生涯決策中建立自我效能感（Toyokawa & DeWald，2019）。

高中學生

博爾根等人（Borgen et al., 1996）在對 172 名正面臨轉換的高中生進行研究後建議，幫助高中生在畢業前確定令人滿意的工作環境、參與有意義活動的機

會，並探索自我對話。薩維卡斯（Savickas, 1999）建議，為了協助這個特殊的轉換，高中生需要透過培養自我認識、職業知識、決策、規劃和解決問題的技能來「展望未來，環顧四周」（p.327）。其他研究者（Yang & Gysbers, 2007）發現，準備度較低、信心不足和轉換過程支持較少等心理資源較不足的高年級學生，職業搜尋的自我效能感也較低，且壓力增加。第二組被認定為那些感覺已準備好做出生涯決定，但缺乏應對轉換的信心，並抗拒這種轉換的人。

移民

移民可能面臨著多重轉換，包括適應新的國家，在某些情況下，發現他們在家鄉所擁有的資格證書，在新的國家並不受重視。文化規則和信仰，例如分享個人事務的適當性，需要被檢視和尊重。討論關於種族主義、歧視和刻板印象的經驗，以及提供具體描述技術性期望的資源可能會有所幫助，例如服裝、社交禮儀和面試方法（Kennedy & Chen, 2012）。一項專門針對女性移民的質性研究（Koert et al., 2011）確定了以下對成功轉換具有正面和負面影響的因素，與這個族群討論這些因素可能會有所幫助：內在信念／復原力；採取行動，如設定目標、參加課程、建立人脈；缺乏技能或教育；個人挑戰，如思鄉、憂鬱、年齡、懷孕以及應對期望；自我照顧；關係和支持；政府／社區資源；以及工作環境。最後，他們確定了在工作與家庭之間尋求平衡等情境挑戰。

正在經歷中年生涯危機的個人

佩羅薩和佩羅薩（Perosa & Perosa, 1983）研究了 134 名曾經轉換、正在轉換生涯跑道，或希望轉換職業但選擇留在目前職業中的個人。前兩組中的大多數人報告說，如果他們留在目前的職業中，他們將面臨「嚴重的心理風險」（p.77），而截然不同的是那些決定留下來的人，如果留下來，他們會將風險降至最低。他們建議向處於中年生涯危機中的個人提出的問題包括：「如果我改變或不改變生涯，風險是否嚴重？」「希望找到更好的解決方案是否實際？」以及「是否有足夠的時間搜尋？」（p.78）。其他探索的重點包括自我懷疑的感覺，在工作中尋找意義和尋找意義的重要性，以及他們感到停滯不前的程度。其他研究者（Barclay et al., 2011）建議，探索改變生涯的優勢和劣勢，確認生活主題，進行動機式晤談，並重新定義自我。

從監禁中轉變的個人

貝內特和阿蒙森（Bennett & Amundson, 2016）建議在與這特定群體合作時，強調混沌理論的各個面向（如靈活度、變化、好奇心、機會和希望）。建議為這些個案向雇主進行倡導，建立生涯準備，撰寫簡歷，並與社區資源建立聯繫。此外，阿蒙森（Amundson, 2009）提供了實務工作者可以使用的實用策略。例如，提高思考靈活度的一種方法，是鼓勵個案為其生涯目標創作路線圖，包括潛在的路障和替代路線。設計一個力量圈是建立希望的一種方式。介入策略始於讓個人分享自己克服挑戰的故事，然後反思在故事中所展現出的個人優勢。正在轉變當中的少年犯可能有額外的資訊需求、心理健康問題，討論他們的犯罪紀錄可能對他們的選擇產生什麼影響，以及如何尋找和維持培訓和就業（Osborn & Belle, 2019）。

非自願性失業

伊比和布赫（Eby & Buch, 1995）發現，在被解雇的女性中，家庭的靈活性是最可預測的生涯成長變量，同時可以避免長期財務結果，以及在被解雇之前感到不滿意。對於男性來說，避免長期財務結果是生涯成長的最重要預測因素，其他重要的預測因素包括：情感接受度，失業時間不要太長，以及得到朋友和同事的支持。

因裁員而失業

阿蒙森等人（Amundson et al., 2004）發現，個人希望了解裁員的過程，並參與企業重組的過程。領導透明度被視為是信任的議題，缺乏透明度則會被認為是背叛的行為。在裁員的過程中與之後的同事關係以及工作保障的不確定性被認為是重要的。無論同事間是否有足夠的時間道別，建議關注失去同事的悲傷情緒，並鼓勵在裁員後嘗試保持聯繫。

中年男性科學家和工程師

一組研究人員（Liu et al., 2012）透過質性研究方法，觀察了這個特定群體，發現生涯轉換在心理上會產生正面和／或負面的結果，例如成長、自主性或情緒困擾、自尊心下降。同樣，他們對轉換的反思包括正面的經歷（例如，將生

涯領域轉向以前的業餘愛好、轉向諮詢或成為企業家）和負面的經歷，例如失敗的創業嘗試、心理健康狀況下降、物質濫用和失去人際關係。因應策略包括聚焦正向與樂觀，以及保持適應力、靈活度和復原力。除了探索這些男性所確認的議題之外，還建議生涯實務工作者教導他們認知策略，如重新建構以及從正向心理學的觀點運作。

軍人配偶

由於頻繁的搬遷，這個群體可能會遇到難以獲得足夠的教育、難以發展技能以及在職位上累積資歷困難的問題（McBride & Cleymans, 2014）。他們通常需要在每次搬遷時，接受所能找到的任何工作，而這些工作往往與他們的興趣不符，因此可能非常不滿意。麥克布萊德和克萊曼斯（McBride & Cleymans, 2014）建議幫助這些配偶創建生涯晶格圖，而不是生涯階梯，包括橫向和縱向的生涯轉變，強調他們多樣化的經歷如何有助於形成一個全面的生涯道路。他們還建議聚焦在撰寫簡歷、行銷技巧、面試準備、利用非傳統的教育和培訓機會、志願服務，並鼓勵他們在歷程中記錄下自己的成就。

退休轉換

考慮健康、財務問題、對退休後工作的渴望以及與下一步相關的工作價值觀（Wahrmann et al., 2014）。討論也可能聚焦於選擇上：不退休、接續就業（bridge employment）、完全退休、二次職涯（安可職涯）（encore career, Boveda & Metz, 2016）或在工作與休閒之間循環。卡特和庫克（Carter & Cook, 1995）認為這種轉換牽涉到「角色擴展、重新定義和改變」（p.68）。除了討論角色之外，他們還建議，對於這個群體來說，控制觀（locus of control）和「退休自我效能感」（p.68）是兩個重要的討論領域。

退伍軍人轉換至民間工作

參與討論如何將軍事技能轉化為非軍事工作（Hayden et al., 2014），以及他們在軍隊中的經驗，並將其與軍事特定資源相連結起來（Clemens & Milsom, 2008）。實務工作者應檢視負面生涯思想，當負面的生涯想法升高時，檢視是否有憂鬱症狀，因為想法與症狀間在學生退伍軍人中發現存在有相關性

藝術治療與生涯諮商

（Buzzetta et al., 2020）。經歷過軍中性創傷的女戰士最難重新融入社會，並面臨生涯相關議題，例如感到被迫或缺乏動機工作，想要工作但無法工作，對生涯的下一步缺乏清晰度，以及難以找到工作（Stein-McCormick et al., 2013）。這些作者還指出，國防後備戰士人員通常很難保持工作，尤其是當軍事行動干擾到他們的民間工作排程時，情況可能會不可預測。

重度身心障礙青少年高中畢業後的轉銜

在大多數情況下，這群特教學生將有父母或監護人參與討論高中畢業後的事宜。理想情況下，這個討論應該夠早進行，以便規劃轉銜計畫。羅和布（Lo & Bui, 2020）提出了一些策略，例如與青少年對高中畢業後的生活持續進行對話，評估功能技能，教導生活技能，如自我照顧、自我管理、銀行業務，以及生涯管理技能，如何填寫申請表或面試技巧。與其他青少年一樣，獲得工作經驗對於建立技能、自信和人脈極為重要。幫助照顧者了解身心障礙成年人的社區支援也是一個推薦的策略。麥考密克等人（McCormick et al., 2021）發現，身心障礙青少年如果有更頻繁的轉銜會議並且在較早的時候就業，更有可能在高中畢業後就業；他們也強調需要採取一種將獨立生活、教育和就業結合起來的綜合方法。

情境和自我的感知：晶格圖作為一種藝術本位的探索結構

正如前文所述，麥克布萊德和克萊曼斯（McBride & Cleymans, 2014）探討了軍人配偶的生涯轉換，並主張減少因家庭搬遷所需的工作角色轉變歷史所導致的對生涯成功的感知阻礙。他們強調晶格圖架構作為一種多面向但堅固的生涯發展結構，納入工作和志願者職位中獲得的技能和經驗，而不是由階梯所代表的單向路徑。將個人的生涯軌跡與階梯進行比較時，可能會導致對正面生涯移動方向性的負面或限制性的理解。在藝術治療過程中使用晶格圖隱喻與視覺結構可以激發探索和確定可能被忽視和忽略的經驗。此外，這個過程還可以支持對優勢和技能的重新概念化，這些優勢和技能可應用於生涯搜尋任務，包括撰寫簡歷和面試。

在向個案介紹晶格圖藝術過程時，可以展示存在於自然現象中，如細胞、

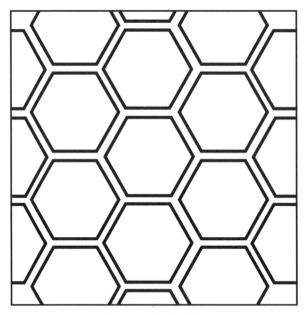

圖 13.4　晶格圖範本

晶體和骨骼等晶格圖的視覺範例，或者存在於工程和設計環境中的晶格圖，示範重疊網絡如何建立堅固的形式和更大結構的構建區塊。**圖 13.4** 顯示了一個晶格圖範本。然後，生涯實務工作者可以提供個案一個晶格圖範本，作為藝術作品基礎，或者邀請他們在探索和描述自己的經歷時，設計自己的晶格圖結構。接下來，生涯實務工作者邀請個案在他們的晶格圖中填入他們的優勢、技能、素質、工作經驗價值、志願者經驗價值、其他生活角色經驗價值，這些都反映了他們可能帶給未來工作場所的所有資產。在下面的範例中，**圖 13.5**，個人代表了他的教育經歷、志工經驗、育兒經驗、照顧經驗、參與愛好和興趣，以及由於在全國各地多次搬遷和國際旅行而學到的靈活性，這些都代表了她將帶給新工作場所的豐富內涵。

應對生涯轉換的介入策略

除了考慮個人的獨特背景並探索前一節所確定的特定群體議題外，還確定了支持個案進行生涯轉換的一般性策略。

圖 13.5　麥克筆與拼貼的生活與工作晶格圖

關注情緒、信念和整體心理健康

　　實務工作者可以透過多種方式支持正在經歷生涯轉換的人。首先，關注個案在轉換期間的情緒方面是重要的，要意識到個人可能會經歷強度不同的多種情緒。雖然準備和應對轉換是屬於高度認知性的，但作為實務工作者，我們需要照顧擔憂、恐懼和憤怒等感受，同時也要注意到好奇、希望和興奮等正面感受。對轉換和潛在結果的負面想法，應該在適當的時候辨認出來、加以挑戰和重新建構。那些認為事情永遠不會順利進展，或者認為結果將會非常糟糕的人，可能會很難採取積極的步驟讓轉換成功。此外，實務工作者應定期檢查個案的情緒，確認情緒是否已高張到造成個案極為困難做出生涯和生活決定，並在這些情況下，分享觀察結果，聚焦在心理健康（如果實務工作者具有相應的證照資格），或轉介給心理健康專業人員。一個具體的工具——生涯轉換量表（Heppner et al., 1998），設計用來確認生涯轉換的支持與障礙，著重在準備度、信心、控制力、感知支持和決策獨立性。

探索價值觀、興趣和技能

實務工作者可以引導個案在轉換的討論中檢視對他們而言什麼是重要的。布朗（Brown,1995）提出了幾種創意方法，幫助個人確定他們的價值觀，例如探索白日夢高峰經驗，以及個案生活中最糟糕的經歷，使用圖像來創造他們的未來，或描述他們最敬佩或最不欣賞的人。除了釐清價值觀外，現在可能是時候需要確認成功轉換所需的技能，並制定獲得這些知識或能力的計畫。這也可能是個案探索在其感興趣的不同領域工作的時候。因此，專注於個案目前的興趣、價值觀和技能的生涯評估或藝術本位介入策略，可能會很有價值。

提供有特定目標的資訊

將個人與有關轉換的「著陸點」以及轉換過程的資訊相連接，可以幫助減輕焦慮，減少對「未知事物」的恐懼，以及更好的準備。就新職位，幫助個案更了解雇主，以及組織或地理區域的文化，可能會讓他們感到更加自在。溫德蘭特和羅赫倫（Wendlandt & Rochlen, 2008）建議在個案轉換到一家組織時，採取三個步驟給予支持。首先，實務工作者可以幫助新員工對雇主形成實際的、準確的感知。與那位雇主雇用的校友交談，查看這家公司目前和過去員工對公司的評論，或指導個案詢問有關組織文化以及個人如何適應新環境的具體問題，或者詢問是否可以與新員工談談關於他們的轉換情況，都是非常推薦的。其次，實務工作者可以鼓勵參與兼職工作、見習工作、志工或實習，以幫助個人獲得與工作相關的基本知識和技能，從而增加成功適應的可能性。第三，實務工作者可以幫助個案了解工作場所與學校等其他環境的不同之處，以及專業性問題、了解工作場所文化以及如何應對辦公室政治等問題，從而提高個案在新職位上的成就。

對於第一次進入職場，或長時間脫離勞動市場後再次進入職場的人來說，專注於求職資源，如簡歷和求職信的撰寫、面試、人脈和搜尋雇主，可能會有幫助。如果他們要搬到不同的區域，學習如何計算生活成本調整可能會很有用。在這些討論中，實務工作者可能不僅要專注於當前找到職位的目標，還要關注如何維持就業、建立自己的地位，以及如何規劃下一步（Super, 1957）。

解決實際問題

　　埃伯溫等人（Ebberwein et al., 2004）發現，轉換時期的財務資源（或缺乏）對質性研究中的個人如何應對轉換的影響最大。擁有某種財務緩衝的感覺有助於緩解憤怒和焦慮的感覺，並影響其他決定，例如是否繼續追求進一步培訓或從事臨時工作（即在等待期間或尋找理想職位的同時，為滿足財務需求的臨時工作）。除了財務之外，建議探索工作和家庭生活之間的互動，因為在轉換時期可能會發生角色轉變。由於角色的轉變、不同的感受以及這種轉換通常會對個人的直系家庭成員的其他人產生影響，諮商師應該探索漣漪效應，並在可能的情況下主動提出讓那些受影響的人參與談話或排除在談話之外，因為他們是個案背景的一部分。最後一個實際問題是轉換時的就業能力，因為如果個人沒有保持他們的技能和知識是最新的，他們在生涯選擇上可能不具競爭力。

共同制定最大程度掌控的計畫

　　克魯博爾茨等人（Krumboltz et al., 2013）指出，特別是在非計畫的轉換中出現感知的失控是人們面臨的最困難的挑戰之一，因為這樣會削弱了他們對自己生涯決策相關的個人能動性的信念。機緣學習理論建議實務工作者可以透過與個案合作創造機會，讓非計畫的、正面的、工作相關的事件有機會發生，來幫助個案重拾掌控權。這些機會可能是志工服務、加入就業俱樂部或與潛在雇主進行資訊性面談。3M 模式以施洛斯伯格（Schlossberg）的模式為基礎，建議實務工作者可以與個案討論如何改變當前狀況、重新建構因轉換而對自己產生的意義，以及監測與管理自己的壓力。探索先前的轉換，並討論回顧哪些事情進展順利，以及在反思時希望自己可以採取不同做法的事情，可以為應對當前的轉換提供基礎。作為此計畫的一部分，建議傳授生涯決策過程，融入決策和應對技巧，並提供指導（Lipshits-Braziler & Gati, 2019）。決策模式在第九章中介紹。

為未來轉換做好準備

　　支持個案進入並度過生涯轉換的一部分，是幫助他們為不可避免的未來轉換做好準備。當他們需要的是潤飾而不是重頭撰寫時，他們在準備眼前的轉換任務時會變得比較輕鬆。例如，保持更新簡歷或網路形象，並有目的地規劃持

續的培訓，以確保自己保持最新的狀態，可以讓個案更得以在轉換中定位，無論這個轉換是自發還是被迫的。這些都是做好自我準備的範例，其他策略則可能會聚焦在其他支持，例如，透過支持，可以鼓勵個案在個人和專業關係上不斷發展新的、有目的之投資，以及建立人脈。這些轉換後的努力，會提升個案下一次轉換的準備度。

總結

轉換是每個人生活中的一部分，然而，根據轉換的類型和時間點，以及其他考慮因素，例如一個人對轉換的控制程度，生涯相關轉換的經歷可能對個人而言是相當獨特的。本章介紹了支持個案準備、度過和走出生涯轉換的一般問題和方法，同時提出了有關特定類型轉換的關注，並提供了相應的策略和介入措施。

問題討論與活動

1. 透過 4S 模式的視角，檢視至少三個你所經歷過的重要轉換。你看到了什麼主題？每個轉換有什麼不同之處？在為下一個轉換做準備時，你認為你對自己有哪些了解？

2. 你經歷過哪些非計畫的轉換？回顧過去，在那段時間裡有什麼對你是有幫助的或有什麼對你是沒有幫助的？如果可以回到過去給自己一些建議，你會對自己說什麼？

3. 你預期下一個必須經歷的轉換是什麼？ 4S 模式如何適用於這個轉換？你現在可能需要採取哪些步驟來做準備？你目前的流動資金有多少？

4. 建立一個時間軸，並標記相關的生涯與家庭里程碑。思考這些標記之前和之後的時間。是什麼幫助你適應這些變化？有什麼事情是你希望當時能更早知道，或採取不同做法的嗎？這會如何影響你的下一次轉換嗎？

5. 列出你獨特的身分和角色。在轉換期間，這些身分和角色可能如何單獨或交互地增加你的壓力或帶來更多支持？

6. 選擇一個可能具有與轉換相關特殊議題的群體，並建立一個包含可能對

他們有幫助的資訊、策略和資源的資訊圖表。

7. 在你自己的藝術創作過程中，你是如何成功地迎接意想不到的結果？這些適應的經驗能夠如何應用在你生涯生活的轉換中，或者能夠如何地豐富你所使用的藝術介入策略，以支持其他正在經歷生涯轉換的人？

參考文獻

Akkermans, J., Collings, D. G., da Motta Veiga, S., et al. (2021). Toward a broader understanding of career shocks: Exploring interdisciplinary connections with research on job search, human resource management, entrepreneurship, and diversity. *Journal of Vocational Behavior 126*, Article 103563. https://doi.org/10.1016/jJvb.2021.103563

Akkermans, J., Seibert, S. E., & Mol, S. T. (2018). Tales of the unexpected: Integrating career shocks in the contemporary career's literature. *SA Journal of Industrial Psychology, 44*, Article el503, 1-10. https://doi.org/10.4102/sajip.v44i0.1503.

Amundson, N. E. (2009). Active engagement: *The being and doing of career counseling* (3rd ed.), Ergon Communications.

Amundson, N. E., Borgen, W. A., Jordan, S., & Erlebach, A. C, (2004). Survivors of downsizing: Helpful and hindering experiences, *Career Development Quarterly, 53*, 256-271.

Amundson, N. E., Mils, M. E., & Smith, B. A. (2013). Incorporating chaos and paradox into career development. *Australian Journal of Career Development, 23(1)*, 13-21. https://doi.org/10.1177/1038416213496760

Anderson, M. L., Goodman, J., & Schlossberg, N. K. (2012). *Counseling adults in transition: Linking Schlossberg's theory with practice in a diverse world* (4th ed.). Springer.

Barclay, S. R., Stoltz, K. B., & Chung, Y. B. (2011). Voluntary midlife career change: Integrating the transtheoretical model and the life-span, life-space approach. *Career Development Quarterly, 59(5)*, 386-399. https://doi.org/10.1002/j.2161-0045.20ll.tb00966.x

Bejian, D. V., & Salomone, P.R. (1995). Understanding mid-life career renewal: Implications for counseling. *The Career Development Quarterly, 44*, 52-63.

Bennett, A., & Amundson, N. (2016). The need for dynamic models of career development for transitioning offenders. *Journal of Employment Counseling, 53(2)*, 60-70. https://doi.org/10.1002/joec.12028

Bimrose,J., & Mulvey, R. (2015). Exploring career decision-making styles across three European countries. *British Journal of Guidance & Counselling, 43(3)*, 337-350. https://doi.org/10.1080/03069885.2015.1017803

Borg, T., Bright, J., Pryor, R. (2006). The Butterfly Model of Careers: Illustrating how planning and change can be integrated in the careers of secondary school students. *Australian Journal of Career Development, 15(3)*, 54-59.

Borgen, W. A., Amundson, N. E., & Tench, E. (1996). Psychological well-being throughout the transition from adolescence to adulthood. T*he Career Development Quarterly, 45(2)*, 189-199.

Boveda, I., & Metz, A. J. (2016). Predicting end-of-career transitions for baby boomers nearing retirement age. *The Career Development Quarterly, 64(2)*, 153-168.

Bright, J., & Pryor, R. (2012). The chaos theory of careers in career education. *Journal of the National Institute for Career Education and Counseling, 28*, 10-20.

Brooker,]. (2010). Found objects in art therapy. *International Journal of Art Therapy, 15(1)*, 25-35. https://doi.org/10.1080/17454831003752386

Brown, D. (1995). A values-based approach to facilitating career transitions. *Career Development Quarterly, 44*, 4-11.

Buzzetta, M. E., Lenz, J. G., Hayden, S. C. W., & Osborn, D. S. (2020). Student veterans: Meaning of life, negative career thoughts, and depression. *Career Development Quarterly, 68(4)*, 361-373. https://doi.org/10.1002/cdq.12242

Camic, P. M., Brooker, J., Neal, A. (2011). Found objects in clinical practice. *The Arts in Psychotherapy, 38*, 151-159. https://doi.org/10.1016/j.aip.2011.04.002

Camic, P. M., Kaufman, J. C., Smith, J. K. & Smith, L. F. (2010). From trashed to treasured: A grounded theory analysis of the found object. *Psychology of Aesthetics, Creativity, and the Arts, 4(2)*, 81-92. https://doi.org/10.1037/a0018429

Carter, M.A. T., & Cook, K. (1995). Adaptation to retirement: Role changes and psychological resources.

Career Development Quarterly, 44, 67-82.

Clemens, E. V., & Milsom, A. S. (2008). Enlisted service members' transition into the civilian world of work: A cognitive information processing approach. *Career Development Quarterly, 56(3)*, 246-256. https://doi.org/10.1002/j.2161-0045.2008.tb00039.x

DeVos, A., Jacobs, S., & Verbruggen, M. (2021). Career transitions and employability. *Journal of Vocational Behavior, 126*, 103475. https://doi.org/IO:fiH6/jJvb.2020.103475

Ebberwein, C. A., Krieshok, T. S., Ulven,. C., & Prosser, E. C. (2004). Voices in transition: Lessons on career adaptability. *Career Development Quarterly, 52*, 292-308.

Eby, L. T., & Buch, K. (1995). Job loss as career growth: Responses to involuntary career transitions. *Career Development Quarterly, 44(1)*, 26-42.

Erikson, E. H. (1963). *Childhood and society* (2nd ed.). Norton.

Erpič, C., Wylleman, P., & Zupancic, M. (2004). The effect of athletic and non-athletic factors on the sports career termination process. *Psychology of Sport and Exercise, 5(1)*, 45-59. https://doi.org/10.1016/Sl469-0292(02) 00046-8

Fouad, N. A., & Bynner, J. (2008). Work transitions. *American Psychologist, 63(4)*, 241-251.

Ghosh, A., Kessler, M., Heyrman, K., et al. (2019). Student veteran career transition r·eadiness, career adaptability, and academic and life satisfaction. *Career Development Quarterly, 67*, 365-371.

Goodman,]. (1994). Career adaptability in adults: A construct whose time has come. *Career Development Quarterly, 43*, 74-84.

Goodman, J., & Hoppin, J. (1990). *Opening doors: A practical guide for job hunting* (2nd ed.). Oakland University, Continuum Center.

Hayden, S. C. W., Ledwith, K., Dong, S., & Buzzetta, M. (2014). Assessing the career-development needs of student veterans: A proposal for career interventions. The Professional Counselor, 32,129-138. Heppner, M. J. (1998). The Career Transitions Inventory: Measuring internal resources in adulthood. *Journal of Career Assessment, 6(2)*, 135-145. https://doi.org/ 10.1177/106907279800600202

Kennedy, T., & Chen, C. P. (2012). Career counselling new and professional immigrants: Theories into practice. *Australian Journal of Career Development, 21(2)*, 36-45.

Koert, E., Borgen, W. A., & Amundson, N. E. (2011). Educated immigrant women workers doing well with change: Helping and hindering factors. *The Career Development Quarterly, 59(3)*, 194-207. https://doi.org/10.1002/j.2161-0045.2011.tb00063.x

Krumboltz, J. D., Foley, P. F., & Cotter, E.W. (2013). Applying the happenstance learning theory to involuntary career transitions. *The Career Development Quarterly, 61(1)*, 15-26. https://doi.org/10.1002/j.2161-0045.2013.00032.x

Lipshits-Braziler, Y., & Gati, I. (2019). Facilitating career transitions with coping and decision making approaches. In J. G. Maree (Ed.), *Handbook of Innovative Career Counseling* (pp. 139-156). Springer. https://doi.org/10.1007/978-3-030-22799-9_9

Liu, Y., Englar-Carlson, M., & Minichiello, V. (2012). Midlife career transitions of men who are scientists and engineers: A narrative study. *Career Development Quarterly, 60(3)*, 273-288. https://doi.org/10.1002/j.2161-0045. 2012.00023.x

Lo, L., & Bui, 0. (2020). Transition planning: Voices of Chinese and Vietnamese parents of youth with autism and intellectual disabilities. *Career Development and Transition for Exceptional Individuals, 43(2)*, 89-100. https://doi.org/10.1177/2165143419899938

McBride, P., & Cleymans, L. (2014). Strategies for assisting military spouses in obtaining a successful career path. *Career Planning and Adult Development Journal, 30(3)*, 92-102.

McCormick, S. T., Kurth, N. K., Chambliss, C. E., et al. (2021). Career management strategies to promote employment for transition-age youth with disabilities. *Career Development and Transition for Exceptional Individuals, 43(2)*, 120-131. https://doi.org/10.1177/2165143421991826

Osborn, D.S., & Belle, J. G. (2019). Preparing juvenile offenders for college and career readiness: A cognitive information processing approach. *Journal of Educational and Psychological Consultation, 29(3)*, 283-313.

Packard, B. W. L., Leah, M., Ruiz, Y., et al. (2012). School-to-work transition of career and technical education graduates. *The Career Development Quarterly, 60(2)*, 134-144. https://doi.org/10.1002/j.2161-0045.2012.00011.x

Perosa, S. L., & Perosa, L. M. (1983). The midcareer crisis: A description of the psychological dynamics of transition and adaptation. *The Vocational Guidance Quarterly, 32(2)*, 69-79. https://doi.org/10.1002/j .2164-585X.1983.tb01561.x

Pryor, R. G. L., Amundson, N. E., & Bright, J. E. H. (2008). Probabilities and possibilities: The strategic counseling implications of the chaos theory of careers. *The Career Development Quarterly, 56(4)*, 309-318. https://doi.org/10.1002/j.2161-0045.2008.tb00096.x

Pryor, R. G. L., & Bright, J. E. H. (2011). *The chaos theory of careers: A new perspective on working in the twenty-first century*. Routledge.

Pryor, R. G. L., & Bright, J. E. H. (2014). The chaos theory of careers (CTC): Ten years on and only just begun. *Australian Journal of Career Development, 23(1)*, 4-12.

Ryu, J., & Jeong, J. (2020). Career compromise types among university graduates during the school-to-work transition. *Career Development Quarterly, 69*, 19-33.

Salomone, P. R., & Mangicaro, L. L. (1991). Difficult cases in career counseling: IV - floundering and occupational moratorium. *Career Development Quarterly, 39(4)*, 325-336.

Savickas, M. (1999). The transition from school to work: A developmental perspective. *Career Development Quarterly, 47*, 326-336.

Schlossberg, N. K. (1984). *Counseling adults in transition*. Springer.

Schlossberg, N. K., Waters, E., & Goodman, J. (1995). *Counseling adults in transition*. Springer.

Stein-McCormick, C., Osborn, D. S., Hayden, S., & Van Hoose, D. (2013). Career development for transitioning veterans. National Career Development Association. Retrieved from http://associationdatabase.com/aws/NCDA/pt/sd/product/1132/_self/layout_details/false

Super, D. E. (1957). *The psychology of careers*. Harper & Bros.

Super, D. E., & Knasel, E. G. (1981). Career development in adulthood: Some theoretical prob lems and a possible solution. *British Journal of Guidance and Counselling, 9*, 194-201. https://doi.org/10.1080/03069888108258214

Toyokawa, T., & DeWald, C. (2019). Perceived career barriers and career decidedness of first generation college students. *Career Development Quarterly, 68(4)*, 332-347. https://doi.org/10.1002/cdq.12240

Wendlandt, N. M., & Rochlen, A. B. (2008). Addressing the college-to-work transition: Implications for university career counselors. *Journal of Career Development, 35(2)*, 151-165. https://doi.org/10.1177/0894845308325646

Wohrmann, A., Deller, J., & Wang, M. (2014). A mixed-method approach to post-retirement career planning. *Journal of Vocational Behavior, 84(3)*, 307-317.

Wordsworth, R., & Nilakant, V. (2021). Unexpected change: Career transitions following a significant extra-organizational shock. *Journal of Vocational Behavior, 127(6)*, Article 103555. https://doi.org/10.1016/jjvb.2021.103555

Yang, E., & Gysbers, N. C. (2007). Career transitions of college seniors. *Career Development Quarterly, 56(2)*, 157-170. https://doi.org/10.1002/j.2161-0045.2007.tb00028.x

第十四章

藝術治療和生涯諮商計畫設計與評估

本章的目標是描述如何建立、實施、管理和評估整合藝術治療與生涯諮商的全面性計畫。從需求評估開始，到計畫評估的結束，本章將概述計畫規劃與執行的具體步驟。

生涯計畫設計的過程

提供生涯諮商的形式可能是多元的，例如簡短諮詢、個別或團體諮商、研討會、工作坊等。當有多位個案表達特定的生涯關切，或在社區中意識到有生涯諮商的需求時，開發和提供生涯導向的計畫可能是符合期待的。雖然生涯計畫有可能以獨立中心來發展，但更有可能是從已經存在的機構中發展出來，這機構認識到了需求，並決定滿足這個需求。例如，考慮以下的兩個案例情境。

安琪拉是一位為寄養團體家屋（group home）提供服務的機構藝術治療師。她工作的主要重點是幫助年齡較大的青少年建立社交技能，並透過個別和團體活動幫他們做好從寄養團體家屋過渡到社會的準備。經由這項工作，她意識到許多青年感覺到沒有準備好要過渡，而且似乎缺乏進入生涯道路的知識和技

能。根據這些資訊，安琪拉決定向機構董事會提出一個結合藝術治療與生涯諮商成分的生涯導向計畫。董事會表示，如果她能提供證據證明需求，並建立一個全面性的生涯計畫方案，他們將予以支持。

　　喬迪是一位大學生涯中心的生涯諮商師。他的職責是藝術學院的聯絡人。作為這項工作的一部分，他與藝術專業的學生個別會談，討論生涯方向與求職，還有尋找有興趣聘請藝術專業學生的雇主。他定期為藝術學院提供生涯工作坊，主題包括選擇職業、簡歷撰寫和求職，但考慮到許多學生的藝術和創意興趣，他希望在提供的服務中開始融入更多創意活動。他向生涯中心主任談到這部分，主任表示支持他的想法，但希望獲得更多關於學生對這種計畫的需求或興趣的訊息，並希望確保他建立的計畫符合最理想的執行方式。

　　在上述情境中，這兩個計畫都是基於對環境進行調查並意識到個案共同關心的問題而構想出來的。設計計畫的過程可能既令人興奮又令人不知所措。計畫設計的一般步驟包括：

1. 確定計畫需求
2. 設計計畫
3. 為計畫提供資源（尋找空間、人員、資金、材料）
4. 行銷和宣傳計畫
5. 執行計畫
6. 管理和維護計畫
7. 評估計畫（形成性評估和總結性評估）
8. 調整計畫。

　　首先，安琪拉和喬迪都需要進行需求評估，以提供證據來證明開發與維護計畫所需的時間、精力和資源是合理的。此外，這可能意味著需要減少或取消其他目前現有的計畫，以支持新的計畫。

需求評估

　　評估和了解人口的全面需求是一個複雜的過程，且牽涉到許多步驟。今天的需求可能不同於明天的，因此僅基於需求評估建立計畫可能不具可持續性。同時，如果在了解人口需求之前開展計畫，可能會導致提供了一個無人要求且

不被需要的解決方案。需求評估有三個主要目的。首先，也是最重要的是，了解目前和潛在個案、商業合作夥伴和社區的具體需求，以確定是否存在需求。其次，需求評估的結果將影響、塑造和定義計畫設計和開發的基礎。第三，需求評估提供了計畫有效性的證明。

設計需求評估

開始需求評估流程時，建議先檢視整個組織的使命、價值觀和目標（如果該計畫是組織的擴展部分）。如果建議的計畫更符合並有助於實現組織的使命，那麼計畫得到支持的可能性就更大。如果這是一個創新的計畫，就需要確立使命、價值觀、目標和宗旨。儘管透過詢問他人所獲得關於需求、想望和偏好的資訊很重要，但對這些計畫特徵有清晰的願景是建立計畫的基礎。在審查需求並確定潛在的解決方案時，計畫設計者可以將這些基本元素作為確定優先順序的標準。

這個過程中的第二個步驟是確定誰最有可能對你提出的計畫感興趣。希望你關注的特定族群會對計畫感興趣。但還有誰呢？其他與這些特定人群互動的人（如家人、老師、醫療服務提供者）可能會對知道有一個計畫存在並可以轉介而感到興奮。與計畫有相關經濟利益的個人或團體，例如理事會或你的雇主肯定會感興趣。確定可能會運用、轉介或從你的計畫中受益的主要參與者是重要的。首先，他們可能對你的計畫有非常具體的需求或興趣，因此需要進行他們自己類型的需求評估。其次，他們對你的計畫的成功相當重要，他們對計畫的認同增加了他們協助行銷或協助宣傳的可能性，甚至可能直接為你的計畫帶來資源。

在確定了主要參與者之後，下一步是確定每個群體的可能需求或關注點。這些可能在不同群體中會有所不同。但最主要關注的群體是你感興趣的特定族群。不僅要考慮需求的內容（例如，「我希望知道如何向雇主展現我的藝術技巧的價值」，或「我需要找工作的協助」），還要考慮他們希望這些需求得到滿足的方式、時間、地點，例如，一份線上或印製的指南、工作坊形式、網路研討會、個別會談、平日白天、晚上等。除了特定需求之外，還可能有其他問題需要檢視，例如交通、服務費用、照顧責任、技術能力、識字能力、身心健康等等。這就是為什麼要問「有哪些因素可能會影響你參加這樣的計畫？」和「你

對這個議題還有哪些擔憂是我沒有問到的呢？」將會有幫助且能夠帶來豐富資訊。

　　起初的需求清單可能會從與現有個案的對話中浮現出來，或者是治療師對於無法為特定個案的需求提供足夠的資源或轉介而感到挫折。然而，需求清單不應該僅止於此。你可能會想要提出幾個可能的問題，然後將範圍縮小到一個合理的數量。確定需求的其他方法包括：

- 檢視學術文獻以研究有關特定目標族群的特徵。這可能包括需求，但也可能包括價值觀、優先事項、優勢、偏好的學習方式等。如果缺乏相關文獻，則擴大搜尋範圍。同時還應探索有關目標族群有效計畫的結果研究。這可能會提供在計畫評估期間有用的衡量因素。最後，考慮專業組織和國家任務小組，它們通常會以最理想的執行方式作為計畫設計提供資訊的一種方法。請確保所研究的資料涵蓋個人和文化差異（Calley, 2009）。
- 進行特定目標人群中的焦點小組或開放式調查。
- 確定整個組織的優先事項，並提出反映這些優先事項的問題。例如，如果組織的優先事項之一是創新，請考慮你目前和提議的計畫如何能更加滿足該倡議，並且至少有一個問題可能與創新有關。
- 市場分析。探索當地和線上資源以滿足需求，並評估他們做得好的地方、他們做不足的地方，以及可以改進的地方。此外，也要注意實際問題，例如地點、營業時間、托兒、服務費用、服務限制（如十次會談）、接受的保險支付、工作人員的資格證書、存在時間長短等。這將確定新計畫需要解決的缺口以及機會。
- 建立一份滿意度調查，以確定該群體中的個人對目前服務的滿意度。還包括關於可用性和可及性的問題。社區中可能存在一些極好的資源，但由於特定的營業時間，對該族群中的某些人來說是不可及的。

　　在檢視可能問題的擴展清單時，請牢記主要問題：「對我來說，最重要的是要了解什麼？」對於你已確定的不同主要參與者，這個問題的答案可能不同，應該有助於確定優先順序以及選擇最重要的問題。問受訪者超出計畫提供範圍的問題可能很誘人，請盡量避免這種誘惑。你的調查對象可能會感到

疲憊，可能會不答完所有的問題，不然就是開始隨意回答，導致數據質量不佳——而你又是根據這些數據做出決策的！為了確保調查的長度適當，並問出能為你帶來所需訊息的最佳問題，請在幾個人身上進行調查的前導測試。除了回答調查的題目以外，請這幾個人就調查本身給予回饋。調查會太短或太長嗎？會令人感到困惑或夠清晰嗎？會問太多開放式問題嗎？會有太多李克特量表選項了嗎？他們是否希望你問及其他問題？有其他建議嗎？在檢視來自前導研究的調查結果時，評估它們的有益程度。它們是否回答了你的關鍵問題？如果你再收到 20 份類似的回應，你是否能夠繼續設計你的計畫，還是訊息過於特定或過於模糊？你需要修改你的問題嗎？

　　如何設計格式以及管理需求評估和調查，有多種資料來源可供參考。雖然開放式問題和電話訪談在回答上提供了很好的深度，但完成和分析需要大量時間。僅依賴李克特量表或數值或排序的方法提供快速但有時較表淺的分析，因此找到合適的平衡很重要。另一個挑戰是以最佳方式提出問題以獲得最有用的訊息。例如，在安琪拉的例子中，她想知道哪些生涯工作坊對寄養團體家屋的居民來說是最感興趣且最有幫助的。她可以問一個開放式問題，或者提供一份選項清單讓他們勾選、排名或評分或排出優先次序。開放式問題可能產生豐富的數據，也可能產生非常少的數據。在這個例子中使用開放式問題的另一個挑戰是，潛在個案可能不知道存在哪些類型的生涯工作坊，甚至可能不知道有哪些可能性，因此可能難以回答該問題。勾選框提供了所有可能工作坊的清單，但存在著可能有人會全部勾選的風險。這個挑戰可以透過限制他們可以勾選的數量來解決——雖然沒有辦法知道他們的主要偏好是什麼。此外，可以添加另一個問題，讓他們確定他們的首要選擇。雖然排名確實回答了最重要工作坊是什麼的問題，但可能在前幾個工作坊之後，在其餘工作坊中沒有明確的偏好，這可能導致誤導性數據。最後，評分量表提供了一種方法來了解每個工作坊的興趣程度，但同樣可能無法清楚地確定他們的優先需求或偏好。因此，每種類型的問題都有優點和潛在的缺點，這就是為什麼有必要深思熟慮，然後對問題進行前導測試。

　　需求評估問題應該被設計成在蒐集數據後能夠進行所需的分析。如果蒐集了李克特量表數據，那麼可以進行平均分數的比較。但比較對象是誰呢？是現有個案與潛在個案相比？跨越不同人口統計群體？那些具有其他特徵的人，例

如那些焦慮程度較高或生涯未決定的人，或是藝術專業主修的人與其他專業主修的人相比？為了能夠跨越這些群體進行比較，需求評估中的特定問題必須確定這些方面。

蒐集和分析需求評估結果

　　一旦問題最終確定，就需要蒐集數據。從現有個案或計畫使用者蒐集相對簡單，但他們填寫需求評估不應與他們是否能繼續參與目前的計畫有關聯。理想情況下，個案可以匿名填寫需求評估，並且不會感受到來自諮商師的壓力。要求主要參與者分享需求評估將增加各種背景的個人完成需求評估的可能性，這些人可能從計畫中受益。這接著導向要用線上版本還是紙本版本需求評估的問題。雖然提供一個調查的連結給評估者更為容易，因為數據立即儲存到數據庫中，但人們更可能完成線上版本還是在他們面前的紙本版本？透過社群媒體傳送連結，張貼在網站上或透過電子郵件分享更容易。另一個考慮因素是評估將被分享或發送的次數，以及在開始分析資料之前需求評估將保持開放狀態多長的時間。

　　理想的情況下，需求評估的結果將會依據所提問的問題以及收到的回應來組織。開放式提問得到的回覆可以探索其中的關鍵主題，一旦確定了關鍵主題，就可以根據主題被提及的次數進行編碼。主題也可以依據參與者的特徵來進行分析。量化的數據可以用頻率、平均值、中位數和眾數來呈現（Hammond, 2001）。隨著受訪人數增加，可以導入更複雜的分析方法。在大多數的計畫設計案例中，這些進階的方法並不是必需的。以喬迪為例，他了解到大多數入學新生的生涯發展需求與即將畢業的學生有很大的不同，他決定研究跨年級對於工作坊和生涯需求的優先順序。在過程中，他注意到高低年級之間的分野更加清晰，因此決定以這種方式向管理者呈現數據。他提供了生涯關注和工作坊的列表，以及開放式回答的選項。結果見**表 14.1**。

　　一旦蒐集到數據並確定了問題的答案，就可以做出有關這項計畫的初步決定。需求評估的結果可能會證實關於需求的假設，也有可能與假設不一致。計畫的設計應該對確切的需求做出回應，但不能完全依賴需求評估的結果。有效的計畫設計會牽涉到更多的複雜性，要考慮到其他計畫、可用的資源、整體組織的目標和員工的優勢。在喬迪的計畫中，他驚訝地發現，有許多低年級學生

表 14.1 生涯關注及偏好的工作坊列表

	首要的生涯需求	最受青睞的工作坊
低年級	生涯選擇 尋找實習機會 商務禮儀	超越專業主修：設計我的生涯 專業主修與職業的適配 穿著成功、表現亮眼
高年級	簡歷撰寫 尋找雇主 申請研究所	簡歷撰寫／求職信 塑造個人品牌形象 創意求職技巧

將商務禮儀列為生涯需求。與他預期一致的，是大多數低年級學生想要與生涯探索和規劃相關的工作坊，而高年級學生則希望參加與求職和大學畢業後生涯規劃的工作坊。一些填寫的選項得到了有趣的結果，例如應對歧視、專門針對藝術專業主修的工作坊和尋找隱藏的就業市場等。他決定以這些標題來設立工作坊，並定期詢問參與者有關其他工作坊的想法。

設計計畫

常見的元素與服務

　　無論在何種環境中，與生涯相關的計畫都有一些共同元素，包括所提供的內容和服務。從內容來看，生涯計畫通常會著重於幫助個案建立自我認識、了解自己的選項、生涯決策和求職技巧。根據個案的特定需求，可能會出現其他額外的內容。例如，如果在一個有軍事基地的地區工作，內容可能會聚焦於從軍職生活過渡到平民生活，或是對軍人的重要他人的生涯諮商。過渡可能是其他群體的焦點，例如青少年、更生人，以及搬進或搬出寄養團體家屋的人。不同性取向的個人或有身心障礙的人可能需要重點規劃是否、如何，以及何時向現有或潛在雇主披露此資訊。為低收入或無家者族群提供服務的實務工作者可能會提供專業的服裝選項。另一個考慮因素是其他議題或特徵與生涯問題的相互作用，例如精神疾病、身體健康或靈性信仰。

　　除了上述的族群特徵和與工作相關的需求外，藝術治療計畫還需要考量到發展、個人和社會背景以及系統性考慮因素，而這些因素會影響到計畫的

空間需求與設計、提供的材料、藝術安全規範、媒材存放以及藝術創作作品完成後的管理，並須符合保密要求（Partridge, 2016）。例如，在監獄內的職業準備和釋放計畫中，安全要求限制了可以使用的藝術工具類型，或者計畫參與者何時以及是否可以保留他們的藝術作品做進一步的反思，而不會受到懲罰。當為自閉症類群青年設計生涯計畫，並選擇藝術體驗計畫的媒材時，實務工作者必須考慮個案的訊息處理方式，以及對於媒材可能會有的感官厭惡，並更加仰賴數位藝術製作的選項（Darewych, 2021）。對於任何族群來說，藝術計畫的選擇可能會導向需要確保計畫空間具有更高功能的通風、電氣和管路系統，以便實現安全操作並遵守健康和安全規範（McCann & Sabin, 2008）。計畫開發人員必須估算成本並確定資源，以支持持續的媒材及設備的需求，因為僅僅依靠個案支付的費用或保險核銷可能並不足夠。因此，藝術治療師可以考慮申請社區補助金和／或與現有的藝術組織或機構合作，使藝術本位的生涯計畫對特定的社區來説負擔得起、容易獲得以及更有吸引力（Partridge, 2016）。

因此，設計藝術本位生涯計畫的實務工作者可能會受到以社區為基礎的藝術治療實踐的啟發。奧特米勒和阿瓦伊斯（Ottemiller & Awais, 2016）倡導了超越精神健康醫療模式的社區藝術治療計畫，並將目標設定為「社會共融、賦能和減少污名」（p. 144）。這些計畫包括共同開發依賴社區投入和身分認同的計畫。因此，奧特米勒和阿瓦伊斯提出了一個具有五個組成的模式，他們認為這個模式對於社區計畫的建立至關重要。這些元素包括：共同開發計畫目標；透過了解社區成員和領導者以及他們的經驗來建立對社區的信任和關係；培養關於服務提供者角色和藝術本位服務的優勢和局限性的開放溝通；在計畫實施期間分享決策；並促進合作性對話，討論參與該計畫的人們希望如何被稱呼，例如成員、合作夥伴、參與者或藝術家，以及他們希望如何稱呼計畫的協調員。

一個將精神康復與藝術創作、職業準備和社會公民參與相結合的社區藝術計畫的例子是「藝術工作室」計畫（Damiano & Backman, 2019）。這個計畫自2003 年以來一直在加拿大溫哥華運作，計畫的基礎是精神健康服務使用者對計畫開發的概念貢獻以及專業支持的計畫活動，其中包括心理教育小組、陶藝小組以及藝術與手工藝教學。計畫組成促進個人康復和社區角色的轉變，

因為參與者通常從個案轉變為助理志工或同儕導師，然後再轉變為計畫內給薪的藝術講師。

培養計畫開發技能

在佛羅里達州立大學藝術治療碩士課程中，藝術治療學生需要修習一門計畫開發課程，他們在這門課程中要確定以社區為基礎的需求，並設計一個藝術本位的計畫來滿足該需求。在一個學期內，學生小組要規劃進行需求評估的策略，探索文獻以增進對需求以及介入策略的了解，以協助設計計畫；確定所需和可用的資源；編定預算；並考慮計畫評估工具。在學期結束時，學生提出正式的提案，並收到有關其計畫的品質與可行性的回饋。此外，小組簡報為學生提供了行銷他們想法的經驗，並幫助他們完善溝通技巧。

一位完成計畫開發課程的學生 M. 指出，在計畫設計工作中練習個人和小組腦力激盪過程的重要性。她表示：

當不同的想法在腦海中浮現時，大腦開始建立聯繫，並根據所接觸的資料形成新的思維。當「進入狀態」時，這些聯繫開始相互作用，並創造出一個流動的領悟漩渦。

她提供了以下圖像（**圖 14.1** 和 **14.2**）來擴展他們在課堂形式中所經歷的腦力激盪。

M. 指出，第一張圖反映了他們在考慮計畫開發因素時所經歷的內在過程，這些過程刺激了大腦的活動。第二張圖描述了與他們特定小組項目相關的小組腦力激盪過程的結果。她指出，「與我的小組合作有助於更全面地了解受眾，以及所創立的計畫。」他們特別重視口頭分享時的腦力激盪和即時的交流回饋。由於計畫開發通常需要團隊努力，因此團隊開發活動，如腦力激盪、溝通和領導技能的實踐，為確定、掌握和滿足社區需求的複雜任務提供了準備基礎。

生涯計畫

生涯計畫在提供的服務類型上有著共通性。當然，可能會因為資源的可得性以及計畫的目標而有所不同。常見的服務包括個別或團體生涯諮商、與生涯

圖 14.1　計畫開發腦力激盪

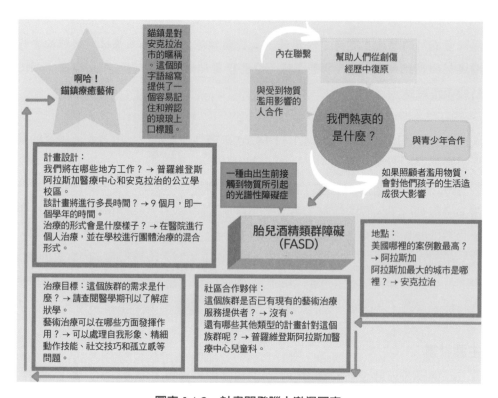

圖表 14.2　計畫開發腦力激盪圖表

相關的工作坊（現場或預先錄製）、訊息圖表、推文聊天、模擬或練習面試、無須預約的諮詢時間、網路研討會和自助指南（現場和／或線上提供）。林多和塞巴洛斯（Lindo & Ceballos, 2020）描述了他們所發展的一個為期八週的團體介入策略，其中包括改編生涯諮商工具，即生涯建構訪談（CCI; Savickas, 2015），結合了表達性藝術，如沙盤，同時也使用藝術工具來表達生涯建構訪談中特定問題的答案。格里菲斯等人（Griffith et al., 2015）則描述了另一個結合藝術治療與生涯問題的例子，他們在社區資源中心中運用開放工作室的形式提供服務，包括給無家者的工作技能培訓。他們將心理社會焦點計畫（藝術角落）與支持小組計畫（手工藝品合作社）互相搭配，其中無家者販售他們創作的藝術品，並發現在「生活成就」整體上有所增加，具體表現在 7 個類別中有 6 個類別達到了目標。他們發現參加工作坊的頻率與找到工作之間存在著統計上的顯著改善，也發現那些定期參加合作計畫的人比那些只參加社會心理團體的人更能成功地實現自己的目標。換句話說，結合的合作計畫產生了更好的結果。

在第二章中，作為認知訊息處理論的一部分，描述了一個差異化的生涯服務提供模式（Sampson et al., 2004）。應該考慮如何提供服務以最好地達到計畫的目標，以及是否提供傳統的諮商時段、無須預約的機會、自助的選項、外展的演講或工作坊，或是以上這些的組合將最好地滿足個案的需求和計畫的目標。對於藝術治療計畫來說，這方面的考慮也是必要的。有些介入策略更適合讓個人在面對面的環境中參與，但其他藝術指引對於團體或線上的環境中更為有用。

無論計畫在何處執行（是現有的生涯計畫融入藝術治療，還是現有的藝術治療計畫結合生涯），計畫的創立應該要反映出更大組織的價值觀、使命、目標和目的。如果沒有一個監督的組織，那麼確定計畫的價值觀、使命、目標和目的，對於計畫的發展至關重要的，這是為了確保計畫內部的一致性，並能夠進行計畫的有效評估。計畫的使命宣言應該直接描述計畫的內容、計畫的服務對象以及所尋求實現的目標。目標和目的應反映出該計畫的價值觀並與該計畫的使命相連結。目標和目的可能會隨著時間變化，可能是因為目標已經實現，或是有更加迫切的目標出現。需求評估的結果通常會影響目標和目的。雖然計畫與更大組織的具體使命、價值觀、目標和目的可能不相同，但這些不應直接相互衝突。最後，盡可能地，服務和介入應該是以實證為基礎的。

本章提供的兩個範例都處於發展的初始階段。安琪拉和喬迪都決定要減少專案的目標並聚焦。喬迪確定了主要目標：①在現有的生涯相關工作坊中融入並提供表達性藝術；②與藝術治療師合作，開發可用於生涯探索和生涯規劃個別會談的資源；③每週至少提供一個藝術強化的生涯工作坊；④蒐集並分析工作坊的評價；以及⑤每月至少與藝術學院內的現職教師和學生團體合作一次，以確定其需求與機會。安琪拉在試圖為寄養團體家屋建立生涯導向的藝術治療計畫時，確定了以下目標：①與現有的生涯服務提供者交談，了解機會、資源和合作機會；②確定並邀請當地雇主談論如何面試、簡歷上他們想看的是什麼，以及獲得經驗的機會；③與當地生涯中心合作共同建立包含表達性藝術活動的生涯相關工作坊；以及④蒐集並審查來自調查、出席和演講者的評價回饋。

策略規劃

策略規劃是設計或評估計畫的過程。通常，這將牽涉到對計畫成功具有情感投入或財務投資的主要參與者，以及直接參與執行計畫的人員。在這個過程中可以應用多種方法或模式。策略規劃的其中一種方法是使用「SWOT」分析，以檢視現有計畫、競爭計畫或建議計畫的優勢、劣勢、機會和威脅。計畫應該建立在現有的優勢和資源基礎上。另一種方法是應用決策模式來規劃計畫，例如 CASVE 循環（Sampson et al., 2004）。應用這個模式，問題將檢查現有內容與所需內容之間的差距，深入探索目前的計畫，針對內容、服務以及服務的提供，擴展和縮小其選項，確定選項的優先排序，嘗試最佳的選項，然後評估差距縮小的程度。

在策略規劃中，應該同時討論計畫的內容與過程（將如何傳遞該內容）。除了提供服務外，還要考慮計畫是否還將提供藝術治療或生涯諮商的培訓和／或研究機會。其中一個例子是李斯特等人（Lister et al., 2009）和佛羅里達州立大學生涯中心，雙方都創建了環境，前者用於藝術治療，後者用於生涯輔導和諮商，其明確目標是提供服務、培訓研究生以及蒐集和促進研究。策略規劃的最後一個層面關乎制定行動計畫，包括評估，並設定明確的時間表。

政策和程序

　　如果正在設計的計畫隸屬於一個更大的組織，可能可以簡單地採用現有的政策和程序。更有可能的情況是，正在設計的計畫將需要制定或調整政策。政策是指導原則，隨著時間過去仍保持不變，可能包括計畫的價值觀／目標、服務與不服務的對象、服務的內容、服務的限制、合作夥伴的角色、社群媒體等。計畫的員工可能會有另外單獨的政策，例如公平機會、騷擾、薪資和福利、服裝規定、紀律程序以及出勤／準時的期望。程序是解決計畫運營需求的詳細步驟，通常會隨著計畫持續運作的需求而彈性調整，例如營業時間、誰開啟和關閉計畫、開啟和關閉計畫的方式、投訴和請求的處理方式、決策的方式、如何處理附加服務的提案、評估計畫的頻率等。

為計畫提供資源

　　一旦確定了計畫的主要元素和期望的服務，將理想轉化為現實的實際任務就變得必要。首先要考慮的問題包括：計畫將設立在哪裡？會有實體位置嗎？它將是獨立的建築物，還是位於現有的建築物裡面？是否沒有專用的實體空間，而是當需要時才挪出的空間（例如，工作坊空間或合作夥伴的會議空間）？它是完全虛擬的嗎？還需要哪些其他資源？講義？網站設計和傳遞？印製和線上指南？家具？電話？電腦？投影設備？影印機？網路？

　　同時還必須考慮工作人員的需求。提供計畫所需的技能以及學歷證照資格是什麼？必須涵蓋哪些不同的角色？如果是小規模運作，可能一兩個人可以處理從設計到提供服務、行銷計畫、定期在社群媒體上發貼文、安排請求等各方面的工作。如果計畫是較大組織的一部分，那麼整體組織的員工可能會協助管理網頁或處理計畫的技術問題，或是處理排程等職責。如果計畫的目標還包括為輔助性專業人員提供培訓，則督導技能是必要的。當從整體的角度檢視計畫的需求以及工作人員的技能時，對特定培訓的需求將變得明顯。

　　為計畫編製預算可以確保主要服務的資源是可取得的。如果是較大組織的一部分，可能已經分配了特定金額的資金（工作人員和工作時間）。如果是這種情況，清楚知道計畫的成本將有助於確保不超出預算，並且計畫不會承諾超出其能夠提供的範圍。如果計畫不隸屬於較大的組織之下，則需要確定資金來源。資金來源可能包括對非營利組織的撥款、補助金、貸款、商業合作夥伴或捐款。

合作

　　合作夥伴可以為計畫的開發、執行和評估提供豐富的策略規劃途徑。然而，合作夥伴應該慎重考慮。理想情況下，一個合作夥伴將對正在開發的計畫以及所要服務的人群有共同的興趣和熱情，同時還能帶來一系列獨特的經驗、觀點、人脈等。與團隊中其他成員極為相似的合作夥伴是多餘且不必要的。在本章開頭提供的兩個計畫設計範例中，找到生涯諮商或藝術治療夥伴將對實現計畫的設計目標相當重要。根據計畫的需求，可能還需要其他合作夥伴。例如，如果計畫的規劃主要是在線上執行，那麼在團隊中擁有線上計畫設計和執行經驗的團隊成員將是有價值的。如果目標是接觸特定族群，那麼團隊中有該族群的代表將是重要的。

　　對合作夥伴的期望是什麼？合作夥伴的期望又是什麼？他們應該做出什麼貢獻？他們被邀請參加會議和協商的頻率？他們如何參與決策？他們有多大的權力？例如，他們在計畫內容和執行方面或者在資金如何使用方面，是否有同等的發言權？這些決策由誰做出最終決定—集體還是計畫主管？決策是基於簡單的多數，還是共識，或者需要達成一致的意見？合作關係對於合作夥伴有哪些好處？合作關係會持續多久？李斯特等人（Lister et al., 2009）強調找到有責任感的合作夥伴的重要性：

　　善用已建立的計畫資源，例如大學內的戲劇或其他科系，可以動員其他人創立一個公共宣傳的初始工具，比如一部戲劇。這些活動的成功可以激勵並催化參與者進一步追求他們的想法。

（p. 36）

行銷與廣告計畫

　　一旦計畫設計完成，就需要向潛在個案進行廣告宣傳。透過合作夥伴關係以及在策略規劃過程中的討論，希望一些主要參與者能夠投入分享正推出新計畫的消息。在進行廣告宣傳之前，應該確保一切都已準備就緒，讓潛在個案可以輕鬆了解並參與計畫。例如，應該提供一個容易找到的工作網站，網站中概述服務、辦公時間和活動月曆，並提供聯絡表單或電子郵件。在所有平台上都

應該要有明顯且一致的品牌呈現，包括標誌、計畫標題和口號。應該為計畫建立社群媒體帳號。同時應該制定持續的行銷計畫，例如，社群媒體貼文的發佈頻率，誰負責發佈貼文，貼文的內容由什麼組成，貼文何時發佈，以及誰來評估它們的影響？其他類型的宣傳可能包括：海報、傳單、雜誌插頁、名片或合作夥伴的網站上的宣傳。儘管一些行銷和宣傳費用是免費的，但仍需要有人花時間來製作。因此，了解大多數人如何得知計畫對於行銷和宣傳的成本效益是非常重要的。

對於喬迪在美術學院內的生涯計畫活動，他決定為不同專業主修的學生製作專屬的傳單。他與不同的群體交流，了解他們的社群媒體群組，並與不同群體中「有影響力的人」合作，分享即將舉行的工作坊和活動。由於參與者的居住特點，安琪拉不需要向居民行銷該計畫。相反，她將行銷工作的重點放在潛在的演講者和投資者身上。

執行、評估和修訂計畫

計畫的執行根據計畫的使命、目標和程序架構，持續實際提供計畫所確定的服務。雖然計畫的執行始於計畫的實體或虛擬大門開啟之時，但計畫的評估規劃在此之前就已經作為策略規劃過程的一部分開始了。評估應包括形成性（持續進行）和總結性（最終）評論。進行總結性評估之前，在過程中進行形成性評估，其主要目的是在評估結果為負面時能夠調整和修正方法、服務等。評估計畫應包括重新檢視計畫的使命、價值和目標的達成情況。

顯然，在評估之前了解將評估什麼是有幫助的。這些評估指標或基準可能包括問題，像是人們如何得知計畫、提供的工作坊或特定服務的數量、這些介入策略的重點、參與不同服務的人數，多元化的代表性，以及滿意度調查。這些訊息可以提供有關計畫的成就、需要改進的地方、多餘或低效使用的地方，以及已達成與未達成的目標等寶貴資訊。其中許多訊息需要在過程當中蒐集，包括個人人口統計資料、與計畫相關的服務或需求，以及他們如何得知服務的簽到表提供了一個整體的圖像，也就是誰接受和沒有接受到服務，為了什麼需求，以及有用的行銷資訊。按照每日或每週的時間表蒐集這些訊息並加以組織，還可以顯示趨勢，並提供數據用於確定財務成本是否合理（Hammond,

2001）。在提供服務後立即進行調查不僅可以關注滿意度，還可以關注知識、技能和態度的變化（例如，對自己執行特定任務能力的信心），以及參與未來服務的興趣。

甚至評估過程也需要評估。有時，問題的回答會不清楚、沒有幫助，需要修改或刪除。例如，費恩－卡利根和內維達（Feen-Calligan & Nevedal, 2008）在他們的計畫評估中發現 73% 的參與者表示喜歡藝術媒材、進行藝術創作，以及透過藝術進行自我表達，但這讓研究人員想知道他們為什麼喜歡藝術創作，以便更加理解「藝術治療的過程和效果」（p. 181）。同時，有 8% 的人表示他們不喜歡特定的過程或藝術媒介，研究人員希望他們當初有提問關於不喜歡的原因。另一個後續問題是喜歡或不喜歡藝術媒介或過程對其他結果的影響，例如對工作坊的感知價值、個案成長等。根據對此計畫的回應，費恩－卡利根和內維達決定改變評估工具和過程，讓參與者在開始之前先確定工作坊目標，然後在工作坊結束時評估參與者完成他們目標的程度。費恩－卡利根和內維達還決定詢問有關參與者喜歡和不喜歡的藝術治療方面的更多具體資訊。

根據評估結果，計畫很可能會修訂。數據很少是靜態的。一個月內對某一組有效的方法，可能在下個月對另一組是無效的。儘管如此，根據評估的數據來實施改變是過程中的重要步驟，然後重新開始提供增強版計畫和持續評估的過程。持續的評估增加了對計畫的責任感，提供了顯示計畫有效性所需的數據，確保計畫不僅與整體使命和目標相關，而且與所服務的個案相關，最終建立／支持了繼續該計畫的必要性。

喬迪和安琪拉很早就決定蒐集對其管理者重要的訊息，以確定計畫是否應該繼續進行，如果是的話，要以先前相同的方式來進行，或是需要調整。他們記錄了舉辦工作坊的日期和時間，並從中確認出舉辦工作坊的最佳時間。他們要求對每個工作坊進行回饋，並提出整體意見。他們還定期檢視評估結果，並根據意見來調整焦點。他們確定了最受歡迎的工作坊，並決定提供更多的機會讓學生參加。他們在個別對話中尋求回饋。因為他們定期蒐集並檢視評估資訊，所以他們能夠及早關注到被忽略的群體，並調整計畫以更好地觸及這些群體。

總結

　　計畫開發需要全面且創意的元素。證明計畫存在以及計畫是否滿足重要需求的能力，需要具備能夠連接與追蹤目標、目的、產品以及成果的技術技能。主要參與者之間的合作是計畫成功的重要關鍵，對於所希望幫助的人們，持續的評估則增加了計畫能夠充分滿足其需求的可能性。

問題討論與活動

1. 為你所感興趣的族群，設計一份需求評估。包括根據個人經驗或從研究得來的問題。確保包含不同類型的問題（例如，開放式問題、封閉式問題，以及關注內容與實際需求的問題）。向 3 到 5 位同儕進行調查，並包括一些關於調查本身的問題。調查是否容易填寫或易於理解？過於簡短、過於冗長，還是剛剛好？漏掉了什麼嗎？根據調查本身的回應（即你收到的訊息有多大用處）和同儕的評價，進行調整。

2. 選擇一個感興趣的族群，設計一個融合藝術的生涯發展工作坊。重點應該是解決該族群的一個常見生涯需求。可能的一般生涯主題包括：選擇專業主修或生涯、尋找工作、撰寫簡歷、面試等。工作坊大綱應包括與個案特徵相關的目標、破冰活動和主動學習的策略，以及工作坊的期望結果。

3. 設計一個反映結合藝術治療和生涯發展計畫的網站；包括使命、目標、價值和目的；包括所提供服務的清單、伴隨這些服務的適當媒材和指引，以及示範該計畫如何嵌入表達性治療連續系統的各個層次。

4. 檢視三個生涯中心或生涯計畫（可以是實體的、線上的、透過電話的，或是任何組合等），並確定關鍵元素，例如所提供的服務、使命宣言、目標、成果目標和政策。確定這三個中心，並簡要總結你的發現。然後，草擬你計畫中想要的關鍵元素，包括使命宣言、目標和成果目標，確保它們符合倫理標準。

5. 確定並研究 5 家「頂尖」的國家企業（可能也許是《財富》世界 500 大）。是什麼讓他們成為頂尖企業？這對計畫開發有什麼影響？同時，確定他

們的使命宣言。

6. 使用社群媒體和你購買產品偏好公司的特定主題標籤（例如 #apple、#NFL），探索不同的行銷技巧。然後，辨識競爭對手公司，並進行相同的操作，比較他們的廣告／行銷方法對你是否會買單的影響。

7. 找出你經常光顧的 3 到 5 家公司或商店，搜尋他們的使命宣言。可以得出什麼觀察結果？他們的目的清楚嗎？他們傳遞的訊息是什麼？這些宣言之間是否存在相似之處？現在試著尋找生涯和／或藝術治療計畫，他們提供服務的族群與你服務的族群相似，或是他們提供的內容與你相像，看一下他們的使命宣言。正在傳達或未被傳達的是什麼？試著為你提議的計畫制定一個簡短的使命宣言。

8. 假設你有一定的資金（如 1000 美元）用於購買你計畫所需的資源。建立一份優先序清單，包括成本以及到出版商的連結，並將這些資源與你的計畫目標相匹配。

9. 確定你計畫所需的工作人員。使用 NCDA 指南以及工作通知樣本，為你的每位專業人員寫出職位描述。（注意：對主要職位，例如主任、副主任、助理主任和生涯顧問進行此操作，而不是辦公室助理、顧問等）。參考 naceweb、chronicle 和 higherjobs.com 上提供的職位描述可能會有幫助。為你的工作人員制定持續培訓和督導的計畫。

10. 為你的生涯計畫擬定預算。你可以從一組假設開始，也就是說，這不是你第一年的啟動成本，你已經有了傢俱、電腦、一些資源等。只需做好註記。這項活動的目標是估算你每年營運業務所需的成本。

11. 為你的生涯計畫或部分計畫確定 4 個潛在的資金來源。

12. 從線上搜尋行銷策略。從一般搜尋開始，然後尋找你特別感興趣的族群的策略。考慮以傳統方式以及更現代的方法行銷（如社群媒體）。使用此資訊完成下一個活動。

13. 概述你計畫的行銷策略。考慮你在策略中感興趣的族群，但也考慮其他可能有能力將人們介紹來你計畫的人。你最好如何與他們聯繫？

14. 為你的生涯計畫建立一份廣告手冊或訊息圖。

15. 詳細了解你的社區對你所服務的個案提供的生涯諮商和藝術治療方面的服務。如果你要建立一個計畫，誰會是你的競爭對手？已經有哪些

工作正在進行？做得好嗎？他們有什麼是沒有做或者做不好的地方？
你的計畫如何與眾不同？

16. 建立一個評估你的生涯計畫的架構。包括定期追蹤你的生涯計畫。

參考文獻

Calley, N. G. (2009). Comprehensive program development in mental health counseling: Design, implementation, and evaluation. *Journal of Mental Health Counseling, 31(1)*, 9-11.

Damiano, N. & Backman, C.L. (2019). More than art, less than work: The paradoxes of citizenship and artmaking in community mental health. *BC Studies, 202(2)*, 41-63.

Darewych, 0. (2021). The future is now: Group digital art therapy for adults with autism spectrum disorder. *Canadian Journal of Art Therapy, 34(1)*, 26-32. https://doi.org/10.1080/26907240.2021. 1907940

Feen-Calligan, H. & Nevedal, D. (2008). Evaluation of an art therapy program: Client perceptions and future directions. *Art Therapy: Journal of the American Art Therapy Association, 25(4)*, 177-182.

Griffith, F. J., Seymour, L., & Goldberg, M. (2015). Reframing art therapy to meet psychosocial and financial needs in homelessness. *The Arts in Psychotherapy, 46*, 33-40.

Hammond, M. S. (2001). Career centers and needs assessments: Getting the information you need to increase your success. *Journal of Career Development, 27(3)*, 187-197.

Lindo, N. A., & Ceballos, P. (2020). Child and adolescent career construction: An expressive arts group intervention. *Journal of Creativity in Mental Health, 15(3)*, 364-377. https:/doi.org/10.1080/15401383.2019.1685923

Lister, S., Tanguay, D., Snow, S., & D'Amico, M. (2009). Development of a creative arts therapies center for people with developmental disabilities. *Art Therapy: Journal of the American Art Therapy Association, 26(1)*, 34-47.

McCann, M., & Babin, A. (2008). *Health hazards manual for artists*. (6th ed.). Lyons Press.

Ottemiller, D. D., & Awais, Y. (2016). A model for art therapists in community-based practice. *Art Therapy: Journal of the American Art Therapy Association, 33(3)*, 144-150. https://doi.org/10.1080/07421656.2016.1199245

Partridge, E. E. (2016). Access to art materials: Considerations for art therapists. *Canadian Art Therapy Assocation Journal, 39(2)*, 100-104. http://dx.doi.org/l0.1080/08322473.2016.1252996

Sampson, J. P., Jr., Reardon, R. C., Peterson, G. W., & Lenz, J. G. (2004). *Career counseling and services: A cognitive information processing approach*. Brooks/Cole.

Savickas, M. L. (2015). *Life design counseling manual*. Retrieved from vocopher.com

第十五章

藝術治療師／生涯諮商師自我評估

我準備好投入實務工作了嗎？

　　本章將總結藝術治療和生涯發展主題與學習成果。將向讀者提供藝術本位的自我反思歷程，作為了解自己生涯諮商技能、知識、優勢和劣勢的一種方法。此外，還將提供與學習成果相關的技能和概念檢核表。最後，將提供一份藝術治療生涯發展目標清單，幫助學生確定他們可以進一步研讀和實行的領域。將強調獲取生涯發展資源和對個案的生涯發展問題進行督導。

藝術治療和生涯發展主題與學習成果

　　藝術治療和生涯發展兩個領域都各自擁有其必要的知識基礎、理論取向、必要技能和以實證為基礎的介入策略，這些都是各自專業領域特定的。兩者之間存在著重疊，例如建立和維持諮商關係、設定諮商目標，以及治療計畫和監測的能力。我們在書中力求示範關於各種涵蓋的主題，藝術治療和生涯諮商可以如何結合。其中一些主題包括與個案建立工作同盟的技巧、與個案關注相關的特定資源知識、對多元化的敏感性、施行和解釋評估（質性和／或量化）、以及理解並應用倫理標準的能力。儘管有許多共同的元素，但藝術治療和生涯諮

商也有其特定的專業領域。

藝術治療所需技能

在考慮到藝術治療所需技能時，對於在美國執業的人來說，有兩份重要的指導文件需要查閱，首先是藝術治療教育課程認證標準與指南，其中確定了由聯合教育計畫認證委員會（CAAHEP, 2016）認證的藝術治療課程能力要求以及期望畢業生應具備的學生學習成果。第二是美國藝術治療證照委員會註冊標準（ATCB, 2022），其中指出了專業的執業所需要的教育、實習培訓經驗和督導對技能的認可。本章重點將放在特定的知識、技能和經驗領域上，這些領域著重以藝術本位概念和過程為核心，這些概念和過程在相關助人專業領域訂定的專業標準或能力要求中通常不會提及。

藝術媒材和藝術過程的知識、技能和實務

ATCB（2022）的註冊標準強調了藝術治療研究所層級的學習基礎中，具備對平面、立體藝術媒材的準備經驗與熟悉度的重要性。具體來說，ATCB 確定了學期制 18 學分或學季制 27 學分或透過其他方式獲得有文件紀錄證明的相等經驗，足以形成對藝術媒材和藝術過程的基本理解。在此基礎上，藝術治療研究生參與藝術過程，擴展自己對藝術媒材所具備的治療性質的知識，包括非傳統媒材，並了解關於藝術媒介使用的研究立基模式，例如表達性治療連續系統（CAAHEP, 2016）。此外，藝術治療師必須注意藝術媒材的安全性，並在向個案提供藝術本位介入策略時，考慮藝術創作空間的設計和維護的重要性。

當你在反思自己在藝術媒材方面的能力，包括傳授這些方法給他人的能力時，請注意你的藝術媒介技能的範圍，包括傳統的、科技本位的和其他非傳統的媒材，例如現成物藝術，並確認出你可能存在的任何經驗或理解上的差距。

反思問題

1. 你認為哪些藝術媒材和藝術過程超出了你的能力範圍？
2. 你對媒材感到運用自如的部分，與你可能所服務的對象有何不同？
3. 你計畫使用的媒材有哪些特定的優點或侷限性？

4. 你認為自己已經充分理解哪些藝術媒材和方法，可以用來探索或增進生涯發展？

行動項目

1. 確定你可以用來擴展你對藝術媒介理解的方法，例如，透過持續的繼續教育、藝術課程和個人藝術實驗。
2. 與受過媒介屬性、應用問題和評估能力訓練的合格督導合作。共同制定媒介學習的策略和計畫。

助人關係中的藝術媒材和藝術過程

　　了解媒材是第一步，但了解如何在助人關係中提供和應用媒材在倫理上相當重要。在這方面，CAAHEP（2016）概述了幾項指導方針，其中涵蓋必要的學習成果，表明有能力在助人關係中使用藝術媒材。首先，實務工作者必須熟悉循證實踐，為不同年齡、發展能力、文化背景、需求和治療關注與目標的人提供基於實證的有效藝術治療介入。此外，實務工作者必須了解藝術媒材的提供、藝術介入的策略、關於藝術作品可能的討論，或者在藝術治療中實務工作者的藝術創作可能會如何地影響治療同盟和治療結果。在團體治療環境中，藝術治療師必須了解藝術媒材和藝術過程會如何影響團體動力，以及如何應用這知識來開發和實施藝術介入策略。此外，治療師在會面時間之外所進行的藝術創作，可以被用來作為一種反思性的理解，以了解個案或團體對治療師的反應，以及／或對於所提供的藝術媒材和體驗的反應。

反思問題

1. 設想你希望在生涯諮商中融入藝術本位方法的環境以及特定人群和／或年齡層。你對與該環境和群體相關的循證藝術治療實務有多熟悉？
2. 你認為哪些類型的個案行為和反應可能表示某種藝術本位的介入與個案的特徵和治療目標高度契合？
3. 你認為哪些類型的個案行為和反應可能顯示你所提供的藝術本位介入策略與個案的需求和目標不相符，或者正在削弱治療同盟？在當下你會如何應對？

行動項目

1. 找出兩個學術資源，以擴展你對你希望服務的群體的循證藝術治療實務的了解。然後閱讀它們！確認你的理解情況。

2. 在計畫使用本書提供的藝術本位介入策略之前，請先自行完成此藝術過程。注意你對此這個過程的個人反應，並反思你希望服務的個案會如何地接受此藝術提示。

3. 有關了解建立、維持和結束藝術治療和生涯諮商關係的內容，請參閱第五章。

理解創造力、象徵和隱喻

正如本書中範例所示範的，藝術創作為藝術治療或諮商空間增添了豐富的視覺溝通。藝術本位的介入策略為個案提供了探索和理解情感、價值觀和信念的機會，這些情感、價值觀和信念可能會避開意識，可能會被封閉在語言表達之外，或者在視覺形式中能更清晰地表達。藝術作品也為個案和實務工作者提供了一個機會，讓彼此往後退一步，共同觀看藝術的成果，以增進對問題和目標的理解。CAAHEP（2016）指南概述了學習成果，這些成果可提高在藝術治療實務中運用創造力、象徵手法和隱喻的能力。這些包括描述與創造力、象徵、隱喻和藝術語言相關的理論和模式的理解，以及這些模式的應用。CAAHEP 標準還提到，符號、隱喻和藝術語言對於每個人來說並不相同，文化和系統性經歷會影響媒材的聯想和對符號和隱喻所賦予的意義。因此，實務工作者必須能夠展現對經歷和表達個別差異的敏感度和意識，並不斷擴展自己對各式各樣的創意和象徵架構的理解。理解個案的象徵性作品也需要實務工作者保持謙遜，因為個案是他們自己象徵表達的終極專家。

反思問題

1. 在治療情境外，你有哪些觀看藝術作品的經驗？

2. 回想最近看過的一件藝術品。哪些觀察、媒材或對話幫助你理解了藝術品的含義？如果可以，你如何確認，你的理解是否與藝術家的創作理念一致？

3. 你會把哪些符號、媒材使用或藝術活動與你的家庭或文化傳統連結在一

起？你會建議實務工作者如何與你互動，以更了解你的藝術、符號和傳統？

行動項目

1. 造訪博物館、畫廊，或博物館或藝術家的網站。選擇一件藝術品來觀賞，最好是由與你不同文化背景的藝術家所創作的藝術品。在閱讀有關藝術品的介紹之前，用些時間留意其視覺特性、媒材和所使用的符號。接下來，確定你認為藝術家想要表達的內容和／或他們賦予作品的意義。然後，閱讀找到的資料。探索你的詮釋與所提供資料之間有何不同。

2. 回顧你透過本書和／或相關課程學習藝術治療和生涯發展時所創作的藝術作品。在回顧後，撰寫一份藝術家聲明，反映你藝術作品中所表現的主題和想法。為你的作品集命名。

藝術治療、生涯發展和藝術評估工具

CAAHEP 針對認可的藝術治療教育課程的標準指出，生涯發展的內容是建議的，而不是必需的，藝術治療教育課程中包含生涯發展內容通常受到該課程所在地區的認證或州執照要求的影響。這些標準提供了對內容和能力期望的廣泛描述：

課程應該為學生提供了解知識和技能的機會，這些知識和技能對於使個人跟組織能夠正向影響生涯發展和能力來說相當重要。其他涵蓋領域包括評估方法和促進不同個案生涯發展的策略。

(CAAHEP, 2016, p. 29)

CAAHEP 還提供了一套詳細的學生學習成果，包括與生涯發展概念相關應該達到的知識、技能、情感經驗和行為，以確保學生具備相應的能力。這些學習成果強調了生涯規劃和決策的理論與模式的知識；了解評估工具和技術；與應用資訊資源以支持個案選擇、評估生涯和生活方式的適配性，以及心理健康因素相關的技能；同時重視多元文化和倫理策略來促進生涯發展目標。值得

注意的是，CAAHEP 特別指出，「評估工具和技術的知識，包括與生涯諮商相關的藝術治療評估」（CAAHEP, 2016, p.29）的重要性，這對生涯發展領域的能力相當重要。在使用評估工具時，藝術治療師必須能夠確立藝術本位評估的目的，並應用最佳實務運作方式來施行。此外，藝術治療師必須了解不同類型的評估，例如標準化和非標準化的評估，以及可以合乎倫理地使用適當的詮釋方式。

反思問題

1. 你會如何解釋在對個案的生涯興趣和影響的初步評估中加入非正式藝術本位評估流程的優勢？
2. 你會如何向個案描述藝術本位評估流程的優勢和侷限性？

行動項目

1. 從本書的章節中，選擇一個你以前未參與過的非正式藝術本位評估流程。完成藝術體驗。想出此評估最適用的兩種生涯發展背景和群體。
2. 探索你所在地區的藝術治療和生涯諮商資源，包括職涯服務中心、生涯諮商師和藝術治療師。找出一些你會將個案轉介給他們的機構中心或實務工作者，以進行你能力範圍之外的評估、管理和解釋。

將藝術治療能力與生涯能力相結合

在本書中，我們相信，我們已經示範了工作／生活角色如何影響人們和社區在他們一生中的生活品質，並且整合藝術治療評估和藝術治療介入可以擴展用於支持正向生涯發展的途徑。當你在思考自己的能力和準備程度以幫助你所服務的群體進行生涯發展過程時，建議你查看 NCDA 生涯諮商師的能力檢核表。我們邀請你檢視你目前的能力，並確定與生涯諮商相關的學習與應用的後續步驟。

生涯諮商所需的知識和技能

生涯諮商知識

根據諮商與相關教育課程認證委員會（CACREP）的課程標準（2016），無論專業範疇為何，受訓成為諮商師都需要接受 60 學分的研究所訓練。生涯發展是所有受訓諮商師的核心能力領域。對於希望成為生涯諮商師的人士，還需要進行額外的專業課程和臨床經驗，重點放在生涯諮商的基礎、情境向度和實務運用上。**表 15.1** 概述了此書出版時的 CACREP 標準（請查看 cacrep.org 以獲得最新資訊）。

並非所有提供生涯輔導的人都是接受研究所程度訓練的諮商師。美國生涯發展學會也為擁有學士學位且希望成為認證生涯服務提供者的人提供培訓和資格認證。所需的培訓涵蓋類似的內容和技能演示，但是要付出的投入與成本較低。這些知識領域包括：助人技巧、勞動市場資訊和資源、多元化群體、倫理和法律問題、生涯發展模式、就業技能、培訓個案和同儕、計畫管理／實施、推廣和公共關係、技術和諮詢。

反思問題

1. 你的個案提出或表達過哪些與生涯相關的問題，而你無法回答？
2. 考慮到**表 15.1** 中所概述的所需內容知識，你的現有知識與所需知識之間有何差距？

行動項目

1. 思考哪些生涯諮商和發展知識領域能最優先地幫助你與你個案的合作。
2. 擬定解決特定知識缺口的計畫。考慮閱讀、網路討論會、研討會和工作坊作為可能的學習管道。
3. 探索生涯服務提供者或生涯教練的認證，是否可以增強你提供的服務，或幫助你更好地支持你所服務的個案與其生涯問題。

表 15.1 CACREP 對所有諮商師與生涯諮商專長所訂定的生涯發展標準

所有諮商師的生涯發展標準

生涯發展、諮商和決策的理論和模式。
概念化工作、心理健康、人際關係以及其他生活角色與因素之間相互關係的方法。
確認和運用生涯、愛好、教育、職業和勞動市場資訊資源、技術和資訊系統的過程。
評估工作環境對個案生活經驗的影響的方法。
評估能力、興趣、價值觀、個性和其他有助於生涯發展的因素的策略。
生涯發展計畫的規劃、組織、實施、管理和評估的策略。
為全球經濟中多元化的個案爭取生涯和教育發展和就業機會的策略。
促進個案生涯、教育和生活—工作規劃和管理的技能發展策略。
確認和運用與生涯規劃和決策相關的評估工具和技術的方法。
解決生涯發展問題的倫理和文化相關策略。

生涯諮商專業的生涯發展標準

基礎
生涯諮商的歷史和發展
生涯發展和諮商的新興理論
終身生涯發展和決策的原則
正式和非正式的生涯和工作相關測驗和評估

情境向度
在私立和公共部門機構和組織機構中的生涯諮商師的角色和設置
生涯諮商師的角色：向政策制定者和公眾宣導生涯諮商、生涯發展、生活—工作規劃和勞動力規劃的重要性
關於生涯探索、就業期望和經濟問題的多元文化和多元化群體的獨特需求和特徵
影響個案對工作態度和生涯決策過程的因素
全球化對生涯和職場的影響
性別角色和責任對就業、教育、家庭和休閒的影響
針對廣泛職業領域和個別職業相關的工作任務、功能、薪資、要求和未來前景，提供有關教育、培訓、就業趨勢和勞動力市場消息的資訊和資源。
提供幫助個案進行生涯規劃、求職和創業的資源
與生涯諮商實務相關的專業組織、準備標準和資格證書
生涯諮商特有的法律和倫理考慮

實務
初談和全面性的生涯評估
幫助個案發展適應生活—工作角色轉換所需技能的策略
幫助個案獲得一套就業能力、求職和創業技能的方法
協助個案適當使用科技進行搜尋生涯資訊與規劃的策略
推廣和宣傳生涯諮商活動與服務的方法
確認、獲得和評估與多元群體相關的生涯訊息資源
規劃、實施和管理生涯諮商的計畫與服務

藝術治療與生涯諮商

除了特定的生涯諮商知識領域外，生涯諮商還需要特定的技能才能進行有效的實務工作。**表15.2** 提供了 NCDA（未註明日期）生涯諮商能力聲明中描述生涯諮商師所需的能力檢核表。除了特定的能力清單外，**表15.2** 還包括了自我檢核，以進行比較。儘管能力清單很長，但其目的是涵蓋生涯實務工作者可能扮演的多種角色。建議的步驟是先檢視哪些角色可能最相關，然後檢視該領域所列出的特定能力。

表 15.2 生涯諮商能力

能力	我在這個領域的技能和／或知識有限	我在這個領域的技能和／或知識中等	我在這個領域非常熟練和／或知識豐富
我想幫助他人了解自己、他們的選擇，以及如何幫助他們實現夢想。			
生涯諮商的角色——我可以有效地：			
幫助個人釐清生活／生涯目標。			
進行聚焦於生涯問題的團體諮商。			
施行評估能力、興趣和其他因素的量表，以確定生涯選擇。			
解釋評估能力、興趣和其他因素的量表結果，以確定生涯選擇。			
運用生涯規劃系統和職業資訊系統，幫助個人更好地了解工作世界。			
幫助個案提升決策技巧。			
協助個案制定個別化的生涯計畫。			
理解並有效地傳授求職策略和技巧。			
提供適當的簡歷撰寫評論。			
透過實際運用人際關係技巧，幫助個案解決工作中的人際衝突。			

（續）

能力	我在這個領域的技能和／或知識有限	我在這個領域的技能和／或知識中等	我在這個領域非常熟練和／或知識豐富
協助理解工作與其他生活角色的整合。			
為正在經歷工作壓力、失業和生涯轉換的人提供支持。			
將生涯理論融入生涯諮商的實務工作中。			
利用各種生涯諮商資源，包括書籍、評估和線上工具。			
套用生涯諮商專屬的倫理標準。			
對於種族、年齡、身心障礙、文化、性取向、宗教信仰等各種個人議題在生涯決策過程中可能扮演的角色展現出敏感度，並與個案討論這些議題。			
與能夠影響我的個案生涯的人士，建立並保持富有成效的諮詢關係。			
建立、組織、領導和評估生涯工作坊。			
與其他專業人士合作，為個案的成功進行規劃。			
使用特定於生涯諮商的科技。			
尋找並利用各種資金來源來支持生涯諮商活動和計畫。			
生涯發展理論——我了解			
諮商理論及相關技巧。			
生涯發展的理論和模式。			
與性別、性取向、種族、族裔和身心能力相關的個別差異。			
生涯發展的理論模式，以及相關的諮商和資訊傳遞技巧和資源。			
人類在整個生命週期中的成長和發展。			
促進生活——工作規劃的角色關係。			
與生涯規劃和就業相關的資訊、技術與模式。			
個別和團體諮商技巧——我能夠有效地：			
建立並保持與個體之間富有成效的人際關係。			

（續）

藝術治療與生涯諮商

能力	我在這個領域的技能和／或知識有限	我在這個領域的技能和／或知識中等	我在這個領域非常熟練和／或知識豐富
建立並保持一個富有成效的團體氛圍。			
與個案合作確定個人目標。			
確定並選擇適合個案或團體目標、個案需求、心理狀態和發展任務的技巧。			
確定並了解與生涯相關的個案個人特徵。			
確定並了解影響個案生涯的社會情境條件。			
確定並了解與個案生涯相關的家庭、次文化和文化結構與功能。			
確定並了解個案的生涯決策過程。			
確定並了解個案對工作和工作者的態度。			
確定並了解個案基於性別、種族和文化刻板印象對工作和工作者的偏見。			
挑戰並鼓勵個案採取行動,以準備和啟動角色轉換,包括:			
● 尋找相關資訊和經驗的來源,			
● 獲取和解釋資訊和經驗,以及			
● 獲得所需的技能已進行角色轉換。			
協助個案獲得一套可就業和尋找工作的技能。			
支持並挑戰個案檢視生活——工作角色,包括在自己的生涯中,工作、休閒、家庭和社區的平衡。			
個人或團體評估——我能夠有效地:			
評估個人特質,如天賦、成就、興趣、價值觀和人格特徵。			
評估休閒興趣、學習風格、生活角色、自我概念、生涯成熟度、職業身分認同、生涯未決定、工作環境偏好(如工作滿意度)以及其他相關的生活方式／發展議題。			
評估工作環境條件(例如任務、期望、規範以及物理和社會環境的質量)。			

（續）

能力	我在這個領域的技能和／或知識有限	我在這個領域的技能和／或知識中等	我在這個領域非常熟練和／或知識豐富
評估並選擇對個案的性別、性取向、種族、族裔和身心能力適當的有效可靠工具。			
有效且適當地使用電腦化的評估測量。			
選擇適合團體施行的評估技術，以及適合個別施行的評估技術。			
適當地施行、計算測驗分數並報告來自生涯評估工具的發現。			
解釋評估工具的數據，並向個案和其他人呈現結果。			
協助個案及個案指定的其他人解釋評估工具的數據。			
撰寫準確的評估結果報告。			
資訊／資源──我了解			
針對廣泛職業領域和個別職業相關的工作任務、功能、薪資、要求和未來前景，提供有關教育、培訓、就業趨勢和勞動力市場消息的資訊和資源。			
個案在生活──工作規劃和管理中所運用的資源和技能。			
社區／專業資源可協助個案進行生涯規劃，包括就業搜尋。			
男女角色的變化以及對教育、家庭和休閒的影響。			
有效運用電腦化生涯資訊傳遞系統（CIDS）和電腦輔助就業輔導系統（CACGS）的方法，協助生涯規劃。			
計畫宣傳、管理和實施──我了解			
可用於組織生涯發展計畫的設計。			
需求評估和評估技術和實務。			
組織理論，包括診斷、行為、規劃、組織溝通和管理，有助於實施和管理生涯發展計畫。			
預測、預算、規劃、成本核算、政策分析、資源分配和品質控制的方法。			

（續）

藝術治療與生涯諮商

能力	我在這個領域的技能和／或知識有限	我在這個領域的技能和／或知識中等	我在這個領域非常熟練和／或知識豐富
領導理論和方法，用於評估和回饋、組織變革、決策和衝突解決。			
生涯發展計畫的專業標準和規範。			
影響生涯發展計畫開發和執行的社會趨勢以及州和聯邦立法。			
我能夠有效地：			
為特定群體執行個別和團體生涯發展計畫。			
培訓他人如何適當使用電腦化系統搜尋生涯資訊和做規劃。			
規劃、組織和管理一個全面的生涯資源中心。			
與他人合作執行生涯發展計劃。			
確定並評估員工的能力。			
代表生涯發展活動和服務展開市場行銷和公共關係宣傳活動。			
指導、諮商和績效改善——我能夠有效地：			
使用諮商理論、策略和模式。			
與能夠影響個案生涯的人建立並保持富有成效的諮詢關係。			
幫助一般大眾和立法者了解生涯諮商、生涯發展和生活 - 工作規劃的重要性。			
影響與生涯發展和勞動力規劃相關的公共政策。			
分析未來組織需求和現有員工技能水準，並發展績效改善培訓。			
指導和輔導員工。			
多元化族群——我能夠有效地：			
確認發展模式和多元文化諮商能力。			
確認不同多元族群獨特的發展需求，包括不同性別、性取向、族裔、種族和身心能力的族群。			
制定適應不同多元群體獨特需求的生涯發展計畫。			

（續）

能力	我在這個領域的技能和／或知識有限	我在這個領域的技能和／或知識中等	我在這個領域非常熟練和／或知識豐富
找到適當的方法或資源，與英語能力有限的個人溝通。			
確認滿足不同多元群體中個人生涯規劃需求的替代方法。			
確認社區資源並建立聯繫，以協助具有特定需求的個案。			
協助其他職員、專業人士和社區成員了解多元群體在生涯探索、就業期望和經濟／社會議題方面的獨特需求／特徵。			
倡導多元群體的生涯發展和就業。			
設計並提供生涯發展計畫和材料，以滿足難觸及群體的需求。			
督導——我能夠展示：			
能夠認識自己作為生涯諮商師的侷限性，並在適當時尋求督導或轉介個案。			
能夠定期運用督導來維持和提高諮商師的技能。			
能夠就個案和諮商議題，以及身為生涯諮商師的自身專業發展問題，向督導和同事進行諮詢。			
對督導模式和理論有所了解。			
能夠為具有不同經驗水準的生涯諮商師和生涯發展促進者提供有效的督導。			
能夠根據不同經驗水準，為生涯發展促進者提供有效的督導，方法包括：			
• 了解他們的角色、能力和倫理標準			
• 確定他們在認證範圍內各個領域的能力			
• 進一步培訓他們的能力，包括評估工具的解釋			
• 監控和指導他們的活動，以協助專業的生涯諮商師			
• 安排定期諮詢，以審查他們的活動。			
倫理／法律問題——我了解：			

（續）

能力	我在這個領域的技能和／或知識有限	我在這個領域的技能和／或知識中等	我在這個領域非常熟練和／或知識豐富
遵守與生涯諮商專業相關的倫理規範和標準（例如，NBCC、NCDA 和 ACA）。			
影響各個群體生涯諮商實務的當前倫理和法律問題。			
關於使用電腦輔助就業輔導系統的當前倫理／法律問題。			
與諮詢問題相關的倫理標準。			
關於個案保密的州和聯邦法規。			
研究／評估——我能夠有效地：			
撰寫研究提案。			
運用適合生涯諮商和發展研究的各種研究類型和研究設計。			
傳達與生涯諮商計畫有效性相關的研究結果。			
設計、執行並運用評估計畫的結果。			
設計評估計畫時要考慮到多元群體的需求，包括不同性別、不同性取向、不同族裔和種族背景、不同身心能力的個案。			
應用適當的統計程序進行生涯發展研究。			
科技——我了解			
各種電腦化的就業輔導和資訊系統以及網際網路上提供的服務。			
評估此類系統和服務的標準（例如 NCDA 和 ACSCI）。			
使用電腦化的系統和網際網路服務來協助個案進行生涯規劃的方法，需符合倫理標準。			
個案的特質會影響他們對使用科技驅動系統所獲益的程度。			
如何評估和選擇一個系統，以滿足當地需求。			

（節錄自 NCDA's Career Counseling Competency Statements, www.ncda.org）

圖 15.1　藝術治療與生涯諮商整合的象徵性代表作品 #1

藝術本位的自我反思歷程

接下來，將提供藝術本位的流程，用以自我反思和評估你對整合生涯和藝術本位服務的知識、技能和自在程度。為了開始你的學習回顧、自我評估和持續培訓目標，請從以下藝術本位的探索中進行選擇。

藝術治療與生涯發展的象徵

根據你對閱讀、相關作業以及反思的經驗，創作一個象徵符號或標誌，代表藝術治療與生涯諮商的整合，也代表你對這種潛在關係的願景。象徵符號可以透過數位藝術方法、畫圖和繪畫媒材或其他你所選擇的媒介創作而成。在你創作出象徵符號或標誌後，探索圖像元素如何展現出你對藝術導向生涯諮商的概念化，以及這種整合對你目前或未來的專業工作可能很重要的方面。這裡提供了幾個樣本，其中一個樣本運用打開瀏覽器即可使用的現成設計程式（**圖15.1**），另一個樣本使用傳統媒材，由一位藝術治療研究生在完成生涯發展藝術治療課程後完成。

在回顧所創作的圖像後，**圖 15.2**，藝術治療研究生總結了生涯諮商和藝術治療整合潛力的體驗：

圖 15.2　藝術治療與生涯諮商整合的象徵性代表作品 #2

　　藝術治療和生涯諮商共同合作，將個案的內在世界與外在現實融為一體。它允許個案表達他們的信念、價值觀和感受，然後這些可以被轉化為現實世界的應用。圖像的左側描繪了個人的內在世界，即遺傳和自我感知之間的交互作用。圖像的右側描繪了外在世界，來自他人以及社會結構與規範的影響。內在世界與外在世界在中間相遇，互相傳遞訊號，並平等交換訊息。最終的結果是兩者極好的融合，這是在諮商師的輔導下達成的結論。

　　你的創作表達了哪些你目前的理解與觀點？與專業上的同事或同儕討論你的創作？哪些想法脫穎而出或需要進一步探索和發展？

生涯諮商與藝術治療工具箱

　　作者的用意是為你提供許多想法和方法，來實施以理論為基礎的藝術治療和生涯諮商過程。當你考慮章節主題和內容以及你擴展的知識時，你將在你的工具箱中放入哪些想法、介入、策略或方法，以指導你服務他人的專業工作？根據你作為藝術治療、生涯諮商或其他相關領域的學生或專業人士的背景，你的工具箱中可能裝滿了截然不同的概念。在佛羅里達州立大學的生涯諮商與藝術治療課程中，我們經常在學期結束時讓學生填寫數位白板工具箱，在其中填

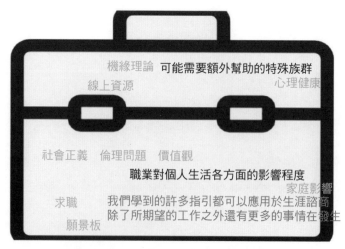

圖 15.3　生涯諮商與藝術治療工具箱

入了他們覺得自己準備好將其運用到未來實務環境中的課程想法與實務作法。
圖 15.3 示範了一個這樣的期末生涯諮商與藝術治療工具箱。

你的工具箱裡有什麼？

　　圖 15.4 提供了一個範本，用來設計自己工具箱與空間，代表你在閱讀完本

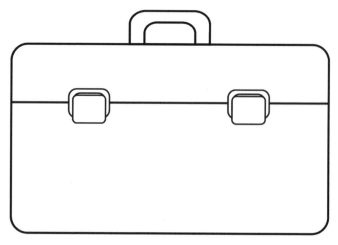

圖 15.4　工具箱範本

　　　　　　　　　　　　　　　　　藝術治療與生涯諮商

書和／或相關課程後所獲得有關藝術治療和生涯諮商的知識、策略與技能。除了使用範本或數位白板外，還可以考慮在一張 12 X 18 英寸的紙上創作自己的工具箱設計，並運用雜誌和其他拼貼材料，添加圖像、文字或圖像和文字的組合到你的藝術治療和生涯諮商工具箱中。在你完成你的工具箱後，退後一步，盤點代表的工具，並讚頌這些工具的存在。其次，回顧你工具箱的內容，並思考在你為那些因為生涯發展問題而尋求協助的人提供服務時，有哪些額外的工具可能可以支持你。你可以實施哪些計畫來將工具增添到你的工具箱中？確認可靠的資訊來源以及你可以獲得的額外培訓。

信心水準評估

留意所掌握的知識和技能元素是全面性自我評估過程的一個步驟（見圖 **15.5**）。此過程的另一個步驟是評估你在應用你學到的想法、策略和技能時的信心水準。例如，奧布萊恩等人（O'Brien et al., 1997）開發的生涯諮商自我效能量表，以探索學生對於自己理解、組織和執行各種生涯諮商介入策略、任務和技能的能力的信心水準，包括靈活駕馭治療同盟的考慮因素；評估選擇、解釋以及結果報告；在實務工作中應用多元文化能力架構；以及了解並應用當前的倫理標準、研究和職場趨勢到生涯諮商實務工作中的知識和能力。奧布萊恩等人建議使用這個測量方法來探索額外培訓和準備可能會有幫助或是有必要的領域。對於量表中呈現的每個活動，個人以 0 到 4 的評分來報告自己目前的信心

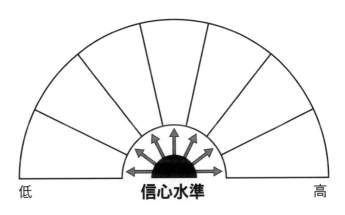

圖 15.5　信心計量器範本

水準，0代表沒有信心，2代表有些信心，4代表非常有信心。

　　由於這是一本藝術治療和生涯諮商的書籍，我們邀請讀者使用視覺形式來探索自己的信心水準。**圖15.5**提供了一個視覺化的信心計量器範本供你使用。雖然這不是一個經過驗證的測量方法，但它可能有助於揭示你希望獲得更多支持或培訓的領域，以提高你在藝術治療和生涯諮商方面的信心與能力。對於這個過程，請回顧每一章節，並確定該章節的主要學習目標和主題。接下來，運用信心計量器表格，對於自己運用所學概念和技能的能力，用麥克筆或彩色鉛筆填入表格來顯示出你的信心水準。如果你沒有信心，請將表格留空。如果你信心較低，填入少許刻度。如果你對那個章節的主題和技能有些信心，則在表格中填入一半。如果你對那個章節的主題和技能非常有信心，則填滿整個表格。當然，你可以根據自己認為合適的視覺水準填入表格。請務必在表格上標記出章節名稱或編號。完成每章的表格後，注意有關信心水準較低和較高領域的主題和趨勢。以下是一些需要考量的問題。如果你信心較低，問問自己，複習哪些章節會有幫助？有什麼可用的學術資源可用於擴展某個特定領域的學習？什麼樣的培訓或督導可以幫助你提高在靈活駕馭治療同盟或媒材品質與流程方面的信心？

藝術治療與生涯諮商手冊：兩種選擇

　　最終的創意評估過程以手冊設計的形式呈現，有兩種不同的焦點。選項1邀請你運用視覺格式來總結你在本書和／或與課程相關的學習。選項2邀請你想像你的「夢想」生涯藝術治療實務工作，以及一份「願景手冊」，代表你對可能提供的服務的想法。

選項1：藝術治療和生涯諮商學習回顧

　　首先，請參考**圖15.6**中一個三折手冊的視覺模型。使用一張12X18英寸的紙，折成三等分。你最多將會有六面可以創作。或者，使用任何數位藝術或運用打開瀏覽器即可使用的程式來設計手冊，包括圖形和文字選項。如果你使用紙張，請選擇你喜歡的畫圖或繪畫媒材，如麥克筆、彩色鉛筆、水彩顏料或它們的組合。如果你使用的是水性媒介，請務必使用較厚的紙張，以吸收媒介的流動特性。查看每頁的主題和說明，然後規劃並創作你的設計。

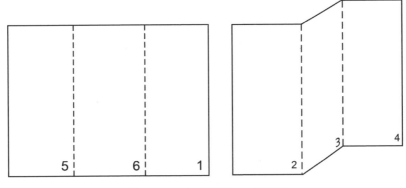

圖 15.6　三折手冊的視覺模型

　　1 封面頁：在手冊封面上，寫上你的姓名，和一個代表你對生涯發展／生活諮商觀點和方法的象徵符號或圖像。加上一句座右銘或引述，以增強這些想法。例如「預測未來的最好方法，就是創造未來」——亞伯拉罕‧林肯。

　　2 內頁左側：在這個頁面上，列出並／或以視覺方式呈現你的學習成就。必要時查看章節主題以激發你的想法。

　　3 內頁中間：在這個頁面上，列出或呈現你感興趣的任何特定生涯發展領域，或你有興趣與他們合作以滿足其生涯發展需求的特定群體。

　　4 內頁右側：在這個頁面上，列出並／或呈現你未來最想使用的方法和活動。如果你願意，請將這些方法和活動對應到你所感興趣的群體領域。

　　5 外頁右側：在這個頁面上，列出並／或呈現你希望未來如何精進你的生涯學習，以及朝向你學習目標的後續步驟。

　　6 背面中央頁：在這個自選頁面上，使用圖像或文字反映任何未提及的內容，或者是在生涯諮商和藝術治療方面，你想要問的問題。

　　完成手冊後，請向同學、同儕、同事或督導分享並討論你的作品。慶賀這個里程碑，並透過集思廣益的方式相互支持，以達到朝向進階學習目標前進的確切後續步驟。

選項2：你的藝術治療和生涯諮商「願景手冊」

　　1 封面頁：在手冊封面上，寫下你的姓名和一個代表你對特定群體關注的象徵符號或圖像，以及你與那個群體合作的哲學或理論方法。加上一個座右銘

或引述，以強化這些想法。

2 內頁左側：在這個頁面上，列出並／或以視覺方式呈現該選定群體中的人們，經常遇到或設定的生涯問題和目標。

3 內頁中間：在這個頁面上，描述和／或呈現你與個案合作以確定其目標的個人方法，以及這個方法如何協助個案的生涯旅程。

4 內頁右側：在這個頁面上，列出並／或代表你可以運用在該群體的評估或介入策略。

5 外頁右側：在這個頁面上，關於你在此個案群體中的高質量工作與獲得的成功，想像一個個案或團體的見證。添加一個圖像和至少一個反映你所追求的成功的「引述」。

6 背面中央頁：想像你與這個群體的專業成就和工作相關的長期成就。然後，在這個頁面上，使用圖像來代表所獲得的資格認證、獲得的獎項，或其他表明你積極服務這個群體的認可。

完成你的願景手冊後，請向同學、同儕、同事或督導分享並討論你的作品。在描述你對理想未來實務工作的願景後，一起集思廣益，找出能夠實現願景或部分願景的選擇。確定朝向該目標你可以採取的首要步驟。

發展和維持知識和技能

碩士課程畢業後，個人可能最適合立即投入實務工作。擁有了其他專業人士認為對有效實務工作相當重要的最新知識，加上高度督導的治療經驗，以及熟悉最新的倫理指南，這位新畢業生雖然可能有些緊張，但已經充分準備好以專業人士的身分開展服務。時間和經驗將進一步精進技能，但研究不斷湧現，理論不斷發展，發現新技術，舊技術也被磨練。影響專業和／或我們個案的立法優先事項隨著政府的變動而轉移。符合倫理的實務工作者需要有目的性的規劃，以保持對局勢不斷變化的覺察。

積極規劃持續的專業發展，可能包括投入繼續教育。所需的繼續教育類型可能在一定程度上受到治療師所服務個案群體的影響，同時也受到執照或認證委員會核准內容的限制。例如，治療師可能發現自己在某個特定群體領域工作，例如軍人、退伍軍人、退休人士或特定的族裔群體。在這種情況下，獲得

與這特定群體有關的額外資訊，可能會增強對個案群體的了解，包括這個族群面臨的挑戰、他們偏好的資源，以及專門為他們而設的資源。

專業組織是提供特定群體、研究成果以及新方法或評估等繼續教育主題的絕佳資源。這些工作坊和演講通常獲得委員會的批准。此外，許多專業組織還設有倡導部門或小組，讓會員了解可能影響這個專業的立法。國家組織在內容和演講方面提供的選擇更多，並且在國家層面進行倡導努力，而州級組織則針對可能直接影響該州的立法進行有目標性的行動。

其他保持資訊靈通的方法，包括訂閱關鍵主題的提醒、定期造訪與專業相關的資訊網站、部落格和即時新聞，以及關注了解這個領域的人的社交媒體帳號。實務工作者需要評估是否存在偏見。在立法議題上保持了解的另一種方式，是訪問眾議院和參議院的網頁，並關注相關法案、委員會和立法者。

分享你的知識和經驗

在每一次互動中，實務工作者都從他們的個案身上學到東西。當實務工作者將他們所學的科學知識應用於實務中時，他們會融入自己的個性和創造力。關於可能會影響個案的因素，以及如何支持個案的策略，研究和理論提供了指導，但是與個案一起的經驗才是讓研究和理論變得生動的關鍵。實務工作者可以在為理論家、研究人員和其他實務工作者提供資訊方面扮演相當重要的角色，因為他們可以分享他們在實務中如何應用這些理論、他們所遇到過的阻礙、他們在特定群體或特定環境中發現到的獨特細微差別、個案提出的額外關注領域，以及他們在與個案合作時發現有用的策略。這些回饋可以幫助研究人員了解哪些領域需要進一步研究，並挑戰理論家如何擴展或深化他們的理論。實務工作者可以透過一些方式分享他們的知識，包括提交研討會演講的工作坊提案、撰寫部落格、加入並經營專業社群媒體網站，如 LinkedIn 或協會的社群媒體平台、或為專業協會的期刊或雜誌撰寫文章等。與他人分享你的熱情和知識的好處是，他們可能會受到啟發並有能力應用你的經驗，從而進一步擴大你的影響力。透過分享，你可能正在以你從未想像過的方式幫助個人、同事和該領域。

藝術治療與生涯發展目標清單

　　正如前文所述，學習和拓展藝術治療與生涯諮商的技能是一個貫穿整個職業生涯的努力。那麼，該要從何處開始呢？由於每位讀者帶有不同的技能和藝術治療以及生涯諮商實務，因此每位讀者將有一個不同的下一步學習目標要努力實現。請使用圖 **15.7** 中提供的藝術治療與生涯發展目標表，開始下一個學習之旅。確定一個具體、可測量、可達成、相關且及時的（SMART，Specific, Measurable, Attainable, Relevant, and Timely）藝術治療與生涯發展目標，並列出四個行動或反思步驟以及完成日期。接下來，完成你的行動和反思步驟，並慶祝達成目標。想做多少遍就做多少遍！

藝術治療與生涯發展目標清單

目標 _____

列出四個行動或反思，以實現你所訂定的目標

行動或反思	完成日期

圖 15.7　藝術治療與生涯發展目標清單。版權所有 © 帕克－貝爾 2022

總結

　　本章節以及整本書的內容，描述了整合藝術治療和生涯諮商所需的知識和技能。這最後一章提供了幾個檢查清單和藝術過程，用來確定個人的優勢、可以進一步成長的領域以及個人計畫的制定。致力於持續成長的目標，以及定期評估技能並參與學習活動，將有助於加深我們對這兩個領域如何交織來為個案及其生涯問題提供強大支持的理解。

問題討論與活動

1. 完成本章所提供的章節檢查表、反思問題和藝術流程。同時思考本書中的章節標題。留意哪些領域是你的特長，哪些領域需要加強。為你的持續專業發展訂定一個計畫。

2. 根據你的自我評估，在什麼情況下，你最有可能將你的病人、個案或學生轉介給生涯諮商師（如果你是藝術治療師），或者轉介給藝術治療師（如果你是生涯諮商師）？

3. 致力於每年評估你目前的技能水準。確定一個日期，並在日曆上做標記。

4. 查看專業組織所提供的持續專業發展項目，看看是否有任何項目符合你所注意到有待成長的領域或能加深目前的理解。

5. 仔細想想你的專業興趣領域、技能、群體以及你所具備的經驗。看看你是否能找到與他人分享這些領域的可能途徑，無論是透過專業協會、他們的研討會和出版物，還是透過較不正式的途徑，如社群媒體和部落格。承諾每年至少分享一次你在實務中學到的東西。

6. 合作的挑戰：與一位同事（藝術治療師或生涯諮商師）或（藝術治療學生或生涯諮商學生）會面，討論你對兩個領域如何合作以最好地服務個案的想法和願景，並創作一件反映這種合作的藝術作品。可以參考兩位作者在第一章中共同創作的藝術合作（**圖 1.5**）作為靈感來源。

參考文獻

Art Therapy Credentials Board (2022). Registration standards. www.atcb.org/registration standards/

Commission on Accreditation of Allied Health Education Programs (2016). Standards and guidelines for the accreditation of educational programs in art therapy. www.caahep.org/CAAHEP/media/CAAHEP-Documents/ArtTherapyStandards.pdf

Council for Accreditation of Counseling and Related Educational Programs. (2016). 2016 CACREP standards. Retrieved from https://www.cacrep.org/for-programs/2016-cacrep-standards/

National Career Development Association. (n.d.). Multicultural career counseling competencies. www.ncda.org/aws/NCDA/pt/sp/compentencies_multi_cultural

O'Brien, K. M., Heppner, M. J., Flores, L. Y., & Bikos, L. H. (1997). The Career Counseling Self Efficacy Scale: Instrument development and training. *Journal of Counseling Psychology, 44(1)*, 20-31.

生涯諮商藝術本位介入策略

芭芭拉・帕克－貝爾博士和黛博拉・奧斯本博士

　　重要提示：利用這些藝術本位的介入措施需要具備生涯諮商和藝術治療概念和技能的能力。治療師和個案之間工作同盟的發展、目標協議以及對個案背景和能力的認識，也告訴我們如何最好地實踐藝術本位的生涯介入和諮商過程。

（續）

表 A.1　生涯諮商藝術本位介入策略

章節 #	藝術本位介入策略	目的	一般指引	媒材／表達性治療連續系統 ETC 考量	討論焦點／流程問題	來源／引文
第 1 章	生涯旅程線團體活動	探索朝向生涯與趣的各種途徑／擴展生涯旅程的概念	• 預先朝向生涯興趣或生涯選擇 • 從紙張邊緣朝向中心畫一條線，代表你生涯旅程的旅程 • 小組討論	• 帶有中央圓圈代表的電腦或投顯示器 • 帶有中心圓的牛皮紙壁畫 • 粗頭麥克筆	• 對於你的旅程，你的線條呈現出了什麼？ • 對其他人的線條和旅程描述，你注意到了什麼？ • 你從團體體驗中得到了什麼？	Parker-Bell, 2018
第 2 章	工作／生活角色意義／成就的生命回顧／計畫的手風琴書	確定有意義的活動、角色、成就，確定需要解決的未來領域以反對未來的偏好／興趣／意義、如退休	• 創作一本簡單的手風琴書 • 每十年創作一個頁面，或依其他預設的時間範圍創作一個頁面 • 對於每個十年，藝術地代表、重要的成就 • 對每個角色、重要的動機、重要的意義進行反思 • 為下一個十年創作一頁面，其中包含代表預期志向的象徵符號	• 自製手風琴書、至少十頁 • 卡片、紙 • 拼貼、各種畫圖媒材、 • 剪刀、膠水	• 你發現了哪些主題？ • 你的角色、動機和意義隨著你的一生如何地變化呢？ • 回顧者的意義化？ • 這段過往的生命回顧如何影響你的未來志向？	Parker-Bell, inspired by Kuo 2018, Gibson, 2018
第 2 章	RIASEC 拼貼和自我象徵探索：我適合在哪裡？	進一步提高對個人-工作環境相契合的自我認識	• 創作一系列反映你對何倫職業典型代碼職業類型、相關活動和可能職業的聯想（所處環境） • 創作一個自我象徵 • 在每個何倫職業典型中定位在自我象徵境中決定自己在某個環境中想接下來，想像自己在每個環境中擷取出想要包含在理想職業環境中的部分 • 將這些特性結合在一起、建構出一個拼貼 • 將自我象徵放進理想職業環境中，並反思這些元素符合了這些元素的職業	• 7 張 8×11 英寸空白紙 • 彩紙 • 絹紙 • 雜誌圖片 • 剪刀 • 尺 • 鉛筆 • 口紅膠 • 空白人物圖形剪紙或按照片剪影或自我象徵圖片用於貼在卡片紙上 • 6 種類型的參考資料和描述：實用型、研究型、藝術型、社會型、企業型、事務型	• 在哪些職業類型或環境中，你感到最自在？ • 在哪些職業類型或環境中，你感到最不自在？ • 你最終的拼貼如何引領你反思縮小職業選擇範圍？ • 你希望進一步探究哪些職業選擇？ • 你的一些偏好如何在生活的其他領域得到滿足，例如休閒活動或愛好？	Parker-Bell, Holland, 1997

表 A.1　生涯諮商藝術本位策略

章節 #	藝術本位介入策略	目的	一般指引	媒材／表達性治療連續系統 ETC 考量	討論焦點／流程問題	來源／引文
第 2 章	建立多層次的資源，以支持正向的生涯結果	支持確定資源、正向的經驗和最佳生涯結果	• 確認生涯問題，創作代表生涯問題的藝術作品 • 創作藝術作品，代表可能幫助你解決問題或阻礙的資源 • 創作藝術作品，代表過去成功的經驗 • 創作代表最佳生涯結果的藝術作品 • 使用向上追尋的提問技巧	• 水彩顏料 • 12×18 英寸厚白紙或水彩紙	• 你確認出哪些資源，可以來協助你解決這個生涯問題？ • 你發現了哪些成功或正向的經驗，可能可以應用於你的生涯目標？ • 請描述圖像如何反映資源、經驗和最佳生結果。	Parker-Bell, 2017, inspired by Bannink, 2014
第 2 章	生涯故事／圖畫敘事	理解個人主題和價值觀，為生涯故事能和方向提供資訊	• 探索生涯故事：三位尊敬的人、最喜歡的電影／書籍、最喜歡的座右銘 • 畫出生涯問題的圖像 • 畫出喜歡的生涯結果圖像 • 完成圖畫後，為每幅圖畫想一個吸睛的標題 • 將問題對已確定的生涯問題和首選結果圖片放在一起	• 彩色鉛筆 • 紙	• 當我們回顧你的生涯故事時，你注意到了哪些主題？ • 生涯主題如何詮釋你期望的生涯旅程？ • 你希望修改這個生涯故事中的哪些方面？ • 這些生涯主題如何幫助你應對已確定的生涯問題和喜歡的結果？	Taylor & Savickas, 2016
第 3 章	泡泡自畫像	探索生涯諮商師與藝術治療師之間技能和責任的重疊，確認在你的準備和能力範圍以內和以外的領域，確定與專業角色和目標有關的進一步專業培訓和督導的領域。	• 創作兩個不同的「泡泡人物」，探索生涯諮商師與藝術治療師個角色的可能的重疊之處。 • 探索自己的培訓和經驗值，並創作「泡泡自畫像」。	• 紙 • 各種平面畫圖媒材	• 我的專業範圍是什麼？ • 個案需要知道哪些專長和局限性，才能對選擇我作為服務提供者做出知情的決定？ • 我在履歷表或專業廣告中，可以就我的生涯藝術治療技能做出哪些符合倫理的陳述？	Art process inspired by ethical decision-making models, such as Hartel & Hartel, 1997

（續）

表 A.1　生涯諮商藝術本位介入策略

章節 #	藝術本位介入策略	目的	一般指引	媒材／表達性治療連續系統 ETC 考量	討論焦點／流程問題	來源／引文
第 4 章	創意生涯家族圖	增加對職業興趣、知識和決策過程中外部影響的認識 探索家庭職業模式和價值觀	● 個案從家庭成員中收集有關的職業資訊 ● 解釋目的 ● 建立家庭成員的圖表，以利開始 ● 創作家族圖 ● 圖表轉換為家族圖象徵符號 ● 家族圖象徵符號可以運用各種媒介，以圖結構更不傳統的各種形式來描繪創意的概念	● 傳統的生涯圖範例 ● 各種平面／立體材料 ● 拼貼材料 ● 紙	● 家族中存在哪些模式？ ● 家族中有哪些成員在工作方面已經有明確形成的身分認同？ ● 你最欽佩哪位家庭成員？ ● 你認同哪些家庭成員？ ● 家族中存有哪些生涯傳奇故事呢？ ● 這些對你有什麼影響？	Chope, 2005 Storlie et al., 2019
第 4 章	生涯家族圖「增強版」	提升自我認識 賦能個人重新建構家庭所傳遞的訊息／影響個人才華的資源、構建新的生涯／生活敘事	● 生涯家族圖 ● 珠寶盒 ● 鏡子 ● 信函 ● 羊皮紙 ● 回顧／討論 ● 構建人生故事／生涯敘事	● 紙 ● 各種平面畫圖媒材 ● 羊皮紙 ● 可做成珠寶盒和寶盒物品的自建立體盒子，例如現成的盒子、黏土等	● 個案反思系列藝術作品，並回答： ● 我從我的工作家庭圖中認識到了什麼？ ● 什麼最吸引我的注意？ ● 我對自己職業和未來、印象最深刻的是什麼？ ● 專注於意義的創造	Di Fabio, 2010
第 5 章	職業概念表	探索個案有關職業目標設定和決策 探索相關因素，如個案的資源、才華和興趣、實現目標所需的步驟，以及有助於職業決策的回報	● 盡可能填寫關於你的職業目標、職業特性、追求此職業目標的支持和資源，以及將幫助你在此職業取得成功和／或滿意的技能、才華或興趣的訊息。 ● 同時，列出或寫寫你認為實現你的職業目標、你所需要採取的步驟。	● 紙 ● 各種平面媒材 ● 拼貼材料	● 在這張圖表中，你首先注意到了什麼？ ● 你對職業目標的哪些步驟感到振奮？ ● 你對職業目標的哪些步驟感到擔憂？ ● 你的圖表可能少了哪些資訊？（如果有的話） ● 你可以採取哪些行動來填補這些缺少的資訊？	Parker-Bell, 2022

表 A.1　生涯諮商藝術本位介入策略

章節 #	藝術本位介入策略	目的	一般指引	媒材／表達性治療連續系統 ETC 考量	討論焦點／流程問題	來源／引文
第 5 章	生涯橋梁畫	支持視覺化生涯目標、達成目標、以及目前在該途徑上的進展；探索已確定的支持（內在和外在），這些支持可能有助於實現目標	●關於理想職業生涯的引導想像畫；將一座通往理想職業生涯的橋梁畫放在紙上；在橋的另一端畫出職業的步驟；在橋梁的路徑上寫下／創作通往職業的支持部分畫出／寫下職業支持	●12×18 英寸的紙；●畫圖和繪畫媒材	●你會如何描述你目前的職業目標？●你會如何描述你目前朝往這個目標的進展？●有哪些類型的經驗和資源支持你的職業道路和目標？	Casado-Keho, 2016
第 5 章	生涯拼貼故事與問題	促進生涯諮商的參與、引發動機和情感反思	●創作一個拼貼、反映你的興趣與擔憂；發展的興趣與擔憂；為這個拼貼寫下一個標語、就像它是一個有關於你生涯興趣、擔憂的專題報導中的插圖	●紙；●各種平面媒材；●拼貼媒材	●探索故事的角色、內容、時間、地點以及故事的發展。就像聽者描述給讀者聽一樣。	Parker-Bell
第 5 章	價值觀肖像	確認／探索最重要的工作／生活價值；支持決策／行動	●完成價值觀組合卡；為所選出的最重要價值，創作出價值觀肖像	●各種平面媒材；●拼貼媒材；●紙	●你的藝術創作作品如何反映創作、增強或改變你對職業價值觀的理解？	Parker-Bell Card sort：VCU Career Services, 2019
第 5 章	探索主導特質	探索個案認為可能干擾其職業滿意度、職業效能或理想的個人特質；外化該特質、並在多個層面上加以檢視	●請你想一個被視為弱點的個人特質；將這個特質具體化或賦予它實質內容。也就是說、畫出它、用黏土塑造它、寫一首詩來捕捉它的不同面向；用一些時間來反思你的創作	●紙；●各種平面畫媒材；●黏土	●它是什麼？●它是怎麼來的？●它如何幫助到你？●它帶來了什麼樣的挑戰、機會或危險？●你會說你能怎麼做來補償它的另一面（陰影）？●如果它會說話，它可能會說些什麼？●它能教導你什麼？●它能擁有什麼是你需要的？	Barba, 2000

表 A.1 生涯諮商藝術本位介入策略 （續）

章節 #	藝術本位介入策略	目的	一般指引	媒材／表達性 ETC 考量	討論焦點／流程問題	來源／引文
第 6 章	包容性生涯家族圖	探索超越家庭以外的生涯影響，包括更廣泛的社會和「非傳統」社區和關係，欣賞文化的背景	• 進行生涯訪談，「蒐集有關生涯『影響者』的信息資訊並進行反思 • 在自面中央創作代表自我的符號，並呈現傳統代表影響者的符號在自面上 • 自我符號與影響者符號之間的線條，代表個人符號所感知到的重要性	• 海報板 • 麥克筆 • 白板和白板筆 • 版面要夠大，足以容納所有必要的元素	• 在你的包容性生涯家族圖中出現了哪些影響者、英雄、榜樣、影響者和生涯主題？ • 你可以從每個影響中學習到什麼？ • 你感到與哪些連結有最緊密連結或最受到強化？ • 如果有的話，你希望放棄哪些影響？	Buxbaum & Hill, 2013
第 6 章	文化容器藝術流程	創意地應對文化謙遜，使用創意過程和作品來表達、保持和拋棄信念信念和假設	• 用紙張製作出一個袋子、工具包或容器，作為隱喻性的承載偏見、假設、信仰、技能，同時檢視有關編見與殖民主義、種族主義、階級主義、性別主義，異性戀規範和能力主義的概念 • 對你的創作進行添加、並檢視、替換其中的組成部分，以新的觀念、思想和理解取而代之	• 紙袋 • 各種平面畫圖媒材 • 拼貼媒材	• 我帶有哪些偏見或假設？ • 這些偏見或假設如何影響我與殖民探索的職業天賦、興趣或職業途徑？ • 這些偏見我所提供的藝術媒材或過程？ • 這些偏見或假設如何影響我干擾我與個案的工作同盟？ • 有哪些方式可以挑戰我持有的偏見或假設，以及有哪些方式可以協助我更多地了解影響個案經歷的系統？ • 壓迫性的制度會影響了個案的機會，我能如何倡導改變？	Bodlovic & Jackson, 2019

表 A.1　生涯諮商藝術本位介入策略

（續）

章節 #	藝術本位介入策略	目的	一般指引	媒材／表達性治療連續系統 ETC 考量	討論焦點／流程問題	來源／引文
第 6 章	相似點和相異處	培育有關文化價值觀與習俗的對話，對於實務工作者及個案彼此生涯和工作概念相關的經驗，提高覺察和承認	• 實務工作者和個案都參與這個過程 • 將紙分成三個欄位，第一個欄位為「相似點」，第二和第三欄標記為「相異處」 • 考慮工作／生涯概念，第一欄提供了一個空間，用來定出共同的概念／想法和實務做法，讓第二和第三欄分別描述／描述的身分、經驗、概念／和實務做法的感知差異	• 大張紙張、海報版 • 麥克筆、顏料、拼貼媒材	• 你發現了哪些值得注意的相似點或相異處？ • 有哪些工作和生涯價值需要進一步的關注和討論，以增進理解、確保目標與所追求的價值觀相符？ • 在探索當前的工作／生涯過程時，你想要納入和／或放棄哪些文化價值觀和實務做法？	Dye, 2017
第 7 章	當我長大	培養兒童對職業好奇選擇的職業好奇心和想像力	• 閱讀或聆聽揚科維奇和哈斯著的《當我長大》這本書 • 使用繪描和畫圖媒材創造至少一個奇特的職業選項	• 紙 • 各種平面媒材	• 在過去的一週裡，你看到了多少人在工作？ • 你能夠舉出多少種不同類型的工作？ • 你想像中人們在那些工作中會做些什麼？ • 如果你可以創造任何一種工作，那會是什麼樣的工作？你在那份工作中會做些什麼？	Parker-Bell, inspired by the book by Yankovic & Hargis, 2011
第 7 章	職業俳句與照片	增加學生對才能和興趣的創意探索，並支持長期生涯目標的發展	• 鼓勵學生透過拍攝數位照片，捕捉與他們的技能或成持長相關的愛好、興趣、地方或物品，開始職業探索 • 在示範中檢視這些圖像並了解俳句詩的過程後，學生運用選定的照片激發靈感，撰寫關於職業興趣的俳句詩	• 拋棄式相機／數位相機／手機相機 • 印表機／列印紙／墨水 • 書寫紙和書寫用具	• 完成俳句，並在小組中朗讀與討論。 • 你的照片和／或俳句中反映了你的哪些愛好或興趣？ • 你的愛好或興趣如何與職業興趣連結起這個職業興趣，關於這個職業興趣，你還想知道什麼？	Parker-Bell art adaptation of Hermann & Hasha, 2015

表 A.1　生涯諮商藝術本位介入策略

章節 #	藝術本位介入策略	目的	一般指引	媒材／表達性治療連續系統 ETC 考量	討論焦點／流程問題	來源／引文
第8章	優勢拼貼	了解自己的優勢，以及可以如何在日常生活中應用這些優勢	●完成優勢的行動價值問卷（VIA-IS） ●根據確定的優勢和／或那些與你產生共鳴的優勢，創作一個「我的優勢」拼貼。	●紙張、雜誌、麥克筆、顏料和其他畫圖媒材	●你選擇哪些優勢來代表自己？ ●你的優勢如何支持你的職業追求？ ●在目前的角色中，你如何最好地運用你的優勢？ ●哪些其他職業、工作角色或工作環境更符合你的優勢？	Darewych & Bowers, 2018
第8章	影像發聲：探索阻礙和優勢	讓個案考慮在生涯選擇和機會方面的文化背景、障礙和優勢，賦予力量並支持有關希望和相關的生涯規劃	●生涯阻礙／優勢地圖 ●12張阻礙／優勢照片 ●選擇兩張照片 ●使用 SHOWED 流程進行反思寫作	●拋棄式相機／數位相機／手機相機 ●印表機／印表紙 ●墨水 ●書寫紙和書寫用具	●運用 SHOWED 方法 ●支持優勢的識別和探索，以及識別對於阻礙的復原力	Smit, Wood, & Neethling, 2015
第8章	願景板	確定生涯目標／志向，激勵朝向生涯目標行動	●鼓勵個案列出生涯／生活目標，並思考這些與這些目標相關的圖像 ●選擇要在願景板圖像和文字來代表目標 ●使用拼貼進行反思，並請個案將願景板放在每天可以看到的地方 ●鼓勵個案每天看願景板	●海報板／空白面具、花盆、欄等 ●拼貼媒材 ●剪刀 ●膠水／口紅膠	●支持個案對願景板上所涵蓋的項目進行反思，並視情況提出澄清問題 ●探討如何運用願景板來支持實現生涯目標的努力 ●協助個案確定放置願景板的地方，以便它能夠作為目標的提醒	Burton & Lent, 2016
第9章	PIC 檢視與藝術探究	決策支援／檢查生涯／工作選擇與自我選擇的適配性	●準備好願景板和價值觀肖像以供觀看 ●將5至7個生涯工作選項縮減到2個後，對2個首要的選項進行調查 ●創作關於已調整的兩個生涯／工作選擇的回應性藝術創作，以協助做出選擇 ●將回應性藝術創作與願景板和價值觀肖像一同觀看，以探索主題	●12x18 英寸的紙 ●拼貼／各種平面的媒材 ●油性蠟筆、麥克筆	●在檢視你的回應性藝術創作、願景板和價值觀肖像後，探討你的選擇如何地與你的願景和價值觀一致或相反 ●你看到了什麼？ ●你的觀察可能如何影響你的選擇？	Gati & Asher, 2001 Rochat, 2019 Parker-Bell art investigation

表 A.1 生涯諮商藝術本位介入策略

章節 #	藝術本位介入策略	目的	一般指引	媒材／表達性治療連續系統 ETC 考量	討論焦點／流程問題	來源／引文
第 9 章	影響圈	培養對生涯影響的感知探索，包括非計畫事件	• 反思過去所做的生涯決策 • 考慮以下描述的三個圖圈 • 根據對生涯選擇的影響程度確定每個圓圈的大小： • 內圈代表對你的生涯選擇的影響 • 中間圈代表影響這生涯選擇的家人、朋友和同事 • 最外圈代表影響生涯選擇的非計畫事件 • 創造出三個圓圈的形式、以反映每個圓圈對你的選擇的影響程度 • 在每個圓圈中，使用線條、形狀、顏色、符號和／或文字代表每個類別的具體影響 • 對於相同的轉折點對生涯決策進行相同的步驟 • 比較在另外兩次生涯選擇經驗重複產生影響的相似性和差異性。	• 各種不同尺寸的圖形 • 多種平面媒材 • 紙張 • 或者，數位藝術程式和電腦／平板	• 當你回顧你的生涯影響圈時，有哪些影響最突出？ • 相對於最近的選擇，哪些影響變得更重要或更不重要？ • 非計畫事件如何影響了你的生涯選擇？ • 描述一個或多個圓圈影響生涯選擇的三個正向方面。	Parker-Bell adaptation of Pryor & Bright, 2011
第 12 章	可能的生涯地圖／活動改編	探索並確認生涯興趣的主題 根據準備就緒程度、檢視並確認可能、機率和預期的生涯路徑	• 在頁面中央描繪一個圖圈／自我符號 • 寫下你一生中所考慮過的職業選項 • 圈出每個職業將圖出的職業選項與自我符號連接起來 • 用線條連接其中的主題 • 檢閱其中的主題，寫在便利貼上 • 選擇三個職業選項，寫在便利貼上 • 在從自我符號到職業選項的線條上，註明三個職業的步驟	• 8.5x14 英寸的紙 • 鉛筆、麥克筆 • 便利貼 • 用於創意改編的其他材料	• 在這個過程中，你識別出了哪三個職業主題？ • 描述你需要為每個職業考慮到這些主題和步驟 • 哪一個主題似乎最有趣且最容易管理？ • 確定朝往該選項的第一步是什麼？	Brooks, 2016

表 A.1 生涯諮商藝術本位介入策略

（續）

章節 #	藝術本位介入策略	目的	一般指引	媒材／表達性治療連續系統 ETC 考量	討論焦點／流程問題	來源／引文
第 13 章	生涯晶格圖	支持正面的轉換 確認適用於工作目標／情況的優勢和經驗 重視不具層級性質的經驗（晶格圖 vs. 階梯）	• 介紹晶格圖與階梯的概念 • 展示各種不同的晶格圖形式 • 使用所需要的晶格圖形式，描繪你擁有的優勢和經驗來支持識涯追求。	• 平面或立體媒材的選擇	• 在檢視你的經驗和優勢晶格圖時，你注意到了哪些主題？ • 這些主題如何影響你未來的工作興趣？ • 你如何向潛在雇主介紹或展示這些主題所代表的重要資訊？	McBride & Cleymans, 2014 Parker-Bell, 2020, art adaptation
第 13 章	生涯動態裝置	處理矛盾心情 支持對轉變的準備	• 創作或尋找小物件，以代表生涯轉變的原因和不轉變的原因 • 將它們固定在動態裝置結構上（使用棍子、衣架等） • 探索元素的平衡或不平衡 • 探索職業變動的利與弊在視覺、身體和情感上的重量或影響	• 手工藝用的小木棍 • 衣架 • 各種紙張 • 線或毛線 • 現成物或創作的物件 • 剪刀	• 你在製作動態裝置過程中注意到或學習到了什麼？ • 哪些元素在視覺上或物理上的重量最重或需要更多關注？ • 根據你的觀察，對你來說最重要的下一步可能是什麼？	Parker-Bell
第 15 章	藝術治療願景手冊	利用視覺圖形式將你在本書或課程中學習到的知識進行整結和呈現	• 把紙張折成三折 • 封面一頁：寫上你的姓名、和一個代表你對生涯發展／生活願景觀點和方法的象徵符號或圖像。加上一句座右銘或引述，以增強這些你的學習成就 • 內頁左側：列出或呈現你感興趣的任何特定生涯發展領域，或你有興趣與他們合作的群體 • 內頁右側：列出或呈現你未來如何精進你的生涯學習，以及你最想使用使用的方法和活動 • 外頁右側：列出並／或呈現你未來希望來如何精進你的生涯學習，以反朝向你學習目標的後續步驟 • 背面中央頁：使用圖像或文字反映任何未提及的內容，或者是在生涯諮商和藝術治療相互支持方面，你想要問的問題	• 12×18 英寸的紙 • 各種平面媒材 • 如果使用水性媒介，請確保使用較厚的紙張，以吸收媒介的流動性質	• 完成手冊後，請向同學、同儕或督導並討論到里程碑、並慶賀連到里程碑，透過集思廣益的方式相互支持，向進陪學習目標前進的確切後續步驟	Parker-Bell

表 A.1　生涯諮商藝術本位介入策略

章節 #	藝術本位介入策略	目的	一般指引	媒材／表達性治療連續系統 ETC 考量	討論焦點／流程問題	來源／引文
第 15 章	生涯工具箱	生涯技能／自我效能探索生涯諮商和藝術治療的結果	● 提供預先製作好的工具箱 ● 鼓勵個案象徵化生涯知識、技能、策略以反生涯諮商和藝術治療的結果	● 預先製作好的工具箱（可以是輪廓圖或小盒子） ● 麥克筆、拼貼、彩色紙、卡紙、剪刀、口紅膠	● 你從生涯諮商和藝術治療中學到的三件事是什麼？ ● 你希望如何在未來運用這些工具？	Parker-Bell
附加	內／外生涯影響的曼陀羅	增加對生涯興趣影響的自我認識／意識	● 提供各種尺寸的圓形供描摹使用 ● 反思有關生涯選擇的內在和外在影響 ● 選擇一個能夠容納內在影響的圓形尺寸，在頁面中心描摹 ● 使用平面媒材，在圓圈內創作線條、形狀、顏色或符號來代表內在影響，在圓圈外創作外在影響	● 用於描摹的圓形形狀 ● 麥克筆／其他平面畫圖媒材 ● 18 × 24 英寸的紙	● 描述你選擇的圓形尺寸來代表你的內在影響 ● 描述你的內在和外在影響之間的關係 ● 你注意到了什麼？	Parker-Bell, 2018
附加	生涯星座	探索生涯影響，並反思生涯決策中的主要影響	● 確認工作影響因素 ● 將代表自我的符號放在頁面中央 ● 根據影響因素的親近度／重要性，在星座圖上放置影響因素 ● 描繪並命名你的生涯星座 ● 描述你的星座故事	● 工作表 ● 可以用傳統的藝術媒材，比如，並且可以在較大範圍的紙張上進行 ● 麥克筆、鉛筆和彩色鉛筆	● 描述你的星座的視覺特質 ● 關於你的星座內容，你注意到了什麼？ ● 在你的星座故事中你注意到了什麼主題？	Falco et al., 2011

國家圖書館出版品預行編目資料

藝術治療與生涯諮商：促進生涯探索、提升生涯滿意度和心理健康的一生職涯
發展創意策略/芭芭拉.帕克-貝爾(Barbara Parker-Bell), 黛博拉.奧斯本(Debra
Osborn)著；范維昕譯. -- 初版. -- 臺北市：商周出版：英屬蓋曼群島商家庭傳媒
股份有限公司城邦分公司發行, 2024.05
面；　公分. -- (遊藝。療心 ; 9)
譯自：Art therapy and career counseling : creative strategies for career development
across the lifespan

ISBN 978-626-390-115-5 (平裝)

1.CST: 生涯規劃 2.CST: 藝術治療

192.1　　　　　　　　　　　　　　　　　　　　　113004776

線上版讀者回函卡

遊藝。療心 9
藝術治療與生涯諮商——促進生涯探索、提升生涯滿意度和心理健康的一生職涯發展創意策略

作　　　者／芭芭拉·帕克－貝爾（Barbara Parker-Bell）、黛博拉·奧斯本（Debra Osborn）
譯　　　者／范維昕
企 畫 選 書／黃靖卉
責 任 編 輯／黃靖卉

版　　　權／吳亭儀、江欣瑜
行 銷 業 務／周佑潔、林詩富、賴玉嵐
總 編 輯／黃靖卉
總 經 理／彭之琬
事業群總經理／黃淑貞
發 行 人／何飛鵬
法 律 顧 問／元禾法律事務所王子文律師
出　　　版／商周出版
　　　　　　台北市南港區昆陽街 16 號 4 樓
　　　　　　電話：(02) 25007008　傳真：(02)25007759
　　　　　　E-mail:bwp.service@cite.com.tw
發　　　行／英屬蓋曼群島商家庭傳媒股份有限公司城邦分公司
　　　　　　台北市南港區昆陽街 16 號 8 樓
　　　　　　書虫客服服務專線：02-25007718；25007719
　　　　　　服務時間：週一至週五上午09:30-12:00；下午13:30-17:00
　　　　　　24小時傳真專線：02-25001990；25001991
　　　　　　劃撥帳號：19863813；戶名：書虫股份有限公司
　　　　　　讀者服務信箱：service@readingclub.com.tw
　　　　　　城邦讀書花園：www.cite.com.tw
香港發行所／城邦（香港）出版集團有限公司
　　　　　　香港九龍土瓜灣土瓜灣道86號順聯工業大廈6樓A室
　　　　　　電話：(852)25086231　傳真：(852)25789337　E-MAIL：hkcite@biznetvigator.com
馬新發行所／城邦（馬新）出版集團【Cite (M) Sdn Bhd】
　　　　　　41, Jalan Radin Anum, Bandar Baru Sri Petaling, 57000 Kuala Lumpur, Malaysia.
　　　　　　電話：(603) 90573833　傳真：(603) 90576622
　　　　　　Email: cite@cite.com.my

封 面 設 計／斐類設計工作室
排　　　版／芯澤有限公司
印　　　刷／中原造像股份有限公司
經 銷 商／聯合發行股份有限公司
　　　　　　新北市231新店區寶橋路235巷6弄6號2樓
　　　　　　電話：(02) 29178022　傳真：(02) 29110053

■ 2024 年 5 月 9 日初版一刷
定價 550 元

Printed in Taiwan

城邦讀書花園
www.cite.com.tw